迈向中国统一之历程（1949—2016）

八个关键事件述评

许世铨 著

九 州 出 版 社 | 全国百佳图书出版单位

JIUZHOUPRESS

图书在版编目（CIP）数据

迈向中国统一之历程 / 许世铨著. -- 北京 ：九州
出版社，2019.12
ISBN 978-7-5108-9000-0

Ⅰ. ①迈… Ⅱ. ①许… Ⅲ. ①台湾问题－研究 Ⅳ.
①D618

中国版本图书馆CIP数据核字(2020)第018804号

迈向中国统一之历程

作　　者	许世铨　著
出版发行	九州出版社
地　　址	北京市西城区阜外大街甲 35 号 (100037)
发行电话	(010)68992190/3/5/6
网　　址	www.jiuzhoupress.com
电子信箱	jiuzhou@jiuzhoupress.com
印　　刷	三河市九洲财鑫印刷有限公司
开　　本	720 毫米 ×1020 毫米　16 开
印　　张	20.5
字　　数	330 千字
版　　次	2020 年 3 月第 1 版
印　　次	2020 年 3 月第 1 次印刷
书　　号	ISBN 978-7-5108-9000-0
定　　价	88.00 元

谨以此书献给我的父母

自　序

　　台湾问题是海内外中国人关心的大事，国家的最终统一关系到中华民族的伟大复兴，我和大家一样热盼这一天早日到来！

　　机缘巧合，1996 年我从《人民日报》驻联合国记者站负责人任上届满回国后，转任中国社会科学院台湾研究所所长，从此和台湾研究结下不解之缘。近二十年的经历使我体认到，海峡两岸的最终统一是一定能够实现的，而且和平统一的前景越来越明朗，越来越现实。但是，六十多年来两岸关系的历史表明，迈向祖国统一的道路是复杂和曲折的，只有高瞻远瞩地擘画战略，与时俱进地调整政策，才能排除险阻，胜利地跨越历史的征程。

　　回顾一下中国大陆自 1949 年以来处理台湾问题的战略和政策，从毛泽东、周恩来，到邓小平、江泽民、胡锦涛，到习近平，脉络是清晰一贯的：完成国家统一的战略目标坚定不移、一脉相承；实现国家统一的政策制定有张有弛、与时俱进。这可以从笔者梳理的六十余年来两岸关系中的八件大事中体现出来。在两岸政治对立、军事对峙的时期，毛泽东和周恩来通过两岸秘密接触，探讨和平解决台湾问题的途径，提出"一纲四目"政策。十一届三中全会后，大陆的各项工作转到以经建设为中心上来，对台政策随之确立"和平统一、一国两制"的大政方针。在李登辉权位未稳、不得不延续蒋经国后期的大陆政策时，大陆抓住机遇、促成"九二共识"，为两岸关系奠定阶段性政治基础。为反对美国纵容李登辉的"台独"活动，大陆开展了 1995 至 1996 年的政治、外交、军事反"台独"斗争，"火力检测"了美国的对台政策，调整了反干涉的军事斗争准备。2000 年主张"台独"的陈水扁当权之后，大陆"综合施策"，一方面在两岸及国际两条战线上开展了反对"法理台独"的斗争，另一方面促成了中国共产党和中国国民党两党关系的恢复，确立了和平发展的共同愿景。1979 年大陆在《告台湾同胞书》中提出"三通""四流"，大力推动两岸经贸及人员往来，在台湾同胞共同努力下，两岸经贸关系成为两岸关系发展的重要动力。2008 年以后，两岸在"九二共识"和反"台独"的政治基础上，开始了和平发展的历史实践，踏上通向和平统一的必由之路。

温故而能知新。从六十多年来台湾海峡的潮起潮落中，人们可以清楚地看到，尽管中国和平统一的进程跌宕起伏，而且还会出现逆流甚至倒退，但发展的趋势是明确无误的：随着大陆的发展壮大，"台独"是没有出路的，统一是历史的必然。这一点在岛内和国际上也被越来越多的人所认知。

本书不是"纯"学术著作，笔者主要是为读者读书看报，在笔者能接触到的范围内，尽可能广泛地汇集两岸及国外的资料，予以筛选、梳理后，再书写成文。所选用的材料都是笔者认为有价值、可信、可靠的，并注明出处或来源。笔者自己的研究心得、对一些重要问题的分析和看法，主要放在每章的"评议"部分。两岸问题中存在着不少争议，特别是台湾的某些学者观点和媒体报道，对大陆的某些对台政策和举措，存在一些误解，甚至是有意歪曲，致使在两岸、甚至在国际上形成谬种流传、误导民众。笔者在"评议"中，以事实为依据，以学者的良知，尽力讲明真相、匡正谬误。例如，2000年台湾"大选"前夕，朱镕基总理在人大会议结束时的记者招待会上，严厉地警告了"台独"势力，民进党和岛内部分舆论对此极尽歪曲、诋毁之能事，妄称讲话"帮了陈水扁的忙"。笔者在第五章的"评议"中，用民进党人士和台湾媒体的材料廓清不实之词，还原事实真相，读者据此可以做出"兼听则明"的判断。

本书在撰写的过程中，得到许多同仁和朋友以及家人的鼓励、支持和帮助，特此表示衷心的感谢！台湾问题纷繁复杂，笔者研究功力有限，书中难免有疏漏不足之处，望读者不吝赐教！

许世铨

二〇一六年冬于北京

目　录

绪论　国家统一是中华民族历史形成的国家观

> 中国是一个统一的国家，这一点已牢牢地印在我国的历史意识之中，正是这种意识才使我们能作为一个国家被保存下来。[1]
>
> 统一是中国全体国民的希望。能够统一，全国人民便享福；不能统一，便受害。[2]

这是中国民主革命的伟大先行者孙中山先生留给我们的至理名言。自1949年台湾问题形成以来，中国大陆承续了孙中山先生所说的中华民族历史意识中的国家统一观念，始终把解决台湾问题、完成祖国统一大业作为对历史负责、对民族负责的神圣使命，并把它写入了崇高的《宪法》。1982年1月11日，邓小平在会见美国华人协会主席李耀滋时就说："国家的统一是我们整个中华民族的愿望。这不仅有利于子子孙孙后代，在中国五千年的历史上也是一件大事。我们是从这样的角度着想和对待这个问题的。"[3] 1986年9月2日，邓小平在接受美国记者华莱士采访时，回答了他提出的"台湾有什么必要同大陆统一"的问题。他列举了三个理由："首先是个民族问题，民族的感情问题。凡是中华民族的子孙，都希望中国能统一，分裂状况是违背民族意志的。其次，只要台湾不同大陆统一，台湾作为中国领土的地位是没有保障的，不知道哪一天又被别人拿走。第三点理由是，我们采取'一国两制'的方式解决统一问题。大陆搞社会主义，台湾搞它的资本主义。这对台湾的社会制度和生活方式不会改变，台湾人民没有损失。"[4]

1

出于这样的基本理念，早在 1978 年底，中国共产党第十一届三中全会做出了改革开放的战略抉择，同时把台湾回归祖国、完成祖国统一提到具体日程上来，列为 20 世纪 80 年代的三大任务之一。中共十六大又把完成国家统一作为 21 世纪的三大任务之一。

国家统一是世界各国历史的普遍结论

当今世界上不同民族和国家的国家观念和政治制度不尽相同，这种差异无不是因历史背景和经历的不同而不同。但是国家统一几乎是各国历史的共同结论。

以美国为例，它的历史虽然不到三百年，但它的立国理念和政治制度也深深铭刻着历史的记忆。美国是十七世纪初期出现的从欧洲流向北美洲的移民大潮所产生的移民国家。从 1607 年来自英格兰的移民在佛吉尼亚的詹姆斯敦建立第一个永久定居点，到 1776 年 7 月 4 日十三个英国北美殖民地发表《独立宣言》，这一百多年的历史形塑了体现在 1789 年 3 月 4 日制定的《美利坚合众国宪法》中的国家观念和制度——行政、立法、司法三权分立的复合型联邦制国家。历史学家认为美国这种国家观是受到了三大历史因素的影响：殖民地时期所积累经验；承袭了英国的议会制度；受到法国政治哲学的熏陶。[5]

英国和其他欧洲国家早期移民都是为了摆脱贫困、政治压迫和宗教迫害而背井离乡来到北美洲的。因此追求幸福和自由成为他们的人生哲学。众所熟知的《独立宣言》中的名言概括了这种理念："我们认为下面这些真理是不言而喻的：人人生而平等，造物者赋予他们若干不可剥夺的权利，其中包括生命权、自由权和追求幸福的权力。"这一理念也被载入美国《宪法》之中。

为了维护他们的理念，十三个英属殖民地和来自伦敦的专制殖民统治进行了不懈的斗争。据美国驻华大使馆文化处编译出版的《美国历史简介》一书描述，在反抗英国殖民统治的"艰苦岁月中"，十三个殖民地"相互协助已被证明非常有效"，因而萌生了"国家意志和统一愿望，并且也为国家主权的观念，提供了某些实质内容"。1781 年，由十三个殖民地筹建的十三个州组成了"邦联"。但是邦联是十分松散的，如乔治·华盛顿所言，它只是一根"沙土制成的绳索"，不能适应这个生机勃勃的新生国家的发展需要。仅仅六年之后，十三州的代表在费城召开制宪大会，经过十六个星期的认真讨论，于 1787 年 9 月 17 日庄严地签署了《宪法》。在各州会议相继通过《宪法》之后，美利坚合众国政府于 1789 年 3 月 4 日正式成立。[6]

联邦政府的形态深受 17 世纪英国思想家洛克的法律观念和天赋权利学说，特别是法国思想家孟德斯鸠的"权力平衡"（balance of power）理论的影响。联邦政府由立法、行政和司法三个平等、合作但又相互制衡的部门组成。立法部门则由参议院和众议院组成，延续了殖民时期的立法组织和英国议会上下两院的制度。

虽然美国采取了均权的联邦国家制度，但是联邦"永久性"则是美国立国之本。美国是通过武装斗争赢得独立的，也是通过战争维护了联邦的完整和统一。1861 年爆发的"南北战争"，导火线是有关奴隶制度的争议，但其实质是维护联邦统一、反对分裂国家。领导这次反分裂战争的林肯总统的一句名言是他引用《圣经》上的一句话："分裂之家不能持久。"而南北战争的结果则坐实了林肯在他首任总统就职演说中的另一句名言："联邦乃是永久性的。""联邦是永恒的"成为"美国历史的基调"。[7] 孙中山先生也说过："美国之所以富强，不是由于各邦之独立自治，还是由于各邦联合后的进化所成的一个统一国家。所以美国的富强，是各邦统一的结果，不是各邦分裂的结果。"[8]

而中国有实证的五千余年文明史则孕育了中华民族的国家观：建立在中华文明基础之上、主权单一、领土完整、多民族的统一国家。这一国家观从国家形态出现之后，其核心内容孕育、发展、成熟，并深深侵润在一代又一代中国人的心中。国家必须统一成为历史的结论；是否致力于国家统一成为臧否历史人物的标准。

中国最早表达近似现代意义上的国家主权和领土是统一完整这一观念的，可能是《诗经·小雅·古风之北·北上》中的诗句："普天之下，莫非王土；率土之滨，莫非王臣。"虽然该诗的原意不是讲国家观念的，但是它被后世奉为中华民族国家观的圭臬。有的中国学者认为春秋时期中国实际上是一种"国家联盟"，笔者不能认同。周王朝实行的是"大封建"制度，周天子分封土地给宗室成员，分守王朝疆土，各诸侯国奉周天子为"天下的大宗"。[9] 春秋时期周王室衰微、诸侯称霸，但国家体制仍存在，《礼记·坊记》记载孔子的话说，"天无二日，土无二王"，"春秋五霸"都要打"尊王"的旗号。《左传·昭公七年》记述了楚国芊尹申无宇和还是令尹时的楚灵王的一段对话。申无宇说："天子经略，诸侯正封，古之制也。""故诗云：'普天之下，莫非王土。率土之滨，莫非王臣'。"西汉时的文学家司马相如在奉命出使西南、开发边疆时，用赋体撰写了著名政论文《难蜀父老》。他批驳了一些蜀地父老和朝中大臣反对开发西南的错误言论和主张，指出开发西南事关国家统一和西南民族文明进步，并引用"普天之下，莫非王土；率土之滨，莫非王臣"，作为立论的依据。[10]虽然中国的封建王朝时代早已结束了，但《北上》的这一诗句所表达的现代意义上的国家主权和领土是完整的、是不可分的观念不但是中国人世代相传的历史记忆，它也是现代国际法所公认的准则。

中华民族传统国家观中的另一个重要理念是"大一统"。"大一统"的历史观和政治理论是儒家的思想，但孔子本人并未使用过这三个字。首创"大一统"这一命题的是《公羊春秋》的作者公羊高。《公羊春秋》开宗明义的第一句话就是：

元年，春，王正月。元年者何？君之始年也。春者何？岁之始也。王者孰谓？谓文王也。曷为先言王而后言正月？王正月也。大一统也。

对于"大一统"所表达的《春秋》"大义"，历史上的"大儒"们，如董仲舒等的论著可以说是汗牛充栋，不胜枚举；仅就现在而言，《辞海》的解释是："大，犹言重视、尊重；一统指天下诸侯统一于周天子。后世因称封建王朝能统治全国为大一统。"台湾学者李新霖认为，"大一统""意指公羊传重视一统，一统代表天下在王者领导下，无内外之别，无文野之异，政治社会安定和谐，为一可用王道价值衡量世界。"[11]大陆已故历史学和经学大师杨向奎教授在他的专著《大一统与儒家思想》一书中，对"公羊学派"的"大一统"历史观和政治理论有更为全面详尽的论述，并给予了高度评价。他说："大一统义倡自《公羊》，汉末何休（《春秋公羊解诂》的作者——笔者注）发扬光大之，千百年来此义深入人心，变成我国民族之间之凝聚力，都是炎黄子孙，华夏文明，始终应当一统。"[12]有的学者把"大一统"观念分解为"大王统"、"大文统"和"大始统"，[13]杨教授则指出，"大一统"思想"是一种内容丰富，包括有政治、经济、文化各种要素在内的'实体'，而文化的要素有时占重要地位"。[14]"大一统"国家观中的"文化要素"应是其核心，可以说是一种"文化中心论"，或"文明中心论"。前香港中文大学校长金耀基先生说过："中国是一个国家，但它不同于近代的民族国家（nation state），它是一个以文化而非种族为华夷区别的独立发展的政治文化体，或者称之为'文明体国家'（civilizational state），它有独特的文明秩序。"[15]也就是说，**中国不是由先天**

的"血缘"而是靠后天创造的"文明"而孕育产生的。正是从华夏文明是中国本源的观念出发，"大一统"的国家观有几个重要内涵。

首先，**国家"一统"的标志，不是国家政权是否"统一"，而在"华夏文明"的存在；也就是说，代表华夏文明的中国的存在，不受国家治乱的影响，它是永恒的。**公羊高被史家考据为战国时代的人。王夫之在《读通鉴论·敍论四》中说，春秋战国是"古今一大变革之会"。先有春秋五霸，后有战国七雄，周王室已经名存实亡，为什么公羊高还倡言"大一统"呢？公羊学者认为这是"实不一统而文一统"。事实上，虽然当时是五国争霸、七国争王，但这些纷争都是在作为政治文化体的中国内进行的：春秋五霸是在"尊王攘夷"的口号下争中国的实际控制权；而战国七雄争的是取代周王朝的中国最高统治权，用贾谊《过秦论》中的话说，是都在"窥周室"，都"有席卷天下，包举宇内，囊括四海之意，并吞八荒之心"；最后秦始皇"振长鞭而御宇内，吞二周而亡诸侯"，完成了统一中国大业，开创了延续两千余年的中央集权的封建制度。这种"文一统"的观念，用到现代国家理论上，可以说是"法理上的统一"；用到两岸关系今天的实际，就是胡锦涛前总书记所说的"1949 年以来，尽管两岸尚未统一，但大陆和台湾同属一个中国的事实从未改变。这就是两岸关系的现状"。[16] 他进一步阐述："1949 年以来，大陆和台湾尽管尚未统一，但不是中国领土和主权的分裂，而是上世纪 40 年代中后期中国内战遗留并延续的政治对立，这没有改变大陆和台湾同属一个中国的事实。"[17]

当然，"文一统"和"统一"的政治含义是有区别的。李新霖先生认为"一统"和"统一"的区别在于，"所谓一统者，以天下为家，世界大同为目标；以仁行仁之王道理想，即一统之表现。然则一统需以统一为辅，亦即反正须以拨乱为始。所谓统一，乃约束力之象征，齐天下人人于一，以力假仁之霸道世界，即为统一之结果。'一统'与'统一'即有高下，公羊传又每在霸道中展现王道，见'统一'寓于'一统'中，自可知矣。"[18] 大陆历史地理学者葛剑雄教授在他所著《统一与分裂——中国历史的启示》一书中认为："统一的主要标准应该是政治上的服从和一致，而不能仅仅根据制度上的相似和文化上的类同。"他还指出，中国历史上的中国代表了完善的国家制度和先进的文明，对周围的一些政权有很大的吸引力，但不能认为那些模仿和学习中国文化的政权就被中国"统一"了。[19] 他的观点提醒人们要正确地理解"统一"的观念。然而，正是因为受到"文一统"的"文明中心论"的浸淫，中国历代封建王朝对某些周边的国家或政权都采用了所谓的"封贡制度"，而不像昔日"大英帝国"那样的西方强权，用武力夺取和占领境外的土地，建立"日不落帝国"，在世界各地实行直接的殖民统治。据史料记载，公元1753年，菲律宾苏禄国苏丹曾上《请奉纳版图表文》给乾隆皇帝，请求将本国土地、丁户编入中国版图，但被谢绝。[20]当然，"封贡制度"是封建时代皇帝们的"大国沙文主义"表现，早已为中国人民所摒弃。

"大一统"的"文明中心论"使得历代统治者无不把倡导和维护中华文明作为其统治的基础；入主中原的少数民族统治者无不吸纳和融入中华文明以赢得其统治的合法性；知识分子则不断丰富、发展其理论内涵和制度实践，使得中华文明成为世界上唯一完整传承至今的古代文明。然而当"文明中心论"走向了极端，变得妄自尊大、固步自封、坐井观天的时候，那么昔日的文明就转化为现实的落后。当十七世纪英国发生工业革命，欧洲从中世纪的封建社会进化为近代资本主义的时候，中国的清王朝还沉浸在"康乾盛世"的痴迷之中，仍以"天朝大国"自居，闭关自守、关起门来做皇帝，结果"先进变落后"。从1840年鸦片战争开始，西方列强用坚船利炮粉碎了中国统治者的"天朝"梦，于是先有康梁"戊戌变法"，后有孙中山领导的民主革命，中国开始了创建现代中华文明的进程。

与时俱进的国家统一观

1949年以后，大陆在承续中华民族优秀传统的同时，也与时俱进地处理国家统一问题。自从邓小平提出"一国两制"的理论之后，大陆的统一观已经有了创新性的发展，不完全要求绝对的"政治上的服从"和制度上的一致，首创了一个国家中允许存在不同社会制度的理论。这一理论首先在香港和澳门付诸实践，证明它是正确、可行的。在两岸关系上，胡锦涛也提出了上文所说的论述。借鉴"大一统"的观念、两岸关系现在的特殊情况，也就是尚未统一，但主权和领土并未分裂，**两岸同属的"一中"是否可以称为"一统的中国"**呢？

关于中国的统一与分裂问题，最为中国人熟知的名言莫过于《三国演义》开篇的那句话："话说天下大势，分久必合，合久必分。"表面上看，作者罗贯中是机械的"历史循环论"者，但他紧接上文又说："周末七国纷争，并入于秦。及秦灭之后，楚、汉分争，又并入于汉。""分久必合"应当是罗贯中历史观的主导方面。实际上，《三国演义》最终的结局也是"降孙皓三分归一统"。正如杨向奎教授所言："盖自有《公羊》大一统学说以来，浸入人心，遂无不以中国之一统为常，而已分裂为变。"[21] 也就是说，**中国历史上的分裂是暂时的变动，而统一则是历史的必然**。

关于中国历史上的分裂问题，笔者认为，不应一概予以负面的排斥与批判，而应依据一分为二的辩证法和实事求是的唯物论来对待。中国历史上确实有为了个人的权欲，分裂国家、武装割据，甚至甘当"儿皇帝"的石敬瑭之流，但他们已经永远地被钉在历史的耻辱桩上，不齿于中华民族。但是如果以中国历史发展的宏观视野来看，**可以说分裂是中国社会"新陈代谢"进化过程中不可避免的一个阶段**。中国分裂的典型情况是由于旧政权腐败没落，或残暴失德而分崩离析，于是群雄并起，自立为王，如秦末之楚汉相争、汉末之三国鼎立。但是这些制造了分裂的"群雄"是要逐鹿中原、改朝换代，要做中国的新主人，而不是为了分裂中国，就像毛泽东主席诗词中所说的那样，"江山如此多娇，引无数英雄竞折腰"。所以，分裂之后，必有社会进步的统一，如战国之后的秦始皇大统一，开创了中央集权的封建制度；楚汉相争之后的汉朝统一，出现经济恢复发展的"文景之治"和汉武帝开通"丝绸之路"和驱逐匈奴、巩固边疆的"文治武功"。所以范文澜先生说："新朝代的兴起，总有一个社会比较安静的时期，民众多少获得一些休息的机会。等到这个朝代的暴君出现，一个新朝代又起来代替它。"他认为，这种朝代的递嬗"是有积极意义的"。[22]

中国历史上分裂力度之大、时间之长、破坏之巨莫过于南北朝时期。从公元 386 年至 534 年近一百余年的时间里，匈奴、鲜卑、羯、氐、羌等五个少数民族在中原地区先后建立了十六个王朝，烽火连年、生灵涂炭，造成了巨大的破坏。而公元 420 年至 589 年的南朝，则经历了宋、齐、梁、陈四朝"城头变幻大王旗"的动荡年代。但是在唯物史观者看来，南北朝，特别是北朝十六国频繁的战乱造成巨大的灾难，但又是不可避免的。旧时史学家称北朝时期是"五胡乱华"，但是柏杨版的《通鉴纪事本末》一书却把它称之为"华乱五胡"。柏杨先生认为是西晋王朝的"腐败和肆虐"使得各少数民族起兵反抗，建立自己的政权。笔者认同他的看法。但是一百余年的痛苦战乱却同时在黄河流域形成了汉族和北方各少数民族的大融合，中华文明扩大并发展了。据史料记载，魏明帝正光元年（公元 520 年）的户口数比西晋武帝太康年间增加了一倍，人口达到了三千余万。在文化上，留下了敦煌、云冈石窟等艺术瑰宝。范文澜先生说，北朝十六国"形式上是接连不断的战乱，实质上是文化程度不同的许多落后族在'野蛮的征服者总是被他们征服了的民族底较高的文明所征服'这个历史底永恒规律支配下，在中心地区进行融化运动"。[23] 北朝时期的这一民族大融合，以及后来元、清两朝更大规模的民族大融合，最终形成了今天费孝通先生称之为包括五十六个民族在内的"多元一体"的中国，这在世界历史上是鲜见的（美国可能是个例外），究其历史文化渊源，和"大一统"观念的另一个重要理论内涵是分不开的，那就是"华夷可变论"。

世界上所有的民族都有民族优越感，有的西方学者称之为"种族中心主义"。孔子在《春秋》中把华夏和狄夷分得很清楚，中国的四周是北狄、东夷、南蛮和西戎，但是他的"华""夷"之分不在种族，而是在是否"尊尊"，也就是是否接受华夏的礼仪文明。正如金耀基先生说："中国人对一个民族的评价不在其他，而在文化，故'种族中心主义'乃转而为'中国中心的文化主义'。"[24] 由于"华""夷"的分野不在种族而在文化，所以"华""夷"是可以互变的。孔子说："夷狄入中国，则中国之，中国入夷狄，则夷狄之。"他主张"有教无类"，提出"四海之内皆兄弟也"的观念（《论语·颜渊》）。孟子进一步以舜是东夷人、周文王是西夷人为例，提出"中国圣王无种说"。梁漱溟先生指出，这是"中国思想正宗"，"它不是国家至上，不是种族至上，而是文化至上"。[25] 已故美国著名汉学家费正清也指出，"中国的文化（生活方式）是比民族主义更为基本的东西"，"而不管其种族或语言的差别如何"。[26] 杨向奎先生认为，《公羊》学派"采纳孔子之夷夏可变之说，'大一统'理论遂至完善无尤的境界"，"这种理论对于维护中国之统一，以及民族间的团结与融合都起了无比的作用"。[27]

中国传统国家观中还有一个重要的内容是"正统"观念。公羊高没有明确提出"正统"这个命题，他认为，《春秋》在面对周室衰微、诸侯争霸的"礼崩乐坏"现实和"大一统"理念的矛盾时，采取了"实与而文不与"的所谓"春秋笔法"，就是对齐桓公等霸主，僭越了"礼乐征伐自天子出"的"无道"，但又"尊王攘夷"、"兴灭国"、维护了"文一统"的行为，在事实上不予否认，但文字上予以批判。直面这一矛盾的则是后世儒家的"正统"理论，"以补大一统说之不足"。[28]

　　"正统"说是中国史学界争议很大的学说。梁启超先生在《新史学·论正统》一文中说："正统之辩，昉于晋而盛于宋。"他严厉地批判了"正统"说："中国史家之谬，未有过于言正统者也。"梁任公一言九鼎，对史学界影响巨大；但"正统"论毕竟是中国传统国家观中具有重要影响的观念，应当对它谬误之处及合理成分给予辩证的分析。据王纪录和阎明两位学者所写的《正统论与欧阳修的史学思想》一文，是北宋的欧阳修"第一次从理论上对前代正统问题进行了批判总结……而且提出自己的历史价值标准，对后世产生了很大影响"。欧阳修批判了前人"正统"论中的"昧者之论"和"自私之论"。"昧者之论"是指邹衍等的"五德运转说"。这一学说把金、木、水、火、土相生相克的五行理论套用到王朝的更替上，完全是封建迷信的"天命论"。"自私之论"是指史家在写史时"偏私本朝"，把自己所在的王朝立为正统。如南北朝时期，东晋的史家把东晋立为正统，而北魏的史家则把北魏立为正统。欧阳修批评这种做法是"挟自私之心而溺于非圣之学"。他根据《公羊传》的"君子大居正"和"王者大一统"的观念，为"正统"确立了两条标准："居正"和"一统"。他解释说："正者，所以正天下之不正也；统者，所以合天下之不一也。"[29] 笔者认为，用现在的话说，"居正"就是伸张和维护正义；"一统"就是能完成国家的统一。从现在的观点来看，欧阳修为"正统"所立的这两条标准也是站得住脚的，因此他的"正统"理论至今仍有生命力。联系到今天海峡两岸的现实，"正统"观念则反映在谁代表中国这个问题上。六十余年来，两岸在这个问题上角力的过程可以说明，"居正"和"一统"仍然是解决问题的关键因素。后世儒家从"正统"理论中又提出所谓"偏统"、"伪统"等说法，笔者认为这些说法价值不大，不拟述评。

　　古希腊政治家和历史学家波利比奥斯有句名言："历史为从事公共事务的人提供了最好的训练。"笔者不是学习历史的，但是通过查阅历史学家们有关中华民族传统历史观和国家观的论述，得以更为深刻地理解了本章开头所引用的中山先生的两段话，更加坚信：国家一定要统一，这是中华民族伟大复兴的前提和标志；国家一定会统一，因为在中华民族历史的长河中，统一是"常"，是河水，分裂是"变"，是浪花。这是本书立论的依据。

注释：

[1]《孙中山全集》（第六卷），第五二十八至五二十九页。

[2]《孙中山全集》（第九卷），第三〇九页。

[3]《邓小平思想年谱（1975—1997）》，第二一二页。

[4] 同上注，第三六〇页。

[5] 参阅丹尼尔·布尔斯廷（Daniel Boorstin）：《美国人：建国的历程》（The Americans The National Experience），谢延光译，上海译文出版社。

[6] 参阅《美国历史简介》第一、二、三章。

[7] 同上注，第五章。

[8] 同注 2，第三〇四页。

[9] 范文澜：《中国通史简编》第三七至三九页，河北教育出版社。

[10] 平飞、樊小印："《公羊传》大一统思想新探"，《兰州学刊》2008 年第二期。

[11] 参阅李新霖：《春秋公羊传要义》第一章。

[12] 杨向奎：《大一统与儒家思想》第一页。

[13] 同注 10。

[14] 同注 12。

[15] 引自计秋枫："'大一统'的思想来源及其历史影响"，《光明日报》2008 年 6 月 21 日。

[16]《新华网》2005 年 3 月 4 日："胡锦涛提出新形势下发展两岸关系四点意见"。

[17]《新华网》2008 年 12 月 31 日："胡锦涛在纪念《告台湾同胞书》发表三十周年座谈会讲话"。

[18] 同注 11。

[19] 葛剑雄：《统一与分裂——中国历史的启示》第八四页。

[20]《老年文摘》2013 年 5 月 20 日："苏禄国东王和他的中国后裔"。

[21] 同注 12，第二七一页。

[22] 同注 9，第四五〇页，人民出版社 1961 年第二编修订版。

[23] 同上注，第五二九页。

[24] 金耀基："中国现代文明秩序的构建：论中国的'现代化'与'现代性'"，《深圳大学学报（人文社会科学版）》。

[25] 梁漱溟：《中国文化要义》第一五六页，上海人民出版社 2011 年第二版。

[26] 费正清：《美国与中国》第九三页，世界知识出版社 2000 年第四版。

[27] 同注 12，第六六页。

[28] 同上注，序言第二页。

[29] 王记录、闫明恕："正统思想与欧阳修的史学思想"，《贵州社会科学》1996 年第一期。

第一章　与时俱进：两岸关系与大陆对台政策

两岸关系作为政治语汇，是指隔台湾海峡相望的中国大陆地区和台湾地区之间的关系。现在，这不但对一般中国人来说已是耳熟能详；在国际上，凡是对中国事务有所了解的外国人也知道它（cross-Strait relations）的含义。这一关系的出现，从根源上说是由于上个世纪40年代末，中国国民党当局企图以武力剿灭中国共产党而发动内战，但却战败，于1949年退据台湾；中国共产党于同年10月1日建立中华人民共和国取代国民党政权。由于曲折复杂的国内和国际原因（主要是美国的干涉），六十余年来两岸一直处于分隔状态，也就出现了一个中国、但同属其领土的大陆和台湾尚未统一的一对特殊关系。然而，我们回顾一下一个甲子以来两岸关系演变的历史轨迹可以看到，1949年后三十年的时期内，国共之间的内战仍在两岸之间延续：大陆要"解放台湾"，台湾要"反攻大陆"，双方政治上水火不相容、军事上冲突对峙。双方均视自己为中国的唯一合法代表，对方为"叛乱团体"，是"零和"关系，因此鲜见"两岸关系"的政治术语。两岸间具有接触、交流、互动意义上的"关系"则发端于1979年元旦全国人民代表大会常务委员会发表的《告台湾同胞书》。大陆做出了和平统一祖国的重大战略调整，对台工作开启了新的历史时期，并使两岸积存了一个世代的政治敌对、军事对抗的坚冰开始破裂。

同一时期，台湾岛内形势也激烈震荡。在大陆和平攻势的冲击下，岛内要求改变对大陆敌意，恢复两岸往来，开放经贸、文化、人员等各方面交流的呼声更为强烈。1986 年底，岛内爆发了蓄势已久的老兵及大陆籍民众要求返乡探亲的浪潮。同时，岛内的分裂势力在美国、日本等国的某些政治势力的支持下也迅速膨胀。1986 年 9 月 28 日，反对国民党当局的各种"党外"人士联合在一起成立"民主进步党"。该党开始揭橥"政党竞争"、"住民自决"的旗号挑战国民党"政权"，但很快滑向"台独"的分裂道路。国际上，1979 年 1 月 1 日，中国和美国正式建立了外交关系，美国与台湾当局"断交、废约、撤军"。台湾当局陷于难以逆转的"外交"孤立境地。

在来自上述三方面的巨大压力下，台湾当局领导人蒋经国不得不调整他的大陆政策。1980 年 6 月 10 日，他提出要以"三民主义统一中国"，实际上放弃了"反攻大陆"政策；他所坚持的和大陆"不接触、不谈判、不让步"的"三不"政策也难以为继。1987 年春，他把"三不政策"调整为"官民有别"的"新三不政策"，即对两岸民间的接触采取"不鼓励、不支持、不压制"的做法。但这种"犹抱琵琶半遮面"的调整显然满足不了台湾民众的要求。1987 年 11 月 2 日，已病入膏肓的蒋经国显然意识到时不我待，终于做出历史性的抉择，宣布开放台湾一般民众到大陆探亲，结束了两岸同胞近四十年骨肉分离的隔绝状态。闸门一开，台湾和大陆之间的各种往来就势不可挡地开展起来。1979 年至 1987 年这几年成为两岸关系发生历史性转折的重要时期。

台湾岛内人士也把 1979 至 1987 年这段时期视为两岸关系演进过程中重要的历史坐标之一。时任大陆工作委员会（以下简称陆委会）"副主委"的马英九在 1992 年所著《两岸关系的回顾与前瞻》一书中，把四十余年来的两岸关系划分为三个阶段。第一阶段从 1949 年至 1978 年，是"军事冲突时期"；第二阶段从 1979 年至 1987 年，是"和平对峙时期"；第三阶段是 1987 年之后的"民间交流时期"。[1]

回顾一下 1949 年以来大陆处理台湾问题的政策，笔者也把它分为三大阶段，即从 1949 年至 1955 年的"武力解放台湾"时期；1956 年至 1979 年为争取"和平解放台湾"时期；1979 年以后开始的力争"和平统一"历史时期。下面对这三个时期的演进做一个概述。

武力解放台湾时期（1949—1955）这一时期的政策是 1946 年后期爆发的中国内战的自然延续。

当年，蒋介石领导的国民党政权发动了旨在消灭中国共产党的内战。但是到了 1948 年末，内战态势出现了转折性变化。中国共产党领导的中国人民解放军由弱变强，相继取得了辽沈、平津、淮海三大战役的胜利，势如破竹地进军各地，解放全国已指日可待。蒋介石预感败局已定，开始谋划退路。经过幕僚从政治、经济、地理等各方面的权衡、论证，他决定东撤台湾，并于 1948 年底开始实施相关部署。根据这一情况，1949 年 3 月 15 日，新华社发表了题为《中国人民一定要解放台湾》的社论，指出："中国人民包括台湾人民绝对不能容忍国民党反动派把台湾作为最后挣扎的根据地。中国人民解放军的任务就是解放全中国，直到解放台湾、海南岛和属于中国的最后一寸土地为止。"这是首次提出"解放台湾"的口号。[2] 6 月，蒋介石飞往台北，12 月"国民政府"亦迁往台湾。12 月 31 日，中共中央发表《告前线战士和全国同胞书》，明确提出中国人民当时的重要任务就是"解放台湾，完成统一中国的事业。"[3] 1950 年 6 月初，中共中央召开七届三中全会，一个重要议题就是解放台湾。会议决定成立解放台湾的前线指挥部，由粟裕大将任总指挥，并由毛泽东主席确定了"现在要加紧准备，没有绝对把握不发兵"的作战方针。确定这一方针的背景是，1949 年 10 月中旬，福建前线的解放军部队曾攻打金门，但由于大意轻敌，在兵力不足、不谙海战的情况下，强行攻岛，结果遭受严重挫败。[4] 时至 1954 年 8 月，周恩来在接见一外宾时仍说，解放台湾要有步骤地进行，"因为中国海军还未锻炼好，各方面的准备还需要时间"。[5]

七届三中全会结束不久，6 月 25 日朝鲜战争爆发，美国改变了在台湾问题上的立场。此前，随着解放军挺进全国各地，美国曾认为台湾的解放是迟早的事，为了从中国内战的泥潭中脱身，经过激烈辩论，最终做出了不干涉台湾的决定。1950 年 1 月 5 日，杜鲁门总统发表声明称："美国目前无意在台湾获取特别利益或特权，或建立军事基地"；"不拟使用武装部队干预其现在局势"；"美国政府也不拟对在台湾的中国军队提供军事援助或意见"。他在记者招待会上明确表示："台湾不是独立的，是中国政府治下中国的一部分"。1950 年 1 月 12 日，国务卿艾奇逊还宣布了所谓的"艾奇逊红线"，即美国将防卫从阿留申群岛经日本到菲律宾一线以东地区，将台湾排除在外。但朝鲜战争爆发使美国的立场发生了 180 度的改变。6 月 27 日，杜鲁门抛出"台湾地位未定论"，声称："台湾未来地位的决定，需等到太平洋安全恢复之后，由对日和约或由联合国决定。"他下令派遣第七舰队游弋台湾海峡、第十三航空队进驻台湾，公开以武力阻止中国人民解放军进军台湾。[6] 大陆立即对此做出强烈而明确的反应。28 日，周恩来总理兼外长发表严正声明，指出：这"是对于中国领土的武装侵略，对于联合国宪章的彻底破坏"。"不管美帝国主义者采取任何阻挠行动，台湾属于中国的事实，永远不能改变；这不仅是历史的事实，且已为开罗宣言、波茨坦宣言及日本投降后的现状所肯定。我国全体人民，必将万众一心，为从美国侵略者手中解放台湾而奋斗到底。"[7] 1954 年 12 月 2 日，美国更进一步和台湾当局签订"共同防御协定"，强化"武力保台"。美国的插手和干涉成为解决台湾问题的最大国际障碍。在国内、国际两大因素的交互作用下，大陆"武力解放台湾"的努力被延宕下来。需要指出的是，在这一时期，大陆并没有排除和平解决台湾问题的可能性。在国民党政府中曾担任军政要职的张治中先生，经中共中央和毛泽东批准为争取和平解决台湾问题曾做过努力。1950 年 3 月 11 日，毛泽东在发给张治中的电报中说："先生现在正从事之工作极为重要，尚希刻意经营，借受成效。"[8]

探索"和平解放台湾"时期（1956—1979）五十年代中期，国内、国际形势都发生了变化，大陆的对台政策也随之调整，提出"和平解放台湾"的构想，但"武力解放台湾"仍是主线。

1953 年 7 月，朝鲜停战协定签订；1954 年 7 月越南停战协定签订；中国周边的国际形势出现缓和。1956 年中国共产党第八次全国代表大会确定党和国家的中心任务是发展生产力、实现工业化，逐步满足人民日益增长的物质和文化需要。在国际、国内形势发生变化的过程中，大陆相应调整了对台政策。

1955 年 4 月，周恩来总理兼外交部长在访问缅甸期间和吴努总理会谈时说：中国同蒋介石集团之间的战争是内战的继续，过去没有现在也不允许外来干涉。如果美军撤退，我们是可能用和平的方式解放台湾。只要蒋介石同意中国的和平和统一，同意和平解放台湾，并派代表来北京谈判，我们相信即使蒋介石本人中国人民也会宽恕他。但是蒋介石集团必须承认中央人民政府，不能自称代表中国。[9] 5 月 31 日，周恩来在第一届全国人民代表大会常务委员会第十五次扩大会议上宣布："中国人民解放台湾有两种可能的方式，即战争的方式和和平的方式。中国人民愿意在可能的条件下，争取用和平的方式解放台湾。"[10] 这是大陆第一次公开提出和平解放台湾的主张。

1956 年 1 月，毛泽东在最高国务会议上讲："古人有言，不咎既往。只要现在爱国，国内国外一切可以团结的人都团结起来，为我们的共同目标奋斗。"他特别指出，比如台湾，那里还有一堆人，他们如果是站在爱国主义立场，如果愿意来，不管个别的也好，部分的也好，集体的也好，我们都要欢迎他们为我们的共同目标奋斗。毛泽东还宣布："国共已经合作了两次，我们还准备进行第三次合作。"此后，毛泽东和周恩来在不同场合提出了和平解放台湾的具体方针政策。其要点概括起来有：（1）省亲会友、来去自由。中国政府充分理解在台湾的国民党军政人员早日与家人团聚的心情和愿望，他们可以同在大陆的亲友通讯，可以回大陆省亲会友，各级人民政府保证来去自由并提供各种方便和协助。（2）既往不咎、立功受奖。凡是愿意走和平解放台湾道路的，不论先后，不论任何人，也不论过去犯过多大罪过，中国人民都将宽大对待，不咎既往；凡是在和平解放台湾中立了功的，中国人民都将按照立功大小，给予应得的奖励和适当的位置。台湾只要与美国断绝关系，可以派代表回来参加全国人民代表大会和政协全国委员会，但外国军事力量必须撤离台湾海峡。（3）国共合作、爱国一家。国民党和共产党合作过两次，第一次合作有国民革命军北伐的成功，第二次合作有抗战的胜利，这都是事实。和为贵，爱国一家，爱国不分先后。台湾问题是内政问题，共产党准备与国民党进行第三次国共合作。（4）和平解放，互不破坏。和平解放台湾的可能性在增长。不但台湾同胞希望回到祖国怀抱，就是那些跑到台湾去的国民党军政人员，也有越来越多的人看到，只有实现统一，才是他们唯一的出路。如果台湾回到祖国，一切可以照旧，但是不要派特务来破坏，大陆也不派"红色特务"去破坏他们。

1958年8月，毛泽东为了挫败美国策划的两岸"划峡而治"的"两个中国"图谋，发动了"炮击金门"一役。其后，中国共产党又对解决台湾问题提出许多重要原则。1960年5月22日，毛泽东主持中共中央政治局常委会议，研究了对台工作问题，认为台湾宁可放在蒋氏父子手里，不可落到美国人手中；对蒋介石我们可以等待，解放台湾的任务不一定要我们这一代完成，可以留交给下一代人去办；现在要蒋过来也有困难，逐步地创造些条件，一旦时机成熟就好办了。[11]

在此期间，蒋介石的"反攻大陆"政策也逐渐"松动"。1955年到1960年，他的讲话和发布的文告仍然坚持要"反共复国"，攻击大陆提出"和平解放台湾"政策"是欺骗大陆上的同胞"，但他并没有放弃大陆调整政策的机遇，以不公开的方式派人到大陆接触、摸底。据曾任周恩来总理办公室主任、参与对台工作的童小鹏先生在他的回忆录《风雨四十年》中披露，1957年春，台湾方面派"立法委员"宋宜山到北京"实地考察"。中共领导告诉他，国共两党可通过对等谈判实现和平统一。统一后，台湾作为中国政府统辖下的自治区，实行高度自治；台湾的政务仍归蒋介石领导，中共不派人前往干预；国民党可派人参加全国政务的领导，但外国军事力量一定要撤离台湾海峡。除宋宜山之外，蒋介石还派雷啸岑、吴铸人等人到大陆和中共高层接触。[12]

其后，台湾当局誓言武力"反攻大陆"的基调有了明显变化。1961年发布的元旦文告不同以往地提出："民族大义与三民主义的信念，是解决大陆匪祸的决胜力量。"1962年的元旦文告则表示，"对三民主义制胜共产主义具有绝对信心"，"反攻步骤政治先于军事"。蒋介石的大陆政策显然开始从军事转向政治。1967年的元旦文告提出，"解决当前中国问题，政治重于军事"；同年的"国庆文告"提出的"讨毛救国"的战略方针是"要以时间换取空间"。有的台湾学者认为，这一时期的两岸政治关系已出现了从"热战"到"冷战"的转折。[13]

与此同时，大陆也利用和国民党高层有深交的人士和其他秘密渠道，把大陆和平解决台湾问题的信息转达给蒋介石、蒋经国父子以及"副总统"陈诚。在此过程中，大陆形成了一套和平解决台湾问题的政策，经毛泽东批准，周恩来把它归纳为"一纲四目"。一纲是台湾必须统一于中国。四目是：（1）台湾统一于祖国后，除外交必须统一于中央外，台湾之军政大权、人事安排等悉委于蒋介石。（2）台湾所有军政及经济建设一切费用不足之数，悉由中央拨付（当时台湾每年赤字约八亿美元）。（3）台湾的社会改革都可以从缓，必俟条件成熟并尊重蒋介石的意见，协商决定后进行。（4）双方互不派特务，不做破坏对方团结之举。毛泽东一再表示，台湾当局只要一天守住台湾，不使台湾从中国分裂出去，大陆就不改变目前的对台关系。[14]

由于两岸"密使往来"和"一纲四目"的提出是大陆对台政策从"和平解放台湾"到"和平统一、一国两制"的承前启后的重要过渡，笔者将在第二章中予以记述。

为了和平解放台湾，还必须克服美国插手和干涉的外部障碍。中国政府在处理台湾问题时，一直把与台湾当局之间的问题和外国势力的插手和干涉区分开来，坚决反对美国的干涉。1955年4月30日，周恩来出席在印度尼西亚万隆召开的亚非会议后，致电中共中央并毛泽东，发出《关于出国后在各地商谈台湾问题的报告》。《报告》中说，他和一些国家领导人说明的立场和意见是："在台湾问题中存在两个性质不同但又相互关联的问题。中国人民解放台湾是行使自己的主权，争取领土完整和中国的完全统一是内政问题。"中国和蒋介石集团的关系是内政问题。"美国侵占台湾、干涉中国人民解放沿海岛屿造成了台湾地区的紧张局势。因此中美之间的关系是国际性问题。"[15]为此，大陆采取一系列主动行动敦促美国政府和中国政府谈判。在万隆会议期间，周恩来发表声明表示："中国人民同美国人民是友好的。中国人民不要同美国打仗。中国政府愿意同美国政府坐下来谈判，讨论缓和远东紧张局势问题，特别是缓和台湾地区紧张局势问题。"[16]周恩来根据在会议期间的外交接触和国际形势发展的评估，认为"美国是需要同中国谈判的"。[17]事实证明周恩来的判断是正确的。周恩来的倡议得到美国的响应。1955年8月，中美两国开始大使级谈判，先在日内瓦，后在华沙，一直谈到1970年，历时十五年，谈了一百三十六次，核心就是台湾问题。

大陆虽然在1955年提出了"和平解放台湾"的主张，但仍然立足于"武力解放台湾"。1956年1月，周恩来在政协二届二次会议上说："**除了积极准备在必要的时候用战争方式解放台湾以外，努力争取用和平方式解放台湾。**"（黑体部分是毛泽东加写和改写的。[18]）实际上，从1954年到1979年大陆宣布正式结束"炮击金门"，两岸之间曾发生三次大的武装冲突或"台海危机"。一次是1955年初解放一江山岛和大陈岛；一次是1958年8月开始"炮击金门"；另一次是从1961年4月起，蒋介石开始施行"反攻大陆"的"国光计划"，先后对大陆东南沿海组织了五次较大规模的武装袭扰，但均告失败。1965年11月在崇武以东海战中惨败后，计划名存实亡，到1972年7月宣告结束。

上世纪50年代中期以后，虽然两岸军事对峙和冲突仍然持续，但大陆"和平解放台湾"的努力一直在加强。为此，1956年中央还成立了"对台工作领导小组"，由曾任中共中央调查部部长、外交部常务副部长和解放军副总参谋长的李克农和曾任解放军总参谋长、公安部长的罗瑞卿负责，徐冰参加，童小鹏、罗青长和凌云做具体工作。[19]但是，在60年代中期，大陆开始"文化大革命"，对台工作受到极"左"思潮的干扰，走了一段回头路。1966年6月27日，《人民日报》发表了一篇题为"一定要把五星红旗插到台湾"的社论，重提"一定要解放台湾"的口号；1969 年 4 月，林彪在中共九大做报告时说，"中国革命的胜利是打出来的"，中国人民和解放军一定要解放台湾。同时，"文革"的恶劣影响也使台湾当局产生大陆"濒临崩溃"的预期，实施了"国光计划"，企图乘机"反攻大陆"，也走了一段从"政治"回到"军事"的弯路。

但是，内外形势发展的趋势还是有利于大陆的和平努力。1971 年 2 月，联合国通过二七五八号决议，承认中华人民共和国为全中国唯一合法代表，台湾国民党当局只能退出联合国；1972 年 2 月美国总统尼克松访问中国，两国签署《上海公报》，美方表示，台湾海峡两岸所有中国人都认为只有一个中国，台湾是中国的一部分，美国政府对这一立场不持异议；1972 年，中国和日本恢复外交关系，日本和台湾当局断交；1976 年 9 月，大陆粉碎"四人帮"，"文革"结束，对台工作重整旗鼓，时任中共中央主席华国锋表示"要在我们这一代解决台湾问题"；1978 年 7 月，中央对台工作领导小组恢复工作，由中共中央副主席汪东兴领导；[20] 1978 年 11 月，中共召开十一届三中全会，决定改革开放，改变了国家发展战略；1979 年 1 月 1 日，中国和美国建交，美国和台湾当局"断交、废约、撤军"。大陆和国际环境发生的一系列重大变化，必然促使大陆的对台政策相应地进行调整，开始了"和平统一，一国两制"具有战略性转折的新阶段。

"和平统一、一国两制"时期（1979— ）这一政策是中国改革开放的总设计师邓小平所做的关于中国发展道路的历史性战略转折的必然产物。1978 年 12 月 18 日，中国共产党召开十一届三中全会，会议决定把党和政府的工作重心转移到经济建设上来，确信中国的所有问题，包括台湾问题，只能在发展中解决，并把实现中国统一列为八十年代三大任务之一。中美关系正常化以及和平发展为世界潮流的有利国际形势，也为确立和平解决台湾问题创造了条件。可以预期，除非发生重大的变故，"和平统一、一国两制"将是大陆解决国家统一问题最基本的政策。不管未来解决问题的形式是什么，但其实质不会改变。为确保和平统一，大陆也不会放弃使用武力。因为这一政策是大陆完成国家统一的顶层设计，笔者将做较细化的介绍。

（一）**提出和具体化阶段**。1979 年元旦，全国人大常委会发表《告台湾同胞书》，这是大陆和平统一战略的起始坐标。

中国共产党召开十一届三中全会之前两天，即 12 月 16 日（美国时间 15

日），中美两国同时在各自首都发表建交联合公报。公报一发表，邓小平即指示有关负责人起草一份关于台湾问题的文告。据起草文告的原《人民日报》总编辑谭文瑞回忆，邓小平要求文告主要强调统一问题，"不仅要说给台湾的老百姓听，也要说给台湾当局，他们能够听得进去"。文告稿经中共中央政治局和五届全国人大常委会讨论后通过，于元旦发表。[21] 这一天邓小平非常高兴，他说："1979 年元旦是个不平凡的日子，说它不平凡，不同于过去的元旦，有三个特点：第一，是我们全国工作的重点转移到四个现代化建设上来；第二，中美关系实现了正常化；第三，把台湾回归祖国、完成祖国的统一大业提到具体日程上来。因此，今年这个元旦是值得特别高兴的日子。这三个特点，反映了在粉碎'四人帮'之后，我们在国内工作和国际事务中都取得了相当大的成就。"[22] 这三件大事是相互关联的，开始于同一起跑点上。

《中国台湾问题》一书把《告台湾同胞书》的主要内容归纳为四点：（1）强调在解决统一问题时，"一定要考虑台湾的现实情况"，"尊重台湾的现状和台湾各界人士的意见，采取合情合理的方法，不使台湾人民蒙受损失"。（2）提出"我们寄希望于台湾一千七百万人民，也寄希望于台湾当局"，并肯定"台湾当局一贯坚持一个中国的立场，反对台湾独立，这就是我们的共同立场，合作的基础"。（3）提出"首先应当通过中华人民共和国政府和台湾当局之间的商谈，结束这种军事对峙状态"。（4）提出"双方尽快实现通航通邮"，"发展贸易，互通有无，进行经济交流"（后来概括为"三通"）。邓小平曾说，《告台湾同胞书》"表明了我们的态度是真诚的，是合情合理的"。[23] 原中共中央台办、国务院台办主任王毅指出，《告台湾同胞书》的历史意义是"首次宣示了争取实现和平统一的方针政策，标志着我们党在解决台湾问题上的理论和实践进入了一个新的时期"。[24]

为了更具体地阐述《告台湾同胞书》的主张，全国人大常委会委员长叶剑英 1981 年 9 月 30 日以对新华社记者发表谈话的形式，提出了九条具体方针政策，俗称"叶九条"，其核心内容是：（1）建议举行中国共产党和中国国民党两党对等谈判，实行第三次国共合作。（2）提出"通邮、通商、通航、探亲、旅游以及开展学术、文化、体育交流"的主张。（3）提出国家统一后，"台湾可以作为特别行政区，享有高度的自治权，并可保留军队"，"台湾现行社会、经济制度不变，同外国的经济、文化关系不变，私人财产、房屋、土地、企业所有权、合法继承权和外国投资不受侵犯"。（4）提出"台湾当局和各界代表人士，可担任全国政治机构的领导职务，参与国家管理"。[25] 1982 年 1 月 11 日上午，邓小平在会见美国华人协会主席李耀滋时说："九条方针是以叶剑英名义提出来的，实际上就是一个国家两种制度。"[26] 这是邓小平首次使用了"一个国家，两种制度"的提法。由于这是一次内部谈话，当时并没有发表。1983 年 6 月 26 日，邓小平在会见美国西东大学教授杨力宇时则更具体、完整地阐述了"和平统一，一国两制"的大政方针，俗称"邓六条"。

（二）确立"和平统一、一国两制"为实现国家统一的大政方针。《中国台湾问题》一书将"邓六条"的主要内容归纳为：（1）台湾问题的核心是祖国统一。和平统一已成为国共两党的共同语言，从而构成了第三次国共合作的基础。（2）坚持一个中国，制度可以不同，但在国际上代表中国的，只能是中华人民共和国。（3）不赞成"完全自治"的提法，"完全自治"就是"两个中国"。自治应有一个限度，条件是不能损害统一的国家利益。（4）统一后，台湾作为特别行政区，可以实行和大陆不同的社会制度，可以有其他省市自治区所没有而为自己所独有的某些权力。拥有立法权和司法权，终审权不须到北京。台湾还可以有自己的军队，只是不能构成对大陆的威胁。大陆不派人去台湾，不仅军队不去，行政人员也不去。台湾的党政军等系统，都由台湾自己来管，中央政府还要给台湾留出名额。（5）和平统一不是大陆把台湾吃掉，也不是台湾把大陆吃掉，所谓"三民主义统一中国"是不现实的。（6）实现统一的适当方式是举行国共两党平等会谈，实行第三次国共合作，不提中央与地方谈判，双方达成协议后，可以正式宣布，但不允许外国势力插手，那只能意味中国还未独立，后患无穷。[27]

邓小平提出"一个国家，两种制度"的构想是为了解决台湾问题，但首先要付诸实践的却是解决香港回归祖国问题。因此大陆立法机构适时启动立法程序为这一政策设计提供法律依据。1982 年 12 月，五届人大五次会议通过《中华人民共和国宪法》（简称《八二宪法》），其中第 31 条规定："国家在必要时得设立特别行政区。在特别行政区内实行的制度按照具体情况由全国人民代表大会以法律规定。"这是"和平统一，一国两制"政策的宪法依据。同时，中共中央加强了对台工作的领导，1987 年 8 月，中共中央军委常务副主席杨尚昆出任中共中央对台领导小组组长。

上世纪 80 年代中后期，大陆、台湾和国际形势都发生了重大变化。上文提到，1987 年 11 月台湾当局开放了台湾同胞赴大陆探亲，两岸的交流、交往出现重要转机，因此衍生了一系列不能不解决的问题，如两岸婚姻、财产继承、走私犯罪等问题。台湾当局为因应这种新形势，采取了一系列行政、立法及其他相应措施：1990 年 9 月，台湾当局以"任务编组方式"设立"国家统一委员会"；11 月成立了面向大陆的授权"民间中介机构""财团法人海峡交流基金会"；次年 1 月在"行政院"内设立"大陆委员会"；2 月"国统会"通过"国家统一纲领"；1992 年 7 月颁布"台湾地区与大陆地区人民关系条例"。同一时期，大陆也从机构设置上采取了推进两岸关系缓和与发展的措施。1989 年 1 月，大陆成立了国务院台湾事务办公室；1991 年 3 月，国台办和中共中央台湾工作办公室合并，一个机构两块牌子；同年 12 月，成立海峡两岸交流协会。

海基、海协两会的成立，使两岸第一次有了"民间"的、但得到充分授权的协商与谈判平台，起着两岸对口权力部门协商处理相关事务的重要功能。1992 年三月下旬，两会在北京进行了首次事务性协商。同年 10 月底，两会在香港专门就一个中国原则问题进行了磋商，并于会后通过交换信函达成各自以口头方式表述"海峡两岸均坚持一个中国原则"的"九二共识"。在这个共识的基础上，两会进行了 20 余轮的磋商，并于 1993 年 4 月在新加坡举行了两会领导人汪道涵和辜振甫的会谈，达成四项协议。"九二共识"是两岸就最核心的一个中国原则问题达成的具有重要历史意义的政治共识，是至今乃至今后一段时期内两岸关系的政治基础。因为它在两岸关系中的特殊重要性，本书将在第三章予以介绍。

然而，两岸关系发展的良好势头，使得本质上主张"台湾独立"的台湾当局领导人李登辉惴惴不安，开始有计划、有步骤地阻挠、破坏两岸关系的发展，其核心是否定一个中国原则。

1988 年 1 月，蒋经国病逝，"副总统"李登辉继任。李登辉"台独"本质的显露大体经过了四个阶段。第一阶段从 1988 年到 1991 年。这一时期，李登辉初执权柄、羽翼未丰，因此极力装扮成蒋经国的"忠实信徒"，口头上坚持一个中国立场，要继承蒋经国的"立足台湾，放眼大陆，胸怀全中国的一贯精神"，成立了"国家统一委员会"。第二阶段是从 1991 年修改"中华民国宪法"到 1994 年陆委会发表"台海两岸关系说明书"，李登辉实际上确立了"两个中国"的政策，但用"两个对等政治实体"定位两岸关系，在宣示上仍表示"中华民国"主权及于大陆，但"治权"仅及台湾、澎湖、金门、马祖和其他岛屿。第三阶段是从 1994 年到 1999 年 7 月，李登辉将一个中国定位为"历史、文化、血缘"的中国，仅存在于 1949 年以前和将来统一之后，两岸关系是"阶段性两个中国"。最后一阶段的尾声是从 1999 年 7 月他抛出"两国论"开始到次年 3 月国民党在"大选"中丢掉政权，李登辉被迫辞去国民党主席职务。7 月 9 日，李登辉接受"德国之声"电台记者采访时称两岸关系是"国与国"、至少是"特殊的国与国"关系，彻底抛弃了所有的伪装。[28]

李登辉之所以敢于脱掉伪装、显露本色也有国际背景。继 1989 年大陆发生的政治风波之后，1991 年苏联解体，国际上反共思潮膨胀；反华势力加紧推行"分化、西化"大陆的图谋，从而加大了"以台制华"的力度。1992 年，美国政府决定向台湾出售 150 架 F16 战斗机，公然背弃了它在中美"8·17 公报"所做的承诺。1994 年，美国政府又"重新评估"其对台政策，提升了和台湾的"实质关系"。同时，李登辉大力推行"务实外交"，通过金钱收买等各种手段增加了"邦交国"数量。1993 年，他开始鼓动"参与联合国"，企图在国际上制造"两个中国""一中一台"的局面。

在这样的背景下，大陆为了维护并进一步推动两岸关系继续朝着积极的方向发展，特别是在"汪辜会谈"后，两岸政治会谈应当提上日程。1995 年 1 月 30 日，在中国农历新年的前夕，时任中共中央总书记和国家主席的江泽民发表了《为促进祖国统一大业的完成而继续奋斗》的讲话，提出了在新形势下贯彻"和平统一、一国两制"、推动两岸协商谈判的八项基本方针和工作纲领，俗称"八项主张"或"江八点"。

（三）**江泽民的八项主张**。八项主张的主要内容是：（1）"坚持一个中国的原则，是实现和平统一的基础和前提。"坚决反对一切形式的"台独"和分裂活动。（2）"对于台湾和外国发展民间性经济文化关系，我们不持异议。"但反对台湾当局旨在制造"两个中国"、"一中一台"的所谓"扩大国际生存空间"的活动。（3）"进行海峡两岸和平统一谈判。"在谈判的过程中，可以吸收两岸各党派、团体有代表性的人士参加。在一个中国的前提下，什么问题都可以谈，包括台湾当局关心的问题。作为第一步，可先就"在一个中国的原则下，正式结束敌对状态"进行谈判，并达成协议。在此基础上，共同承担义务，维护中国的主权和领土完整，并对其后的两岸关系进行规划。

（4）"努力实现和平统一，中国人不打中国人。"同时，不承诺放弃使用武力，这是针对企图分裂中国、阻挠统一的外国势力。（5）"不以政治分歧去影响、干扰两岸经济合作。"加速实现两岸直接"三通"。（6）中华文化"是维系全体中国人的精神纽带，也是实现和平统一的一个重要基础"。两岸同胞要共同继承和发扬中华文化的优秀传统。（7）"充分尊重台湾同胞的生活方式和当家做主的愿望，保护台湾同胞的一切正当权益"；"欢迎台湾各党派、各界人士，同我们交换有关两岸关系与和平统一的意见，也欢迎他们前来参观、访问。"（8）"欢迎台湾当局的领导人以适当身份前来访问，我们也愿意接受台湾方面的邀请，前往台湾。"[29]

江泽民的"八项主张"可以说是中国共产党第三代领导集体对台政策的地标。至今，它们仍然是大陆在进行两岸谈判问题上所持的基本立场。

为了应对"江八点"，李登辉4月8日发表有六项主要内容的讲话，俗称"李六条"。他一方面说"大陆与台湾均是中国领土"、台湾当局坚持统一目标、发展两岸经贸等方面往来，虚与委蛇；另一方面则再次声言"台湾与大陆分别有两个互不隶属的政治实体治理，形成了海峡两岸分裂分治的局面"，两岸要"平等参与国际组织"，并把大陆公开声明放弃使用武力作为两岸协商正式结束两岸敌对状态的先决条件。[30]在李登辉开出这些条件阻挠两岸谈判的同时，他不惜重金通过美国"卡西迪"（Cassidy & Associates）等公关公司进行游说活动，借口访问他母校康奈尔大学，实现他以美国为"突破点"的"分裂中国"计划。1995年5月3日、9日，由共和党控制的美国众议院和参议院分别通过要求民主党政府同意李登辉访美的决议案。美国国务院在声明不接受李登辉来访之后仅一周，突然不顾信义宣布允许李登辉"以私人身份"访问康奈尔大学。大陆对此做出中美建交以来最强烈的反应。5月23日，国务院副总理兼外长钱其琛召见美国驻华大使芮效俭，向美方提出强烈抗议。5月26日，外交部宣布推迟国务委员兼国防部长迟浩田6月访美，国务委员李贵鲜和空军司令员于振武分别中止了在美国的访问。6月8日，李登辉来到康奈尔大学并发表了鼓吹"中华民国在台湾"的"台独"色彩明显的政治演说。6月16日，中国驻美大使李道豫奉召"回国述职"。7月、8月、11月及次年的3月，中国人民解放军在台湾海峡和台湾附近海域进行了四次军事演习，包括两次地对地导弹发射演习，以此来表明大陆不惜一切代价维护主权和领土完整的决心。[31]关于被称为"1995—1996年台海导弹危机"的有关情况，本书将在第四章中予以评述。对于台湾当局，海协会中止了和台湾海基会就汪道涵会长访问台湾的磋商。1995 年 9 月 3 日，江泽民在北京各界纪念抗日战争暨世界反法西斯战争胜利五十周年的大会上说："中国共产党和中国政府决心用一切手段维护祖国的主权和领土完整。任何外来的或内部的分裂中国的图谋，都注定要失败。"[32]

李登辉访美，无论在岛内、两岸关系、中美关系、也包括美台关系中，都是一起严重事件。台湾陆委会前主委苏起在他所著《危险边缘》一书中说："它不只改变了中华民国的大陆政策及两岸关系，也改变了美国的角色及美国与中共的关系。它更重重冲击了台湾内部的政治生态。到今天许多事情的起点都可以上溯到康奈尔访问之行。"[33]

李登辉"台独"本质的暴露有一个过程。到 1994 年台湾陆委会发表"台海两岸关系说明书"，特别是李登辉和日本作家司马辽太郎做了《身为台湾人的悲哀》的谈话后，大陆基本断定李登辉是"台独"分子。但是为了维护和发展两岸关系，江泽民还是提出了"八项主张"，但李登辉已经踏上了"台独"的不归路。1999 年 7 月 9 日他抛出"两国论"，大陆立即做出迅速而强烈的反应，开始了新一波声势浩大的反"台独"的斗争。对于反"两国论"和后来反陈水扁的"一边一国论"的斗争，本书将在第五章中予以介绍。可以说，李登辉访美标志着大陆的对台工作从"促统反独"转向"反独促统"，重点有所调整。2000 年 3 月，主张"台独"的民主进步党赢得台湾"大选"而上台执政，大陆反"台独"斗争进入了更为严峻和复杂的新阶段。2002 年中国共产党召开第十六届全国代表大会，选举胡锦涛为总书记。对台工作是第四代中共领导集体面临的最重大的挑战之一，也是台海局势出现了有利于和平统一的战略性转折时期。

（四）胡锦涛时期的对台政策。中共第四代领导集体的对台政策可分为两个阶段。从 2002 年到 2008 年以反"台独"为中心的阶段和 2008 年以后的构建两岸和平发展框架阶段。但是，这两个阶段是相互联系的，第一阶段实际上是为第二阶段的目标创造条件；而且在毫不放松反"台独""硬的一手"的同时，把推进两岸经济、文化以及人员各方面往来的"软的一手"作为反"台独"的重要组成部分。在"台独"活动猖獗的情况下，仍然"牢牢把握两岸关系和平发展的主题"。台湾的很多评论把胡锦涛的对台政策形容为"硬的更硬，软的更软"。

在第一阶段，胡锦涛第一次专门就对台政策发表的谈话，是他在2003年3月11日参加十届人大一次会议台湾代表团审议时，就台湾问题提出的四点意见："一是要始终坚持一个中国原则；二是要大力促进两岸的经济文化交流；三是要深入贯彻寄希望于台湾人民的方针；四是要团结两岸同胞共同推进中华民族的伟大复兴。"[34] 2005年3月4日，他在看望参加全国政协十届三次会议的中国国民党革命委员会（民革）、台湾民主同盟（民盟）、中华全国台湾同胞联谊会（台联）委员并参加他们讨论时，发表了"在新形势下发展两岸关系的四点意见"，进一步阐述了对台方针政策。这四点意见是：（1）坚持一个中国原则决不动摇；（2）争取和平统一的努力决不放弃；（3）贯彻寄希望于台湾人民的方针绝不改变；（4）反对"台独"分裂活动决不妥协。有人把它称为"胡四点"，有人把它称为"四个决不"。[35]

在民进党的陈水扁主政台湾的八年（2000—2008）中，台海地区可以说是惊涛骇浪。大陆进行了反对陈水扁"修宪、制宪"、"一边一国论"、举行"加入联合国公投"等一系列斗争，"四个决不"政策挽狂澜于既倒，起到了"定海神针"的作用。而且，2004年陈水扁在"大选"中因诡谲的"枪击事件"而获连任后，"台独"势力则开始从巅峰一路下滑。2005年4、5月间，台湾的主要反对党国民党和亲民党主席连战和宋楚瑜相继访问大陆，达成了坚持"九二共识"、反对"台独"的共同立场，岛内和两岸政治生态都发生了转折性变化。同时，陈水扁的"急独"冒险主义也违背了美国要维持台海地区稳定的外交需要，被视为"麻烦制造者"，渐次失去美国的支持。在此背景下，在2008年3月台湾举行的"大选"中，国民党的候选人马英九以压倒性优势赢得选举，两岸关系进入了和平发展新的历史时期。

早在2007年10月中国召开第十七次全国代表大会时，胡锦涛在他做的政治报告中就提出了构建两岸和平发展框架的方针。他说："我们郑重呼吁，在一个中国原则的基础上，协商正式结束两岸敌对状态，达成和平协议，构建两岸关系和平发展框架，开创两岸关系和平发展新局面。"[36] 2008年后，大陆的对台政策进入了致力于落实这一重要的战略决策的新阶段。

2008年12月31日，胡锦涛在纪念《告台湾同胞书》发表三十周年的座谈会上发表了《携手推动两岸关系和平发展　同心实现中华民族伟大复兴》讲话。这个讲话是胡锦涛就任中共中央总书记以来，对所执行的对台政策所做的最完整的论述和总结。可以预期，以习近平同志为核心的党中央根据形势的发展变化，适时提出新的政策、采取新的举措，但在今后相当一段历史时期内，胡锦涛的这次讲话的基本内容，特别是构建两岸和平发展框架的思想，仍将是大陆对台政策的主轴。胡锦涛的讲话包括六点重要内容（俗称"胡六点"或"12·31讲话"）：（1）恪守一个中国，增进政治互信。"1949年以来，大陆和台湾尽管尚未统一，但不是中国领土和主权的分裂，而是上世纪40年代中后期中国内战遗留并延续的政治对立，这没有改变大陆和台湾同属一个中国的事实。两岸复归统一，不是主权和领土再造，而是结束政治对立。"（2）推进经济合作，促进共同发展。"我们期待实现两岸经济关系正常化，推动经济合作制度化，为两岸关系和平发展奠定更为扎实的物质基础、提供更为强大的经济动力。"（3）弘扬中华文化，加强精神纽带。中华文化"是两岸同胞共同的宝贵财富，是维系两岸同胞民族感情的重要纽带"。（4）加强人员往来，扩大各界交流。"对于那些曾经主张过、从事过、追随过'台独'的人，我们也热情欢迎他们回到推动两岸关系和平发展正确方向上来。我们希望民进党认清时势，停止'台独'分裂活动，不要再与全民族的共同意志背道而驰。只要民进党改变'台独'分裂立场，我们愿意做出正面回应。"（5）维护国家主权，协商涉外事务。"对于台湾参与国际组织活动问题，在不造成'两个中国'、'一中一台'的前提下，可以通过两岸务实协商做出合情合理安排。"（6）结束敌对状态，达成和平协议。"为有利于两岸协商谈判、对彼此往来做出安排，两岸可以就在国家尚未统一的特殊情况下的政治关系展开务实讨论。为有利于稳定台海局势，减轻军事安全顾虑，两岸可以适时就军事问题进行接触交流，探讨建立军事安全互信机制问题。"[37]

2012年11月8日召开的中国共产党第十八次全国代表大会后，以习近平同志为核心的新一届中央领导集体，在对台工作中继往开来，在新形势下继续推动祖国统一的历史进程。对此，笔者将适时进行专门论述。

评议

从上述对两岸关系和大陆对台政策的发展演变及其背景可以清晰地看出，在解决台湾问题、实现中国统一的战略思考和政策选择方面，必须厘清下列几个关键性问题。

（一）处理台湾问题必须同时详查台湾岛内、国际（主要是美国对台政策）和大陆自身的情况，而大陆自身是其中最重要的因素。

从学术研究的角度看，如果说有什么"台湾学"的话，那么它至少包括上述三个研究领域。

大陆对台湾情况的了解和研究，由于两岸在1987年台湾开放民众到大陆探亲之前，长期处于隔绝状态，因而有一个由浅到深、从局部到整体、从间接到直接的过程。台湾有些人，特别是接近民进党的学者常常指责大陆"不了解台湾"。这种说法如果不是"不了解大陆"，至少也是以偏概全。大陆的第一代领导人，特别是毛泽东、周恩来都亲自主持对台工作，并通过各种渠道，包括两岸"密使"往来沟通信息、了解情况。他们也很重视公开信息，也就是书报杂志上刊载的信息的搜集和研究。大陆专门研究台湾问题的中国社会科学院台湾研究所是1985年在中央领导直接关心下成立的，它的主要职责就是通过书报杂志等公开资料的馈集和研究，向中央和涉台部门报告台湾动态、对重要问题进行分析评估，需要时提出政策建议。社科院台研所成立后不但招聘了一批有关政府部门中研究台湾问题的专家学者，而且也接收了丰富的既有相关研究成果和资料，包括延安时期对国民党的研究资料。当年延安对国民党党政军人物的研究可谓细致入微，对国民党军队中团以上的军官都建有档案。这可能和毛泽东一贯提倡的"调查研究"有关。1987年两岸交流大门打开后，大陆对台湾的了解更加直接和全面。对台学术研究也随之快速发展，目前已成为"显学"，主要的大学中都有研究台湾的机构。

当前大陆对台研究面临的一个重要课题是对台湾民情、舆情的研究。台湾开放党禁、报禁，领导人直选，政党轮替等所谓"民主转型"，在台湾的特定情况下有其必然性，但李登辉推动台湾"民主化"则有着阻挠两岸统一的战略考量和政治目的。1991年李登辉推出"国家统一纲领"，但其实质是企图以"政治民主、经济自由"等条件为统一设置难以逾越的障碍。美国学者黎安友和陆伯彬在他们合著的《长城与空城》一书中指出："事实上，（'国统'）纲领要求大陆自行解除其手中所有的筹码，以此作为开始谈判台湾与中国关系的前提条件。"[38]李登辉多次声称"民主是台湾最重要的战略资产"。日本右翼女作家上坂冬子在她所著的李登辉和他夫人曾文惠采访录《虎口的总统》一书中，援引李登辉的话说，台湾对大陆有三个"头痛的问题"，第一就是民主化。"如果彻底地推行民主化，就必须尊重民众的声音，不论中共多么强悍，台湾都将成为共产党无法驾驭的。"[39] 虽然邓小平制定的"一国两制"方针使得李登辉苦心积虑的这套算计完全失去了着力点，但在台湾选举和政党轮替已经常态化的情况下，倾听台湾民众的声音、把握台湾民众的心态是能否贯彻"寄希望于台湾人民"重要方针的依据。但"民意如流水"，它不但为岛内总体形势所决定，也常为突发事件所左右，因此这一课题无论对学术研究，还是对涉台部门的政策把握都是严肃的挑战。

上文已经提到，美国是台湾问题至今未能解决的主要外部障碍。1950年6月，美国派遣第七舰队进驻台湾海峡后，中国政府即声明"为从美国侵略者手中解放台湾而奋斗到底"。从那时起直到今天，中美关系中，包括中美建交谈判的整个过程，台湾问题始终是最敏感的核心问题。早在1954年毛泽东主席就点明了这个问题。他在7月7日中共中央政治局扩大会议上讲话时说："现在美国同我们关系中的一个重要问题是台湾问题，这个问题是个长时间的问题。"[40] 1984年10月24日，邓小平在中央顾问委员会第三次全体会议上讲话时说："在台湾问题上，美国的政策就是把住不放，这个我们看准了。""一个台湾方面的工作，一个美国方面的工作，都要花时间。"[41] 毛泽东、邓小平的判断经受了时间的检验。历史经验告诉我们，中国统一的过程，也必然是克服美国干涉、阻挠的过程。

台湾问题是中国的内政，但同时又有复杂的国际因素，主要是美国，因此无论是中美之间，或是在某些国际场合，台湾问题不可回避。但是，中国政府同时也不允许台湾问题国际化，涉台问题只能是中国和当事国之间的双边问题。而且，一个外国是否反对"台独"、是否奉行一个中国的政策，是中国和该国建立正式关系的最重要底线。因此，涉台外交一直由中央统一领导，高度集中，中共中央对台领导小组是最高领导机构。但是，上世纪90年代中期之后，特别是2000年民进党执政之后，"台独"危险骤增，政府相关部门以及学术研究机构在涉台问题上都加强了对外工作力度。笔者曾多次受邀陪同国台办领导访问美国等国家，向外国政府、学术研究机构及华侨华人介绍、说明中国政府的对台政策和对岛内问题的立场，说明"台独"的危险性，收到了巩固国际上普遍奉行的一个中国政策的良好效果。

由于两岸的紧张情势使台湾海峡成为国际上的一个"热点"，一些外国研究机构，特别是美国的某些智库，出于本国利益或其他目的，开始组织由两岸及主办国学者参加的三方、甚至更大范围的所谓"第二轨道"或"一个半轨道"（有官方人士以某种形式参与）的"研讨会"，来"斡旋"台湾问题，有的甚至希冀通过提出解决台湾问题方案而获得诺贝尔和平奖。中国官方对此采取了不支持的慎重政策，以防台湾问题国际化。笔者认为，作为非官方的学术交流，大陆学者有选择地参加一些以维护台海地区和平稳定为主旨的研讨会，有利于让外界了解我对台政策和主张，同时，第三方通过面对面地听取两岸的政策立场，从而进行比较，应当可以起到减少其偏见的效果。这样的"第二轨道"研讨会应当是"公共外交"的组成一部分。

当然，台湾问题的最终解决、中国统一的完成决定性因素还是大陆自身。

（二）中国的一切问题，包括台湾问题，只能通过自身的发展才能解决。

1980 年 1 月 16 日，邓小平在一次干部会议上说："台湾归回祖国、祖国统一的实现，归根到底还是要把我们自己的事情搞好。"[42] 1982 年 9 月 1 日，邓小平在中国共产党第十二次全国代表大会的开幕词中说："加紧社会主义现代化建设，争取实现包括台湾在内的祖国统一，反对霸权主义、维护世界和平，是我国人民在八十年代的三大任务。这三大任务中，核心是经济建设，它是解决国际国内问题的基础。"[43] 在 1988 年 5 月的一次的谈话中，他又说："中国解决所有问题的关键是要靠自己的发展。"[44] 中共十六大提出的 21 世纪的三大任务仍然把"推进现代化建设"列在首位，第二是"完成祖国统一"，三是"维护世界和平与促进共同发展"。"发展是硬道理"这条"邓小平定律"使得大陆自改革开放以来排除了各种干扰，沿着正确的方向发展，取得了今天的成就。国家的统一、对台政策也只能始终不渝的遵循这条铁律才能最终功德圆满。

记得笔者 1996 年初到台湾研究所时，两岸的经济实力差距还比较大。谈到两岸统一问题时，一些台湾学者时常拿出两岸贫富差距作为不能统一的"论据"。一个典型的比喻是"富家女（台湾）为什么要嫁给穷汉子（大陆）呢？"现在已经再也听不到这样说法了。仅就经济而言，大陆在过去三十多年的蓬勃发展，已经使台湾等"亚洲四小龙"当年创造的"经济奇迹"黯然失色。据有关部门统计，从 2007 年起，大陆沿海几个省的省内国民总产值（GDP）就相继开始超过台湾的 GDP。如广东省 2007 年的 GDP 约为 24180 亿元（人民币），台湾的约为 21700 亿元。到 2014 年大陆有五个省，广东（67792.24 亿元）、江苏（65100 亿元）、山东（59000 亿元）、浙江（40153 亿元）和河南（34939.38 亿元）的 GDP 都超过了台湾（31703.6 亿元）。当然，台湾的人均 GDP 仍然高于大陆各省。[45] 笔者任台湾研究所所长时曾陪同民进党的一位学者访问上海。当我们晚饭后在外滩散步时，看着浦西保存完好的昔日十里洋场和浦东鳞次栉比的现代楼群，在绚丽的霓虹灯光中隔江辉映，这位学者不禁感慨道："大陆如果这样发展下去，台湾是不可能独立的！"这印证了邓小平的一句话："经济发展了，我们实现统一的力量就不同了。"[46] 关于两岸经贸关系，笔者将在第六章中予以论述。

大陆经济的持续发展带动了综合实力的日益增强，不但影响了两岸关系的格局，由于国际地位的提高，也使台湾问题的国际环境发生了有利于两岸关系良性互动的变化，"台独"势力更加孤立。这一局面的出现也印证，台湾问题只能通过大陆的发展才能得到解决，台湾问题要服从于并服务于大陆的发展战略。1984 年 10 月，中共十二届三中全会通过了《关于经济体制改革的决定》，做出"对内搞活经济、对外改革开放"的历史性决策。邓小平当时就说："我们精力要花在经济建设上，统一问题晚一些解决无伤大局。"[47] 他为国家总体战略中台湾问题的位置做了明确的界定。因此，即使在两岸关系处在 2000 年至 2008 年的"高危期"，大陆也尽最大努力把握住了"以经济建设为中心"的大方向。邓小平为台湾问题在国家总体战略中所界定的位置应当毫不动摇地落实在国家统一的整个过程中。

当然，对邓小平的"发展是硬道理"要有全面的理解。经济建设是基础，发展则是全面的，其中很重要的一部分是国防现代化。没有强大的国防力量，维护国家主权领土完整就是空话，就谈不上国家统一。因此，不放弃使用武力一直是大陆对台政策中始终坚持的一个内涵。早在 1956 年 8 月 21 日，毛泽东在修改中共八大政治报告稿时，在"我们希望一切有爱国心的台湾军政人员，同意用和平谈判的方式，使台湾重新回到祖国的怀抱"这句话的后面加上了"**而避免使用武力。如果不得已而使用武力，那是在和平谈判丧失了可能性，或者是在和平谈判失败以后。**"[48] 1984 年 10 月 22 日，邓小平在中央顾问委员会第三次全体会议上说："我们坚持谋求用和平的方式解决台湾问题，但是始终没有放弃非和平方式的可能性，我们不能做这样的承诺。如果台湾当局永远不同我们谈判，怎么办？难道我们能够放弃统一？当然，绝不能轻易使用武力……但是，不能排除使用武力，我们要记住这一点，我们的下一代要记住这一点。这是一种战略考虑。"[49] 江泽民在他的"八项主张"中也重申："我们坚持用和平的方式，通过谈判实现和平统一，同时我们不能承诺根本不使用武力，如果承诺了这一点，只能使和平统一成为不可能，只能导致最终用武力解决问题。"他还强调："中国人不打中国人。我们不承诺放弃使用武力，决不是针对台湾同胞，而是针对外国势力干涉中国统一和搞'台独'的图谋的。"[50] 这里指的"外国势力"，首当其冲的自然是美国。为了阻挠中国的统一，美国一直施压中国在台湾问题上放弃使用武力。中国政府的立场始终是：台湾问题是中国的内政，用什么方式解决台湾问题是中国的内政，不容外国干涉。除了美国的干涉之外，台湾岛内还有主张台湾"独立"的民进党，它不但一度执政（2000—2008），而且在 2016 年 1 月 16 日举行的"大选"中获胜而再度执政；国际上也有支持"台独"的势力。面对这两种现实，大陆当然不会自我解除武装。早在 1985 年，邓小平就准确地预见到上述的危险。9 月 20 日，他在会见新加坡总理李光耀时说："不管怎样，现在台湾和我们还有共同点，都认为只有一个中国。但如果蒋经国不在了，就可能真正出现'两个中国'。美国、日本都有一股势力支持台湾独立……蒋经国不在了，台湾出现独立怎么办？我们怎么能承诺不使用武力？"[51] 2005 年 3 月 14 日，在岛内"台独"势力甚嚣尘上的时候，十届人大三次会议几乎以全票通过了《反分裂国家法》，将不承诺放弃使用武力这一战略考虑法制化。其中第八条明列"国家得采取非和平方式及其他必要措施"的三种情况："'台独'分裂势力以任何名义、任何方式造成台湾从中国分裂出去的事实，或者发生将会导致台湾从中国分裂出去的重大事变，或者和平统一的可能性完全丧失。"《反分裂国家法》是由全国人大全体会议通过的，位阶相当高，有人称之为"准宪法"。

（三）一个中国原则是大陆对台政策坚定不移的基础。

祖国统一是大陆对台政策的目标，而一个中国原则是大陆对台政策的基础。没有一个中国，何谈国家统一呢？正所谓"皮之不存，毛将焉附"。因此，一个中国原则是大陆始终不渝地坚持的，没有妥协的余地。

然而，从 1949 年国民党蒋介石政权退据台湾到 1988 年蒋经国去世，两岸之间并没有一个中国的争议，双方均坚持世界上只有一个中国，都反对"台独"；争议是谁代表这个中国，都坚持自己是中国的唯一合法代表。"两个中国"的始作俑者是某些外国，首先是美国，其次是英国、日本等国，那些美国曾经的主要追随者。早在 1949 年 1 月 15 日，也就是蒋介石去台湾之前，美国国家安全委员会关于台湾的一份报告（NSC37/2）建议："我们应该运用影响，阻止大陆的中国人进一步流向台湾，美国还应谨慎地与有希望的台湾当地领袖保持联系，以便将来有一天在符合美国利益时利用台湾自治运动。"[52] 上文提到，朝鲜战争爆发后，杜鲁门提出"台湾地位未定论"。在为杜鲁门派第七舰队进驻台湾海峡辩护时，当时美国驻联合国代表奥斯丁说这是要使台湾"在军事上中立化"，这是所谓"台湾中立化论"。[53] 随着美国分裂中国图谋的一步步强化，特别是1954年12月2日美台"共同防御条约"的签订，大陆也越来越强烈地谴责美国的图谋。12月8日，周恩来总理就"条约"发表声明指出："一切关于所谓台湾'独立国'、台湾'中立化'和'托管'台湾的主张实际上都是割裂中国领土，侵犯中国主权和干涉中国内政，都是中国人民所不能同意的。"[54] 在笔者看到的文献中，中国领导人最早提到反对"两个中国"的，是周恩来总理。1955年7月30日，他在一届人大第二次会议上发言时说："如果可能的话，中国政府愿意同台湾地方的负责当局协商和平解放台湾的具体步骤。应该说明，这是中央政府同地方当局之间的协商，所谓'两个中国'的任何想法和做法，都是中国人民坚决反对的。"[55] 毛泽东主席1955年10月3日会见意大利社会党总书记南尼，谈到中意建交问题时说："我们要求意大利同蒋介石断绝关系，我们反对美国搞的'两个中国'。"[56] 1958年2月10日，周恩来在二届人大第五次会议上点名批判了英国。他说："英国政府一方面承认中华人民共和国，另一方面却在联合国中协助美国支持蒋介石集团窃据席位。同时，英国还是散布台湾地位未定论的中心。"他强调，中国"绝不会默认或者容忍英国追随美国制造'两个中国'"。[57] 美国制造"一中一台"的活动更集中在联合国和国际组织中。1956年9月，印度尼西亚总统苏加诺在访问美国后访问中国。30日，毛泽东主席会见他时，他曾试探在联合国中保留蒋介石当局作为"台湾代表"的可能性。他问毛主席："由一个中国代表整个中国，另外由台湾集团代表台湾，作为过渡的办法，主席认为这样一个策略如何？"毛泽东断然回答："如果联合国里有台湾的代表，我们一万年也不进去。"[58] 1958年2月10日，周恩来在二届人大第五次会议上说："在联合国中，美国阻挠中国的合法权利的恢复，遭到越来越多的反对，它也认识到永远把中国排除在联合国之外是不可能的。因此美国目前的做法是先在一些国际会议和国际组织中尽可能地制造'两个中国'的局面，以便在国际上逐渐形成'两个中国'的既成事实。"[59]"一中一台"提法的出现则是在 1964 年 12 月 21 日周恩来在三届人大第一次会议上做的《政府工作报告》中。他说："美帝国主义要长期霸占台湾，力图阻挠恢复中国在联合国的合法权利和制造'两个中国'或'一个中国、一个台湾'的阴谋。"[60]

台湾在蒋介石、蒋经国父子时代秉持了只有一个中国的立场，反对"两个中国"或"一中一台"；台湾和大陆"非此即彼"，反对"双重承认"，称之为"汉贼不两立"，仍把自己视为中国的"正统"。尽管两蒋终生"反共"，但他们坚持一个中国原则、反对"两个中国"和"一中一台"的立场，维护了国家主权和领土完整，也使两岸关系有了最重要的政治基础。他们不忘"民族大义"的大节，为他们赢得了正面的历史定位。

一个中国原则是大陆推动国家统一总体战略和对台政策的基础。但大陆在坚持这一原则时，在处理国际问题时的立场和处理两岸关系时的做法则有所区别，也就是把对外关系和作为内政的两岸关系区别开来，"内外有别"。在两岸间，大陆从国家统一的大局出发，根据时空背景的演变，充分考虑台湾的实际情况，在不同时期对一个中国原则给予有利两岸关系发展的定义，所以有所谓"老三句"、"新三句"、"一个中国原则"、"一个中国框架"或"一个中国架构"等提法。

在笔者看到的文献中，大陆对一个中国最早的定义出现在周恩来 1956 年 6 月 28 日在一届人大第三次会议上的发言中。他说："世界上只有一个中国。唯一能够代表中国人民的是中华人民共和国。"1958 年 2 月 10 日，他在二届人大第五次会议上重申："中国只有一个，那就是中华人民共和国。"[61] 在大陆制定的四部正式《宪法》中，第一次载明一个中国原则的是 1978 年制定的《七八宪法》。它在序言中规定："台湾是中国的神圣领土。我们一定要解放台湾，完成统一祖国的大业。"大陆现行《八二宪法》对一个中国原则的界定是："台湾是中华人民共和国的神圣领土的一部分。完成统一祖国的大业是包括台湾同胞在内的全中国人民的神圣职责。"

可以说，在 1992 年两岸就一个中国原则达成"九二共识"之前，大陆对一个中国原则定义的宣示，在国际上和两岸间基本上是没有区别的，也就是"内外无别"：世界上只有一个中国，台湾是中华人民共和国（有时只提中国）领土的一部分，一定要完成中国统一大业。达成"九二共识"之后，在处理两岸关系时，大陆对一个中国原则的诠释开始显现出对台湾方面所持立场的包容和推动两岸关系发展的诚意，因此有了从"老三句"到"新三句"的演进。所谓"老三句"是指国务院副总理钱其琛 1998 年 1 月 26 日在纪念"江泽民八项主张"发表三周年座谈会上说的："在统一之前，在处理两岸关系事务中，特别是在两岸谈判中，坚持一个中国的原则，就是坚持世界上只有一个中国，台湾是中国的一部分，中国的主权和领土完整不能分割。"[62] "新三句"则是指钱其琛 2000 年 8 月 25 日会见台湾《联合报》系访问团时提出的："就两岸关系而言，我们主张的一个中国原则是：世界上只有一个中国，大陆和台湾同属于一个中国，中国的主权和领土完整不容分割。"[63] "新三句"显然是考虑了台湾方面的立场。"大陆和台湾同属一个中国"和台湾"国家统一委员会"1992 年 8 月 1 日通过的"关于'一个中国'的涵义"的决议文是相近的，即"台湾固为中国之一部分，但大陆亦为中国之一部分。"在此之前的 7 月 13 日，钱其琛在会见"台湾媒体负责人访问团"时还说，在两岸间，一个中国并不是"非此即彼"，两岸只要坚持一个中国，不必在一个中国到底是"中华人民共和国"还是"中华民国"上打转转。[64] 除了"老三句"、"新三句"之外，大陆对一个中国的界定还有已故海协会汪道涵会长的"八十六字方针"。1998 年 10 月 14 日，他在上海会见海基会董事长辜振甫先生时提出："世界上只有一个中国，台湾是中国的一部分，目前尚未统一，双方应共同努力，在一个中国的原则下，平等协商，共议统一。一个国家的主权和领土是不可分割的，台湾的政治地位应该在一个中国的前提下进行讨论。"[65] 这里汪老呼应了台湾方面在两会会谈中一再提出的"两岸分治"、"两岸对等"、"台湾政治定位"等问题。

2002 年中共十六大后胡锦涛出任中共中央总书记。他根据两岸形势的变化，对一个中国原则做了新的诠释、丰富了其内涵。2003 年 3 月 11 日，他在参加十届人大一次会议台湾代表团的审议会时，就台湾问题发表了上任以来第一次全面、系统的谈话。关于一个中国原则，他重申了"新三句"，并补充说："就是要表明，中国是两岸同胞的中国，是我们共同的家园。"[66] "共同家园说"成为对一个中国的新的诠释。2008 年 12 月 31 日，胡锦涛在纪念《告台湾同胞书》发表 30 周年座谈会上的讲话中又提出了"一个中国框架"的概念。他说："两岸在事关一个中国框架这一原则问题上形成共同认知和一致立场，就有了构筑政治互信的基石，什么事情都好商量。"[67] 那么什么是"一个中国框架"呢？一位涉台部门的高级官员把它解释为"对两岸现状的描述"。那么在一个中国原则问题上两岸的现状又是什么呢？那就是"九二共识"，而"九二共识"是两岸在一个中国原则上"求同存异"的共识，也就是双方都确认一个中国，但对如何表述这个中国的政治含义立场有所不同。大陆的立场是，在两岸协商中，只要认知一个中国，可不必涉及它的政治含义，也就是钱其琛说的"不要在是中华人民共和国还是'中华民国'上打转转"。但台湾方面则坚持"表述"一个中国的政治含义，坚称这个中国是"中华民国"，坚持把"九二共识"说成是"一个中国，各自表述"。根据这一"现状"，并从胡锦涛提出这一概念的上下文看，笔者认为"一个中国框架"既不完全是大陆的一中立场，也不完全是台湾的一中立场，而是两岸目前在一个中国原则问题上的"共同认知和一致立场"部分，也就是"九二共识"。因此，"一个中国框架"应当是对两岸在一个中国原则问题上所持立场现状更精确的表述。

大陆的一个中国原则是一以贯之的，但绝不是教条和僵化的。在贯彻这一原则时，它把外交和内政区别开来，而且根据客观形势的发展变化，适时做出相应的政策宣示。这种"与时俱进"的精神也体现在整个对台工作和政策制定上。

（四）"与时俱进"是大陆对台政策的生命线。

从上文介绍的大陆对台政策的递嬗，从"一纲四目"到"和平统一，一国两制"，到江泽民"八项主张"，到胡锦涛"12·31讲话"，都贯穿了"与时俱进"的实事求是精神，这是大陆对台政策之所以能保持生命力和正确性的根本原因。与时俱进，就是能够从宏观到微观、从国际到国内、从大陆到台湾，准确地审时度势，确立总体战略、制定配套政策，为实现国家统一这个终极目标选择一条切合实际、行之有效的途径。

六十多年来，大陆对台政策的最重大"与时俱进"是邓小平提出的"和平统一、一国两制"。上文提到，它实际上是中国国家总体发展战略发生方向性调整的产物。纲举目张。改革开放、国家工作重心转向经济建设是"纲"，对台政策、外交政策等是目，随着"纲举"，"目"必然会"张"。虽然我们从"邓六条"中仍然可以看到它们和毛泽东、周恩来的"一纲四目"保持着一脉相承的连续性，例如主张通过"第三次国共合作"来实现两岸统一，统一后台湾事务悉由蒋介石负责，社会改革可以从缓等，但是"和平统一、一国两制"从理论上和实践上都对既往的大陆对台政策进行了战略性调整。1983年

6月28日邓小平对美国新泽西州西东大学教授杨力宇具体系统地阐述"邓六条"时，虽然仍把国共"实行第三次合作"作为和平统一的主线，但明确两党间是"平等会谈"而不再提"一纲四目"主张的"中央与地方谈判"。当有的台湾人士反映大陆把台湾当局领导人作为谈判对手"不重视台湾人民"时，邓小平立即做出回应。他在1984年国务院总理在国庆招待会上的致辞中，在"台湾当局"的后面加了"和各界人士"几个字。他在10月22日的一次讲话中解释说："台湾问题接触面要宽，除了以国民党当局、以蒋经国为对手外，要广泛开展工作面。"[68]邓小平是"与时俱进"的典范。

江泽民的"八项主张"根据各方面情况的发展变化对"邓六条"做了调整和补充，笔者归纳为五个方面：（1）由于台湾开放了"党禁"，"民主进步党"（民进党）等党派先后成立，所以把"台湾当局和各界人士"作为工作对象的政策进一步扩展为："在和平统一谈判中，可以吸收两岸各党派、团体有代表性的人士参加"。（2）首次倡议作为解决台湾问题的第一步，两岸先就"正式结束敌对状态"进行谈判。（3）明确了在处理两岸关系时的"政经分离"原则，即"我们主张不以政治分歧去影响、干扰两岸经贸合作"。（4）在国际层面上，明确"官民有别"原则，即"对于台湾同外国发展民间性经济文化关系，我们不持异议"。（5）强调中华文化是"维系全体中国人的精神纽带"，"也是实现和平统一的一个重要基础"。这一条是根据汪道涵会长的建议提出的。"八项主张"确立了大陆在处理两岸关系中几个重大问题上的原则立场，化解了在这些问题上出现的困扰。

中共十六大后胡锦涛总书记也根据两岸关系和国际环境的变化，适时调整对台政策，提出近期和中长期的政策目标。根据笔者当时的观察和了解，在2004年3月台湾"大选"后，由于坚持"台独"的民进党继续执政，"台独"分裂活动更为猖獗，两岸关系进入所谓"高危期"，对台政策调整突出地表现在三个方面：（1）把对台工作提升到"全局性"和"战略性"的高度，动员各方面力量协同努力做好对台工作，掌控两岸关系发展方向，防止其脱轨。当时绝大多数大陆省市的一把手都出面主持对台工作。（2）把反对"法理台独"作为反"台独"斗争的底线。明确这一底线十分重要，它使大陆在采取行动时避免了"过激"和"保守"的两种偏差。（3）对台工作也要以人为本，更突出"寄希望于台湾人民"。（4）把和平发展确立为中长期对台工作的主轴。这表明在面对"高危期"时，大陆处变不惊、沉着应对，把握住战略大方向。2007 年 10 月 15 日，胡锦涛在中共十七大上所做的政治报告中，进一步把构建两岸和平发展框架明确为统一前大陆对台工作的战略方针。他说："我们郑重呼吁，在一个中国原则基础上，协商正式结束两岸敌对状态，达成和平协议，构建和平发展框架，开创两岸和平发展新局面。"[69] 应当说，胡锦涛提出构建两岸和平发展框架的战略是他领导对台工作十年中提出的最重要的战略思想。他明确，统一是要分步走的，需要经过和平发展的过渡阶段。本书将在第八章将予以更详细论述。中共十八大产生的新领导集体对和平发展思想给予高度评价。2013 年 2 月 19 日，即将出任全国政协主席的政治局常委俞正声在一年一度的对台工作会议上说："我们党在对台工作实践中形成的两岸关系和平发展重要思想，丰富了国家统一理论和中央对台工作的大政方针，具有长期指导意义。推动两岸和平发展，是实现和平统一的必由之路，也是我国和平发展战略的重要组成部分。"[70] 笔者认为，对大陆、台湾和国际上关心台湾问题的人来说，了解了胡锦涛和平发展思想之后，就可以摆脱大陆是"急还是不急解决台湾问题"，大陆解决台湾问题是不是有"时间表"，大陆会不会"动武"等诸多问题的困扰。

"与时俱进"是中国制定各项国家战略和政策的灵魂。对台战略和政策过去是这样，今天是这样，今后也会是这样。

注释：

[1] 参阅马英九：《两岸关系的回顾与前瞻》第二至第十页。

[2] 中共中央台湾工作办公室、国务院台湾事务办公室：《中国台湾问题》第六十页。

[3] 同上注，第六一页。

[4] 参阅熊铮彦：《粟裕大将》第四一五至四二一页。

[5] 中共中央文献研究室编：《周恩来年谱》（1949—1976 上卷）第四一一页。

[6] 参阅苏格：《美国对华政策与台湾问题》第一二八至一四七页。

[7] 同注 5，第五一页。

[8] 中共中央文献研究室编：《毛泽东年谱》（1949—1976）（第一卷）第一〇一至一〇二页。

[9] 同注 5，第四六三至四六四页。

[10]《中华人民共和国国务院公报》1955 年第七号。

[11] 同注 2，第六三至六五页。

[12] 童小鹏：《风雨四十年》（第二部）第二七四页。

[13] 参阅蔡政文、林嘉诚：《台海两岸政治关系》第一二三至一二六页。

[14] 同注 2，第六五页。

[15] 同注 5，第四七四页。

[16] 同上注，第四七〇页。

[17] 同上注，第四七五页。

[18]《建国以来毛泽东文稿》（第六册）第三二至三三页。

[19] 同注 12。

[20] 李立：《目击台海风云》第二八八页。

[21] 摘自纪念《告台湾同胞书》发表三十周年二集文献记录篇《海峡春潮》解说词。

[22]《邓小平文选》（第二卷）第一五四至一五五页。

[23] 同注 2，第六六至六七页。

[24] 同注 21。

[25] 同注 2，第六七页。

[26] 中共中央文献研究室：《邓小平年谱》第七九七页。

[27] 同注 2，第六八页。

[28] 参阅许世铨：《激荡中的台湾问题》第十五至十七页。

[29] 全文见《人民日报》1995 年 1 月 31 日。

[30] 详细内容见台湾《中央社》1995 年 4 月 8 日台北电。

[31] 参阅钱其琛：《外交十记》第三〇八页。

[32]《人民日报》1995 年 9 月 4 日。

[33] 苏起：《危险边缘》第三七页。

[34] 全文见《人民日报》2003 年 3 月 12 日。

[35] 同上注，2005 年 3 月 5 日。

[36]《人民日报》（海外版）2007 年 10 月 16 日。

[37] 同上注，2009 年 1 月 1 日。

[38] Andrew J.Nathn and Robert S.Ross: The Great Wall and Empty Fortress p.216

[39] 上坂冬子：《虎口的"总统"——李登辉与曾文慧》第二一七页。

[40] 中共中央党校、中共中央台湾工作办公室编：《中共三代领导人谈台湾问题》第二八页。

[41]《邓小平文选》（第三卷）第八六页。

[42] 同上注，第一七七页。

[43] 同上注，第三页。

[44] 同上注，第二六五页。

[45] http://www.guancha.cn/economy/2015 _ 02 _ 03 _ 308419.shtml

[46]《邓小平文选》（第二卷）第二四一页。

[47] 同注 41，第八七页。

[48] 同注 8，（第二卷）第六〇三页。

[49] 同注 41。

[50] 同注 2，第二三二至二三四页。

[51] 同注 26，第一〇八一页。

[52] 资中筠:《美国对华政策的缘起和发展》（1945—1950）第二九二、四六四页。

[53] 国务院台湾事务办公室研究局编:《台湾问题文献资料选编》第三三页。

[54] 同上注，第七二页。

[55] 同上注，第八三页。

[56] 同注 8，第四四四页。

[57] 同注 53，第九七至九八页。

[58] 同注 40，第五九页。

[59] 同注 53，第九七页。

[60] 同上注，第一一六页。

[61] 同上注，第九〇、九八页。

[62] 海峡两岸关系协会编:《两岸对话与谈判重要文献选编》第二四页。

[63] 同上注，第三一页。

[64] 台湾《联合报》2000 年 7 月 14 日。

[65] 同注 62，第四二二页。

[66]《人民日报》2003 年 3 月 12 日。

[67]《人民日报》（海外版）2009 年 1 月 1 日。

[68] 同注 41，第八六页。

[69] 同注 36。

[70]《新华网》2013 年 2 月 19 日北京电。

第二章　曲径通幽：
大陆与蒋氏父子及李登辉的秘密接触

　　本书第一章提到，1949 年以后，在蒋介石和蒋经国父子主政台湾时期，两岸虽然是军事对峙、政治对立，台湾奉行"不接触、不谈判、不妥协"的"三不"政策，但两蒋都坚持一个中国原则，反对岛内"台独"言行和国际上制造"两个中国"、"一中一台"分裂中国的图谋，不放弃统一目标，这就为看上去水火不相容的两岸关系提供了秘密接触、相互摸底，以期"曲径通幽"所必不可少的政治基础。李登辉上台后的前几年，不得不延续蒋经国的大陆政策，成立"国家统一委员会"（以下简称"国统会"）、通过"国家统一纲领"（以下简称"国统纲领"），建立海峡交流基金会（以下简称"海基会"），作为和大陆进行授权对话与协商的"民间机构"。大陆则主动开辟了和他秘密沟通的渠道，以便摸清底细，为公开的对话与协商铺平道路。

　　因为大陆和蒋氏父子具有建立在民族大义基础上的共同点，大陆从最早以武力解放台湾为主的时期开始，就通过和蒋氏父子及台湾高层人士有过深交、能够联系的人士，与台湾当局秘密沟通、传递信息，探索和平解决台湾问题的可能性。根据笔者看到的大陆书报杂志所披露的材料，大陆通过曾在国民政府中担任军政要职的张治中、傅作义、李济深、屈武、章士钊等人，以及旅居香港、游走两岸的资深新闻记者曹聚仁，通过不同的渠道和方式把大陆和平解决台湾问题的信息传递给蒋氏父子和时任"副总统"的陈诚等人。

蒋氏父子也通过宋宜山、雷啸岭、吴铸人、沈诚等人来大陆打探消息、传递信息。李登辉当政初期，旅居香港的已故国学大师南怀瑾曾牵线搭桥，促成两岸间的秘密接触和谈判。下面，笔者根据手头已有的材料对这些秘密接触和往来，择其要者予以梳理、综述。

本书在第一章中提到，1950 年 3 月 11 日，毛泽东主席在专门发给张治中的电报中说："先生现在正从事之工作极为重要，尚希刻意经营，借收成效。"张治中"正从事之工作"就是写信给蒋介石，劝他重开和共产党的和谈。

张治中（1890—1969），安徽巢湖市人，字文白，保定军校第三期毕业，陆军二级上将，曾任湖南、新疆两省省主席和蒋介石侍从室主任等党、政、军要职。1946 年代表国民党参加美国"调停"中国内战的军调处三人小组，主张国共谈判、和平建国。1949 年任国民党和平代表团首席代表。蒋介石拒绝签订国共和平协定后，留在大陆，曾任全国人大常委会副委员长等职。由于张治中曾受到蒋介石的信任和重用，在台湾党、政、军高层中故交、旧属很多，所以毛泽东请他做蒋介石的工作，争取化干戈为玉帛，和平解决台湾问题。

陈冠任所著《蒋介石在台湾》一书记述，张治中 1950 年 3 月 16 日写了一封六七十页的长信给蒋介石，夹在外国杂志中寄给当时台湾的"参谋总长"周至柔，托他转交。信 7 月 19 日才辗转寄到台湾。周接到信后交给了何应钦，何立即面报蒋介石。张治中在信中讲述了他十几年对"剿共"的看法，认为应当和平解决。他回顾了他和蒋介石的历次谈话，分析了国民党政权失败的原因，斥责了当年政治的腐败。张在信中还分析了两岸的力量对比，指出解放军必将攻台，台湾是无法持守的。张表示如果蒋愿意和谈，他可到香港接洽。信的最后特别说明，毛泽东同意他写这封信。7 月 27 日，蒋介石召集陈诚、张群、居正、吴忠信等人开会，由何应钦报告张治中来信的情况。与会者都"斥责"了张治中，蒋介石更称张是"革命叛徒"，应予制裁。据分析，蒋介石当时所以断然拒绝与大陆和谈是因为当时朝鲜战争已经爆发，美国改变了放弃台湾的政策，派第七舰队进驻台湾海峡，阻止解放军进兵台湾，蒋介石不但有恃无恐，而且要乘机反攻大陆。[1]

尽管如此，张治中仍保持和台湾高层的秘密联系，不遗余力地推动台湾回归祖国的工作。上世纪六十年代，张治中、傅作义等受周恩来总理之托，多次给蒋介石父子及"副总统"陈诚写信，除传递大陆对台政策的信息外，还特别规劝他们维护内部团结，不要上美国挑拨他们之间关系的当。据李立所著《目击台海风云》一书中对相关人士的采访，周恩来对他身边负责对台工作的人员说，台湾问题既是国内问题，又有国际因素，要从中、美、苏"大三角"的全局来考虑台湾问题。他还指示要注意蒋介石、蒋经国和陈诚之间"小三角"的情况，而且要把工作重点放在"小三角"上。[2]

事情的背景是：1958年"金门炮战"开始后，美国一直施压蒋介石从金门、马祖等岛屿撤军，形成两岸"划峡而治"的局面，从而制造"两个中国"。为此，美国在1961年下半年邀请陈诚访美，企图在金马撤军问题上挑拨陈和蒋氏父子的关系，"拉陈抑蒋"，利用他们之间的矛盾，遂行其制造"两个中国"的政策。毛泽东认为，解决台湾问题要靠实力派，主要是蒋氏父子和陈诚，对他们之间的矛盾要做些化解工作。对蒋介石，在他第三次连任"总统"时，张治中等人传递了中共赞同、支持蒋的信息，并劝其团结陈诚。周恩来在张给蒋氏父子的一封信中还亲笔加上了四句话："倨促东南，三位一体。寥廓海天，不归何待。"对陈诚，周恩来认为他"有些民族气节，看来不会被美国人牵着鼻子走"，要提醒他维护内部团结。周恩来告诫"小三角"把军队抓在手里，这样美国就不敢轻举妄动了。周对他们明确表示，只要他们能守住台湾，不使它从中国分裂出去，大陆不会改变和他们的关系。

1961年8月，陈诚访美。美国为了拉拢他，把1955年8月1日美中在日内瓦开始的大使级谈判的所有记录给陈看。但陈看后对人说："中共拒绝美国一切建议、坚持美舰队及武装力量退出台湾的做法，不受奸诈，不图近利，是大国泱泱风度。"根据陈诚的情况，1963年初，周恩来再次请张治中和傅作义给陈诚写信，转述了对台湾处境和前途的看法，指出反对台湾者不是中共实为美国，支持台湾者不是美国实为中共。中共这样做是为了维护国家主权和领土完整。张治中等在信中还对台湾回归祖国的政策作了更具体的说明。不久，周恩来又请其他人士转告陈诚："台湾回归祖国以后，可以行使更大的自治权利，除外交以外，军队、人事均可由台湾朋友自己来管。"陈诚反馈的信息是，他要对历史做交代，只要一息尚存，绝不接受"两个中国"。

上世纪六十年代初，大陆经历了"三年自然灾害"，蒋介石又蠢蠢欲动，要反攻大陆。一次，周恩来邀请张治中、傅作义、屈武等人在钓鱼台吃饭，席间谈到台湾问题时，周恩来希望他们写信给台湾当局，告诉他们不要轻举妄动。张治中给陈诚、傅作义给张群、屈武给于右任，分别写了信，转达了周恩来的意思。

1963年9月，在陈诚提出辞职后，周恩来又召集张治中、傅作义商议此事。周恩来分析陈诚辞职的原因不外有三个：美国压力、内部矛盾或真的有病。他表示："不管台湾形势如何，我们的政策只要老小合作。"

1965年3月，陈诚病逝。台湾报纸发表了他的遗嘱。陈诚作为国民党的副总裁和当局"副总统"，在遗嘱中既没有提"反共"，也没有提"反攻大陆"。据说，有国民党的右派人士想要在遗嘱中加上"反共"、"反攻"的内容，但陈诚夫人不同意，并找到蒋介石理论，蒋同意不修改遗嘱。陈在去世前曾通过管道要周恩来和张治中相信他的人格，他不会违背民族大义。周恩来在全国政协召开的一次民主人士会议上说，从陈诚的遗嘱看，这是我们对台通气工作、传话、传信的结果，说明我们的工作有效果，有影响。[3]

张治中还陪同周恩来总理进行了一次绝密的对台联络工作。1960年年底，周恩来在出访亚非十四国前在广州停留。期间，他乘海军南海舰队的兵舰视察了珠江口的前线部队并秘密到边境某地会晤了要去台湾的两位香港人士。会晤主要是请他们转告台湾当局，美国正加紧采取行动搞"两个中国"，国共两党可在反对"两个中国"问题上形成统一战线。大陆不会因为自己强大而不理台湾，也不会因为有困难而拿原则做交易。大陆是从民族大义出发，从祖国统一大业出发考虑对台政策的。统一大业应由两岸共同完成。

最早披露此事的是原中共中央调查部部长、总理办公室副主任罗青长。1995年12月24日，他撰写了一篇题为《回忆吴瑞林同志二三事》的纪念文章。吴瑞林早在长征时期就是罗的老战友，相交甚深。罗在文章中写道："1960年12月初，周恩来总理和张治中副委员长到广东省边境，与两位能沟通国共两党关系的人进行秘密会晤。我当时任中央对台办公室主任，参与了此次鲜为人知的活动。为了保卫周总理的安全，使会晤不被干扰，我奉命去找时任广州军区副司令员兼南海舰队司令员的吴瑞林同志，说明了此事的重要性及保密要求。他表示，对中央赋予的使命坚决执行，并立即部署。""从广州到边境的会晤地点，海上要有一天多的行程，吴瑞林同志为了照顾好周总理的休息，命令护卫舰低速行驶，使发动机的噪音减小至最低限度。恰好当天夜里，海面上风平浪静。第二天抵达目的地后，周总理精神百倍地对大家说：'这晚上是几年来睡得最安稳的一觉。'登岸后，他向全舰官兵致谢。

在周总理边境会晤的几天里，吴瑞林带领三艘军舰，在附近的海域里进行小分队军事演习，以掩护会晤的顺利进行，确保了周总理的安全。""三十五年后的今年春节，我与吴瑞林同志谈起这桩历史，说明这次边界会晤沟通了当时的台湾当局（蒋介石、陈诚、蒋经国）与大陆，在都主张只有一个中国的问题上，事实上达成了默契，使国共两党有了一定基础的共识。当时由于保密，吴瑞林同志不知此行的详情。在我们谈完这段历史后，他很欣慰地说，1960年的护航使他有幸完成了一项政治使命，是很有政治意义的，他感激党中央、周总理对他的信任。"[4]

50多年前对吴瑞林司令都保密的事，今天虽然仍难窥全豹，但已有蛛丝马迹可寻。笔者从知情人士那里得知，秘密会晤的地点是在珠海市东北部的百年海滨古镇唐家湾；会晤的香港客人是报界名人费彝民和张维群。他们当时要去台湾，并能接触到台湾当局高层。之所以选择唐家湾是为了摆脱港英当局，也包括国民党驻港情治人员可能的监控，防止因走漏风声而使秘密接触因被曝光而破功。

章士钊，毛泽东、周恩来所倚重的另一位沟通两岸的人士是民国耆宿章士钊。章士钊（1897—1973），湖南长沙人，字行严，辛亥革命前曾协助黄兴筹建"华兴会"。革命后，曾任《民立报》主笔，北京大学教授，广东军政府秘书长，南北议和南方代表。北洋军阀段祺瑞执政时期，曾任司法总长兼教育总长。其后曾主编《甲寅》周刊，在上海做过律师及政法学院院长。抗日战争时期，任国民参政会参议员。1949年为南京国民政府和平谈判代表团成员，蒋介石拒绝签订和平协议后，留在大陆，曾任全国人大、政协常务委员、中央文史馆馆长等职。章和毛泽东主席还有一段特殊交往。上世纪二十年代毛泽东从事革命活动时，曾组织湖南革命青年到法国勤工俭学。作为湖南同乡，毛泽东曾求助于章。章募集了两万银元予以资助。毛泽东不忘旧情，对章一直以老友待之。

据纪明撰写的《毛泽东、周恩来为祖国统一与台湾当局的交往》一文记述，1958年毛泽东发动"炮击金门"之后，蒋介石在美国要他从金门、马祖撤军，和大陆"划峡而治"的问题上发生了矛盾。美国实际上是要制造"两个中国"。中共中央决策"联蒋抵美"，认为与其让美国实际占领台湾，还不如让仍坚持一个中国的蒋介石守住台湾。毛泽东找到和蒋介石能说上话的老朋友章士钊，请他写信给蒋，把"联蒋抵美"政策通气给他。章士钊欣然从命，给蒋修书一封。章是国学大师，古文功底深厚，信写得文采飞扬，其中"溪口花草无恙，奉化庐墓安然"；"台澎金马，唇齿相依，遥望南天，希诸珍重"几句，毛泽东特别欣赏。但他认为把台湾视为"南天"不恰当，将其改为"南云"。毛泽东还说，大陆和台湾谁也离不开谁，就像白居易的《长恨歌》中所说："在天愿作比翼鸟，在地愿为连理枝"，蒋介石把枝连到美国，而美国却连根都会挖掉。台湾当局收到信后，心领神会，拒绝从金、马撤军。蒋介石公开说："须知台湾和大陆本属一体，骨肉相关，休戚与共。"陈诚也说："谁也无法叫我们把这些岛屿非军事化。"

1958 年 10 月 6 日，毛泽东以国防部长彭德怀的名义发表《告台湾同胞书》，向台湾当局提出："我们都是中国人，三十六计，和为上计。""建议举行谈判，实行和平解决。"25 日，毛泽东又以国防部长彭德怀的名义发表《再告台湾同胞书》，指出"中国人的事只能由我们中国人自己解决。一时难以解决，可以从长计议。""世界上只有一个中国，没有两个中国。这一点我们是一致的。美国人强迫制造两个中国的伎俩，全中国人民，包括你们和海外侨胞在内，是绝对不允许其实现的。现在这个时代，是一个充满希望的时代。一切爱国者都有出路，不要怕什么帝国主义。"接着，大陆安排章士钊到香港，通过他的关系向台湾当局转达大陆关于国、共和谈的建议：一种是暂时不谈，双方先做有限的接触，如互访，通邮通电，然后相机通航；另一种台湾承认是中华人民共和国的一部分，台湾可以拥有自己的地方政府、军队、党组织，经费可由大陆负担。台湾当局对这些建议没有积极回应。

1960 年 7 月，章士钊再到香港向台湾当局转达中共中央关于和谈的信息。章赴港前的 7 月 17 日晚 9 时，周恩来在北戴河和他进行了长谈。周恩来告诉章，雷啸岑已回港，吴铸人可能来港（雷和吴都是为台湾当局了解大陆情况的人）。和台方人士接触时，可以将以下信息透露过去：蒋介石目前的关键问题是名和利。利的问题，只要台湾回归祖国，国家是可以补助的。名的问题，当然不止在台湾，而在全国。荣誉职务很多，是可以解决的，中共自有善处。既有台湾之实（权和利），又有全国之名，不比只做台湾一个小头而且美国迟早要换掉更好吗？但蒋介石大概要等到同美国的矛盾要爆发时才会选择的。美蒋矛盾总是要爆发的。

章士钊问："是否可以把张岳峰（即张群）作为一个对象来谈？"

周恩来说："张对这件事根本没有接触，目前还不适宜。"

章士钊提到给台湾写信问题，周恩来说："他们如果要求的话，可以写，但要经交通送来商量。"

"文化大革命"期间，对台工作受到"四人帮"极大的干扰，但周恩来仍然把对台工作放在心上。当他听到浙江奉化溪口蒋介石母亲和它的毛夫人（蒋经国的生母，抗日战争期间被日本飞机炸死）的墓被破坏的消息后，立即让人打电话给浙江省委书记江华，要他对红卫兵做说服工作，说明中国人历来对"挖祖坟"看成是最不得人心的事，我们不能那样做。大部分红卫兵同意了，但还有一小部分直接受江青指挥的造反派又偷偷在破坏。周恩来知道后，要浙江省委派人修好，并将修好的照片送到北京，交章士钊带到香港转交给蒋介石。

1973 年，章士钊因病住院。他仍不忘和平解决台湾问题。他给毛主席写了一封信说："与其让我僵卧北京，不如到香港动一动。"毛泽东将信批转给周恩来办。周恩来找来有关负责同志研究，得知章还有一位夫人在香港，认为应当让他去，但是章是人大常委，因患病得坐专机飞港，于是决定由外交部先跟港英当局谈好，然后由中国民航派专机带上医务人员陪章飞港。周恩来对章说，到香港后好好休息，我们对台政策不变，还可以在港做做对台工作。不幸的是，章到港后三个月即病逝。周恩来又派飞机把他的骨灰运回北京。[5]

毛泽东、周恩来除了借助在大陆的蒋介石故交、旧部以及和蒋经国等在台党政要人有瓜葛的人，秘密联系、传递信息，推动台湾问题的和平解决，还借助游走两岸并能接触台湾当局的境外人士做对台工作。这其中最重要的是旅居香港的资深记者曹聚仁。

曹聚仁（1900—1972），字挺岫，号听涛，笔名袁大郎、陈思、彭观清、丁舟等，浙江兰溪墩头镇蒋畈村（原属浦江）人，文史学者、记者。1916 年在浙江省立第一师范读书，1921 年在上海爱国女中任教，三十年代曾任暨南大学教授。他从青年时代起就喜欢写作，活跃于文坛和报界，和鲁迅先生有过交往。抗战时期任中央社战地记者，报道过台儿庄大捷。四十年代初，蒋经国在赣南推行"新政"，邀请曹主持《正气日报》，并以师、友待之，实为蒋的"客卿"。三年后，曹离开《正气日报》，但和蒋经国仍有往来。1948 年，曹在上海出版了《蒋经国论》。据说，蒋看过书后感慨道："知我者，曹公也！"1950 年，曹移居香港，先后任《星岛日报》编辑和新加坡《南洋商报》驻香港特约记者。

关于曹聚仁曾充当两岸"密使"的传闻很多，有真有假、扑朔迷离。曹聚仁当年对坊间传言的回应是"假作真时真亦假"。随着时间的推移，相关的一些历史档案相继解密，一些当事人的回忆录也披露了鲜为人知的往事，过去有关曹聚仁的传闻，有的被否定，有的被证实，虽然人们至今仍不能尽得其详，但已经能清晰地看到其来龙去脉。在诸多相关史料中，以曹聚仁女儿曹雷撰写的《父亲原来是密使》一文最为详尽、可靠。[6] 该文根据她和父亲的亲身接触、母亲的回忆、父母亲生前留下的书信和笔记，以及大陆出版的《周恩来年谱》、童小鹏的回忆录《风雨四十年》等确凿史料，描绘了曹聚仁在 1956 年至 1972 年间从香港和澳门奔走于两岸之间，为双方领导人牵线搭桥、传递信息的过程和情况。现以该文为主，参照其他史料，对曹聚仁充当两岸"密使"的真相做一勾勒。

关于曹聚仁充当"密使"的缘起，曹夫人邓珂云 1991 年逝世前曾对子女们说，开始是台北方面派人到香港请曹聚仁沟通两岸的。曹夫人在她的日记中记载："1956 年春，聚仁寄给我一信，嘱我转寄北京邵力子先生，信的内容大意说，为了两党的和好，祖国的统一，愿作桥梁，前往北京，请邵老向中央转呈此意，我即将信封好寄出。不久邵老回复一简函，由我转给聚仁，大意是欢迎他回来。"更具体的情况是，曹夫人把信转寄给北京的邵力子，再经中共中央统战部副部长徐冰呈送给周恩来总理。但是，关于曹聚仁充当"密使"是受台北之托，还是他主动请缨，除曹夫人的说法外，曹雷文中还另有说法。她全文引用了美国《时代》周刊 1956 年 1 月 16 日的一则报道，其中说："……曹相信，台湾独立没有前途，对所有中国人来说，最好的事就是能通过与共产党谈判解决问题。因而，他在收到北京方面支持他推进此事的消息之后，就写了一封信给台北的蒋经国。信中说：'在此危急时刻，我有重要的事情告诉你。'他还要求蒋经国派一个他提出的、双方彼此都熟悉的人来港。'机不可失，时不再来'他请求说。曹没有得到答复，于是他又写了一封信催促：'有一些十分机要的事要谈。'又经过两个月的沉默，他再次试探：'有关方面要我向你传一些话，请您慎重考虑。'他写道：'我再次请求您……别让这重要而又宝贵的机会溜走。'"但据沈卫平著《8·23 炮击金门》一书所述，香港《真报》当时有一篇内容几乎完全相同的报道。[7] 但这篇报道的行文明显有译文的痕迹，因此笔者推断，《真报》的报道很可能是翻译、转载了

《时代》的文章。至于蒋经国是否回信给曹聚仁，或直接派人到香港和曹联系，《时代》的报道没有提及。但蒋经国复信给曹聚仁的可能性不大，台北政坛人士都知道，"经国先生对这种事情是不会留下片纸只字的。"曹夫人所言台北方面派人到香港和曹聚仁联系则应该是真实的。据曹聚仁本人向别人透露，蒋介石、蒋经国父子和他之间的联系人是蒋经国的亲信王济慈。王把蒋氏父子意图告知曹，曹把从大陆高层获得的信息及他给两蒋的报告和书信都经王之手传递和转交。

不管蒋氏父子是如何运用曹聚仁这个渠道的，对曹来北京，中共中央显然是十分重视的。《周恩来年谱》记载："（1956年）7月11日出席中共中央书记处扩大会议，会上商议周恩来接见原国民党中央社记者，现《南洋商报》特派记者曹聚仁的有关事宜……"曹聚仁是以新加坡《南洋商报》特派员和来中国访问的新加坡工商代表团随团记者的名义来京的。邓珂云在笔记中写到："夏，某日，我忽接北京来的长途电话，原来聚仁已在周密的布置中，悄悄地到达北京。他说周总理要他接眷去北京，要我立即就去……这是我第一次去北京，和聚仁已六年不相见了。"这是典型的周恩来为人处世风格，无微不至、亲切感人。

《周恩来年谱》记载："（1956年）7月13日、16日、19日先后由邵力子、张治中、屈武、陈毅等陪同三次接见曹聚仁。"曹把三次和周恩来见面和谈话的情况汇总写成《颐和园一夕谈》一文，《南洋商报》8月14日刊载了该文。曹写道："记者入京时，恰好在周总理在人民代表大会公开发表和平解放台湾的重要演说之后。席上记者便问道'和平解放'的票面票里的实际价值。周氏说：'和平解放的实际价值和票面完全相符合的。国民党和共产党合作过两次：第一次合作有国民革命军北伐的成功，第二次合作有抗战的胜利，这都是事实，为什么不可以第三次合作呢？台湾是内政问题，爱国一家，为什么不可以合作建设呢？我们对台湾绝不是招降，而是要彼此商谈。只要政权统一，其他都可以坐下来共同商量安排。周氏郑重说到中共的政策，说过什么、要怎么做，就怎么做，从来不用什么阴谋，玩什么手法的，中共决不做挖墙脚一类的事。周氏接著问到海外华侨对于和平解放台湾的看法，记者也就说道，由于国共间政治矛盾，增加了华侨间的精神负累，这一矛盾能解消，当然是国人之福。……周氏的话有的是在晚餐中说的，有的是后来在昆明湖上泛舟时说的，只是一种闲谈。因为是闲谈，所以记者看得特别重要，他是把胸中要说的话，老老实实说出来了。"曹文中所引述的周恩来谈话，和《周恩来年谱》的记载是基本相符的。

经周恩来的建议，1956年10月3日下午，毛泽东主席在中南海颐年堂接见了再次来京的曹聚仁并与之长谈。邓珂云的笔记写道："毛主席首次接见了他，对他说，希望您当'鲁仲连'。总理（周恩来）不熟悉鲁的故事，主席讲给他听了。这样聚仁真的当起了现代之鲁仲连来，……毛主席称他为'今之鲁仲连'。"毛泽东表示对曹在海外发表的文章很重视。当曹讲自己是自由主义者时，毛说他可以更自由一些。毛主席还询问了许多蒋经国在赣南时的旧事。邓珂云笔记显然有误，她大概把这次谈话和1958年10月13日毛泽东和曹的谈话混淆了（谈话内容见下文）。据《毛泽东年谱》记载："10月3日下午，在中南海颐年堂会见新闻记者曹聚仁，张治中、邵力子、徐冰、童小鹏参加（没有周恩来）。曹聚仁说：台湾方面了解第三次世界大战已经没有可能，反攻大陆也不可能。他们曾表示，国共和谈，条件成熟时，可能在一个晚上成功。毛泽东说：也可能很快，也可能很慢，但我们并不着急。台湾以前说，一年准备，二年反攻，三年扫荡，四年成功。现在四年已过了，又改说七年了。第三次世界大战是越来越远了，因为有九亿人口的社会主义国家，有约十亿人口的亚、非两洲和拉丁美洲反殖民主义的国家反对战争，英、美、法也不是一致的，还有他们自己国家人民的反对。现在他们对苏伊士运河都没有办法。美国怕苏联三分，因为苏联有原子弹。美国也怕我们一分，因为我们有影响，当然我们也有点怕美国。台湾只要同美国断绝关系归还祖国，其他一切都好办。现在台湾的连理枝是接在美国的，只要改接到大陆来，可派代表参加人民代表大会和政协全国委员会，台湾一切照旧。台湾何时进行民主改革和社会主义改造，则取得蒋先生的同意后才做，现在可实行三民主义。可以同大陆通商，但是不要派特务来大陆破坏。最近他们派特务从香港运了几十个定时炸弹来，企图破坏八大和国庆节。我们也不派'红色特务'去破坏他们。谈好了可以定个协定公布。我们现在已不骂蒋介石了。大陆上的人民对蒋的仇恨也慢慢淡了。我们也不会拿从前蒋对我们的办法对付他，因为没有必要。目前台湾为了对付美国和内部，可以反共，因为他们要生存。台湾可以派些人来大陆看看，公开不好来可以秘密来。谈到加入联合国时，毛泽东说：我们并不着急去加入联合国，但进行这种斗争是必要的。我们进入联合国的条件是：只能一个中国，不仅要进入联合国大会，而且要进入安全理事会，否则就不干。反对'两个中国'这一点，台湾和我们是一致的。（张治中：在反对南越占领西沙群岛问题上台湾也是和我们一致的。）这次联合国大会可能美国方面的票仍是多数，但迟早总要承认我们的。外交关系是要严肃的，因为英国在联合国还投蒋介石的票，所以只能和它建立半外交关系，只能派代办来。谈话结束时，毛泽东告诉曹聚仁，去台湾见到熟人时代他致意。曹聚仁出门时，张治中提醒说，今天主席提到蒋时称'蒋先生'，请注意。"

对这次谈话，曹聚仁在他《北行小语》一书中有这样一段记载："毛氏是懂得辩证法的，世界的最强者正是最弱者……从这一角度看去，毛氏是从蔑视蒋介石的角度转而走向容忍蒋介石的路的。他们可以容许蒋介石的存在，而且也承认蒋氏在现在中国史有他那么一段不可磨灭的功绩。在党的仇恨情绪尚未完全消逝的今日，毛氏已经冷静下来，准备和自己的政敌握手，这是中国历史又一重大的转变呢！"

诚如曹聚仁所言，毛泽东的谈话明确表明他"准备和自己的政敌握手"，即通过谈判和平解决台湾问题；曹敏锐地看到"这是中国历史又一重大的转变"！四天后，即 10 月 7 日，周恩来又接见了曹。周的谈话更具体地表达了中共和平解决台湾问题的想法。《周恩来年谱》记载："由张治中、邵力子、徐冰、屈武、童小鹏、罗青长陪同，宴请并同曹聚仁谈话，就其所询问如果通过谈判台湾归还祖国后中央政府对蒋介石等的安排时说：蒋介石当然不能做地方长官，将来总要在中央安排。台湾还是他们管，如辞修（陈诚的字）愿意做台湾地方长官，经国只好让一下做副的。其实辞修、经国都是想干些事的。辞修如愿到中央，职位当然不在傅宜生（即傅作义）之下。经国也可以到中央。又说：我们现在已不公开宣传反蒋。至于小报说几句，我们也管不了，这就是为和谈制造气氛。我们的手总是伸着的。蒋介石前天对外国记者说还要我们缴械投降。为了应付美国人，可以说反共的话，这我们完全理解。我们劝他们约束一下，不要派人来搞破坏活动。去年'克什米尔公主号'事件就是他们收买周驹搞的，弄得名声很不好。今年又想来搞'八大'，这样不得人心，将来不好向人民交代。其实到不是哪个人怕死。'克什米尔公主号'事件后，我还是去了印尼，以后又到了新加坡，那里还不是有他们的特务吗？蒋先生和经国爱搞这一套，可能是受了英士（陈其美的字）先生和'格柏乌'（苏联内务部的国家安全局的缩写字的译音）的影响，其实历史证明这一套是不能成功的。我们不破坏他们，希望他们内部团结，不发生内乱，希望台湾整个归还祖国怀抱。他们的一切困难都可以提出。我们是有诚意的，我们可以等待，希望他们也拿出诚意来。同时，指示有关部门领导人通知有关地方当局对蒋、陈等的祖坟加以保护，对其家属注意照顾。"10月9日，周恩来接见日本社会党国会对策委员会委员长、政策审议会会长胜间田清一时说："我们争取和平解决台湾问题，不能和平解决时我们也不放弃武力解决。也就是说，我们不放弃武力解放的可能，但强调和平解放的可能，而且目前也正在做争取和平解放的工作。"

从毛泽东和周恩来和曹聚仁的谈话可以看到，他们关于和平解决台湾问题的具体方案，也就是本书第一章中提到的"一纲四目"已具雏形，曹聚仁如果成功地把这些重大信息准确地传递给两蒋，他是不愧为"今日之鲁仲连"了。然而，他作为"鲁仲连"的"巅峰时刻"则是在1958年8月毛泽东开始发动"炮击金门"一役期间。

8月23日，福建厦门至泉州一线三十余公里海岸线上的炮兵，同时向金门岛上的国民党守军开火，一个小时之内，发射了近三万发炮弹，拉开了震撼世界的炮击金门战幕。炮击金门是毛泽东在周恩来、邓小平、彭德怀等人的襄助下，亲自擘画的一次波澜壮阔的军事—外交—宣传行动。它通过"火力侦察"，摸清了和台湾当局签有共同防务协定的美国在台湾海峡的意图和底线，牵制了美国在中东的军事干涉行动，迫使它恢复中美大使级谈判。在炮战过程中，毛泽东审时度势，提出了著名的"绞索政策"，做出"联蒋抵美"政策调整，"以战促和"，进一步推动台湾问题的和平解决。

在毛泽东主持下，中共中央在1958年7月中下旬即决定炮击金门。《毛泽东年谱》记载："7月26日晚上，在中南海游泳池住处召集彭德怀、黄克诚、刘亚楼、萧劲光谈福建前线问题。"次日"上午十时，关于把握打金门的时机问题，致信彭德怀、黄克诚：'睡不着觉，想了一下。打金门停止若干天似较适宜。目前不打，看一下形势。彼方换防不打，不换防也不打。等彼方无理进攻，再行反攻。中东解决，要有时间，我们是有时间的，何必急呢？暂时不打，总有打之一日。彼方如攻漳（州）、汕（头）、福州、杭州，那就最妙了。这个主意，你看如何？找几个同志议一议如何？政治挂帅，反复推敲，极为有益。一鼓作气，往往想得不周，我就往往如此，有时难免失算。你意如何？如彼来攻，等几天，考虑明白，再作攻击。以上种种，是不是算得上运筹帷幄之中，制敌千里之外，我战则克，较有把握呢？不打无把握之仗这个原则，必须坚持。如你同意，将此信电告叶飞，过细考虑一下，以其意见见告。"经过慎重考虑之后，毛泽东于"8月20日下午，在北戴河一号楼召开会议，讨论炮击金门问题，周恩来、林彪、邓小平、彭德怀、黄克诚、萧劲光、陈锡联、王秉璋、王尚荣、叶飞、陶勇出席。叶飞汇报福建前线的准备情况，把地图摊在地毯上。毛泽东一面听汇报，一面看地图。叶飞汇报完后，毛泽东问：你用这么多的炮打，能不能避免打到美国人？叶飞答：无法避免。"另据《毛泽东传》记载，"毛泽东还决定，暂时不打马祖，集中火力炮击金门。"[8]

至今仍广为流传的一种说法是，在开炮前，毛泽东专门接见了曹聚仁，让他把即将炮击金门的信息以及"金门炮战，意在美国"的政策底线传递给蒋氏父子。曾任新华社香港分社台湾事务部部长的黄文放在回忆文章中说："在炮打金门之前，毛泽东已先透过四个管道通知蒋介石。后来又找来《南洋商报》香港的代表曹聚仁，让他在炮战四天前就先透露这个信息。"炮击金门是8月23日下午5点30分开始的，《南洋商报》在当天上午刊登了曹聚仁以"郭宗羲"的笔名报道大陆即将炮击金门的"独家新闻"。因此，让曹在四天前把消息透露给蒋介石应当是8月19日。但令人费解的是，毛泽东和周恩来年谱中都没有记录这件重要的事。记述此事的是童小鹏的《风雨四十年》。他在书中仅简短地写道："8月的一天，毛泽东接见了香港来大陆了解情况的记者曹聚仁，并谈了话。关于炮击金门行动让曹转告台湾，曹在《南洋商报》上透露了此事。"[9]童没有交代具体的时间和地点。另外，《8·23炮击金门》一书提到，毛泽东在一次内部讲话中谈到炮击金门前他把消息和政策考虑告诉曹聚仁一事，他说："我们事先让曹聚仁这位大记者知道，也准备他第二日写成新闻发表。当天，台湾即使知道，也不一定信以为真，若信以为真，要做防备工作也来不及了。让我们的大记者更出名也好。"[10]从这段话可以看出，黄文放所说，在曹聚仁之前，毛泽东已通过四个管道将消息告诉蒋介石不一定可靠。

至于曹为什么在《南洋商报》上披露这一信息，他是否首先把信息直接传递给了蒋经国，至今仍是个谜。有北京涉台知情人士判断，曹当时没有和蒋经国直接联系上，因而采取了在报上曝光的办法。该人士因此怀疑曹、蒋之间的管道是否畅通。和此事有关的另一个"悬案"是周恩来曾批评过曹

"卖新闻"。1958 年 10 月 6 日,《人民日报》刊出了毛泽东撰写的、以国防部长彭德怀名义发表的《告台湾同胞书》,其中宣布从即日起"暂以七天为期,停止炮击,你们可以充分地自由地输送供应品,但以没有美国人护航为条件。如有护航,不在此例"。但《南洋商报》10 月 5 日即刊出了郭宗羲 3 日发回的专讯:"此间第三方高层人士透露,最近已有迹象,显示国共双方将恢复过去边打边谈的局面。据云:在最近一周内已获致一项默契,中共方面同意从十月六日起,为期的一星期,停止炮击、轰炸、拦截台湾运送补给物资在金门、马祖的一切船隻,默契是这些船隻不由美舰护航。"曹报道的这条消息中,暂停炮击七天是确切的,但国共双方"恢复过去边打边谈的局面"的"一项默契"之说又是从何而来呢?停止炮击七天是毛泽东的决策,并由周恩来告知曹聚仁,要他转告台方。据《周恩来年谱》1958 年 9 月 10 日记载:"接见曹聚仁,托曹明日返香港后以最快办法转告台方,为了宽大并给予蒋方面子,我们准备以七天的期限,准其在此间由蒋军舰只运送粮食、弹药和药品至金门、马祖。但前提条件是决不能由美机和军舰护航。否则我们一定要向蒋军舰隻开炮。内政问题应该自己来谈判解决。可以告诉台方,应该胆量大点,学学西哈努克的做法。美国可以公开同我们谈,为什么国共两党不能再来一次公开谈判呢?"从 9 月 10 日到 10 月 3 日曹在《南洋商报》上报道此事,相隔有二十余天,曹应当有足够的时间把周恩来的口信转送给蒋经国并得到回应。但是至今笔者没有看到这方面的记述。笔者揣测,曹可能把周恩来的口信以某种"最快办法"传送给台方,但没有得到回应,到 10 月 6 日停止炮击临近前,为了确保台湾当局得知此事,又以公开报道的形式传递信息。同时,他把"不回应"演绎为"默认",因此有双方达成"一项默契"之说。他这样做,一方面对周恩来之托有个交代,另一方面再放出一条"独家新闻",可谓一举两得。周恩来可能后来发现曹的这种做法有不妥之处。据《周恩来年谱》记载,1959 年 10 月 24 日,周恩来接见曹聚仁时,提到了这件事,并"批评曹不应将解放军停轰金门马祖的新闻卖给《南洋商报》。但是,对此事,毛泽东当时另有说法。毛泽东起草的《告台湾同胞书》发表一周后,即 1958 年 10 月 13 日,他曾撰写了一篇《再告台湾同胞书》,但当时没有发表。《8·23 炮击金门》引用了该文,其中写道:"好几个星期以前,我们的方针就告诉你们的领导人了,七天为期,六日开始。你们看见十月五日的《南洋商报》吗?行人有新闻观点,早一天露出去,那也没有什么要紧。

政策早定，坚决实行……"[11]但该书作者没有交代这段谈话的出处。笔者曾从事新闻工作三十多年，其中大部分时间作驻外记者。作为一名记者，如果能采访到"独家新闻"（英文称之为 scoop），特别是轰动世界的独家报道，机会是十分难得的，不但会立即成为"名记者"，而且也会载入新闻史册。毛泽东给了曹聚仁这样一次千载难逢的机会，他当然不会坐失良机。至于周恩来批评他不应"卖新闻"，是指暂停炮击七天的事，而且是在一年以后，一定事出有因，周恩来处事一向慎重周全。据邓珂云笔记记载："（周）总理在 1956 年首次接见聚仁时，就谆谆嘱咐他说：'不要以新闻记者的地位、身份参加这严肃的工作'。"

在金门炮战紧张时刻，周恩来还是通过曹聚仁及时向蒋氏父子指出他们的出路。1958 年 9 月 8 日，周恩来见曹时"分析美国目前是虚张声势。指出金门、马祖的蒋军有三条路可走，第一条是与岛共存亡；第二条是全师而还，好处是金、马驻军占国民党军队三分之一，这个数字我们不在乎，对蒋介石有作用，可以作为对美国讲话的资本；第三条是美国逼蒋军撤退，这条路是很不光彩的。"

毛泽东要曹聚仁作"鲁仲连"所传给蒋氏父子的最重大的战略信息是 1958 年 10 月 13 日，也就是他起草《再告台湾同胞书》当天接见他时的那次谈话。《毛泽东年谱》记载："同日上午，在中南海颐年堂会见曹聚仁，周恩来、李济深、程潜、张治中、章士钊、童小鹏在座。毛泽东说：看了曹先生写的几个东西。你写给蒋介石他们的信是真的还是假的？曹聚仁说：是真的。毛泽东说：如果是真的，那就不能那样写，先写我们好的，他们会听不进去。你还是当自由主义者好。只要蒋氏父子能抵制美国，我们可以同他合作。我们赞成蒋介石保住金、马的方针，如果蒋介石撤出金、马，大势已去，人心动摇，很可能垮。只要不同美国搞在一起，台、澎、金、马都可由蒋管，可管多少年，但要通航，不要来大陆搞特务。台、澎、金、马要整个回来，金、马部队不要起义，没有吃的时候，我们就不打炮，让他们备足粮弹。但以后还有可能打一点，只不让它损失太大，不打蒋介石是不好办的。'在天愿作比翼鸟，在地愿为连理枝'，台湾的小枝在和美国的大枝连，总要被压断的，将来要变成殖民地或被托管的。当曹聚仁说台湾有人问生活方式怎么样时，毛泽东说：照他们自己的方式生活。水里的鱼都有地区性的，毛尔盖的鱼到别的地方就不行。但是美国不要他时，蒋可以来大陆，来了就是大贡献，就是美国的失败。吴佩孚失败后不出国，不住租借，就是好的。我们的方针是孤立美国，它只有走路一条，不走只有被动。以后华沙会谈可改为一星期一次，两星期一次，甚至一个月一次。要告诉台湾，我们在华沙根本上不谈台湾问题，美国代表没有台湾的证书，又没有介绍信。毛泽东说：蒋介石为什么不做总统？我们都是'拥蒋派'，问题是美国要整他。我们不同美国谈台湾、澎湖，只谈要美国人走路。蒋不要怕我们同美国人一起整他。大陆这么大，台、澎、金、马只是一大点点几小点点，让他们在那里搞他的三民主义、五权宪法，天天吹反共，我们也天天吹收复，商量好。他们同美国的连理枝解散，同大陆连起来。枝连起来，根还是你的，可以活下去，可以搞你那一套。一不要整风，二不要反右，不同美国搞在一起，就是伟大胜利。当章士钊说如果这样美国对台湾的援助会断绝时，毛泽东说：我们全部供应，那有几个大钱？他的军队可以保存，我们不压迫他裁兵，不要他简政，让他搞三民主义。要等到美国踢开他们的时候，才有可能同我们结合。现在公开谈判也不利，只能吓唬美国人，说些'你们可以谈判，我自己不会谈判？'这样的话。暂时美国大整台湾也不可能。几年后气候会变的，空气是不利于他们的。美国现在是空前孤立，无论在中东问题和远东问题上。台湾已经做了三件抗美的事：一搞掉孙立人，二打美国大使馆，三反对《自由中国》刊物。蒋怕我们瓦解他的军心士气，其实我们不会。一、金、马的物资粮食可以满足；二、我们和美国不会谈台、澎、金、马问题。我们松一点对台湾好，打厉害了美国就会压它。准备他十年、二十年吧。美国要压蒋，要以金、马换台、澎，我们不干，让蒋委员长多守几年。当谈到曹聚仁曾说台湾方面要组织回国观政团时，毛泽东说：他们来，我们欢迎。毛泽东最后又对曹聚仁说：你还是做个自由主义者好，不要红了，要有点保护色。"另据《周恩来年谱》，周在会见时说："美国企图以金门、马祖换台湾、澎湖，我们根本不同它谈。台湾抗美就是立功。希望台湾的小三角团结起来，最好一个当总统，一个当行政院长，一个将来当副院长。"毛泽东这次谈话，是对和平解决台湾问题基本方针的重要补充。后来被周恩来概括为"一纲四目"，于1963年初通过张治中致陈诚的信转达给台湾当局。

　　1958年10月15日和17日，周恩来又两次接见曹聚仁，但《周恩来年谱》中没有记载谈话内容。周1959年10月24日批评曹"卖新闻"那次可能是周最后一次接见曹，其后《周恩来年谱》再也没有见曹的记录，曹也没有再到过北京。

有关曹聚仁充当两岸"密使"一事的另一个若明若暗的问题是他是否见过蒋氏父子。曹聚仁是1972年7月23日在澳门病逝的。去世前一个多月，夫人邓珂云一直在他身边。邓曾对子女们说，在医院时曹曾说，有一次和蒋经国会面时谈到各人的孩子，曹说了他的情况，蒋经国却叹息自己的儿子不争气，不学好。谈话的地点是日月潭。曹在1971年12月31日写给亲友的一封信中提到他从香港迁居澳门的原因。他说："我的中心，决意转在澳门，因为我到台湾去既不能坐飞机，又不能坐轮船，只好做渔船到左营，从左营飞日月潭，见了面就回来，不能让香港当局知道，一切以住澳门为便。"看来，曹聚仁见过蒋氏父子是确凿的，地点很可能是日月潭的涵碧楼。涵碧楼过去曾是蒋介石的行馆，后经地震破坏重建，改为饭店。该饭店辟有一处"涵碧楼纪念馆"，其中有一部分展示了题为"风云聚会涵碧楼，两岸关系滥觞地"的"史料"，内容称一九六五年七月二十日，蒋介石、蒋经国父子在涵碧楼听取曹聚仁密访北京报告，形成一个与中共和平统一的谈判条款草案，当时称之为"六项条件"。草案第一条为，蒋介石仍为国民党总裁，可携旧部回大陆，可以定居浙江以外的任何省区。[12]"史料"究竟来自何处并没有交代。有人认为它是东拼西凑，参考了未经证实的文章而杜撰的，笔者深以为然。从时间上看，1959年10月以后，曹聚仁就再也没有到过大陆，何来"密访北京报告"？所谓"六项条件"，明显是抄袭了曹的"一位朋友"在他去世几年后在香港《七十年代》上发表的一篇文章中的内容。该文作者声称，曹聚仁生前曾向他透露，1965年两岸达成六项和谈条件。由于该文所列"六项条件"和"一纲四目"相比似是而非，笔者判断应为"赝品"，因而不在此录用。曹聚仁本人也证实，蒋介石生前并无和大陆谈判统一的意愿。1972年1月12日，曹在写给香港《大公报》社长费彝民的信中提到蒋介石最后的想法。他写道："弟在蒋家，只能算是亲而不信的子侄辈，肯和我畅谈，已经是纡尊了。弟要想成为张岳军，已经不可能了。老人目前已经表示在他生前，要他作李后主是不可能的。"较为可能的情况是，曹聚仁见蒋氏父子时进献了自己的意见，而《七十年代》的"六项条件"则是作者捕风捉影的杜撰。

从上述得到证实的史料中可以看出，曹聚仁如他自己所言，是位游离于国共两党之间的自由主义者，但他真诚地认为"要解决中国问题，诉之于战争，不如诉之于和平。国共这一双冤家，既曾结婚同居，也曾婚变反目，但夫妻总是夫妻，床头打架床尾和好，乃势所必至，为什么不可以重新回到圆桌边去谈谈呢？……我们站在人民的立场，为什么不可以对于国是表示如此的意见呢？"毛泽东知人善任，因此让他当消弭两岸战祸的"鲁仲连"。如果说蒋氏父子对曹是"亲而不信"，那么毛泽东和周恩来对他是"信而不亲"（因为他不是共产党，也不是张治中那样的人物）。毛泽东接见过他三次，周恩来接见过他十次，而且把和平解决台湾问题的具体想法，特别是炮击金门期间的"联蒋抵美"的重大政策调整，通过他传递给蒋氏父子，这是对曹聚仁最大的信任。作为"鲁仲连"，曹聚仁最大的缺憾是，在他有生之年并没能实现他促成两岸走到谈判桌旁的夙愿。我们至今没有看到蒋氏父子通过他回馈给大陆什么信息，这可能是由于两蒋对他"亲而不信"的缘故，但更重要的原因是蒋介石当年不愿作"李后主"，而且由于种种原因当时两岸还不具备和谈的环境与条件，如毛泽东对曹聚仁所说的"准备他十年、二十年吧"。但是大陆对曹聚仁的初衷和努力还是肯定的，在他去世后，周恩来认定他为爱国人士。

李次白，除了曹聚仁之外，蒋介石、蒋经国父子在退据台湾之后曾多次直接派人到大陆来探听消息。最早派到大陆来的可能是李次白。据相关资料记载，蒋介石撤退到台湾后，看到解放军渡海攻台已是箭在弦上，而美国人又要放弃他，形势岌岌可危。因此他接受了蒋经国的建议，派人到大陆试探重开国共和谈的可能性，以便稳住阵脚、拖以待变，并让蒋经国负责此事。要试探大陆的意愿，必须找一个能够见到大陆高层领导的人。蒋介石的亲信将领汤恩伯推荐了李次白。李是黄埔军校第六期毕业生，汤恩伯曾是他的上司，两人私交不错。而李的妹妹是陈毅元帅的胞兄陈孟熙的夫人，兄嫂也都是共产党员。因为这层关系，李次白得不到国民党的信任而且受到军统局的怀疑，于是 1946 年他愤然离开国民党军队，到台湾高雄开了一家饭店，弃军从商。李的背景使蒋经国立即接受了汤恩伯的举荐，并派他的亲信胡伟克找到了李。蒋经国亲自接见了李次白，要他通过陈毅向中共领导表示希望通过谈判解决两党之争，将来可以效仿美国的两党制；如果国共合作希望不大，至少要求大陆不要武力攻台。1950 年 5 月下旬，李次白经香港辗转到了上海，并通过陈孟熙见到了市长陈毅。李向陈转达了蒋经国的口信。但是当时大陆正在紧锣密鼓地进行解放台湾的军事部署，不可能落入蒋介石缓兵之计的圈套，使他得到喘息之机，因此陈毅十分干脆地回答：国共合作的话先不提，现在为时尚早，以后会有机会的。李次白将陈毅的话和大陆的情况，按预先约定的地址写信到香港，转告给了胡伟克。6月25日，朝鲜战争爆发，台湾的险境不但解除，而且蒋介石还要利用机会反攻大陆，国共和谈的缓兵之计已无必要，于是将李次白弃之大陆不予理会。李处境尴尬，不愿再回台湾，于是变卖家产，留在了大陆。[13]

上世纪五十年代中期，大陆做出了和平解放台湾的政策调整，台湾当局于是派人到香港和大陆来打探消息、摸清情况。上文提到，他们曾派大革命时期任国民革命军总部南昌行营专员的雷啸岑，曾任国民党北平市党部主任委员的中统骨干吴铸人等到香港打探消息。但被直接派往大陆进行接触和摸底的则是蒋介石亲自选定的住在香港的"立法委员"宋宜山。

宋宜山，湖南湘乡县（今双峰县）人，毕业于南京中央党校，后被选派到英国留学，回国后一直在国民党中央党部工作，曾任组织部人事处长。宋跟随蒋介石二十余年，深得蒋的信任，曾被选为国民党候补"中央委员"、"立法委员"。国民党退守台湾后，他被安排到香港工作。宋的胞弟是国民党高级将领宋希濂，他在解放战争中被俘，被关押在大陆接受改造。宋宜山就是以探望其胞弟之名到大陆做"实地考察"的。据《目击台海风云》等书的记述，1957年春，宋宜山从香港经广州到达北京，周恩来在东兴楼饭庄设宴招待了他，并安排他去探望宋希濂。周恩来还记得那年是宋希濂的五十大寿，宋宜山深受感动。关于大陆的对台政策，周恩来安排中共统战部部长李维汉和罗青长具体和他谈。李、罗代表中央提出四点政策主张：（1）国共两党通过对等谈判，实现和平统一；（2）统一后，台湾作为中国政府统辖下的自治区，实行高度自治；（3）台湾政务仍归蒋介石领导，中共不派人前去干预；（4）国民党可派人到北京参加全国政务的领导，但外国军事力量一定要撤离台湾海峡。

宋回港后将和周恩来的会面，李维汉、罗青长谈话内容，以及他在大陆的所见所闻写成了长达一万五千余字的书面报告，呈送给蒋介石。宋在报告中表示，中共对国共合作的意图尚属诚恳，应当响应。大陆从工厂到农村，政通人和、百废俱兴，民众安居乐业，与中共鱼水相依，台湾要"反共复国"似无希望。蒋介石看到这样的报告很生气，不等看完就把报告往桌子上一摔说："他把共产党说得那么好，半个月就被赤化了！"于是下令不让宋再回台湾，以免影响别人。1973年，到香港做对台联络工作的章士钊病逝，宋宜山参加了章的追悼会，台湾当局以"附共"的罪名撤销了他的"立法委员"职务。[14]

两岸通过秘密接触几乎要恢复国共谈判、讨论和平解决台湾问题，则是在蒋经国先生执政的晚年。

1975 年 4 月 5 日，蒋介石去世，蒋经国逐步全面执掌了政权。这一时期，两岸及国际形势都发生快速和巨大变化，两岸的秘密接触也从周恩来所说的"真真假假，以假当真，假戏真做，弄假成真"的状况，[15]向"真戏真做"的方向发展。1976 年，大陆粉碎了"四人帮"，结束了"文化大革命"。1979 年 1 月 1 日，中国和美国正式恢复外交关系，美国与台湾当局"断交、撤军、废约"。1979 年元旦，全国人大发表《告台湾同胞书》，正式提出和平统一的主张；接着，大陆停止了对金门等岛屿的炮击，将福建沿海的一些前哨阵地改为旅游点。1978 年底中共十一届三中全会制定了改革和对外开放政策，大陆的工作重点转移到经济建设上来。

在这一系列巨大变化冲击下，台湾岛内要求降低两岸敌意，正面回应大陆提出的两岸"三通"、"四流"（经济、体育、文化、科技交流），的呼声越来越强烈。台湾当局的"三不政策"显然难以为继。1981 年国民党第十二次全国代表大会通过"贯彻以三民主义统一中国案"，实际上放弃了"反攻"大陆的政策。为了应对岛内分离主义主张，他提出只有中国问题没有台湾问题，坚持"台湾从来就是中国的领土"的一个中国立场。[16]中共中央看到了这些重要动向，于 1982 年 7 月 24 日，由和蒋家有"世交深情"、和蒋经国有"幼时同袍"之谊的廖承志写信给蒋经国，动之以情、晓之以理，规劝他"依时顺势，负起历史责任，毅然和谈，达成国家统一"。信的最后一段引用的鲁迅诗句"度尽劫波兄弟在，相逢一笑泯恩仇"，后来成为处理国共两党关系，结束过去的恩恩怨怨，开启共谋统一未来的经典名句。但是蒋经国当时还在彷徨犹豫。

1986 年底，岛内爆发了声势浩大的老兵及大陆籍民众要求返乡探亲的浪潮。形势已容不得蒋经国再蹉跎。1987 年 10 月 14 日，国民党当局宣布从该年 11 月 2 日起，除现役军人和公职人员之外的台湾居民，可经第三地转赴大陆探亲。台湾当局的决定受到大陆的欢迎，大陆并要求台湾当局允许大陆同胞到台湾探亲。从 1987 年 11 月之后，隔绝了三十八年的两岸同胞恢复了联系和交往，出现了许多苦苦期盼团聚的分离家庭、亲人恍如隔世般地重逢的震撼人心场面。

但是，同一个时期，蒋经国也受到来自另一个方面的压力。岛内的分裂势力，在国际上反华势力，主要是美国和日本的反华势力的支持下也在逐步膨胀。1986年9月28日，反对国民党统治的各种"党外"人士联合在一起，宣布成立"民主进步党"。初期，民进党主要鼓动"政党竞争"、"住民自决"，其后则走上了"台独"的分裂道路。同时，糖尿病缠身的蒋经国，健康状况也每况愈下。为内外形势及健康状况所迫，蒋经国开始认真考虑两岸的接触与和解问题，希望在有生之年有所作为，对历史有个交代。笔者认为，蒋经国也只有走国共第三次合作的道路，才能顺应岛内民众要求两岸和解的民意，才能顶住美国反华势力和"台独"分裂势力要把台湾从中国分割出去的压力。

据《人民政协报》2005年1月20日发表的丁艾文章《"沙荻克夫"与"尼古拉"》所述，1986和1987年间，在香港的蒋经国亲信沈诚曾往来于两岸和香港、澳门，在蒋经国和大陆领导人之间传递信息，探讨恢复国共两党谈判的途径与方式。[17]

沈诚，1921年生于浙江，毕业于国民党中央陆军军官学校第十七期，陆军少将，曾任蒋经国嫡系青年军师长和蒋经国的机要秘书，和蒋经国关系深厚。1980年，沈诚从军中退役来到香港，出任《新香港时报》社长兼总编辑。

沈诚第一次到大陆来是受邀参加1981年10月9日在北京举行的"辛亥革命七十周年纪念大会"。他接到邀请时既感意外又感兴奋，但由于他当时还是台湾的预备役军官，到大陆去受到限制，因此他专程到台湾去请示蒋经国。蒋对他说："按政策你去大陆是违法的，但以你目前的身份能去看看也未尝不可。"后来又要他到国民党中央党部"报备"一下。回港前，蒋经国又交代他抽空去一趟老家溪口，看看那里的情况，最好拍摄一些现场照片。

1981年9月25日，沈诚回到了阔别三十年的大陆。在他回来后不几天的9月30日，全国人大委员长叶剑英元帅以对新华社记者发表谈话的形式阐明了大陆关于台湾回归祖国、实现和平统一的政策，俗称"叶九条"。10月3日，叶剑英在人民大会堂台湾厅接见了沈诚。叶帅当面向沈解释了"叶九条"的方针政策，并请沈向蒋经国转达大陆致力于和平解决台湾问题的诚意。10月9日，北京各界隆重举行纪念辛亥革命七十周年大会，中共中央总书记胡耀邦出席并讲话。他以"共产党负责人的身份"，点明邀请蒋经国、谢东闵、宋美龄等十四位台湾党政军要人"亲自来大陆和故乡看一看"。大陆最高领导人再次表达和平解决台湾问题的诚意。

1982 年 10 月 6 日，沈诚第二次到北京，时任中共中央对台工作领导小组组长的邓颖超接见了他。抗战时期，沈诚和在重庆的周恩来、邓颖超夫妇有过交往。两人见面自然谈到往事，邓颖超询问了在台湾的一些旧友的状况，也谈到了两岸问题，但没有提出具体建议要沈传话。

1986 年夏，沈诚根据他对两岸情况的了解，写了一份《国是建议备忘录》，分送给两岸领导人。《备忘录》分析了国共两党在两岸问题上立场的异同；双方各自坚持的意识形态分歧；两岸经济制度、社会结构的差异；提出：在"国家至上、民族第一"的大目标下，共同为和平共存、国家统一而努力；国家一定统一，手段必须和平；实行国共两党第三次合作。在台北，蒋经国秘密接见了沈诚，他主要了解《备忘录》是否送到北京和北京的反应。因为当时沈还没有收到北京的反应，所以蒋对《备忘录》所提建议的反应十分谨慎。次年春天，北京有了反应。

1987 年 3 月，中共中央以全国政协的名义邀请沈诚到北京，行前沈诚专程到台湾秘密见了蒋经国。沈在谈话时力主调整台湾对大陆奉行的"三不政策"。蒋经国表示现阶段还只能暂时实行"官民有别"的办法，即对两岸民间的接触实行"不鼓励、不支持、不压制"的所谓新"三不"政策。他实际上对大陆政策开始进行重要的调整。

14 日，兼任中共中央对台工作领导小组组长的中共中央军委常务副主席杨尚昆在人民大会堂四川厅接见了沈诚。杨对沈说，中共中央对他提出的建议十分重视。从历史上看，国共两党合则两利，国家兴旺；分则俱伤，国家衰败。经国先生秉承蒋老先生之民族大义，坚持一个中国原则，中共十分钦佩，希望国共两党能够第三次合作，共创光明前途。杨代表中共中央提出了两岸谈判的基本原则：第一，双方谈判的主体是中国共产党和中国国民党。如以双方政府来谈则多有不便。为了表示对国民党的尊重，中共特别强调谈判为中央层次、对等地位。第二，谈判的主题是先谈合作，后谈统一。沈诚也向杨谈了蒋经国的想法。当晚他把杨尚昆谈话的内容报告给蒋经国。两天后台北回话：蒋经国同意"两党对等谈判，中央层次的'模式'，但在技术上还希望正式有个具体表达"。

3 月 25 日，中共中央对台北的回应作了研究认为，杨尚昆既是国家主席，又是蒋经国的同学，有点老关系，故决定杨尚昆以个人名义致函蒋经国，邀请国民党早日派代表谈判。杨、蒋是同学，是指上世纪二十年代，他们都曾在莫斯科的中山大学学习。据丁艾文章，这里还有一段杨、蒋相识的插曲。

当年在莫斯科中山大学学习的中国留学生都有一个俄文名字。杨尚昆的是"沙荻克夫"，蒋经国的是"尼古拉"。1927年蒋介石发动"四·一二"政变，在上海、广州等地大肆屠杀共产党人。中山大学的中国学生义愤填膺，连夜举行声讨集会。沙荻克夫正要上台演讲，却被身着列宁装的尼古拉抢先了一步。他没有发言稿，但讲得酣畅淋漓，特别是最后一段声明，博得在场同学的一致赞赏。他说："我蒋经国虽系蒋介石的亲生儿子，但我是共青团员，我要在革命和反革命的大是大非面前划清界限。因此我严正声明，从今天开始，我便同蒋介石断绝父子关系，坚决站在革命和人民的一边，这一切也是他众叛亲离，咎由自取的下场！"蒋经国接着在《人民论坛报》上发表了公开声明，"……蒋介石的叛变，并不使人感到意外，当他滔滔不绝地谈论革命时，就已经逐渐开始背叛革命，迫切盼望与张作霖、孙传芳谋求妥协。蒋介石已经结束了他的革命生涯，作为一个革命者，他死了！他已走上反革命，并且是工人大众的敌人。蒋介石曾经是我的父亲和革命朋友，他已走向反革命阵营，现在他已经是我的敌人了……"蒋经国的讲话和声明深深打动了杨尚昆，"沙荻克夫"从此也结识了"尼古拉"。

由沈诚秘密转交给蒋经国的杨尚昆亲笔信的全文是：

经国先生大鉴：

近闻先生身体健朗，不胜欣慰！沈君数次来访，道及先生于国家统一设想，昆等印象良深。祖国统一，民族振兴，诚我中华民族之崇高愿望，亦历史赋予国共两党之神圣使命，鉴此，我党主张通过两党平等谈判而谋其实现。近日沈君得悉先生高瞻远瞩，吾人深为赞叹！唯愿能早日付诸实施，使统一大业能在你我这一代人手中完成。

为早日实现双方领导人的直接谈判计，昆谨代表中共中央，邀请贵党派出负责代表进行初步协商。望早日决断。书不尽意，临疑神驰，伫候佳音。

小平、紫阳、颖超先生嘱向老夫人、阁下，并纬国将军致意！

即颂

时祈

杨尚昆

一九八七年三月二十五日

1987年4月4日，蒋经国接信后在台北约见沈诚说："我对他们的来函，已仔细看过，大致上他们还是有诚意的，至于在时机上，他们好像操之过急；真正要谈判，也要在我们自己党内求得共识，因为党内一部分人还持着反对态度，他们的理由是党对党谈，台湾人民会不赞成。同时，在党对党谈判原则下，一定要保密，在双方没有取得一致协议前，尽量不要赴会。为了配合两岸关系，我们一定会在政府部门成立一个协调党政工作的机构来运作。"果然，蒋经国于7月14日便宣布了废除在台湾实施了三十八年的"戒严体制"，接着又开放两岸民间人员的探亲往来，对大陆作了适度的"放宽"。

9月，沈诚在台北看望病中的蒋经国时，蒋经国又对他说："我正在研究他们来信的处理问题。信已给老夫人（指宋美龄）看过了，她表示'要好好研究一下再做决策。他们的诚意，我有同感。不过像这样的大事，多少要设想周到一些才行。'"蒋经国还说："下一步我将要考虑赴大陆与中共谈判的人选问题了。"

12月7日，蒋经国再次约见沈诚，告诉他"正式去北京的人选，大概在下个月初的党中常会上作决定。"十分可惜的是，1988年1月13日，蒋经国突然病逝，极有希望的两岸和平谈判，功亏一篑。谈到此事，一些参与这段往事的老一辈领导无不感叹唏嘘，因为中共领导早就预感到，蒋经国去世后岛内"台独"势力很有可能膨胀、发展，"台独"的危险会大大增加。本书第一章中提到，1985年9月20日，邓小平会见新加坡总理李光耀时就说："不管怎样，现在台湾和我们还有共同点，都认为只有一个中国，但如果蒋经国不在了，就可能真正出现两个中国。美国、日本都有一股势力支持台湾独立。"蒋经国的去世对两岸关系来说是个重大损失。中共中央于1988年1月14日立即发去吊唁电；中共中央负责人于15日发表悼念蒋经国逝世的谈话，对他的逝世"深表哀悼"，指出："蒋经国坚持一个中国，反对'台湾独立'，主张国家统一，表示要向历史作出交代，并为两岸关系的缓和做出了一定的努力。"[18]

蒋经国去世后，"副总统"李登辉顺位主政。正如大陆领导人所预料的那样，岛内"台独"势力在他的卵翼下和美、日等外国反华势力的支持下，活动日趋猖獗，两岸关系跌宕起伏、险象环生。但是，李登辉是一个城府很深、精于权谋的政客。在他初执权柄、地位未稳的情况下，为了稳固权位，他需要首先稳住两岸关系。同时，大陆出于推动国家和平统一真诚愿望，希望因蒋经国遽然去世而中断的两岸接触能继续下去，因此主动联系客居香港、受李登辉敬重的国学大师南怀瑾，请他牵线搭桥，恢复两岸的秘密接触。在南怀瑾的推动下，李登辉派出自己的亲信和大陆进行了为时两年多的秘密接触和谈判。

南怀瑾（1918—2012），生于浙江温州乐清县翁垟镇地团村。幼年就学私塾，青少年时即遍读诸子百家。后毕业于浙江国术馆国术训练员专修班、中央军校政治研究班。在金陵大学研究院社会福利系肄业后，潜心于佛学研究。抗战时期到四川，任教于中央军校军官训练队。1945年后在四川、西康、西藏游学，曾在峨眉山大坪寺闭关潜修佛经三年。后在云南大学、四川大学讲学。1949年去台湾，受聘在文化大学、辅仁大学和政治大学授课，同时在台北新生南路开设"道场"。国民党不少要人到那里参禅打坐，南因此结识了孙运璿、蒋彦士、王昇、马季壮、蔡辰洲等权贵。何应钦、顾祝同、蒋鼎文等国民党大佬也听过南的国学课。1966年，他受蒋介石、蒋经国父子之邀到台湾三军各驻地巡回演讲。1985年旅居美国，创办东西方文化学院等机构，弘扬中华文化。1988年移居香港，2004年移居上海，2006年在太湖之滨创办太湖大学堂。南怀瑾国学精湛、著作等身、桃李满天下。南的经历及他在台湾的人脉和影响使他有条件成为两岸秘密接触的桥梁。

从1990年除夕到1992年6月16日，南怀瑾作为"中间人"共参与了大陆和台湾"密使"之间的八次会晤和磋商。其后，秘密会谈的情况被陆续披露出来，南本人也通过他的"弟子"向外界公布了这段"秘辛"。由于南将这八次会谈都录了音，并拍摄了照片，因此外界得以获悉密谈相当详细的内容。笔者所看到的最详实的报道是台湾《商业周刊》第661期（2000.7.24—7.30）的封面文章"两岸密谈大曝光"。该文作者魏承恩称是根据"老师"南怀瑾的"口述"，并"综合了他从各方面取得的资料"而成文的，但"为了保护一些当事人，笔者不得不暂时保留许多细节"。尽管如此，该文"图文并茂"，大部分内容应当是可信的。此外，受到李登辉信任的台湾记者邹景雯根据她采访李登辉而撰写的《李登辉执政告白实录》也有"南怀瑾安排两岸密使会"的专章。笔者至今没有看到大陆方面披露此事的书籍或文章。因此只能主要根据魏、邹两文，对这段秘辛的主要情节做一概述。

最初和南怀瑾联系此事的是已故前国民党革命委员会副主席贾亦斌。贾1912年生，湖北阳新县人，18岁投笔从戎，因战功从国民党军队的士兵一直升任至少将。他和蒋经国有一段"恩怨情仇"的关系。1944年，蒋介石组建了主要由大、中师生为主的"青年军"，并答应抗战胜利后可以优待复员。蒋经国任青年军政治部主任。1946年抗战胜利后，成立了"青年军复员管理处"，贾亦斌经人推荐出任管理处副处长，在蒋经国直接领导下工作，深受蒋的赏识和信任。贾和夫人谭吟瑞（"戊戌六君子"之一谭嗣同的孙女）结婚时，蒋经国亲自为其主持婚礼。内战爆发后，蒋介石又组建了第二期青年军。贾亦斌历来反对内战，在中共地下党员的帮助下，1949年4月7日率领所部四千余青年军在嘉兴举行了起义，投向解放军。蒋经国对贾亦斌的"背叛"悔恨交加。1950年，贾被派到香港做对台工作，蒋经国曾派特务暗杀贾，但未得逞。贾起义之后，一直不遗余力地为"解放台湾"和完成国家和平统一而工作。抗战期间，贾和南怀瑾同在成都中央军官学校工作，是故交。

1988年2月5日清晨，南怀瑾从美国移居香港仅仅一周，就接到了贾亦斌约见的电话。在见面谈话中，贾亦斌表示希望南怀瑾利用"受到李登辉尊重"的关系，为两岸接触搭建桥梁。贾在香港停留了近一个月，和南进行了七次晤谈。

1988年4月21日，贾亦斌陪同时任中共中央对台领导小组办公室主任的杨斯德一起到南怀瑾的香港住所拜会了他。双方就国家统一问题交换了看法。南主要从中国历史的角度提出"希望（大陆）在李登辉的任内不要出兵打仗"。杨介绍了邓小平关于和平统一的政策主张。晤谈后，南立即把谈话的录音交身边的学生送往台湾，并打电话给他的"弟子"、时任李登辉"总统府秘书室主任"的苏志诚，对他说："志诚，你告诉叔叔（指李登辉），那边有贾亦斌要带朋友过来……你告诉他快派人过来。"

苏志诚，1944年生，新闻记者出身，是李登辉早逝的独子李宪文的好友，李登辉待他如自己的子侄，恩宠有加。在李登辉当政的十二年中，他"参赞中枢"，被认为是"李登辉的百分之百化身"。苏和李登辉的儿媳张月云都曾到南怀瑾台北"道场"上过课，尊称南为老师，李登辉因此也对南有所了解。

65

南怀瑾自己对人说，它曾经在李登辉被蒋经国挑选为"副总统"的过程中予以"暗助"。他说，有一天半夜，马纪壮专程前来询问，林洋港、李登辉、邱创焕三人中谁可以当"副总统"？南做了"李登辉无后顾之忧"的分析，这对蒋经国选中李登辉起了关键作用。

李登辉听了南怀瑾送来的录音，并没有立即做出反应，一方面他要评估大陆的局势发展，另一方面，他正面临国民党内"群雄竞逐惨烈"的权力斗争。这期间，曾任台南市长和"国民大会议长"的李登辉亲信苏南成曾建议李和大陆建立沟通管道。苏南成是经当时的"红颜知己"、后来成为其夫人的陈舒珊安排访问了大陆，回来后立即见李登辉，介绍了他在大陆受到的礼遇并拿出杨尚昆主席与他的合影给李看。苏称，大陆希望和李建立联系的管道。李也没有表态。李登辉的老友、长荣集团的老板张荣发还曾自告奋勇地要安排两岸领导人使用他的邮轮在公海上直接会晤。李认为这样做既难保密又不安全，没有接受他的建议。直到1990年，李登辉在3月的"国民大会"上顺利当选为台湾的"第八任总统"，他立即着手布局他谋划已久的"民主改革"。李盘算，"两岸政策必须要有突破性的做法，才能为内部革新创造条件"。这时大陆的"八九政治风波"也平静下来，于是他多次要苏志诚打电话、发传真函给南怀瑾，打探大陆对台政策的虚实。南怀瑾曾建议李登辉派苏志诚到香港来了解情况，李登辉这时接受了南的建议派苏秘密来到香港，并当面邀请南到台湾和李面商对大陆的政策。

1990年9月8日，南怀瑾启程去台湾，当晚李登辉就在官邸书房和南做了长谈，在座的只有苏志诚一人。李登辉一改见人时自己从头说到尾的习惯，静听南怀瑾滔滔不绝地讲了两个小时。南说古论今、纵论天下，晓以和平统一的民族大义，并提出许多具体的建议。他最后说："你先不要管大陆出兵不出兵。蒋家把天下交给你，他们是自己打下来的。你没有威望，要有德望。台湾现在外汇存底有八百多亿美元，你先管内政，蒋经国有十大工程，你应好好利用八百亿美元为老百姓做点事。"第二天晚上，李、南又在李官邸的书房里长谈了两个小时。最后，李登辉夫妇把南送到门口说："我就不到机场送行了。请问南老师最后还有什么吩咐？"南怀瑾意味深长地说："我希望你不要做历史的罪人。"两次长谈后，"让李登辉对南怀瑾的印象持高度保留态度"。1990年12月，南怀瑾再度转达了大陆希望接触的信息。此时，台湾正在筹建"国统会"、陆委会、海基会等应对两岸事务的机构，迫切需要准确地把握大陆的态度，因此李登辉决定派苏志诚到香港和大陆代表做面对面的接触。

1990 年 12 月 31 日，双方代表在香港麦当劳道的南怀瑾寓所首次会谈（《李登辉执政告白实录》称是在香港君悦酒店）。台湾方面是苏志诚，大陆方面是杨斯德。贾亦斌和南怀瑾在座。杨斯德首先向苏志诚表示："希望这是一次有历史意义的会见。"苏志诚则表示："你们打天下时，我还没有出生，因此我们之间没有任何恩怨仇恨。这次是想与各位交个朋友，希望深入全面的交换意见。"从二人的这番见面"寒暄"中不难看出，大陆方面是要"谈出结果"，台湾方面仅是"交换意见"。会谈开始后，苏志诚就滔滔不绝地为李登辉评功摆好，希望取得大陆对李的信任。苏还透露，李正准备终止动员戡乱时期。杨斯德则表示，中共中央对李登辉是寄予很大希望的。刚刚结束的中共中央对台工作会议决定以李登辉为谈判对手，希望在李的任期内解决国家统一的问题。第二天是元旦，双方继续会谈。苏志诚首先应杨斯德的要求说明了台湾"国统会"、陆委会和海基会的职能，也介绍了"国家统一纲领"的构想，并提到将于 5 月 1 日开始终止动员戡乱时期。这时，南怀瑾插话说："台湾的意思是希望在宣布终止动员戡乱时期之后，大陆方面应该有所回应。"杨斯德于是提出，是台湾单方面宣布终止动员戡乱时期好呢，还是双方共同宣布消除敌对状态好。他说："我们不放弃使用武力，但是绝对不是对台湾同胞，而是针对外国人的。两岸没有了敌对，为何就不能坐下来谈呢？与其零敲碎打，还不如从政治和军事上根本解决。只要你们愿意，5 月 1 日前双方就可以谈。"苏志诚没有表态，转而请南怀瑾讲话，把话题岔开。南于是把他酝酿已久的上、中、下三策的构想说了出来。上策是成立一个"中国政经重整振兴委员会"，由国共两党或多党派人士参加，讨论制定"为中国文化特色的社会主义宪法"、确定国号、年号等问题，也就是成立全体中国人的"国统会"。中策是，大陆划出从浙江温州到福建泉州、漳州和厦门一块地方，台湾划出金门、马祖，两岸合起来搞一个经济特区，作为一个新中国的样板。最重要的是这为国家建立南洋海军强有力的基地，控制南沙及东沙群岛，对东南亚和太平洋海域建立管制权力。下策是只对两岸经济、贸易、投资和通与不通的枝节问题商讨解决办法。对于建立经济特区，杨、苏都表示赞同，但南判断双方还做不到，"如果真能做到，英国人、美国人也都会佩服我们了"。两岸密使的第一次商谈就这样结束了，双方约定把会谈的录音带回去，各自向领导汇报，到农历春节时再谈一次。

1991 年 2 月 17 日，双方进行了第二次秘密商谈，地点还是南怀瑾香港寓所。大陆方面出席的仍然是杨斯德和贾亦斌，台湾方面除苏志诚外，增加了郑淑敏和尹衍梁（《李登辉执政告白实录》中没有尹衍梁）。郑淑敏之所以参加是因为李登辉听过苏志诚带回的录音后感到，两岸秘密接触极为敏感，录音是非常危险的事，需要找人做记录，顺道从旁给予苏志诚协助。李于是选定了和南怀瑾同样有师生关系的郑淑敏。

郑淑敏，早年曾嫁给前美国驻台新闻处处长柯约瑟，有美国护照，出入台湾非常方便。李登辉在蒋经国时期任"政务委员"时就和郑相识，其夫人曾文慧爱好文艺，因而也和从事影视、传媒工作的郑颇有往来。十多年的通家之好使李登辉很信任郑，1994 年还拔擢她为"文建会主委"。

尹衍梁，台湾润泰集团总裁，在台湾有广泛政商关系的"红顶商人"，在大陆也有投资，大润发超市就是他旗下的产业。他在大陆设有"光华教育基金"，赞助大陆教育事业。他和南怀瑾也有"师生关系"，由南怀瑾在大陆推动的"金温铁路"项目主要是由尹作资金支撑的。因此，尹衍梁在大陆政、商、文教各界人脉丰沛。

在第二次商谈中，苏志诚主要是要了解大陆对李登辉宣布终止戡乱时期做何反应，希望大陆予以积极回应。贾亦斌提出，台湾"行政院长"郝柏村说，终止戡乱时期后，两岸还是交战状态，如果是这样大陆就很难表态。苏解释说，郝不了解情况，大陆政策由李登辉和"副总统"李元簇等六人决定。他还拿出了一份 1991 年 2 月 5 日六人会议的会议记录，是他本人记录的，并经最高层同意当场宣读了记录：

"当前政府正致力于宪政改革，推进民主，并积极改善两岸关系。部分人士伺机自美返台，鼓吹台独，造成台湾内部政治社会不安定，增加海峡两岸的紧张情势。目前我们要有一个安全安定的环境，推动改革，推动大陆政策。不希望受到不必要的干扰和破坏。像 XXX，政府邀请他参加国是会议，他不参加会议，反而巡回演讲，做恶性宣传，企图造成台湾内部不安。这种人透过美国施压要求回国，对国家没有好处。在动员戡乱时期终止后，海峡两岸即将进入一个新的局面。追求统一必须有耐心，必须花一定的时间，不能躁进。相信两岸如能建立稳定的关系，双方内部安定，我们就可以全力进行与大陆间减低敌意的措施，并鼓励民间往来。这样做，对中国统一必有帮助。不能忽略目前中共对台敌意并未明显消除，有许多统战措施。这是目前我们面临的困难，推动对大陆的关系，要说的少、做得多。尤其不让外国人支持台独人士。这样问题会轻松一点。"

苏志诚念完记录后，杨斯德希望复印一份带回北京，但苏没有同意。杨表示："我方需要了解台湾准备以什么方式巩固目前的两岸关系，希望对中共定位表明态度。我们将根据你方的态度，再确定回应的方式。"杨进一步解释说："我们希望台湾当局把中共定位为友党，将来停止军事对峙、停止一切敌对行动、停止一切危害两岸关系和统一的言论和行动，达成秘密或公开的协议。"对于协议，杨斯德说，双方可先达成秘密协议，得到最高层认可。协议的内容就是刚才说的"三停止"。如果双方达成这样的秘密协议，在台湾宣布终止戡乱时期后，可以有两个办法回应：一是台湾和大陆各自同时发表声明，声明内容事先交换；二是双方共同发表联合声明，向全世界昭告，不允许外来势力干预中国人自己的事。

杨斯德讲过后苏志诚立即问："你的意见是否向最高层报备了，邓小平是否同意？"杨回答："报备了，但是邓小平只管大方向，不管具体事务。"苏核对了郑淑敏做的记录，认为杨的意思是希望两岸签订和平协议，协议的内容是"三停止"。苏表示："我回去报告后会认真研究的。"说到这里苏志诚露了一下底牌："其实，我们宣布终止动员戡乱时期后，杨主席只要表一个态，一句话就够了：双方共同承担确保台海安全的责任，派出授权代表商讨签订和平协议。然后我们就会呼应。"双方商定3月底再谈一次，讨论具体细节。

1991年3月29日双方进行了第三次会谈。地点是南怀瑾在坚尼地道新购置的公寓，也是他与朋友和弟子聚会的讲堂。大陆方面是杨斯德和他的两个助手"小戴"和"小王"，贾亦斌没有来。台湾方面是苏志诚和郑淑敏。会前的3月15日，台湾"行政院长"郝柏村在"立法院"答复质询时说："宣布动员戡乱时期终止后，'一个中国'的政策不变；反共政策不变，中共现阶段还是台湾的敌人；'三不政策'基本上也不做改变。"郝的这番话使这次会谈的气氛从一开始就紧张。杨斯德责问道："你们的郝柏村讲，动员戡乱时期终止后，反共政策不会改变，中共还是敌人，还是叛乱团体，这样的定性，叫我们怎样善意回应？这是继续坚持蒋介石的反共、反人民的内战政策。这是我们必须反对的。这次来，首先要解决定位的问题，否则下一步就没法谈。"苏志诚则解释说："我上次已讲过，台湾对大陆问题的最高决策是六个人的会议，郝柏村不在其中，因此他根本不知道下一步怎么走。"稍息片刻后，苏志诚提出："现在双方对和平统一都赞成，台湾不赞成'一国两制'，大陆领导人不赞成放弃武力。看来我们应该把分歧暂时搁置，先谈合作问题。"南怀瑾支持苏志诚的意见。杨斯德则坚持："我方认为核心问题是定位，既然你们说郝柏村没有参与决策，请问你们最高层的最终意见是什么？"苏回答道："可以说是竞争性的政党，竞争是正面的用词。"他接着反问："你们对和平协议的构想如何？可行的话，什么时候进行？怎么开始？我方倾向签订公开协议，因为秘密协议没有效力。有了和平协议，接下来，两岸再就如何合作进行商议。"杨斯德问："你们有没有带可行的方案来？"苏说："上次你们提出的设想，我带回去后，李登辉认真研究过，支持这个构想。他也征求过其他重要人物的意见，大家都说大陆不会真的愿意去做。"杨斯德有些不悦地说："你们是怀疑我们的诚意。和平统一、一国两制是坚定不移的原则，统一当然是统一到中华人民共和国，台湾只能是地方政府，这一点不能改变，解决办法就是'一国两制'。不是单纯签订和平协议。我上次提的'三停止'是最低要求，目的是结束敌对状态。当然还应该有更高的目标，对历史有所交代。双方各自拿出草案，再正式签订，如何公开可以商量。我代表中共中央正式邀请苏先生，或其他李登辉指派的代表去北京，与我们最高领导人当面谈。"苏志诚看到大陆的底牌仍是"一国两制"，一时不知如何回答是好，支吾地说："我们先讨论如何跨出第一步，怎么做？"在双方立场迥异的情况下，南怀瑾拿出了自己的方案："我只提一个'和平共存、协商统一'的八字方针。统一是双方认同的目标，这八个字没有说要台湾取消国号，投降过去。大家先不要打仗。"当南要双方在他的"八字方针"上签字，经双方领导人认可成为"条约"时，苏志诚表示愿意签字，但杨斯德没搭腔，屋内空气一下子凝固起来。会议结束时，杨再问苏："你有没有可能秘密来北京？"苏回答："要请示。"

1991 年 6 月 16 日，双方进行了第四次会谈。地点仍是南怀瑾香港寓所，大陆与会的只有杨斯德的两个助手"小戴"和"小王"，杨没有来；台湾方面的仍是苏志诚和郑淑敏。此前，两岸都发生了新的情况。5 月 1 日，李登辉宣布终止动员戡乱时期和废止动员戡乱时期临时条款。大陆在一个多月后的 6 月 7 日，在"中共中央授权台办负责人就海峡两岸关系与和平统一问题发表谈话"中，对此做出了回应。发言人说："'动员戡乱时期'及'临时条款'本来就是非法的，早就应该废除。现在决定终止，仍不失为正视现实、降低敌意之举，应当说是一个进步。但是，台湾当局仍然强调'敌对意识'，这是很不合时宜的；他们还企图谋求海峡两岸互为对等的'政治实体'，幻想'和平转变大陆'，这是根本行不通的。我们希望台湾当局改变反共拒和立场，真正消除敌意，言行一致。多做几件有利和平统一的实事，而不要口是心非，把统一大业人为地拖下去。"这位负责人还受权就两岸关系发展和和平统一进程提出三点建议：

（1）由海峡两岸有关部门和受权团体或人士，尽快商谈实现直接三通和双向交流的问题，扩大交往，密切联系，繁荣民族经济，造福两岸人民。对于台湾当局有利于直接三通和双向交流的主张和措施，我们都予以欢迎。

（2）中国共产党和中国国民党派出代表进行接触，以便创造条件，就正式结束两岸敌对状态、逐步实现和平统一进行谈判。还可以在坚持一个中国原则的前提下，讨论台湾当局关心的其他问题。在商谈中，可以邀请两岸其他政党、团体有代表性的人士参加。

（3）中共中央欢迎国民党中央负责人以及国民党中央授权的人士访问大陆。可以先来看一看，也可以来交换意见。我们都热烈欢迎，以礼相待。如果国民党邀请中共代表，我们愿意应邀前往台湾，共商国是。希望国民党对此严肃、认真地考虑。

这期间，大陆的涉台机构和人士也有了重要调整。1988年9月，国务院成立"国务院台湾事务办公室"，丁关根任主任。1991年4月，"中共中央台湾工作办公室"和"国务院台湾事务办公室"合并，一个单位两块牌子，王兆国出任主任。小戴、小王此行的目的一是向对方通报这一机构和人事变动，二是说明台办负责人的谈话是经过中共中央最高领导人逐字逐句推敲的，是回应台湾当局宣布终止动员戡乱时期的正式文告。戴说："台办负责人提出的三点建议充分表达了我方的诚意和善意。"戴还再次邀请苏志诚去北京，面见中共领导人，承诺高度保密、妥善安排。苏对此不置可否，但反复表示："签和平协定的事，希望你们严肃、认真考虑。"

双方第五次商谈是在1991年7月，李登辉派郑淑敏密访北京，受到杨尚昆和王兆国的接见，主要协商了合作打击海上走私的问题。郑当时的公开身份是华视文化公司的执行副总经理。用苏志诚的话说，"郑淑敏是我们的秘密官员，没有公开的官员身份。"郑来北京主要是提出两岸合作打击海上走私和抢劫犯罪问题。在此之前的5月，大陆就向台湾方面明确阐明，希望两岸建立共识，合作打击台湾海上抢劫、走私等犯罪活动。郑这次来是对大陆倡议的回应。王兆国正式建议，两岸有关方面或经授权的团体、人士进行商谈，达成合作打击台湾海峡海上走私、抢劫犯罪活动的协议。双方就此达成原则性意见。9 月 25 日，中共中央台办副主任唐树备公开致电台湾有关方面，再次呼吁合作打击海上走私和犯罪活动。他指出，台湾不法分子向大陆走私犯罪活动日趋严重，但台湾方面未能向大陆提供必要配合，影响了依法查处这些涉嫌走私案件，不仅使大陆受害，也使台湾受害。11 月初，台湾方面终于派出海基会秘书长陈长文到北京，就合作打击海上走私和犯罪的程序性问题进行商谈，但没有达成协议。7 日，参与对台领导工作的副总理吴学谦接见了陈。吴指出双方的商谈是一件很有意义的事，是一个好的开端。双方在一些问题上还存在分歧和不同意见，这也很正常，可以进一步沟通，逐渐消除分歧，取得共识。吴还对两岸这种属于事务性的磋商表明了大陆的立场。他说："我们主张国共两党尽早实现接触商谈，国家早一点结束分裂局面、完成统一。在最终实现这个目标之前，两岸交往中确实存在一些具体问题，需要双方坐下来进行商讨，寻求解决办法。"吴学谦还提到两岸渔事纠纷问题，表示两岸渔民在同一海域作业，纠纷难免发生，还是应当提倡协商解决问题。大陆主张尽早结束两岸敌对状态，逐步实现和平统一，使台湾海峡成为祥和的海峡。[19] 实际上，直到 2009 年海协、海基两会才正式签署了《海峡两岸共同打击犯罪及司法互助协议》。在此之前，两岸最早达成的协议是 1990 年 9 月两岸红十字会关于执行海上遣返事务的《金门协议》。

　　第六次秘密商谈是在 1991 年 11 月 16 日举行的，地点改在香港希尔顿酒店。台湾方面仍是苏志诚和郑淑敏，大陆方面派来了"王局长"和小王。9 月 14 日，王局长打电话给郑淑敏，希望双方在香港会面，就台湾加入《关税与贸易总协定》问题交换意见。《商业周刊》文章称是谈台湾加入《世界贸易组织》问题，但世贸组织是 1995 年 1 月 1 日才成立并取代关贸总协定的。而且，从它披露的内容看，无论从时间上还是事实上，多有矛盾和不准确之处，因此这里仅引用部分可信内容。根据曾在第一线主持大陆加入世贸组织谈判的龙永图所主编的《世界贸易组织问题解答》等书，有关两岸先后加入世贸的前因后果是：

　　1947 年 5 月 21 日，当时的中华民国成为关税与贸易总协定的原始缔约国之一。1950 年 3 月，台湾当局宣布退出关贸总协定。新中国政府认为台湾无权代表中国，因而其退出是非法的。1965 年，台湾当局又以"中华民国"名义代表中国在关贸总协定中申请并获得观察员资格。1971 年，关贸总协定根据联合国恢复中华人民共和国在联合国合法席位的二七五八号决议，取消了台湾的观察员资格。1990 年 1 月，台湾当局以"中国台湾、澎湖、金门、马祖单独关税区"的名义，提出加入关贸总协定的申请。对待这个问题，大陆的立场是，一方面坚决反对任何在国际上制造"两个中国"或"一中一台"的图谋，另一方面也考虑到台湾为外向型经济，不是关贸总协定的缔约方，会受到其他国家或地区的歧视性待遇，不利台湾和两岸经贸关系发展，因而采取了合情合理的务实态度。1992 年 9 月 26 日，大陆和欧、美、日等主要贸易大国就台湾问题达成一项主席声明，强调台湾作为中国的一个单独关税地区，可本着"中先台后"的原则加入关贸总协定。1995 年 11 月，台湾把其关贸总协定工作组更名为世贸工作组，台湾以一个单独关税区的身份开始"入世"的谈判进程。关于这个问题本书第七章将做更详细介绍。

1991 年 11 月的两岸香港商谈主要是围绕台湾加入关贸总协定这个问题的。大陆方面透露了"中先台后"的"底线"；苏志诚则把 1990 年 1 月已经以台、澎、金、马单独关税区名义申请加入关贸总协定一事作为"台湾的最高机密"告诉了大陆代表，而且要求大陆予以公开支持。大陆提出台湾派出高于海基会的授权代表进行商谈，并希望把谈判的程序确定下来，包括谁来谈、用什么名义和在哪里谈。苏志诚则表示，台湾方面已有人选，地点还是在第三地，但时间还没有定下来。双方同意就这个问题保持联系。

第六次香港秘密商谈后，大陆的谈判代表有了调整。1991 年 11 月，经尹衍梁引荐，南怀瑾结识了大陆在香港某公司的董事长许鸣真。许 1925 年生，河南镇平人。1947 年肄业于香港达德学院经济系。1948 年参加中国人民解放军，曾任职哈尔滨军事工程学院、北京航空学院、中共中央统战部。1978 年任国防科工委纪委书记，第十三届中央纪律委员会委员，第八届全国政协委员。离休后兼任香港某公司董事长。1995 年逝世。许是位忠厚长者，被人敬称为"许老爹"，和杨尚昆等多位大陆中央领导熟悉。南怀瑾和他一见如故，相谈甚欢。南向许介绍了两岸秘密接触的来龙去脉，并表示希望大陆能由最高决策层共同决策并指派代表和李登辉的代表继续商谈。12 月，南安排许在他的寓所和苏志诚会面，尹衍梁在座。这是两岸之间进行的第七次秘密接触。苏向许保证能够把大陆的意见直接报告给李登辉。经过许鸣真的奔走努力，1992年5月，中共中央决定由海协会会长汪道涵牵头组成包括许鸣真、王兆国和杨斯德在内的四人专案小组，以南怀瑾为桥梁，和李登辉的代表继续进行秘密接触和谈判。大陆调整、加强了谈判班子之后，南怀瑾曾建议台湾方面派出如谢东闵这样的元老级人士出任代表，以显示台湾方面对谈判的重视和诚意。5月26日，尹衍梁到北京，转达李登辉愿意继续秘密会谈，但代表还是苏志诚和郑淑敏。

　　1992年6月16日，两岸代表在香港希尔顿酒店举行了第八次会谈。大陆方面代表是汪道涵、杨斯德和许鸣真，台湾方面代表是苏志诚和郑淑敏。会谈进行了两天。苏志诚在会上长篇大论，重复了他在前几次会谈中的立场。而一个新问题是李登辉为什么主张"总统"直选。1992年3月国民党三中全会上爆发了"直选"和"委选"之争。苏称，李登辉推动直选，因为选民支持直选，如果国民党不这样做，"直选会变成民进党单一的本钱，国民党将在选举中失利"；同时两岸关系正在加紧推进中，直选会使台湾选民安心，国民党不会被挂上"台奸"之名。苏再次要求两岸首先签订和平协议，这样台湾民众就会"心安了"，"接下来两岸签订三通将会比较顺利"。关于大陆主张的举行国共党对党谈判问题，苏表示"这是行不通的"，因为台湾有一个"政府存在"，要大陆承认这个"事实"。苏这时提出，两岸领导人会面还很难促成，可以先举行海基、海协两会领导人的"辜汪会"。当被问及会面谈什么时，苏回答："不谈政治问题，不谈统一问题，不谈具体结果，两岸分隔多年后，第一次广泛交换意见，最重要的是先建立官方授权的高层对话机制，彼此可以藉此沟通观念。"关于会面的地点，苏排除了大陆、台湾或香港的选择说："不如在新加坡，李光耀先生是我们两方共同的朋友，他也一向关心两岸间事，一事不烦二主，若行得通，可以传话给李光耀，请他代为安排，至于公开的细节，则由海协、海基两会就事务性的部分进行商谈。"双方形成了举行"汪辜会谈"的意向是这次商谈的重要成果。另据邹景雯所著《传略苏志诚》一书援引苏本人的话说，建议举行"汪辜会谈"事前并没有得到李登辉的授权，而是他和汪老当时"脑力激荡的成果"，"功劳必须归给汪老"。[20]事后，郑淑敏专程到北京确认了"汪辜会"的时间和地点，双方终于在1993年4月27日至28日在新加坡举行了具有历史意义的"汪辜会谈"。商谈中，苏志诚还邀请许鸣真秘密访问台湾，面见李登辉。会谈的最后，双方请南怀瑾讲话。他再次提出了他关于两岸关系的三条原则：和平共济，祥化宿怨；

同心合作，发展经济；协商国家民族统一大业。双方代表都同意这些原则，但都婉拒签字确认。于是南怀瑾拿出了他准备好了的给江泽民、杨尚昆和李登辉的一封信，一式两份，要双方代表过目。信中有一句提到双方"先后在此相商"。苏志诚不愿确认双方进行了秘密商谈的事实，提出将"相商"改成"相遇"。南怀瑾当场做了修改。南信的题目是："和平共济协商统一建议书"，全文是：

有关两岸关系未来发展问题，适逢汪道涵先生、杨斯德先生、许鸣真先生等与苏志诚先生等，先后在此相遇，广泛畅谈讨论。鄙人所提基本原则三条认为：双方即应迅速呈报最高领导批示认可，俾各委派代表详商实施办法。如蒙双方最高领导采纳，在近期内应请双方指定相应专人商谈，以期具体。如未蒙批示认可，此议作罢。基本三原则三条：一、和平共济，祥化宿怨；二、同心合作，发展经济；三、协商国家民族统一大业。具建议人南怀瑾敬书，1992年6月15日于香港。

南表示："三个月内，两边都不回信，也不签字，此议就此作罢，不要再找我了。"双方把南的信各自带回，但都没有回复。

1992年8月，许鸣真以"探亲"的名义应邀秘密访问台湾。访问行程由苏志诚一手安排，代号为"大爷旅游计划。"许一到台湾，苏志诚就诡秘地对许说："你见到李总统后，请不要提及南老师写信的事。"显然，苏并没有把南怀瑾的信呈报给李登辉。许和李见面后做了长谈并在台盘桓了一个星期。1994年，许曾二次访台面见李登辉。从其后的事态发展看，两次面谈并没有取得实质性的突破。许第一次访台离开时，苏志诚再三叮嘱："回香港后，请不要把来台湾见李的事告诉南老，这不是对他不恭敬，只是暂时不说，将来再说。"许从此看出苏为人做事不诚恳。至此，以南怀瑾为桥梁的两岸香港秘密接触和商谈宣告终结。南怀瑾曾对此写下如下的评语："这是一场愚痴无智的诳语笑谈会，此乃我心裁决的结论。"但两岸秘密接触还持续了一段时间。

据《李登辉执政告白实录》称，1994年1月，大陆传话给台湾，大陆已指定了一位新的代表和苏志诚对谈，但没有说是谁。李登辉于是再派郑淑敏到北京了解情况。时任中共中央办公室主任的曾庆红会见了她，并告诉她"以后双方就直接联络，不必经过其他管道"。经过沟通，双方同意在珠海会面。事先，郑淑敏按计划中的进出路线到珠海走了一趟，以确保安全和保密。1994年4月3日，苏志诚和郑淑敏取道香港，经大陆的安排于次日到达珠海。曾庆红在一栋别墅中和他们会面商谈。会面时双方还代表江泽民和李登辉交换了礼物。1994年11月25日，曾、苏在珠海二次商谈。苏志诚又提出签订和平协议的问题；曾指出，协议不能是国家与国家之间的协议。苏又提出由大陆、台湾和新加坡合办国际航运公司，两岸各占投资45%，新加坡投资10%，以解决两岸通航问题。李登辉事先已向李光耀提出了这个建议，李光耀和江泽民沟通时，未获回应。苏再提此事，也没得到曾的回应。1995年1月30日农历春节除夕，江泽民发表了《为促进祖国统一大业的完成而继续奋斗》的讲话，俗称"江八点"，进一步阐述了大陆对台政策，为推动两岸关系的发展做出新的努力。4月8日，李登辉在"国家统一委员会"的会议上提出了建立两岸正常关系的"李六条"作为回应。双方在讲话前都相互"通了气"，希望对方予以重视。

在李登辉提出"李六条"之前的3月，苏志诚和曾庆红在澳门第二次会面，也是最后一次会面。苏告诉曾，李登辉将要到中东的阿拉伯联合酋长国、约旦和美国去访问，并称"这是我们必须要做的，也确定将去得成"。[21]李登辉访美，彻底暴露了他执意要分裂国家的真面目，大陆开始声势浩大的反"台独"斗争，两岸自上世纪五十年代以来的秘密接触也画上了句号。

评议

人们对秘密接触和谈判往往有一种神秘感，甚至视其为"暗箱操作"。其实，无论是在政治领域，还是在军事、外交或商业领域，公开谈判和秘密谈判是谈判的一体两面，二者都是不可或缺的。实际上，在很多情况下，公开谈判的结果是经秘密谈判，或是事先不公开沟通达成的。特别是，如果当事的双方处于对立、敌对状态，秘密接触和谈判是避免因误判而爆发冲突，或做出政策"大转弯"的不二选择。最突出的两个案例是1962年的古巴导弹危机和1971年基辛格秘密访华。赫鲁晓夫和肯尼迪是通过密信往来及赫鲁晓夫"私人朋友"的秘密串联而化解了一场迫在眉睫的核战争危机。基辛格的秘密访问则打开了中美关系的大门，改变了国际关系的格局。

1949年之后的相当长一段时期内，大陆和台湾政治对立、军事对峙、互为敌手，没有公开往来，因此秘密接触、相互摸底成为双方在制定针对对方的战略和政策时的需要。从两岸三十余年中断断续续的秘密接触和谈判的情况中，可以看到在双方公开政策宣示中看不到、甚至是相反的"潜政策"的运作脉络。

大陆对台战略和政策显现出几个基本点。第一，一直在谋求和平解决台湾问题、实现国家统一的方法和途径。在蒋介石退据台湾之后，大陆的公开政策是"中国人民一定要解放台湾"，并做了相应的军事部署，但毛泽东同时请张治中和蒋介石联系，争取重开国共两党和平谈判，认为此项工作"极为重要，尚希刻意经营，借收成效"。经过章士钊、曹聚仁、宋宜山等"密使"的穿梭往来，逐步形成了毛泽东、周恩来时代的"一纲四目"政策，为至今大陆和平解决台湾问题的战略和政策奠定了基础。第二，维护国家主权和领土完整是大陆对台政策的最高指导原则。当大陆看到美国为了分裂中国而挑拨蒋氏父子和陈诚的关系时，毛泽东和周恩来就做"小三角"的工作，要他们团结，不要上美国人的当。最突出地体现这一原则的则是在"金门炮战"期间毛泽东做出的重大政策转折。当他看到美国要压台湾从金门、马祖撤军，从而"划峡而治"、制造"两个中国"时，他立即把解放金、马的初衷改变为"绞索政策"，"联蒋抗美"，"赞成蒋介石保住金、马的方针"，由蒋管理台、澎、金、马，并告诉他大陆不会和美国人一起"整他"，"台湾抗美就是立功"。

台湾的大陆政策则呈现出曲折的"蜕变"过程。蒋介石退据台湾之后，坚持"反共"，信誓旦旦地要"反攻大陆"，"反共复国""汉贼不两立""不做李后主"，但在一个中国原则和国家统一问题上，他顶住内外压力，特别是顶着美国要逼他下台的风险，坚决反对"台湾地位未定论""两个中国""一中一台"，保持了中华民族的气节。这使得看上去水火不相容的两岸关系中存在"心有灵犀一点通"的微妙关系，在公开敌对的表层下，存在着私下的默契。1971年联合国二七五八号决议承认中华人民共和国为全中国唯一代表、台湾被驱逐出联合国后，特别是1979年中美恢复外交关系、大陆发表《告台湾同胞书》，在大陆发动了强大的和平统一攻势的情况下，蒋经国在"庄敬自强、处变不惊"的表象下，处于"步步为营、如临深渊"的被动局面。上文提到，当时岛内要求废除"三不"政策、开放两岸往来的呼声高涨；而分离主义势力在"革新保台"的口号下也在膨胀。在内外因素的交相作用下，蒋经国不得不调整了大陆政策，他对两岸的秘密接触的态度也随之有了改变。首先，他从对曹聚仁的"亲而不信"，只接收大陆传来的信息而不回应，改变为使用"亲而又信"的沈诚担当了名副其实的密使，有来有往，和大陆进行了实质性的秘密沟通。对两岸民间往来，采取了"不鼓励、不支持、不压制"的"新三不"政策。1978年底，他终于做出重开国共两党谈判的重大决策，只可惜他转年就骤然去世，一次具有重大历史意义的突破功亏一篑。当然，即使谈判重开，由于蒋经国维持"中华民国法统"的基本立场不会即时改变、美国也不会让两岸走到一起，谈判会是漫长、曲折的；但大陆有邓小平运筹帷幄，从中英香港谈判的结果看，谈判破裂的可能性不大。只要谈判继续下去，"先易后难"、循序渐进地处理分歧，两岸和解、整合的进程是可以期许的，"台独"的空间会被大大地压缩，国家主权和领土的完整会得到巩固。

蒋经国的去世和李登辉的上台，使阳光乍现的天空又飘来了乌云。回顾李登辉主政十二年两岸关系的风云变幻，一个可能引起反思和探讨的问题是，当年把李登辉作为谈判对手，希望和他解决统一问题是出于什么样的考虑和判断？对李登辉的"台独"本质是不是从一开始就有清楚的认识？笔者认为，无论是对人还是对事，抓住本质当然至关重要。但是对一个政治人物来说，他想做什么和他能做什么是两回事，就像孟子见梁惠王时举的例子那样，要"挟泰山以超北海"的人是不能也，非不为也。从李登辉1988年上台直到今天，他一直难圆"台独"或"独台"的梦。除了他本人的问题外，更重要的是客观形势的发展，主要是大陆反"台独"的坚定立场和日益增长的实力，使得喧嚣一时的"台独"主张演变成今天台湾公认的"伪议题"，正所谓"形势比人强"。李登辉一句广为人知的名言是他1994年春对日本右翼作家司马辽太郎说的"生为台湾人的悲哀"。想"台独"而不能"台独"确实十分悲哀！就两岸关系而言，不管李登辉的本质如何，当他成为当权者之后，大陆当然要和他打交道，没有别的选择。如果他要"台独"，"打交道"就是要限制、断绝他的"台独"之路。李登辉上台之后，大陆在不断推出"促统"举措的同时，也坚决严厉地开展了反"台独"的斗争。此外，认识本质，需要"透过现象看本质"，要有一个"听其言、观其行"的过程，孙悟空那双能立即识别人和妖的"火眼金睛"只是神话。我想，选李登辉作接班人的蒋经国无疑也是看走了眼，或者说是李登辉当年用韬光养晦的谋略骗过了蒋经国。李登辉和司马辽太郎有这样一段有趣的对白：

司马辽太郎：可是身为一介学者的李登辉先生，您真能掌握政治的秘诀，是政治家，同时连"黏糊糊的"政治谋略也运用自如。

李登辉：因为我从小就很敏锐呀！我总是在思考该如何内敛。对了！日本有一句话不是说"食客添第三碗饭时是悄悄地要人盛饭"吗！

当然，李登辉也摸不透蒋经国内心是怎么想的。他说："三年又九个月之间，他当总统，我当副总统。一星期见他一两次，他生病之后，也曾经一个月才见一次面。当时我向他说过的话都记录在一个笔记簿里，现在当然还不是能发表的时候。但是蒋经国先生是否真的希望让我做他的继任者并不清楚。"[22]

本书在第一章中提到，李登辉主政的十二年中，在一个中国问题上立场蜕变的过程分为四个阶段，从声称"立足台湾，放眼大陆，胸怀全中国"，很快蜕变为两岸是"两个对等的政治实体""阶段性两个中国"，最后是"两国论"。这个蜕变过程就是他对司马辽太郎说的要做现代的"摩西"，把台湾带出中国。为了"出埃及"，他"选择迂回务实的道路"。他在他所写的《台湾的主张》一书中，"传授"了他的为政之道："政治家在面对问题时，绝不能只作直线的思考……通往目的地最佳之途径，不见得是直线，有时稍作迂回，反而更容易解决问题。"[23]对他来说，为了要改变两岸关系，首先要稳住两岸关系。为此，1990年10月7日，李登辉在他的"总统府"内成立了跨党派的"任务编组""国统会"，1991年2月23日，"国统会"又通过了"国统纲领"。1990年8月底，李登辉曾就成立"国统会"的缘由向他的"资政"和"战略顾问"们做了说明。他说，他就职"总统"时提出了任期内的四大任务："完成宪政的改革，经济的转型，外交的突破及社会心理的重建等工作。"而设立"国统会"是为了"创造有利宪政改革的条件与环境，如期达成上述的各项目标"。[24]回过头来看，李登辉当权十二年所做的就是这四件事："宪政改革"就是通过"修宪"从法理上把台湾和大陆分离开来；争"国际空间"，就是在国际上造成事实上的"两个中国""一中一台"局面；改变台湾的"社会心理"，就是"建立强固的'台湾认同'（Taiwan Identity）"，"形成一个和大陆完全不同的新族群"，从国家和民族认同上"去中国化"。这"四大任务"中，核心的是"宪政改革"。至今，台湾共进行了七次"修宪"，其中六次是由李登辉操盘完成的。1999年7月9日，李登辉利用接受《德国之声》记者采访的机会，抛出了他的"震撼弹""两国论"。他声称"两国论"的"法理"

依据就是六次"修宪"的结果。他说："1949 年中国成立以后，从来没有统治过中华民国所辖的台澎金马。我国并于 1991 年修宪，增修条文第十条将宪法的地域效力限缩在台湾，并承认中华人民共和国在大陆统治权的合法性；增修条文第四条明定立法院与国民大会民意机关成员，仅从台湾人民中选出。1992 年的宪改更进一步于增修条文第二条规定总统、副总统由台湾人民直接选举，使所构建出来国家机关只代表台湾人民，国家权力统治的正当性也只来自台湾人民的授权，与中国大陆人民完全无关。"他的结论是："1991 年修宪以来，已将两岸关系定位在国家与国家，至少是特殊的国与国的关系，而非一合法政府，一叛乱团体，或一中央政府，一地方政府的'一个中国'的内部关系。"[25]"两国论"是他"迂回路线"的目的地，图穷匕首见。

但是，"两国论"是李登辉在"自圆其说"，由于受到大陆、岛内反"台独"力量以及国际上普遍奉行一个中国政策的制约，李登辉操弄的六次"修宪"在法理上并没有取得他声称的结果。首先，"修宪"采取了"增修条文"的形式，没有直接改动本文。这里，至关重要的是"宪法"总纲第四条"中华民国领土，依其固有之疆域，非经国民大会之决议，不得变更之。"虽然经"修宪"，"国民大会"被撤销，改由"立法院"行使这一功能，但"固有疆域"并没有变更。如果把"固有疆域"的"固"字改为"现"字，即变成了台、澎、金、马，那就等同宣布"台独"，大陆没有别的选择只能采取非和平手段维护中国的主权和领土完整。那将是一场"一字战争"。此外，在"增修条文"前，李登辉还不得不加上"为因应国家统一前之需要"，作为"修宪"的缘起。从法理上说，台湾施行的"中华民国宪法"仍然是一个中国的法律文件，是台湾任何行政当局合法性的法源。

从李登辉的自白中看得很清楚，他成立"国统会"、制定"国统纲领"，玩的是"瞒天过海"的权谋。对于"国统纲领"的实质，大陆当时就有清醒的估计。由于它白纸黑字地说，"大陆与台湾均是中国的领土，促成国家的统一，应是中国人共同的责任"，《人民日报》的一篇评论肯定"这不失为一种顺潮应势之举"；但对"纲领"要两岸"在互惠中不否定对方为政治实体"、"在国际间相互尊重，互不排斥"、以"政治民主、经济自由、社会公平及军队国家化的原则"协商统一等要害内容的实质进行了揭露和批驳。评论指出，"两个对等政治实体""在国际上互不排斥"是要在国际上推行"双重承认"、制造"两个中国"和"一中一台"；而所谓"自由、民主、均富统一中国"

是图谋先"和平演变大陆"，然后才能谈统一。[26]"国统纲领"把统一进程分为条件苛刻的三个阶段，而且没有时间上限，是玩弄"拖延战略"，实际上是"不统一纲领"。本书在第一章中提到，美国学者黎安友和陆伯彬在他们1997年合著的《长城和空城》一书中就指出："实际上，纲领以大陆自己放弃手中的所有筹码作为开始谈判台湾和中国关系的先决条件。""如果大陆满足这些条件，那就使台湾自由地追求它所要的最大限度自治，包括独立。"

但是，如果认为李登辉完全没有"统一"大陆的野心或"一闪念"，也不完全符合事实。1990年9月26日，李登辉接受《华尔街日报》采访时说，统一"可能有两种方式，即台湾统一中国或中国统一台湾"。[27]当时，大陆刚刚经历了1989年的政治风波，接着又发生了东欧剧变、苏联解体，一时世界社会主义制度"大崩溃论"甚嚣尘上，李登辉也加入了这场大合唱，他在"国统会"首次会议上说，"中国统一的契机已经展现"，"至此关键时刻，尤应勇敢地迎上前去，承担起此一主导未来中国的重大责任"。[28]在此之前的1990年3月，他甚至口出狂言："我们在六年间一定有机会回大陆。"[29]当然，李登辉的这些言论实际上是色厉内荏，其基本的策略还是"先求稳当，次求变化，唯有示稳当才能自存，求变化才能致胜"。[30]如西方谚语所言："任何一枚硬币都有两面"。李登辉以"统一"来遂行分裂，大陆则抓住这一时机，顺势操作，使两岸关系能行驶在一个中国的轨道上。这一努力的最大成果就是1992年海协、海基两会香港会谈时就一个中国原则达成的"九二共识"。二十多年后的今天，它仍是两岸关系的政治基础。

注释：

[1]《人民网》（文史频道）2013年2月20日 http://history.people.com.cn/n/2013/0220/c198865-20543793-2.htm

[2]李立：《目击台海风云》第一三六页。

[3]同上注，第一四二、一四三、二四〇页。

[4]据笔者得到的作者于1995年12月24日撰写的文稿。该文后收录于改革出版社1997年为纪念吴瑞林出版的文集《最可爱的人》。

[5]参阅纪明："毛泽东、周恩来为祖国统一与台湾当局的交往"，《人物》1996年第四期。

[6]全文连载于台湾《联合报》1998年3月8、9、10日。

[7]沈卫平：《8·23炮击金门》（下册）第七九三页。

[8] 中央文献出版社：《毛泽东传》第一九四页。

[9] 童小鹏：《风雨四十年》（第二部）第二七五页。

[10] 同注 7，第七九三至七九四页。

[11] 同上注，第八〇〇页。

[12] 台湾《中国时报》："涵碧楼纪念馆传三段秘史"，2009 年 5 月 8 日报道。

[13] 参阅《老年文摘》："1950 年蒋氏父子密派李次白回大陆求和"，2009 年 3 月 19 日。

[14] 同注 2，第七六至七八页。

[15] 同注 10，第二七七页。

[16] 蔡正文、林嘉诚：《台海两岸政治关系》第一三二至一三三页。

[17] 以下内容摘自《人民政协报》（春秋专刊）2005 年 1 月 20 日以及《新世纪周刊》2005 年第十八期："沈诚'两岸密使'的风雨人生"。

[18]《人民日报》1988 年 1 月 15 日。

[19] 同上注，1991 年 11 月 8 日。

[20] 邹景雯：《传略苏志诚》第八四至八五页。

[21] 邹景雯：《李登辉执政告白实录》第二〇一至二〇三页。

[22] 连载于台湾《自立晚报》1994 年 4 月 30 日、5 月 2 日。

[23] 李登辉：《台湾的主张》第八一页。

[24] 台湾《中央日报》："李登辉谈设'统一委员会'的构想"，1990 年 8 月 30 日。

[25] 同注 21，第二三〇页。

[26]《人民日报》评论员文章："评台湾'国家统一纲领'"，1991 年 3 月 18 日。

[27] 台湾《民众日报》，1990 年 9 月 16 日。

[28] 台湾《中央日报》，1990 年 10 月 8 日。

[29] 台湾《联合报》1990 年 3 月 12 日。

[30] 同上注："李登辉指中共对统一没有互信诚意"，1991 年 3 月 23 日。

第三章 求同存异："九二共识"的来龙去脉

长期以来，两岸关系中最重要的关键词恐怕非"九二共识"莫属。从 1992 年底问世至今，它是维系两岸关系和平与稳定的政治基础。今后一段时期，情况很可能仍然如此。除了台湾岛内倾向"台独"的政治势力之外，两岸都高度评价和珍视"九二共识"。2012 年 11 月 26 日，中台办、国台办前主任王毅在纪念"九二共识"二十周年座谈会上讲话时说，"九二共识""对于两岸建立基本互信、开展对话协商、改善和发展两岸关系，发挥了不可替代的重要作用。'九二共识'形成的宝贵经验和凝聚的政治智慧，至今仍具有很强的现实意义"。[1] 他指出，"'九二共识'的核心是坚持一个中国原则"，"精髓是求同存异"，"意义在于构建了两岸关系发展的政治基础"。[2] 台湾大陆工作委员会前主委苏起认为，"九二共识"是 1949 年以来，两岸针对"最核心、最关键、最棘手的'一个中国'问题达成的第一个深具历史意义的政治性妥协"。[3]

九二共识 什么是"九二共识"呢？简言之，它是 1992 年 10 月 28 日至 30 日，海协会和海基会代表在香港商谈时，双方同意用口头声明方式各自表述海峡两岸均坚持一个中国的立场，并交换了经授权的口头声明内容。香港会谈后，两会通过函件往来确认了各自口头表述的内容。但正因为"九二共识"的"精髓是求同存异"，是一项"政治性妥协"，所以两会的口头声明有同有异。大陆的声明是："海峡两岸都坚持一个中国的原则，努力谋求国家的统一。但在海峡两岸事务性商谈中，不涉及'一个中国'的政治含义。"海基会在香港会谈时提出的、并为大陆认可的表述内容主要是："在海峡两岸共同努力谋求国家统一的过程中，双方均坚持一个中国的原则，但对一个中国的涵义，认知各有不同。"[4]

从双方口头声明的内容看，"同"的是都坚持一个中国原则，都谋求国家统一，这应当是大同；"异"的是大陆主张在两会事务性商谈中，不涉及一个中国的涵义，而台湾则坚持表述双方对一个中国的涵义"认知各有不同"，这应当是小异。但是，很快海基会就回避它上述口头表述的内容，而改称："至于口头表述的具体内容，我方将根据'国家统一纲领'及国家统一委员会本年八月一日对于'一个中国'涵义所做决议，加以表述。"（具体内容下文将予以介绍）香港会谈后的几年中，台湾媒体在报道"九二共识"时基本上都使用"两岸同意各自以口头表述一个中国"的提法。苏起在《危险边缘》一书中说，到 1995 年 8 月，时任海基会秘书长的焦仁和把"九二共识"概括为"一个中国，各自表述"，简称"一中各表"。[5]实际上，台湾《联合报》1992 年 11 月 18 日关于香港会谈的一篇报道就使用了"'一个中国'各自表述，两岸存异求同"的标题。不管它的"发明权"属谁，"一个中国，各自表述"至今仍是国民党当局解释"九二共识"的"官式"版本。李登辉则别有用心地利用"一中各表"对"一个中国"做开放式"表述"。其后，"一个分裂分治的中国"、"历史、文化、及地理之中性名词"的中国、"阶段性的两个中国"等就纷纷出炉，直至李登辉抛出"两国论"。这就是为什么大陆至今不认同"一中各表"的原因所在。自 1993 年初开始，大陆把"九二共识"概括为"1992 年两会达成各自以口头方式表述'海峡两岸均坚持一个中国原则'的共识"。2000 年 5 月民进党的陈水扁上台后，在八年当权时间内只在半天承认过"九二共识"。2000 年 6 月 27 日下午，他在接见美国"亚洲基金会"会长傅勒（William Fuller）时说，他的"新政府"愿意接受海基、海协两会1992 年"一个中国，各自表述"的共识，但是大陆方面却不承认有这样的共识。[6]但当晚"总统府高层人士"就急急忙忙地出来否认陈水扁接受一个中国原则。次日晚，当时的陆委会主委蔡英文又专门为此召开记者招待会称，"一个中国，各自表述"是台湾方面用来描述 1992 年会谈过程的用语，两岸从来没有对一个中国原则有共识。[7]民进党当局否定"九二共识"、坚持"台独"立场使两岸关系经历了八年的"高危期"。而"九二共识"这四个字就是在 2000 年民进党上台后出现的，苏起认领了它的"发明权"。他在《危险边缘》一书中是这样描述"试创""九二共识"一词的心里路程的：

"我常想，民进党上台后，两岸在这个核心问题（一个中国——笔者注）上的立场差距必然更大，其中有没有两岸三党可以接受的妥协方案？如果说中共的一中立场是'YES'，国民党的一中各表就是'YES，BUT'（YES 可以创造两岸和平共存的基础，BUT 即为台湾自主的空间）。至于民进党对'一个中国'的敌视，只能比喻为'NO'。YES 和 NO 之间就似乎没有妥协，只能对立。因此如果不找出妥协方案，两岸关系在民进党执政期间就有变成可能僵持对立，甚至倒退；如果一方刻意或误判，甚至可能回到早年流血冲突的状况。

"在这种状况下，要怎么找到共同点打破僵局呢？YES 与 NO 之间真的没有妥协方式吗？经过几天思考，我想到的方法就是把 YES 和 NO，甚至 YES，BUT 都包在一起，让三种立场可以继续各自表述，但它们有个共同的包装。三方面只要认可这个共同包装，就有彼此妥协的基础。

"于是，我在四月二十八日淡江大学举办的一场国际研讨会上用中文及英文，提出一个新名词：'一九九二年共识'，或'九二共识'，作为这个包装。这个包装有很大的模糊性，也就是包容性。将来只要说'回到九二共识'然后中共就可以继续讲他那套，台湾可以讲我们这套，大家都过得去。这其中的要害，是不想提'一个中国'的人可以根本不去提它，应当可以满足民进党新政府的需要。如此，两岸最棘手、最烦人的问题就可以摆在一边。'九二共识'名词的另一个意义是，它指涉的是九二到九五年的两岸缓和经验。所以它的基调是温和的、善意的。

"我提出这个建议是基于超党派，甚至是跨两岸的考量，希望能给两岸关系找到一个新的妥协基础，避免双方因 YES 与 NO 的对立，走向对抗的老路。建议提出后，民进党政府反应冷淡。至同年七月，美国某前任重要官员向陈总统建议使用'九二精神'一词。陈总统立即采纳，并于三十一日公开使用。不过，后来这个名词在'国庆祝词'再现身一次后，也消音了。"[8]

2008 年后，国民党重新执政，诚如苏起所言，国民党"回到'九二共识'"，而且马英九明确宣示反对"台独"、两岸不是国与国关系，借此对"九二共识"的"模糊性"做了两个最重要的澄清，两岸关系于是转危为安，走上了和平发展的新阶段。为了还原当年两岸达成这一具有重要历史意义共识的史实，从而厘清现在仍然存在的对"九二共识"的不同解读，甚至是曲解，笔者根据所接触到的文献以及相关人士提供的信息，对"九二共识"的来龙去脉做一介绍。

本书第一章中提到，1987年11月，蒋经国开放老兵回大陆探亲之后，两岸往来出现了重大转机，因此也衍生出一系列不得不解决的问题，如两岸婚姻公证书使用、财产继承、丢失邮件查询等民事问题，以及台湾海峡走私、犯罪和渔事纠纷等问题，台湾当局的"不接触、不谈判、不妥协"的"三不"政策难以为继，台湾当局承受着民众要求两岸接触、谈判解决问题的巨大压力。实际上，在蒋经国开放老兵回大陆探亲之前，一起突发事件已经突破了他的"三不"政策。事情肇始于1986年5月3日发生的"华航事件"。

"华航"事件 是日，一架台北中华航空公司的波音七四七货机（即华航B198货机）从泰国曼谷经香港飞回台北，但飞机中途转向飞往广州，于下午3时10分在白云机场着陆。机长王锡爵下机后表示，他因思念在大陆的亲属，飞回大陆，希望定居大陆以和亲人团聚。王锡爵，四川遂宁人，时年56岁。1949年18岁的王锡爵随他就读的国民党空军学校迁往台湾。毕业后，他在国民党空军中服役，曾驾驶美国U2型高空侦察机到大陆进行秘密侦查，颇受台湾当局信任和器重。但三十多年来，他一直牵挂在大陆的父母和亲人，为不能在父母堂前尽孝而感到愧疚。他所期盼的两岸"三通"、家人团聚又渺茫无期，因此暗中谋划采取驾机飞回大陆的"下策"，实现亲人团聚的夙愿。他被任命为台北中华航空公司货机机长为他提供了机会，于是发生了震动两岸的"华航事件"。

大陆对这一突发事件采取了冷静、平和、主动的方针，避免利用事件进行政治宣传；同时争取通过合情合理地处理这一事件，突破台湾当局的"三不"政策，打开隔绝的两岸关系。为此，大陆把事件定格为民用航空事件，并于5月3日当天由中国民用航空局致电台北中华航空公司，邀请对方"尽早派人来北京同我局协商有关飞机、货物和机组其他成员的处理问题"。

台湾当局对事件的最初反应是在震惊之余不相信王锡爵有此"叛逆"行动，妄称他是被"挟持"。在台北中华航空公司B198货机上确实有人被"挟持"，但不是王锡爵，而是同机的副驾驶员董光兴和机械师邱明志。王锡爵在改变航线飞往广州时曾试图说服董、邱二人支持他的行动，但二人反对，于是王"委屈"了二人，将他们的手扣在机椅上，但答应他们自己到大陆后一定协助他们返回台湾。王锡爵从广州被接到北京后，立即举行了记者招待会，情真意切地说明了他驾机到大陆的动机和原委。特别是他和海天相隔了三十七年的八十二岁老父亲王伯熙及三个弟弟会面的感人场面，使在场的许多人流下热泪。在事实面前，台湾当局只能调整对策，把尽快要回货机和董、邱二人作为目标。但是囿于"三不"政策，台湾"交通部政务次长"朱登皋表示，事件和"政府"无关，应由台北中华航空公司通过"第三者"处理。"国防部长"宋长志在"立法院"具体提出"将通过香港国泰航空公司、英国保险公司和国际红十字会三个途径同大陆交涉华航问题"。为此，中国民航于5月11日再次致电台北中华航空公司，一方面明确表态："飞机、货物及愿回台湾的董光兴、邱明志两位先生都交还台湾"；另一方面再次请台北中华航空公司直接派人商谈并办理具体交接事宜，认为两岸的事不需要经过第三者。电报指出："这纯属两个民航公司之间的业务性商谈，并不涉及政治问题。既然是交接，就应由当事双方直接地、负责地办妥交接事宜，以确保飞机和愿回台湾的人员安全返回台北。"考虑到台湾方面有难言之隐，电报还特别表示："如果你们觉得到北京来不方便，那么，你们认为什么地方合适，也可以提出来商量。"大陆这种合情合理的建议使台湾当局难以回绝。5月13日，台北中华航空公司通过香港太古集团常务董事姚刚向大陆传话，表示愿意派人在香港进行会谈。5月17日上午，中国民航代表和台北中华航空公司代表在香港深水湾乡村俱乐部开始了商谈。开始，大陆希望在北京或广州交机交人，台湾方面表示如在广州交接，台湾将委托第三者接收，否则在香港直接交接。为了照顾台湾方面的难处，大陆最后同意在香港进行交接。经过四轮商谈，两航代于5月20日签署了"会谈纪要"。5月23日，双方在香港启德机场办理了货机、机上货物的交接手续。董光兴、邱明志二人由台北中华航空公司代表接回台湾。至此"华航事件"圆满落幕。

岛内和国际上对"华航事件"的圆满解决好评如潮。舆论指出，两岸关系的这一历史性突破的深层次意义是恢复了台湾当局对与中共谈判的自信心。台湾民意代表谢学贤更一针见血地指出，王锡爵驾机回大陆是当局禁止民众回大陆故乡造成的结果，应当开放探亲。因此，"华航事件"对次年蒋经国开放大陆探亲和其后的两岸接触和谈判都起到了巨大的推动作用。[9] 1990年两岸的红十字会又成功地进行了"金门商谈"。

金门商谈 据乐美真所著《金门商谈漫记》一书所述，两岸红十字会的接触也是台湾开放民众到大陆探亲的必然结果。探亲开始后，由于分居两岸的亲属长期音讯断绝，因此查找亲人、转托信件的需求骤增。红十字会因其性质和宗旨，义不容辞地承担起查人转信的义务和责任。由于两岸没有直接邮电往来，只能由红十字国际委员会设在香港的驻东亚地区办事处代行办理。于是该处代表频繁穿梭于两岸，转递印有红十字的查人专用信函，开辟了一条中转渠道。通过中转来的信件，中国红十字会总会帮助成千上万的两岸亲人取得了联系。形势的发展使两岸红十字组织的直接接触势在必行。

1988 年 10 月 12 日，在厦门浯屿海面，厦门红十字会将落水被救的台湾士兵徐志淞交给台湾红十字会，成为两岸红十字组织第一次直接接触。1990 年 4 月 16 日，两岸红十字会组织负责人第一次互通电话。应台湾方面要求，大陆方面红十字会救助了在宜昌生病的台胞刘凤子女士。1990 年 5、6 月间，台湾红十字会负责人徐亨一行访问大陆，举行了副秘书长之间的工作会谈，达成五项口头协议：

1. 查人工作将开始直接联系。

2. 台胞来大陆和大陆民众赴台衍生的伤、病、亡及证件逾期等事宜，红十字会应给予积极必要协助。

3. 大陆方面将继续协助有关部门积极处理有关台湾渔船海难事件；台湾红十字会将积极向台湾有关方面交涉，给予在台湾沿海从事正常渔业生产的大陆渔民人道主义待遇。

4. 大陆居民继承在台湾亲属遗产时，大陆公证机关出具的证明文件，经大陆红十字会盖章，台湾有关地方法院方能认可。台湾红十字会将向大陆提供台湾律师公会名册，供大陆居民办理遗产继承事宜选择律师时参考。

5. 在促进海峡两岸双向交流方面，双方红十字组织将积极努力，争取先行一步。

1990 年 7 月下旬，台湾红十字会秘书长陈长文、副秘书长常松茂访问北京等地，并商谈了双方举办红十字冬（夏）令营的有关事宜。这些往来为以后两会的实质性接触和商谈奠定了基础。然而，两会的正式文字协议《金门协议》却是由两起令人发指的惨案促成的。

1990 年 7 月 20 日凌晨，福建平潭县澳前镇的渔民出海时发现了一艘搁浅的渔船。登船后打开两个被木板钉死的船舱，骇然发现二十五具尸体，仅有一人一息尚存。幸存者经抢救后脱险。据他讲述，这艘渔船为"闽平渔5540 号"，7 月中旬到台湾海峡做生意时被台湾方面抓扣。7 月 21 日下午，台方在宜兰县澳底，将陆续扣押的大陆居民用黑布蒙住眼睛，关进三米见方、一米多高的船舱内，用长钉钉上木板，封死了船舱，再压上木头等重物。由于天气闷热、舱内缺氧无水，被关押的人用尽力气要打开舱上木板，但无济于事，最后一个个痛苦地死去。那个幸存者因偶然在木版上发现了一个小孔，靠它呼吸才幸免于难。

在对惨案真相进行认真调查后，8月4日，中国红十字会总会将新华社就惨案播发的报道传真给台湾红十字会，并严正指出"这是一起严重违反人道主义的事件，请贵会帮助调查了解，并催促台湾有关方面追查肇事人员"。惨案在台湾曝光后，舆论哗然，纷纷谴责台湾军方在关押和遣返大陆渔民时的不人道行为，呼吁查清真相、全盘检讨。8月6日，台湾红十字会做了回复，承认惨案"引起此间朝野之严重关切"，但引用台湾个别报道，臆测惨案"极有可能是被遣返的平潭人与福州人为争取渔船所有权械斗所致"。惨案发生后，台湾当局还企图请红十字国际委员会插手事件调查，但被回绝，他们只得回到两岸自己解决问题的现实中来。

8月7日，台湾红十字会打电话给中国红十字会总会，建议日后双方可在台海中线交接遣返人员，具体问题可在第三地研究。次日，陈长文发来传真称："本会拟与有关单位协调，研究一套由本会参与大陆居民留置及遣返作业的方式，以昭公信，如贵会将来亦能配合派员洽借民用船只驶至海峡中线以西某一经双方联系之地点，接回为我方遣返之大陆船只，护送其返回大陆，当有助于人道精神之发挥、责任之厘清，避免误会之发生，还望从优考虑惠复。"据台湾媒体报道，陈长文和台湾"国防部长"陈履安商定，遣返大陆被扣人员的作业由红十字会负责，"国防部"从旁协助。8月10日，中国红十字会总会做了回复："我们原则同意您提出的有关红十字会今后参与人员遣返的建议，具体办法待与有关部门研商后另告。"然而，就在台湾方面迫于压力不得不公开遣返作业，并表白自己"人道"之际，又发生了另一起惨案。

8月13日，台湾海军押送福建"闽平渔5202号"渔船驶回福建途中，在台湾基隆港以北十三海里处，军舰和渔船相撞，渔船上50名被遣返的福建渔民中有二十一人落水身亡。据获救者说，被遣返人员也被关在用木板封住的船舱内，幸好他们在船被撞前打开了封板，登上甲板，否则死伤更为严重。

不到一月，两起惨案，四十六条人命，台湾当局为千夫所指、难逃其咎。在内外压力下，台湾当局开始通过不同渠道试探和大陆进行非官方的联系和商谈的对象。最后，台湾当局决定，日后用军舰将大陆渔民送到金门，由台湾红十字会参与遣返工作。两岸红十字组织的金门商谈于是水到渠成。

1990 年 9 月 11 日至 12 日，由中国红十字会总会秘书长韩长林、台湾红十字会秘书长陈长文率领的双方代表团在金门经过了两天坦诚、认真的闭门商谈，"就双方参与见证其主管部门执行海上遣返事宜"达成了《金门协议》。这是两岸隔离 40 年后，双方授权机构达成的第一个文字协议。协议包括遣返原则、遣返对象、遣返交换地点、遣返程序及其他事项等五项条款。和"华航事件"一样，金门商谈虽然是双方"民间"组织就遣返这样的"事务性"问题进行的，但要达成协议还需要智慧地处理两岸之间一时难以解决的政治分歧。首先是两会的称谓问题。双方以"海峡两岸红十字组织"代替了"中国红十字会"和"台湾红十字会"。在双方法律互不认可的情况下，协议对遣返对象避免使用"非法""偷渡"等字眼，而称"违反有关规定进入对方地区的居民"。最有戏剧性的是，在讨论到最后如何签署协议时，陈长文提出"签字后我们使用什么年号？"大陆代表毫无疑问地认为应使用公元年号。但陈长文说："我平常习惯签字后用我们的年号。"明眼人一看就知道，他是想把政治内容加入协议中，显现"中华民国"的存在。大陆代表当然不能同意。作为折中方案，有人提出用农历，但没有被采纳。最后，大陆代表提出双方都省去前面两个数字，即台湾方面不写"民国"，只写"七十九年"，大陆不写"一九"只写"九零"，但对外发布的新闻稿必须使用公历。台湾代表提出，可写"是年"某月某日。看上去是个不成问题的问题，因为台湾方面要给它加上政治含义，险些成为"压垮骆驼的最后一根稻草"。好在双方都有解决问题的诚意，最后还是相向而行，达成妥协。台湾方面公布的正式文本使用的是"七九·九·十二"。[10]

大陆给予《金门协议》很高的评价，它规定了两岸处理相互遣返对方居民的原则和程序，很大程度上避免了惨剧的再度发生，至今仍然发挥其效用。但在台湾却引发了一场内部的权力之争。

据《李登辉执政告白实录》一书透露，李登辉上台之初并没有掌握两岸事务的领导权。陈长文被视为"行政院长"郝柏村的人，李登辉事前对签署《金门协议》"毫不知情"，事后陈长文才以红十字会的内部程序，向"红十字会名誉会长"李登辉报告。1990 年 5 月底，李登辉提名郝柏村出任"行政院长"时，曾在多个场合明确表示，"未来军事、外交与大陆政策归我管，提名郝柏村是为了解决政局不安，治安不好，民心不定。"除了《金门协议》李被蒙在鼓里，还发生了郝到"国防部"去召开军事座谈会等其他"越权"事件，李登辉警觉起来，开始谋划如何揽权。为了在两岸问题上建立自己掌控的决策机制，李登辉和当时的"总统府副秘书长"邱进益多次谋商。邱提出了三个层次的决策和执行架构，即"国统会"、陆委会和海基会。"国统会"决策，陆委会执行，由于不能和大陆直接接触，因此由海基会出面。1990 年 10 月 7 日，"国统会"开始运作，11 月 21 日海基会成立，并于次年 3 月 9 日正式挂牌工作。1991 年 12 月 16 日，海协会成立。实际上，在海协会成立之前，海基会即组团来大陆访问。[11]

北京商谈 1991 年 4 月 28 日，时任海基会副董事长兼秘书长的陈长文率海基会代表团来到北京，对大陆进行了首次访问。次日，当时的国台办副主任唐树备会见了海基会代表团。据他回忆，他向陈长文一行开宗明义地宣布了经时任国台办主任王兆国和国务院副总理吴学谦批准的《国务院台办关于处理海峡两岸交往中具体问题应遵循的原则的五点主张》。[12] 这五点是：

1. 台湾是中国领土不可分割的一部分。中国的统一是台湾海峡两岸同胞的共同愿望和神圣使命，两岸同胞都应为促进祖国和平统一而共同奋斗。

2. 在处理海峡两岸交往事务中，应坚持一个中国的原则，反对任何形式"两个中国"、"一中一台"，也反对"一国两府"以及其他类似的主张和行为。

3. 在坚持一个中国的原则下，考虑海峡两岸存在不同制度的现实，应消除敌意，加深了解，增进共识，建立互信，实事求是、合情合理地处理海峡两岸交往中的各种具体问题，维护海峡两岸同胞的正当权益。

4. 积极促进和扩大两岸同胞的正常往来，尽早实现直接通邮、通航、通商，鼓励和发展海峡两岸经济、文化、体育、科技、学术等各方面的双向交流。

5. 海峡两岸许多团体和人士致力于促进直接"三通"和双向交流，应继续充分发挥他们的积极作用。同时，为解决海峡两岸交往中各方面的具体问题，应尽早促成海峡两岸有关方面以适当方式直接商谈。[13]

时至今日，这五点主张仍是大陆在处理两岸关系时所遵循的基本原则，特别是坚持一个中国原则，反对"两个中国"、"一中一台"的立场，只是随着时间推移和形势变化做了与时俱进的调整。笔者对此在第一章中已做过介绍。值得提出的是，第五点主张表明，当时大陆是希望"两岸有关部门以适当方式直接商谈"。但是，由于台湾当局的排拒，一直未能实现，直至二十多年后，主管两岸事务的国台办和台湾陆委会的负责人才实现了直接会面和商谈。

张王会 2013 年 10 月 6 日，在印度尼西亚举行的"亚太经济合作组织"会议期间，国台办主任张志军在陪同习近平总书记会见台湾两岸共同市场基金会荣誉董事长萧万长之后，与陪同萧万长的台湾陆委会主委王郁琦进行了"简短寒暄"。张志军表示两岸有关部门应加强交流沟通，共同努力推动两岸关系和平发展，造福两岸同胞。王郁琦提出希望与张志军实现互访，张志军表示赞同，欢迎王郁琦在适当时候到大陆参访。两人见面时还以"官衔"互称。2014 年 2 月 11 日至 14 日，王郁琦访问了南京、上海，并和张志军就两岸关系"深入交换意见，并达成积极共识"。[14] 这是自 1949 年以来，两岸事务负责人首次正式会晤。2014 年 6 月 25 日至 28 日，张志军访问台湾，双方实现了互访。到 2015 年 10 月，双方分别在两岸进行了四次会晤。

习马会 然而，在两岸关系史中发生的石破天惊的接触则是习近平和马英九之间的直接会晤。2015 年 11 月 7 日下午 3 时，正在新加坡进行正式国事访问的习近平主席在香格里拉饭店会见了台湾当局领导人马英九。这是自 1949 年以来，两岸领导人的首次会见，在数百名中外记者面前，他们面含微笑紧紧握手长达八十秒钟。这穿越了六十六年时光隧道的握手，开辟了两岸领导人直接交流沟通的先河，为两岸关系发展史竖立了一座新的里程碑。由于两岸在一个中国框架中的政治定位还没有解决，两人以两岸领导人的身份会面，互以"先生"相称，体现了双方着眼两岸和平发展的大局、搁置争议、相互尊重的务实精神。会后，国台办主任张志军总结了会晤的六点重大意义：第一，这是 1949 年以来两岸领导人的首次会面，翻开了两岸关系历史性的一页，为两岸关系未来发展开辟了新的空间，具有里程碑意义。第二，双方对两岸六十六年来发展历程的回顾，尤其是 2008 年以来两岸关系和平发展的重要成果的肯定，表明两岸和平发展是一条正确的道路，两岸双方要坚定不移地走下去。第三，会面是对体现一个中国原则的"九二共识"作为共同政治基础的再确认，对两岸关系未来稳定发展具有重要意义。第四，两岸交往互动层次的提升，有利于促进两岸沟通对话，扩大交流，深化合作，实现互利双赢，造福两岸同胞。第五，这次会面也向世人表明，两岸中国人完全有能力、有智慧解决好自己的问题。第六，会面有利于激发两岸同胞携手合作，同心协力，致力于中华民族伟大复兴的热情。[15]

1991 年 11 月 3 日至 7 日，陈长文再次率团到北京，就合作打击台湾海峡海上走私、抢劫犯罪等问题进行程序性商谈。在商谈中，唐树备再次希望海基会表明坚持一个中国原则的态度，争取双方达成共识。这是双方首次讨论了在事务性商谈中坚持一个中国原则的问题，但未能达成共识。[16]

1992 年 3 月下旬，成立不久的海协会和台湾海基会在北京举行了首次事务性商谈，就"海峡两岸公证书使用"和"海峡两岸挂号函件查询、补偿"两个议题进行工作性商谈。那么两会为什么首次商谈的是公证书和挂号函件问题呢？

上文提到，台湾红十字会曾要求大陆发往台湾的公证书加盖大陆红十字印章。实际上台湾有关部门对大陆发来的公证书一直视情采证，1990 年即多达八千九百多份。大陆有关部门对台湾出具的公证书，历来不做任何验证，都视情采证。但是，1991 年 3 月以后，台湾当局委托海基会对大陆出具的公证书进行验证，并规定只有经过海基会的验证，台湾有关方面才能采用。台湾当局的这一做法实质上是把大陆公证文件作为私文书对待，无视大陆公证文书效力。[17] 关于挂号函件问题，因为当时两岸间没有对丢失的挂号信函查询和补偿的业务，因此急需开办这方面的业务。

和"华航事件"和"金门商谈"所碰到的问题一样，两会北京商谈开始后同样发现，虽然双方讨论的是两个事务性问题，但仍然绕不开一个中国的问题，要顺利解决问题，必须首先明确两岸间的事务性问题是一个国家内的事情，否则双方南辕北辙，什么事情也谈不成。会谈时海基会代表即根据陆委会定的调子提出，一个中国原则和文书使用等问题的"技术性事务无关"。[18] 但他们对文书使用问题开始的措辞是"文书验证"，搬用国家间驻外使领馆认证的做法来处理大陆公证书在台湾的使用。关于挂号信函查询补偿问题，他们援引国家间通邮的做法，坚持两岸邮件往来是"间接的"，查询和补偿问题由海基、海协两会来处理，而不是由两岸邮政部门直接处理。[19] 台湾当局口头上说事务性谈判和政治无关，但事实上却要以"国家"间的做法处理两岸间的问题，把两岸问题"国际化"，海协会当然不能接受海基会这种违背一个中国原则的政治立场。

兼任海协会常务副会长的唐树备在北京商谈结束后于 3 月 30 日举行的记者招待会介绍了会谈情况并阐述了大陆的立场。他说："双方分歧的关键在一个中国的提法上。我们认为，一个国家里不存在文书使用的困难，也不存在挂号信函查询问题的。现在，由于两岸没有统一，有必要就两岸文书的使用和两岸开办函件的查询、赔偿业务问题找出一些特别的解决办法。在这点上我们愿意和台湾有关方面积极配合。但是，由于现在两岸没有统一，所以首先应明确我们商谈的或要解决的是一个国家内的事情。众所周知，国共两党都认为只有一个中国，台湾方面通过的有关统一的文件也承认只有一个中国，一个中国既然是双方的共识，为何双方不能本着这个原则来处理两岸具体事务性问题呢？一个中国问题不应成为双方会商的困扰。"他还指出："我们并不是要和海基会讨论政治问题，我们只是要确认一个事实，就是只有一个中国。至于一个中国的涵义，我们并没有准备也不打算和海基会讨论。两岸没有统一，但我们是一个国家，这个原则我们是坚定不移的。至于用什么形式去表达这么一个原则，我们愿意讨论。"[20]

对于北京商谈的结果，时任陆委会副主委的马英九对于大陆坚持一个中国原则和文书使用、挂号函件问题是中国内部事务，"感觉十分遗憾"。然而他重申，"我方本来就坚持'一个中国'政策"，并认为"经过此次协商，两岸的意见已逐渐拉近，有助于问题的解决"。对于下一步的商谈，他表示，经内部协商后将和海协会联系。[21] 唐树备则认为，工作商谈"是有成果的，双方在很多方面取得了共识。但由于时间比较短，双方对某些问题的认识还有一些分歧，这是自然的。我们期待着双方在方便的时候进行进一步的商谈"。[22]

海协、海基两会北京商谈是这两个授权的民间机构成立后首次进行的正式会谈，虽然没有达成协议，但双方通过面对面的直接沟通，更清楚和准确地了解了对方的立场，在分歧一时难于化解的同时，在一些问题上取得了共识。分歧的症结是一个中国原则问题。台湾方面虽然表示坚持一个中国原则，但强调双方在其涵义上的分歧，提出用"各说各话"的方式各自说明一个中国的涵义。台湾当局这一立场意在凸显其"主权"和"司法管辖权"，谋求和大陆之间是所谓"对等政治实体"这一隐性的"两个中国"的地位。大陆方面则坚持一个中国原则，坚持两会商谈的事务性问题为一个国家内部的事情，意在维护国家的主权和领土完整。然而，考虑到双方在一个中国涵义上的分歧，特别是这一分歧一时难以解决，为了商谈取得进展，大陆方面主张，既然双方都奉行一个中国的政策，可暂不讨论一个中国的涵义。由于台湾方面坚持"各说各话"，大陆方面表明了坚定不移地维护一个中国原则的立场，但愿意讨论用什么形式表达这一原则。

北京商谈后，海协会将自己的立场概括为：海峡两岸交往中的具体问题是中国的内部事务，应本着一个中国原则协商解决；在事务性商谈中，只要表明一个中国原则的基本态度，可以不讨论一个中国的政治涵义；表述的方式可以充分协商，并愿意听取海基会和台湾各界的意见。这一立场始终贯穿在海协会解决这一问题全过程中。[23]

北京商谈未竟全功，但海协会即根据双方磋商后修改的协议草案文本提交给海基会代表，希望对方提出书面修改意见或提出草案，对最终达成协议持积极态度。另一方面，台湾当局出于其为两会协商所设计的政策目标，也希望商谈能继续下去并取得进展。据台湾《联合报》一篇报道分析，从解决民间交流问题着手正是台湾当局"大陆政策设计的主轴，因此海基会此行（北京）成败，也间接考验大陆政策这套设计是否奏效"，"更可能动摇民众对政府的信心"。[24] 因此，台湾当局"为因应两岸谈判进程最新发展情势"，决定通过"国统会""重新完整地对'一个中国'的具体定义，提出政策性诠释，并作为台湾谈判代表在谈判桌上的论述依据"。[25] "国统会"随即在1992年8月1日通过了"关于'一个中国'涵义"的政策文件，简称"8·1决议文"。

上面提到，李登辉为了掌控大陆政策的领导权，采纳了邱进益的建议，设立了"国统会"、陆委会和海基会三个层次的决策和执行架构。《李登辉执政告白实录》对这一架构运作的"内幕"也有鲜为人知的披露。该书称，"国统会"成立后，即有"国统会"委员建议应该仿照抗战时期的《建国纲领》，制定"国家统一纲领"，作为推动两岸关系的依循准则；兼任"国统会"执行秘书的邱进益因此受命邀集二十二位研究委员草拟，并在1991年2月完成制定。[26]

"国统纲领"包括前言、目标、原则和进程四部分。前言概括了纲领的宗旨："中国的统一，在谋求国家的富强与民族长远的发展，也是海内外中国人共同的愿望。海峡两岸应在理性、和平、对等、互惠的前提下，经过适当时期的坦诚交流、合作、协商，建立民主、自由、均富的共识，共同重建一个统一的中国。"其确定的原则的第一条是："大陆与台湾均是中国的领土，促成国家的统一，应是中国人共同的责任。"第四条提到："中国的统一，其时机与方式，首应尊重台湾地区人民的权益并维护其安全与福祉"。进程分为三个阶段：近程——交流互惠阶段；中程——互信合作阶段；远程——协商统一阶段。第一阶段的核心内容是"在交流中不危及对方的安全与安定，在互惠中不否定对方为政治实体"；"以和平方式解决一切争端，在国际间相互尊重，互不排斥"。在中程阶段则要"建立对等的官方沟通管道"，"开放两岸直接通邮、通航、通商"，"两岸协力互助，参加国际组织与活动"，"推动两岸高层人士互访"。远程阶段要"成立两岸统一协商机构"，"研定宪政体制"，"建立民主、自由、均富的中国"。

据时任台湾"行政院政务委员"的旅美学者丘宏达回忆，讨论过程中意见纷陈，一种意见主张把条件定的很高，以避免和中共接触、谈判；另一种意见是尽量使双方都能接受，并反映台海的现实情况。纲领采取了后一种意见，并避免使用刺激中共的语言。纲领先确定台湾是中国不可分割的一部分，同时也采纳了民进党的某些概念，所以有统一的方式和时机"首应尊重台湾地区人民的权益"的用语。他和另一位研究委员高英茂原来是提出"关于台湾地区与大陆如何和平统一问题，应由台湾地区全体人民共同决定"，但有研究委员认为这容易引起大陆及国内外部分人士的误会或有人将其曲解为"自决"，最后做了修改。纲领中另一个值得注意的是，要求在一个中国的原则下，在国际上两岸要相互尊重、互不排斥。纲领是保障台海的和平与安全的唯一途径。[27]

《李登辉执政告白实录》则更直白地说出了李登辉的真实意图："国统纲领"的内容"旨在以时间换取空间"。"李登辉的决策考量在于，虽然定有统一的目标，但统一的条件并未成熟，也规划了一步步走向统一的近、中、远程三阶段，但每个阶段没有段落，也没有时间表。同时，有关统一的前提亦明定为自由、民主、均富、平等四者，等于对统一设置了若干安全阀。希望达到解释权在我，主动权也操之在我的目的。"[28]

"国统纲领"把两岸政治定位为"两个对等的政治实体"是经过邱进益等幕僚反复讨论，提出的概念，希望藉承认中共事实上的政治地位，无形中也为自己定位。他们认为，政治实体是中性的叙述，在国际法和国际政治中并无具体界定，从国家、政府、政权的一部分、获有政治权力的团体等，都没有定义，因此为创造性的模糊。同时，政治实体是针对两岸为诉求，主张相互承认彼此为政治实体，并非对国际而来；在国际关系上仍坚持"中华民国"为一主权国家，因此认为并无降格的问题。[29]

1991年3月15日，大陆"有关方面负责人"就"国统纲领"对新华社记者说，这是台湾当局对统一问题作出的一个有意义的表示。这份文件主张只有一个中国，中国应当统一，表示同意开放两岸直接通邮、通航、通商，"推动两岸高层人士互访"，我们表示赞赏。但是，这份文件仍然提出一些不合情理的条件，人为拖延实现直接"三通"及高层人物互访等许多现在就可以做的事情，仍然坚持台湾当局在统一问题上的固有主张，这只能延误统一进程，甚至有的人还总是幻想以台湾模式"转变"大陆，这显然太缺乏自知之明了。[30] 显然，大陆对"国统纲领"采取了"取其精华、去其糟粕"的应对之道。

"8·1决议文"对于大陆在海协、海基两会商谈中提出应坚持一个中国原则问题，李登辉要"国统会"研究委员提出建议报告。他对研究委员们指明："中共目前对两岸事务性谈判的策略是要加入'一个中国'的前提，我们应谨慎因应，不要掉进圈套。"从1992年5月19日开始，"国统会"的研究委员们就一个中国涵义展开了讨论，到7月29日达成三点共识：确定一个中国原则，承认两岸分裂事实，强调追求国家统一目标。[31] 8月1日，"国统会"第八次全体委员会议通过了包括三段"结论"的"关于'一个中国'涵义"的决议文：

"海峡两岸均坚持'一个中国'之原则，但双方所赋予之涵义有所不同。中共当局认为'一个中国'即为'中华人民共和国'，将来统一以后，台湾将成为其下辖的一个'特别行政区'。我方则认为'一个中国'应指一九一二年成立迄今之中华民国，其主权及于整个中国，但目前之治权，则仅及于台澎金马。台湾固为中国之一部分，但大陆亦为中国之一部分。

"民国三十八年（公元一九四九年）起，中国处于暂时分裂之状态，由两个政治实体，分治海峡两岸，乃为客观之事实，任何谋求统一之主张，不能忽视此一事实之存在。

"中华民国政府为求民族之发展、国家之富强与人民之福祉，已订立'国家统一纲领'，积极谋取共识，开展统一步伐；深盼大陆当局，亦能实事求是，以务实态度捐弃成见，共同合作，为建立自由民主均富的一个中国而贡献智慧与力量。"

李登辉将决议文的功能界定为："说明如果海基会与中共签订事务性书面

协议时，其中如有一个中国，文字写下来，我们是什么意见。"[32]

据唐树备回忆，为回应"8·1 决议文"，他组织了海协会的同志起草了一份海协负责人的谈话，经王兆国和吴学谦的先后批准，于 8 月 27 日由新华社发布。该负责人说，决议文中确认"海峡两岸均坚持一个中国之原则"，明确这一点，对海峡两岸事务性商谈具有十分重要的意义，"它表明在事务性商谈中应坚持一个中国原则已成为海峡两岸的共识"。该负责人还表示不同意台湾方面对"一个中国"涵义的理解，重申反对"两个中国"、"一中一台"及"两个对等的政治实体"的一贯立场。但这位发言人也重申，"在事务性商谈中，只要表明坚持一个中国原则的基本态度，可以不讨论一个中国的涵义"。从上述双方立场可以看出，虽然双方对一个中国的涵义有重要分歧，对如何处理这一分歧也各有主张，但在坚持一个中国原则这个实质问题上客观上形成了重要的交集和共识，这为双方继续进行商谈并达成某些协议奠定了基础。[33]

"8·1 决议文"通过后，接替陈长文出任海基会秘书长的陈荣杰曾"精心策划"了一次两会主管人员的私下会晤，就一个中国的表述相互摸底、对口径。据时任海协会副会长兼秘书长的邹哲开生前对笔者回忆，1992 年 9 月的一天，他接到陈荣杰打来的电话，陈问能否和他在厦门见面，他回答可以。9 月 17 日，陈利用协助遣返大陆渔民之便，乘船从金门来到厦门。邹由海协会副秘书长孙亚夫和咨询部副主任周宁陪同到码头迎接陈和同行的海基会法律服务处处长许惠祐。在厦门一旅馆里双方谈到了如何表述一个中国的问题。这时，陈荣杰从上衣口袋中掏出一个证件夹，从中抽出一张纸条，逐字念了几种表述方案，孙亚夫做了记录。其中一项表述方案的大意是，在追求国家统一的过程中，双方虽然都坚持一个中国原则，但对一个中国的认知有所不同。邹哲开当即表示，这一表述海协会可以考虑，同时建议海基会径直使用"海峡两岸均坚持一个中国原则"的表述。双方还就在第三地举行下一轮两会商谈达成初步共识。陈荣杰主动前来"通气"，为两会香港会晤铺平了道路，但也为陈本人带来了麻烦，成为他离开海基会的一个主要原因。

当陈荣杰念纸条时，许惠祐表情错愕，显然他事先并不知情。而且陆委会开始也不知道陈要到厦门来。1993 年 1 月 6 日，陈荣杰和时任陆委会主委的黄昆辉在"立法院"的一次质询会上为此事发生面对面冲突。黄公开"爆料"和海基会的矛盾及对陈荣杰的不满。他说，陈要到大陆会见邹哲开事先没有向陆委会报告。他知道后打电话向陈求证此事，起先陈"支吾其词还不承认"，后来才承认确有其事，事先曾向马英九提及此事，但没有说何时去、见什么人、谈什么事。黄说他和三位副主委都认为陈不该去，但还是要陈补了一份报备予以批准。会后陈荣杰愤而辞职。这件事显示出当时海基会和陆委会之间的矛盾，台湾媒体把它渲染为"海陆大战"。实际上，这一矛盾是台湾当局内部的权力和派系之争，争权夺利、互"不买账"。陈荣杰厦门之行不可能是个人想"建功立业"，应当是奉某上司的指令行事，但不幸成为权贵们幕后斗争的牺牲者。岛内"台独"势力则见缝插针，利用这些矛盾极力阻挠破坏两岸的交流和协商。陈长文率团访问大陆后，民进党的"立法委员"们就对海基会发难，先是毫无法律依据地要求海基会这一民间组织的负责人到"立法院"接受"质询"，后施压陆委会制定"海基会监督条例"，并由"立法院"审核。陈长文一行回到台湾后曾向陆委会提出放宽对大陆人士来台的一些不适当的限制，如来台探病奔丧亲属范围、诉讼关系人的入台的限制等。这些建议不但未获正面回应，反而遭到无端的攻击，甚至有人以陈身兼多职为由要陈辞去海基会秘书长之职。陈因此愤而请辞，但被董事长辜振甫挽留，但最后还是仅保留了副董事长的虚位，由陈荣杰接任秘书长。陈荣杰接棒后，深感海基会为各方所掣肘，曾发出"我好像是躺在担架上，一点活动能力也没有"的感叹，就任不到一年也挂冠而去。[34]

但是陈荣杰辞职后，台湾政坛"各路诸侯"，包括民进党人士，为了占据这个直接和大陆往来的要津，还是对这个"躺在担架上"的职位，进行了一番争抢。这为李登辉直接掌控海基会提供了机会。1993年2月，李登辉直接派"国王人马"邱进益出任海基会副董事长兼秘书长。同时，他把"总统府"机要室主任焦仁和外派到陆委会任副主委。至此，李登辉完全掌控了"国统会"、陆委会和海基会，一手把持了大陆政策的制定和执行的权力。这是后话。

陈荣杰厦门之行后，经两会正式协商，决定在香港进行新一轮工作性商谈，时间定在1992年10月28日至29日，海协会由周宁主谈，海基会由许惠祐主谈。

香港商谈 香港商谈的议题虽然是两岸文书使用和函件查询与补偿问题，但实质部分是商谈了如何排除双方在一个中国原则问题上存在的分歧，以便为两会负责人汪道涵会长和辜振甫董事长的"汪辜会谈"铺路。1992年8月

4 日，汪会长即致函辜董事长，"深盼早日会晤，就当前经济发展及双方会晤诸问题，交流意见，洽商方案，共利两岸"。辜振甫经请示李登辉后复函，愿"就有关双方会晤及两岸文化经贸交流"等问题"进行磋商"。[35] 据《李登辉执政告白实录》称，李登辉同意举行汪辜会的打算是，有了"8·1 决议文"对一个中国涵义的台湾表述后，可以"放心"进行汪辜会谈，以便"经由一个国际的场景，把两岸的新关系做出确定"，也就是"任何谋求统一的主张，不能忽视两个政治实体、分治海峡两岸的客观事实存在"。因此，李登辉认为汪辜会谈是"两岸的第一次高层会谈攸关深远，只许成功不能失败"。[36]

正是因为李登辉有这样的打算，所以海基会才被授权和海协会讨论一个中国原则的表述问题；海协会则同意在"第三地"香港举行会谈。10 月 28 日下午，海协会周宁提出关于一个中国原则的五种文字表述方案：

1. 海峡两岸文书使用问题是中国内部事务。

2. 海峡两岸文书使用问题是中国的事务。

3. 海峡两岸文书使用问题是中国的事务。考虑到海峡两岸存在不同制度（或国家尚未完全统一）的现实，这类事务具有特殊性，通过海峡两岸关系协会、中国公证员协会与海峡交流基金会的平等协商，予以妥善解决。

4. 在海峡两岸共同努力谋求国家统一的过程中，双方均坚持一个中国之原则，对两岸公证文书使用（或其他商谈事务）加以妥善解决。

5. 海峡两岸关系协会、中国公证员协会与海峡交流基金会依海峡两岸均坚持一个中国之原则的共识，通过平等协商，妥善解决海峡两岸文书使用问题。

10 月 29 日上午，许惠祐则根据陆委会的授权也提出了五种文字表述方案：

1. 双方本着"一个中国，两个对等的政治实体"原则。

2. 双方本着"谋求一个民主、自由、均富、统一的中国，两岸事务是中国人事务"原则。

3. 鉴于两岸处于长期分裂状态，在两岸共同努力谋求国家统一的过程中，双方咸认为必须就文书查证（或其他商谈事项）加以妥善解决。

4. 双方本着"为谋求一个和平民主统一的中国"的原则。

5. 双方本着"谋求两岸和平民主统一"的原则。

双方对各自提出的上述文字表述方案进行了讨论但没有达成都可以接受

的表述。许惠祐又拿出了事先准备好的三种口头表述方案，并逐字逐句地念给周宁听，由周宁逐字逐句地做了记录，然后双方逐字逐句地做了核对。这三种口头表述方案是：

1. 鉴于中国仍处于分裂之状态，在海峡两岸共同努力谋求国家统一的过程中，由于两岸民间交流日益频繁，为保障两岸人民权益，对于文书查证，应加以妥善解决。

2. 海峡两岸文书查证问题是两岸中国人之间的事务。

3. 在海峡两岸共同谋求国家统一的过程中，双方均坚持一个中国原则，但对于一个中国的涵义，认知各有不同。惟鉴于两岸民间交往日益频繁，为保障两岸人民权益，对于文书查证，应加以妥善解决。[37]

很明显，第三种表述和陈荣杰带到厦门的一种表述方案是基本一致的，许惠祐亮出了大陆有可能接受的底牌。他明确表示，第三种表述方案就是海基会作为一口头声明方式表述的预备方案。双方立场接近了，但并没有立即达成协议，原因是双方对此次工作商谈所设定的目标不同。台湾方面希望能在香港达成有关公证书使用和挂号信函查询问题的协议，也就是在"工作性商谈"的层级上解决问题。1992 年 11 月 5 日台湾陆委会发表的一份关于香港商谈的新闻稿就明确表示："本会认为，事务性的商谈应由负责事务性工作的人员在事务性层级上解决。"[38] 为此，海基会原来要求会议进行四天，但海协会只同意两天。到 29 日下午，海基会要求延长商谈时间，大陆同意延长半天至 10 月 30 日。会后，许惠祐一行七人还在香港停留了几天，直到得知海协会代表不会再来香港后才于 11 月 4 日启程返回台湾。大陆方面则认为，就一个中国原则达成共识是商谈的核心，至于两项协议则应由两会负责人来签署协议。据唐树备回忆，在周宁赴香港前，他对周宁交代说，只要海基会在商谈中出现了"海峡两岸均坚持一个中国之原则"的表述，你就完成任务了，你把海基会的表述拿回来，我们研究后再答复海基会，此事敏感，谨慎为上。

香港商谈后，海协会孙亚夫于 11 月 3 日打电话给海基会秘书长陈荣杰，内容通过新华社对外公布。他对陈说："这次工作商谈，不但在具体业务问题上取得了相当大的进展，取得了不少共识，而且也在海峡两岸事务性商谈中表述一个中国原则的问题上取得了进展，这是有关各方共同努力的结果。"他表示，"在这次工作商谈中，海基会建议采用两会各自口头声明的方式表述一个中国原则"，"海协会经研究后，尊重并接受海基会的建议。至于口头表述的具体内容，则将另行协商"。在此之前，海协会曾于 10 月 29 日和 11 月 2 日两次致函海基会，指出两会香港商谈已经结束，建议对香港商谈的结果进行评估，在北京或台湾，厦门或金门就有关问题举行进一步商谈，并由两会负责人签署协议。[39]

11 月 3 日当天，海基会发布新闻稿，对孙亚夫的来电做出回应。新闻稿说，海协会已表示尊重并接受"本会日前所提两会各自以口头声明方式表达'一个中国'原则的建议"，"本会经征得主管机关同意，以口头声明方式各自表达，可以接受。至于口头声明的具体内容，我方将根据'国家统一纲领'及国家统一委员会本年八月一日对于'一个中国'涵义所做决议，加以表述"。[40] 新闻稿中只字未提许惠祐在香港提出的第三种具体的口头表述内容，而改口为"主管机关同意"的概述性表述内容。此前的 10 月 31 日，陆委会曾对此问题公开表态。时任陆委会副主委的马英九对报界谈称，许惠祐在香港商谈前即获得对"一个中国"表达方式的充分授权，而对在两会协议文件中的前方陈述"一个中国"原则，陆委会坚持依"国统纲领"及"国统会"在今年八月一日对"一个中国"诠释的精神。[41] 这里很清楚，马英九讲的对一个中国表述的内容是"在两会协议文件"中的文字表述，而非口头表述的内容，但是海基会新闻稿则把协议的文字表述和口头表述混为一谈。11 月 5 日陆委会的新闻稿是一篇包括三大部分内容的长篇大论，最后还列表附上了双方关于一个中国的共八项表述内容，但把许惠祐提出的三项口头表述方案称为"我方海基会依陆委会授权就中共'海协会'所提表达方案之修正意见"。[42]

为了还原香港商谈的实际情况，海协会于 11 月 16 日和 30 日两次致函海基会，以书面形式表明立场。海协会 16 日的函件指出："在这次工作性商谈中，贵会代表建议在相互谅解的前提下，采用贵我两会各自口头声明的方式表述一个中国原则，并提出具体表述内容（见附件），其中明确了海峡两岸均坚持一个中国原则，这项内容已于日后见诸台湾报刊。我们注意到，许惠祐先生于 11 月 1 日公开发表书面声明，表示了与上述建议一致的态度。"函件正式通知海基会，海协会口头表述的要点是："海峡两岸都坚持一个中国的原则，努力谋求统一。但在海峡两岸事务性商谈中，不涉及'一个中国'的政治涵义。本此精神，对两岸公证书使用（或其他商谈事务）加以妥善解决。"该函件所附海基会的口头表述内容是该会 10 月 30 日下午在香港提出的第三项口头表述案，即"在海峡两岸共同努力谋求国家统一的过程中，双方虽均坚持一个中国的原则，但对于一个中国的涵义，认知有所不同。惟鉴于两岸民间交流日益频繁，为保障两岸人民权益，对于文书查证，应加以妥善解决。"[43] 这一函件实际上是用书面的形式确认了双方在香港商谈中就一个中国原则提出的口头表述内容，立下存照，也是对香港商谈成果的总结。因此，该信函没有再要求对表述内容进行协商。12月3日，海基会复函海协会，对海协会11月16日和30日的来函做了答复。该函件明确表示，两岸公证书"查证"和挂号信函的查询和补偿"是两岸中国人间的事务"；重申了海基会根据"国统纲领"和"国统会""8·1决议文"表述一个中国原则；特别说明"香港地区、大陆地区及台湾地区之媒体，对于双方立场及说明，先后已有充分报道"。[44] 两会的这两封函件实际上以书面的形式确认了"九二共识"，可以说是一种创新形式的文字协议，双方在此基础上开始了"汪辜会谈"的预备性磋商。

1993年4月8日至10日，履新不久的邱进益率10人海基会代表团来京和以唐树备为首的海协会代表团就"汪辜会谈"问题进行了两轮预备性磋商，达成了八项共识，包括确定会谈性质为民间性、经济性、事务性和功能性的；时间定在1993年4月27日至28日，必要时可延长一天；地点在新加坡；参加人员除汪、辜两位先生之外，两会随行人员各自不超过十人；会谈议题包括商谈两会联系、会谈制度并签署协议；1993年两会商谈的内容包括遣返进入对方地区人员，共同打击海上走私、犯罪活动，海上渔事纠纷的处理等问题；两岸经济交流问题，包括海协会将协助有关部门促进台商在大陆投资正当权益的保障和海基会促进台商在大陆投资和大陆经贸人士访台的协调；科技、文教交流问题，包括青少年、科技界和新闻界的交流；正式签署《两岸文书使用查证协议》和《两岸挂号函件查询、补偿事宜协议》以及以适当方式共同宣布汪辜会谈的成果等。4月10日下午，唐树备和邱进益还举行了《两岸公证书使用查证协议》和《两岸挂号函件查询、补偿事宜协议》的草签仪式。[45]

汪辜会 1993年4月27日至29日，汪道涵会长和辜振甫董事长在六百多位两岸和国际媒体记者的见证下，在新加坡海皇大厦成功地举行了"汪辜会谈"，签署了《汪辜会谈共同协议》《两会联系与会谈制度协议》《两岸公证书使用查证协议》和《两岸挂号函件查询、补偿事宜协议》四项协定。两岸都认为这次会谈是历史性的，是成功的，但评价有明显的不同。江泽民指出："汪辜会谈是成功的，是有成果的，它标志着海峡两岸关系发展迈出了历史性的重要一步。"[46]台湾当局也认为汪辜会是成功的，但着眼点却截然不同。汪辜会后的5月4日，李登辉在会见海外华人媒体人士时说，"会谈显示了两岸对等事实"。"统一是我们的目标，在这之前，中共应承认中华民国在台湾发展的历史事实，并且不应阻碍我在国际发展的空间，不以武力犯台，以对等的政治实体对我"。[47]他直白了他为汪辜会谈设定的目标，并表明他的两岸政策没有改变。对此大陆看得很清楚。唐树备会后对记者表示，如果台湾当局的基本政策不变"两岸关系要出现根本的变化就有困难"。[48]事实也是这样，汪辜会后，李登辉加快了以访问美国为目标的"拓展国际空间"部署。经过密集的游说活动，1995年6月7日，李登辉终于如愿以偿，启程前往美国开始为期六天的"私人访问"。他在"母校"康奈尔大学发表了"台独"色彩浓重的演说"民之所欲，常在我心"。李登辉访美破坏了汪辜会谈的成果，海协、海基两会商谈随之中断。回顾这段历史，可以清楚地看到，汪辜会无疑是两岸关系史上一个重要的地标，但它是一个阶段性的成果，而"九二共识"，也就是一个中国原则问题则是基础，没有这个基础，不但不会有当年的汪辜会，在统一前也不会有两岸关系的和平发展，它是跨越时空的，这就是"九二共识"的历史定位和意义所在。

评议

　　两岸达成"九二共识"的历史经验给我们在处理两岸关系时的启示是什么呢？

　　首先，要把握机遇，抓住要害。苏轼有言"来而不可失者时也，蹈而不可失者机也"。政策制定者的责任就是抓住机遇，这往往是成败的关键。上世纪九十年代初，两岸关系出现了从势不两立转变为坐下来谈的机遇，大陆就抓住了这个机遇，在一个中国这个要害问题上促成了"九二共识"。上文提到，李登辉当年设计了"国统会"、陆委会和海基会三个层次的大陆政策制定和执行架构，并开始两会的商谈，是在他权位尚未稳固的时候，为了和国民党内传统派周旋，以及为了改变两岸关系必先稳住两岸关系的策略需要，而玩弄的"以时间换取空间"的权谋。大陆则采取了"你打你的，我打我的"战术，抓住了李登辉口头上还不得不表白坚持一个中国原则和谋求国家统一的机会，顺势操作，促成"九二共识"，在一个历史时期内，为两岸关系的稳定提供了一个政治"压舱石"，从而为和平推动国家统一事业创造了阶段性的必要条件。回顾这段历史机缘，人们会更深切地感受到机不可失、时不再来的真谛。

李登辉成立海基会的意图是非常明确的，海基会章程称："是在国家统一前，为因应实际需要而设立的民间团体，处理有关两岸民间交流中涉及技术性、事务性的问题"。也就是说，既"坚持"与大陆"不接触、不谈判、不妥协"的"三不"政策，又能应对不得不和大陆商谈两岸交往中衍生的无法回避的问题。而这些问题，如台胞到大陆探亲、两岸婚姻和财产问题、渔事纠纷和海上犯罪问题等，是两岸同胞迫切需要解决的问题，公众舆论对台湾当局的压力很大。所以，台湾当局不得不和大陆谈，但坚持事务性问题和政治无关，拒绝谈一个中国原则问题。但是在两岸关系的现实中，是没有单纯的事务性、技术性问题的。是中国的内部事务，还是在"两个对等政治实体"掩盖下的"国与国"事务，是首先必须厘清的大是大非问题。"华航事件"、"金门协议"都表明两岸的事务性问题都具有无法分割的政治性。而且，首先把政治问题拿到谈判桌上的是台湾当局。在"华航"问题上，它开始坚持"第三方"参与；《金门协议》要签上"中华民国"的年号。两会首先商谈的公证书使用和挂号信函查询、补偿问题，也是这样。台湾方面搬用国家间驻外使领馆认证的做法来处理大陆公证书在台湾的使用；援引国家间通邮的做法，坚持两岸间的邮件往来是间接的，查询和补偿由海基、海协两会来处理，而不是由两岸邮政部门直接处理。这就是为什么大陆从一开始就定下了处理海峡两岸交往中的具体问题应遵循的五项原则，其核心是坚持一个中国原则，反对任何形式的"两个中国"、"一中一台"。没有大陆毫不动摇的坚持，是不会有"九二共识"的。但是大陆在坚持原则的同时，也实事求是地保持了策略的灵活性，主要是求同存异的务实精神，没有这样的精神，也不会有"九二共识"。

台办前主任王兆国在评价"汪辜会谈"成果时指出，它是"双方本着相互尊重、平等协商、实事求是、求同存异的精神，经过共同努力"所取得的。[49]国台办前主任王毅认为求同存异是"九二共识"的"精髓"。他说："'九二共识'之所以能够达成，关键在于双方做到了求坚持一个中国之同，存双方政治分歧之异。这一成功实践表明，对于一些既具有共同认知又存在深刻分歧的重大问题，必须把握好同与异的关系，善于求大同、存小异，乃至求大同、存大异。求同存异体现了彼此包容、灵活务实、相互尊重、积极进取的精神。只求同，是不现实的；只讲异，更是不可行的。在平等协商中，需要考虑对方的关切，照顾彼此的需求，允许各自保留意见。达成共识的方式可以灵活多样，不拘一格。只要双方都有解决问题的诚意，努力寻求认知的共同点，妥善处理好分歧点，就可以找到彼此都能够接受的解决办法。这是'九二共识'的精髓所在，也是两岸协商的一条基本经验。'九二共识'的达成以及两岸协商迄今的实践都表明，在两岸固有矛盾长期存在的情况下，处理复杂问题不可能也难以一步到位。而务实搁置争议，善于求同存异，进而积极聚同化异，就能在不断增进共识的过程中，逐步缩小和化解分歧，实现互利双赢的局面。"[50]这段论述不但总结了两岸达成"九二共识"的历史经验，也是现在和将来大陆在两岸协商问题上一以贯之的基本立场。谈判就是妥协的艺术，没有求同存异的精神，没有换位思考的心胸，一味追求"通吃"、"单赢"，可能"胜利"于一时，但最终会是输家。大陆在坚持一个中国原则的同时，也做了照顾对方的让步，比如在商谈中不去表述大陆的一个中国涵义，同意台湾方面坚持的用口头声明的方式表述一个中国的涵义，对表述的内容也照顾了台湾方面的处境。

从两会达成"九二共识"过程中也可以看到，台湾方面因为需要达成协议，因而也有解决问题的诚意，也做了让步。最重要的让步是从排拒讨论一个中国原则，到同意讨论这个原则，而且提出了大陆可以原则接受的表述方案。对此大陆方面是给予积极评价的，一直认为"九二共识"是经过双方平等协商、共同努力所取得的。

历史证明，"九二共识"的作用是跨越时空的，至今它仍是两岸关系和平发展的政治基础；但是达成共识是一回事，信守它、执行它是另一回事。无论是"九二共识"还是"汪辜会谈"，对李登辉来说都是玩弄于股掌之上的政治权谋，一旦政治需要，他立即背离"九二共识"、毁掉"汪辜会谈"。他的第一个最具破坏性行动是他1995年对美国的访问，并引发了1995年至1996年的台海"导弹危机"。

注释：

[1] 许世铨、杨开煌主编:《"九二共识"文集》，王毅："在'九二共识'20周年座谈会上的讲话（兼序）"第三页。

[2] 同上注，第四页。

[3] 苏起:《危险边缘》第二一页。

[4] 有关《九二共识》由来的详情，请参阅注1第一部分（对达成"九二共识"的回忆及研究文章），第三至十二页（唐树备：两会关于"海峡两岸均坚持一个中国原则"共识"）

[5] 同注三，第二〇页。

[6] 台湾《中央社》2000年6月27日台北电。

[7] 台湾《中国时报》2000年6月29日："蔡英文:两岸从未就一中原则有共识"。

[8] 同注三，第一三〇至一三二页。

[9] 详情请参阅李立:《目击台海风云》第三二二至三三三页。

[10] 详情请参阅乐美真:《金门商谈漫记》第二五至一〇四页。

[11] 邹景雯:《李登辉执政告白实录》第一八〇至一八二页。

[12] 见注三唐树备文。

[13]《人民日报》（海外版）1991年4月30日。

[14]《新华社》南京2014年2月11日电。

[15]《新华网》新加坡2015年11月7日电。

[16]《两岸关系》1999年9月（总第二七期）：刘墨、肖之光："为历史留下公正的注脚"。

[17] 详情请参阅《人民日报》1992年1月21日："中国公证员协会负责人谈海峡两岸公证文书相互使用问题"。

[18] 台湾《联合报》1992年3月24日。

[19] 同上注，1992年3月25日。

[20]《人民日报》（海外版）1992年4月1日。

[21] 台湾《联合报》1992年3月28日。

[22] 同注20。

[23] 同注16。

[24] 台湾《联合报》1992年3月22日。

[25] 王铭义:《两岸和谈》第一二〇页。

[26] 同注11，第一八二页。

[27] 参阅邱宏达著、陈纯一编:《书生论政》第一〇八至一一〇页（"国家统一

纲领的意义与影响"）。

[28] 同注 11，第一八二至一八三页。

[29] 同上注，第一八三至一八四页。

[30]《人民日报》1991 年 3 月 16 日。

[31] 参阅邵宗海：《两岸关系——两岸共识与两岸歧见》第一五至一七页。

[32] 范丽青：《汪辜会谈》第四〇页。

[33] 同注 4。

[34] 有关详情请参阅注 32 第五三至六三页（"海基会'躺在担架上'"）。

[35] 同上注，第三二页。

[36] 同注 11，第一八四页。

[37] 同注 4。

[38] 苏起、郑安国主编：《"一个中国，各自表述" 共识的史实》第三四页。

[39]《新华社》北京 1992 年 11 月 4 日电："海协会负责人建议与海基会负责人继续会商"。

[40] 海峡两岸关系协会编：《两岸对话与谈判重要文献选编》第八二页。

[41] 台湾《民众日报》1992 年 10 月 31 日。

[42] 同注 38，第四〇页。

[43] 同注 40，第八〇至八一页

[44] 同上注，第八三至八四页

[45] 同上注，第一一一至一一二页。

[46]《人民日报》(海外版) 1993 年 5 月 7 日。

[47] 同注 32，第一八六页。

[48] 同上注，第二〇八页。

[49]《新华社》北京 1993 年 5 月 2 日电："王兆国欢迎汪道涵回京时的谈话"。

[50] 同注 1，第四页。

第四章　"导弹危机"：火力检测下的美国对台政策

经过长时期的精心谋划和对美国不惜工本的游说活动，在克林顿总统的批准下，1995 年 6 月 8 日，李登辉到美国进行了为期六天的"私人访问"。这是自 1979 年中美关系正常化以来台湾当局领导人第一次踏上美国的国土，严重地破坏了中美三个联合公报所确立的一个中国原则，引爆了 1995 年至 1996 年间中美两国临界军事冲突的空前危机，即所谓的"95—96 导弹危机"。这次危机使得中美关系，特别是美国对台湾的政策受到一次"火力检测"，影响深远。本章将就事件的经过、背景、各方面的应对之策、其后果以及现实意义，做一介绍和评估。

李登辉"访美"李登辉是以到他母校康奈尔大学参加一项毕业典礼的名义要求到美国去的。美国清楚地知道这是李登辉进行的一次重大政治"外交"行动，但在内部压力下，自欺欺人地辩称这是一次"私人访问"，给了他"旅行签证"。李登辉利用机会在康奈尔大学"欧林讲座"（Olin Forum）上，抛出了"民之所欲，常在我心"的政治演说。他十七次提到"中华民国在台湾"，十六次声称"两岸分裂分治"，公开鼓吹"两个中国"和"一中一台"，造成了极其恶劣的影响。

笔者在本书第二章的评议中提到，他就职"总统"时提出了任期内的四大任务："宪政"改革、经济转型、"外交"突破和社会心理重建，其中"外交"突破就是在国际上制造"两个中国"或"一中一台"的局面，用李登辉包装了的说法是在国际上突出台湾的"存在"。他在《台湾的主张》一书中说："曾经有人问我，拓展外交有何'特殊秘诀'？道理其实很简单，就是坚持'台湾存在的事实'和'存在就有希望'的信念……台湾的存在是我们首要的课题。"他进一步说："为了证明台湾存在的事实，就必须与其他国家建立关系。最好的方式是建立正式的外交关系，如果有困难，建立以经济为主的实质关系也无妨。倘若连建立经济关系都有困难的话，则可退而求其次：建立文化或其他的交流关系。我们必须了解，和其他国家的交往，并不一定得有正式邦交，或非透过大使馆不可。加强民间交流，与各国重要人士维持良好关系，也能逐渐对各国政府的政策产生影响。这种务实（pragmatic）的做法，可以为外交困境带来许多突破。"[1] 对李登辉背离蒋介石、蒋经国时期坚持的一个中国政策的这套"理论"，两岸都有评论称之为"独台"。为推行他的"务实外交"，李登辉挖空心思地推行了"过境外交""度假外交""旅游外交"、"高尔夫球外交"，特别是通过金钱收买的"支票外交"，名目繁多，制造和不放过任何可能利用的机会。

李登辉当权后的第一次重大"外交"行动是1989年3月6日至9日对新加坡的访问。为了安排这次访问，双方都做了精心的设计和折冲。对李登辉来说，这是他"务实外交"的破土动工之旅，事关重大。据台湾周玉蔻女士所著《李登辉的一千天》披露，对于李登辉的称谓，台湾"外交部"高级官员曾绞尽脑汁列出各种可能名称的中英文预案，并经过曾任"总统"的严家淦核准定案。但新加坡给予李登辉的称谓却大出台湾方面所料。新加坡媒体在报道这次访问时称李登辉是"来自台湾的李登辉"或"来自台湾的总统"，而不是"中华民国总统"。当时新加坡正酝酿和中国关系正常化，因此挖空心思给李登辉创造了一个头衔。李登辉对此的回应是："我不满意，但能接受。"[2] 这句话成为后来台湾当局处理"务实外交"中出现类似问题时的"标准答案"。

其后，1992年李登辉以"度假"为名访问了菲律宾、印度尼西亚和泰国，并会见了苏哈托、拉莫斯和泰国国王；1995年以"私人"名义访问了阿拉伯联合酋长国和约旦。同年，李登辉开始鼓噪"重返联合国"，还公然提出向联合国捐款十亿美元来换取联合国席位。[3] 但李登辉朝思暮想的还是到美国去访问，他认为只要冲破美国这一道闸门，他"拓展国际空间"的图谋就会顺流直下。为此，他进行了不惜工本的精心谋划。

李登辉把工作的重点放在美国国会上。正如他在《台湾的主张》一书中所言，"综观美国过去的对中、对台政策，常会有行政部门与国会步调不一致的情况产生，甚至各部会之间，也时有不同的意见与做法。""美国国会传统上对于台湾抱持著同情与支持的立场。""我们十分了解，台湾与美国的关系，是建立在多层次基础之上的，因此我们对于相关情报的蒐集，丝毫不敢松懈。"[4] 李登辉就是利用了美国国会和行政部门的"步调不一致"的空隙，密切窥视这方面的动向，并不惜重金对国会开展了游说活动。

据曾任美国《洛杉矶时报》驻北京记者、资深"调查报道"作家詹姆士·曼恩（James Man）所著《大转变》一书介绍，李登辉为了推行"金钱外交"和游说活动，由主管国民党党产的亲信刘泰英成立了一个"白手套"机构"台湾综合研究院"（简称"综研院"），以便绕过行政和立法机构，进行暗箱作业。1992年李登辉之所以能到印度尼西亚"度假"并会见苏哈托，就是他通过刘泰英允诺向印尼投资换来的。1994年夏天，为了加强对美国国会的游说活动，综研院花费四百五十万美元的重金和华盛顿的"卡西迪"公关公司（Cassidy & Associates）签订了为期三年的游说合同。该公司的成员和民主党有着密切的关系，卡特总统的新闻秘书鲍威尔（Jody Powell）就是该公司的要员。[5] 据美国司法部公布的材料，从1993年9月至1995年3月，台湾向各种美国游说公司先后支付了二十五笔款项，总计达五百多万美元。在李登辉"访美"问题上，卡西迪公司发挥了重要作用。据"美国在台协会"前理事主席卜睿哲（Richard Bush）所著《打开死结》一书所述，该公司"开展了广泛的、精心设计的（游说）活动，压克林顿政府同意（李登辉）来访。所有可以利用的筹码都被激活了，包括媒体、州长、选举赞助者，而国会是游说的焦点。核心目标是，如果不能通过约束性的法案要政府给李登辉签证，就通过非约束性的法案。在国会几乎一致通过意向性决议和对民主党议员的加码游说后，克林顿屈服了。"[6] 卜睿哲曾在国会中工作过，深知国会运作的内情。

为了拉拢国会中的亲台议员，台湾当局巧立各种名目。1993年，台湾捐给美国一基金会二十五万美元，用来支持建造宣传参议会外交委员会主席赫尔姆斯（Jesse Helms）生平的博物馆。[7] 台湾当局还邀请众多的国会议员到台湾访问，实际上是豪华的"免费旅游"。此外，据《长城与空城》一书作者的分析，美国国会中一些议员之所以热衷于介入美国对华政策，祖护台湾，是因为"中国看来比任何其他国家都更吸引美国利益集团的注意力"。这些集团包括了形形色色的"人权"组织、顽固的反共组织、企业和工会中的保护主义派别、环境保护组织、反核游说团体等，不一而足。一些议员提出的法案或向白宫施加压力则"是为了使（政府）采取迎合他们各自选区利益的对华政策……近年来，国会中批评对华政策的阵容包括了从共和党右翼的赫尔姆斯、共和党温和派众议员吉尔曼 (Ben Gilman) 到像众议员兰托斯 (Tom Lantos) 和参议员爱德华·肯尼迪 (Edward Kennedy) 这样的民主党人权自由派。加利福尼亚的民主党众议员佩洛西 (Nancy Pelosi) 看到，在一些人权问题上，她可以附和她的某些华裔选民，民主党的参议员佩尔 (Claiborne Pell) 和前众议员索拉兹 (Stephen Solarz) 因为维护台湾利益而得到台湾裔选民的支持。共和党的参议员科兰斯顿 (Alan Cranston) 提倡西藏利益而得到好莱坞娱乐圈的支持。这些议员通过批评中国即可显示他们处理国际问题的能力，又可在不付选票代价的情况下，支持咄咄逼人的反共外交政策"。[8] 利益集团这种运作弊端，是美国政治中争论不休的问题，但它们已经是美国政治制度中固有的部分。

美国亲台情结 基辛格在他所著《美国需要外交政策吗？》一书中是这样解释美国存在的亲台情结的："它（台湾）承续了在第二次世界大战中因国民党强力抵抗日本帝国主义而得到的善意遗产。它成为因共产党人在中国内战中胜出而被激怒的'中国院外集团'的象征。他们决心阻止台湾被（共产党人）接管的最终结果。许多人，包括筹划了向中国开放的我们自己，都很同情台湾的中国人为自治而建立有意义的民主基础。在美国存在反对强制台湾回归中国的广泛共识。"[9]

传统上，共和党比民主党更为亲台。1994 年 11 月举行的被称为"共和党革命"的国会选举使共和党重新控制了国会，这进一步助长了国会中的亲台势力。新任众议院议长金格里奇 (Newt Gingrich) 就公开支持李登辉访美和台湾加入联合国。

另一方面，台湾在蒋经国时期创造的经济繁荣，密切了台美之间的经济关系。为了"以经促政"，台湾当局采取了许多主动措施改善台美经贸关系。自上世纪八十年代末，台湾为减少和美国的贸易摩擦、迎合美国减少台美贸易顺差的要求，台湾屡次派大型采购团到美国采购商品；加强了对美国书籍、计算机软件等知识产权的保护；让新台币升值以便利美国对台湾的出口；修改了银行和保险法规，准许美国更多地参与其中。1994 年美国对台贸易逆差从 1987 年的一百七十亿美元降低到九十六亿美元。台湾成为美国第七大出口市场，美国对台湾的出口是对大陆出口的两倍。此外，台湾把在九十年代进行的耗资二千二百亿美元的六年基础设施建设中的许多项目承包给了美国公司。1995 年美国在台投资增加到四十四亿美元。[10] 美国《洛杉矶时报》早在 1992 年就观察到经济因素在改变着美国政府对台湾的态度。发表于 7 月 28 日的一篇报道的标题是："台湾的财富正迫使白宫重新评价一度被它排拒在外的盟友"。

克林顿与台湾 1992 年底，民主党候选人克林顿赢得总统选举。他入主白宫后不久即对美国对台湾政策进行了中美建交以来从未有过的"重新审议"。克林顿和台湾有着一段特殊渊源。他担任阿肯色州州长时，曾四次访问台湾，这在当时的州长中是少见的。他访台的主要目的是为阿肯色州拉生意，但每次都充分享受了台湾的"贵宾"待遇。詹姆士·曼恩的《大转变》一书中记述了这样一段插曲：克林顿和弗吉尼亚州州长罗博（Charles Robb）作为贵宾出席了台湾 1985 年双十节的庆祝活动。罗博事后对人说，在一次宴会上，克林顿喝的酩酊大醉，滑到餐桌的下面去了。当然，经过他的强力游说，他为阿肯色州争到不少台湾订单。台北的一些停车计价表就是阿肯色州的产品。[11]

克林顿的竞选纲领带有强烈的自由主义色彩，他多次攻击老布什总统"溺爱中国"（coddling China），对中国甚至以"北京屠夫"的恶语相加。他执政初期把经济安全、扩展民主和军事实力作为美国对外政策的三大支柱。1993 年 9 月 27 日克林顿在联合国大会上发表演说时，对"扩展民主"做了阐述。他说："在一个风险和机会并存的新时代，我们压倒一切的目标必须是扩展由以市场为基础的民主国家所组成的国际社会。冷战时期，我们努力遏制了对自由机构生存的威胁。现在，我们努力扩展生存在这个自由机构之下的国家的范围，因为我们梦寐以求的是，有一天世界上每一个人的见解和能力都在这样的一个世界里充分表达；蓬勃发展的民主国家相互合作、和平生活。"这样的意识形态当然使得克林顿政府对台湾开放党禁、报禁和进行多党选举的"民主化"演变大加褒奖，而在"民主"和"人权"等领域则和中国大陆加剧了摩擦和冲突。克林顿在竞选期间和执政初期就主张把给大陆的最惠国待遇和"人权"挂钩。此外，在执政初期，克林顿不重视外交工作，对华关系只关注最惠国待遇问题。曾任《纽约时报》驻京记者的郿培德（Patrick Tyler）在他所著的《大墙》一书中举了这样一个例子：按惯例，中央情报局局长每天早晨都要向总统做情报简报。但在克林顿入住白宫后的半年时间里，局长伍尔西（James Woolsey）常常在克林顿椭圆形办公室外等上几个小时才获接见，有时汇报会干脆被取消了。1994年9月，曾发生过一个神经不正常的人驾驶小飞机坠毁在白宫南草坪上的事件。中央情报局的人就编出一个笑话，说驾驶员是局长伍尔西，他是去约见克林顿总统。[12]

这一时期国际环境也出现了不利中美关系顺利发展的变化。九十年代初，东欧剧变、苏联解体、冷战结束，中、美、苏的所谓"大三角"关系不复存在；加之1989年北京的政治风波使美国企图通过推动中国经济市场化和政治"民主化"而"和平演变"中国的幻想破灭。于是自1972年尼克松访华以来美国对华政策的基本论述受到质疑，遏制中国论不仅在美国，也在国际上喧嚣一时，打"台湾牌"的建言、献策纷纷出炉。英国国际战略研究所的研究员西格尔（Gerald Segal）在1995年初发表的一篇文章中就声言，遏制中国最有效的手段是利用台湾问题，它"最能刺痛中国的神经"。[13]

美国重审对台政策 在上述各种因素交织作用下，克林顿政府于1993年至1994年间对美国对台政策进行了重新"审议"。1994年9月7日，负责亚太事务的助理国务卿洛德（Winston Lord）在新闻发布会上宣布了审议的结果。他说：美国政府为了适应中国大陆和台湾不断变化的情况，研究了美台非官方关系状况，目的是在充实我们政策的同时，做些必要的调整，以便在变化了的情况下促进美国的利益。根据他宣布的内容，经克林顿总统批准的对台政策调整包括：（1）在"美国在台协会"主办下同台湾进行仅次于内阁部长级的经济对话。允许来自经济和技术机构的美国高级官员访问台湾。（2）美国高级领导人，或者没有担任经济、商业或技术部门的部长职务的高级官员将不访台。不准许台湾高级领导人访问美国，但允许他们在必要时过境美国。（3）不支持台湾加入联合国，但承认台湾在一些国际问题上可以"合法地"发挥作用。（4）将台湾驻美国的"北美事务协调委员会"更名为"台北驻美国经济文化代表处"。[14]虽然克林顿政府出于自身的理念及在国会和部分舆论的压力下提升了和台湾的关系，但国务院一些了解中国事务的官员和中国问题学者还是因为对华政策关乎美国全球利益，主张要审慎处理。已故的美国中国问题专家唐耐心（Nancy Bernkopf Tucker）编著的口述历史《中国密档》记录了主持这次审议的洛德对此事的回顾。他说，台湾和国会联手对政府施压，要求政府"更大胆"地调整对台政策，但我们通过对新闻媒体吹风，尽量压低他们的期望值。审议拖了一年多的时间，一是因为大家的争议很大，二是"白宫的惰性"，特别是涉及敏感的问题，有时会议都不能按时召开，更不用说做出决定。他说，他不记得有政府官员要求采取更为"大胆"的步骤支持台湾。[15] 尽管如此，这次对台政策的调整提升了美国和台湾的关系，是在一个中国问题上的一次政策倒退。因此，中国政府做出强烈反应。1994 年 9 月 10 日，外交部副部长刘华秋约见了美国驻华大使芮孝俭（Stapleton Roy），奉命向美国政府提出强烈抗议。刘华秋说，这是美方蓄意制造"两个中国"、"一中一台"的政治行动，不仅严重违反了中美间三个联合公报确定的原则，而且粗暴干涉了中国内政、践踏中国的主权，中国政府和人民对此表示不满和愤慨。[16]

事实证明，中国政府的强烈抗议绝非反应过度，而是预见到其后果的严重性。刘华秋尖锐地责问芮孝俭："美国政府到底要把中美关系引向何方？"不出所料，美国政府很快就在李登辉访美问题上背弃了自己的一贯承诺，把中美关系中引向了一场前所未有的危机。

应当说，李登辉在访美问题上，除了大把花钱进行游说活动、充分利用美国出现的有利于台湾的政治气氛外，还玩弄了许多使美国处于被动招架地位的把戏。他乖巧地选择了回母校康奈尔大学参加校友活动作为访问美国的终南捷径。为此，他策划成立了"李登辉之友"组织，并以设立以李登辉命名的讲座为名，向康奈尔大学"捐助"了二百五十万美元。[17] 康奈尔大学的校长便不辞辛苦地为李登辉访美奔走呼号。而 1994 年春李登辉在去中南美途中过境美国时，在檀香山机场上演的一幕"外交悲情剧"，则进一步冲击了克林顿政府本已要坍塌的外交堤防。

李登辉过境夏威夷 据《大转变》一书描述，是年，李登辉在去中南美"友邦"国家访问和到南非参加曼德拉总统就职仪式时，利用美国在对台政策审议中开的口子，要求过境美国夏威夷。中国驻美大使李道豫得到消息后即警告美方，如果美国准许李登辉过境夏威夷，"后果将是严重的"。李大使的警告引起美国国务院的重视。美方开始时回绝了李登辉过境要求，但当台湾当局攻击美国是向中共"投降"、是"软骨头"时，国务院马上退缩转向了。洛德和他的助手提出了自认为是"索罗门（聪明的）妥协"的方案：准许李登辉的专机在檀香山加油，但李登辉只能待在机场的候机室里，不能会见夏威夷的华侨，不能到设在那里的美国东西方中心演讲，不能打高尔夫球，也不能到市区的旅馆中过夜。洛德事后承认，对台湾来说，"这是前进了一步，而不是后退了一步。""从来没有一位台湾的总统踏上美国的土地，所以我们事实上做了比任何一届美国政府更多的事。"他还为自己辩解说，"我们是在拿线穿针眼。我们向台湾解释，'不要突破界限'。我们向中国人解释，这是一次私人过境，是礼节性问题，没有重大的政治涵义。"事实很快证明，李登辉过境夏威夷完全是他突破美国底线、政治后果严重的"外交"阴谋的序幕。

5月4日，他的专机被美方安排在檀香山的西科姆（Hickam）空军基地着陆。在飞机加油期间，美方准备安排他在机场的候机室里休息。接待他的只有"美国在台协会"的理事主席白乐崎（Nathaniel Bellocchi），没有安排特别的保安措施和欢迎仪式，李登辉下机后只能步行到候机室。而作为一个空军机场，它的候机室的设施自然比较简陋。安排李登辉过境的台湾先行人员把这些情况报告给了还在飞机上的李登辉。其实，美国方面事先已经把美方的安排告诉了李登辉，他已是成竹在胸，早已酝酿好一出悲情剧的剧本。

当飞机着陆后，李登辉拒绝下飞机。白乐崎只好携夫人到专机上去"迎接"他。李登辉穿着便服和拖鞋对西装革履的白乐崎大发了一顿脾气。他说，台湾再也不会忍气吞声地接受别人长期以来加给它的二等地位，台湾现在是"民主国家"了。当白乐崎夫妇离开时，李登辉送他们时不到机舱口就停下来，语带讥讽地说，"我不能离机舱口太近了，否则我可能溜进美国了"。

李登辉的表演进一步挑动了美国国会山上的亲台势力的情绪。5月2日，众议院以三百九十六票对零票通过了一项不具约束力的决议，要求政府同意李登辉到康奈尔大学访问。5月9日，参议院又以九十七票对一票通过同样的决议。投下唯一反对票的是一贯支持中国的路易斯安那州参议员约翰斯顿（Bennnett Johnston）。同时，美国不少主流媒体也发表评论支持李登辉"访美"。据时任国家安全委员会亚太事务主管的罗斯（Stanley Ross）回忆，台湾雇佣的卡西迪公关公司"手段娴熟"地使克林顿身边的顾问们联合起来抵消了国务院中的反对意见。国务院这时又"退而求其次"，提出了李登辉访问康奈尔的替代方案：他可以到夏威夷访问，不但可以打高尔夫球，而且可以参加私人的学术交流。但李登辉的支持者们已经把游说的重点集中在克林顿总统本人的身上。

克林顿批准李登辉"访美" 上文提到，克林顿在做州长时曾多次到台湾访问，那时他在华盛顿政治精英的眼中，不过是一个州级的地方官，但他在台湾却享受到贵宾级的待遇。更重要的是，作为一名精明的政治人物，他深知台湾的美国"院外集团"的能量：它的支持者们能够为竞选国家职务的人提供经费和其他帮助。从外交层面上看，克林顿不顾以色列的反对，准许了巴勒斯坦领导人阿拉法特访美；不顾英国的反对，批准了北爱尔兰独立派领导人亚当姆斯（Gerry Adams）访美。于是他把不同性质的李登辉"访美"混为一谈。事后，他强辩道："在我的国家里，我们有旅行的宪法权利。在美国，不同意一位世界上的公民去参加校友活动和在我国旅行是不合理的。"这种唱高调的说辞不值一驳。李道豫大使诘问国家安全顾问莱克（Anthony Lake）和副国务卿塔诺夫（Peter Tarnoff）：古巴领导人卡斯特罗是不是也和李登辉一样享有到美国自由旅行的宪法权利？[18]

克林顿在批准李登辉"访美"前与国会议员和他的外交团队进行了磋商。5月18日，他和几位议员讨论预算问题。在会议开始前，参议员罗博（曾和克林顿一起访问台湾的那位前州长）提起国务院不同意李登辉"访美"的问题，克林顿当时对议员们表示，他倾向于给李登辉签证。至于克林顿的外交团队，包括国家安全顾问莱克、国务卿克里斯托弗（Warren Christopher）和国防部长佩里（William Perry），他们都清楚总统会同意李登辉"访美"，已经没有讨论的余地了。他们还担心，如果政府不给李登辉签证，国会有可能通过强制性的决议，要政府给李登辉签证，甚至进一步通过强化和台湾关系的法案，那时政府就处于屈从国会压力的弱势地位。克林顿表示过，如果国会通过强制性的决议，"我不想我的第一个（对国会议案）否决是为了支持中华人民共和国"。因此，他们一致建议克林顿给予李登辉签证，同时尽力管控可能造成的后果。但国务院中也有人企图说服克里斯托弗不要给李登辉签证。时任政策研究室主任的斯坦伯格（James Steinberg）和他的副手容安澜（Alan Romberg）指出，同意李登辉"访美"会对美中关系造成严重损害。但克里斯托弗回答说，不同意李登辉访美后果会更坏。[19]5月19日，美国通知台湾同意李登辉"访美"；5月20日，莱克和副国务卿塔诺夫约见了李道豫大使，通报了此事；5月22日，对外公开宣布。克林顿总统的这一决定完全背弃了美国政府多次不同意李登辉"访美"的正式表态，特别是克里斯托弗亲口对中国副总理兼外交部长钱其琛做过的承诺。

1994年末，洛德在国会作证时明确表示，美国政府的对台政策不准许李登辉到康奈尔大学参加校友活动。1995年2月15日，国务卿克里斯托弗在国会作证时也排除了李登辉"访美"的可能。他说，同意李登辉"访美不符合我们与台湾的非官方关系"。[20]

钱其琛在他的回忆录《外交十记》中记述：1995年4月中旬，他去纽约出席《不扩散核武器条约》审议和延期大会。期间，应美方要求，17日与国务卿克里斯托弗在华尔道夫饭店进行了会谈。"谈到李登辉图谋访美时，克里斯托弗曾明确承诺，美国不会允许李访美，并说李访美不符合美台间的非官方关系的性质，美国最多是考虑给李延长过境签证。""如今，一个超级大国的外长对外做了承诺，竟然出尔反尔，这不能不令人感到震惊和气愤。""6月7日，克里斯托弗致信给我，在信中称，美国国会参众两院以绝对多数通过了要求允许李登辉访美的议案，在此情况下，'总统的考虑是采取先发制人的行动，以防止通过可能会使美台关系看起来具有官方性质的有约束力的立法'。""这当然只是强辩之词。美国国会通过的所谓'决议'只是意向性的，而给不给入境签证是行政当局的权力。克里斯托弗在不到一个月的时间里有两种说法，只能解释为美方言而无信。"[21]

在这个问题上，美国曾散布一些说法，诿过于中国。在唐耐心的《中国密档》一书中，洛德说，克里斯托弗和钱其琛在华尔道夫饭店会谈时说过，美国的基本政策是不准许台湾的高级官员访问美国，但他还说，在说服国会认可这样做是正确时遇到困难，而且压力与日俱增。他妄测，钱其琛只把克里斯托弗所说第一部分，即美国将继续反对台湾高官"访美"，报告给江泽民主席，而没有报告或没有重视克里斯托弗关于国会压力的部分；或者钱其琛认为，美国会无视国会的压力。[22] 这当然是诿过与他人的妄加猜测。《大转变》一书援引了李道豫大使的有力批驳：对美国国会的所作所为"我们不是瞎子，我们也不是聋子"。[23]

中国反击李登辉"访美"《外交十记》记述："面对美国方面的外交挑衅，中国政府不得不采取了一系列强有力的反制措施，以打消克林顿政府以为中方在美稍作姿态后就会吞下李登辉访美苦果的幻想，使美国真正意识到问题的严重性。"中方采取的措施包括：

5月23日，钱其琛以国务院副总理兼外交部长的身份，召见了美国驻华大使芮孝俭，就美国政府宣布允许李登辉"访美"一事，向美方提出强烈抗议。同日，外交部、全国人大外事委员会、全国政协外事委员会分别发表声明，谴责和抗议美国的这一错误行径。

5 月 26 日，外交部宣布，中国政府决定推迟国务委员兼国防部长迟浩田原定 6 月对美国的访问；李贵鲜国务委员及空军司令员于振武也分别中止了对美国的访问。

5 月 28 日，中国政府决定暂停中美关于《导弹及其技术控制制度》和核能合作的专家磋商。美国军控与裁军署署长和负责政治、军事事务的助理国务卿帮办原分别定于 6 月和 7 月来华访问，也被要求推迟。两国副部长级以上的互访和重要双边磋商全部暂停。

6 月 16 日，中国驻美大使李道豫奉命正式通知美国政府，由于美国允许李登辉"访美"，造成恶劣后果，他奉命回国述职。对此，美国务院发言人表示遗憾，称美国并未对中方的决定采取对等行动，美国非常希望中方能尽快派回大使。当日，国台办发言人宣布第二次"汪辜会谈"不能按原计划举行。[24]

1995 年大陆军演 7 月 18 日，新华社授权发布公告，中国人民解放军将于 1995 年 7 月 21 日至 7 月 28 日，向东海北纬 26 度 22 分、东经 122 度 10 分为中心，半径十海里圆形海域范围内的公海上，即台湾东北彭佳屿以北六十五海里的海域，进行地地导弹发射训练。7 月 27 日，新华社报道，导弹发射训练共发射了 6 枚地地导弹，全部准确命中目标。报道说，导弹发射训练圆满成功显示"中国人民解放军有决心有能力保卫国家的主权和领土完整，有决心有能力维护祖国统一，有决心有能力完成党和人民赋予的保卫祖国的神圣使命"。

中国政府在台湾附近海域进行导弹试射的强烈反应，在海峡两岸和美国造成巨大震动。台湾股市一天之内大跌了 4%、一周内下跌了 33%；新台币贬值到四年来的最低点。民调显示，"台独"的支持率在不到一个月的时间内下降了七个百分点。[25]

美国的最初反应故意"轻描淡写"，一方面它自知理亏，另一方面，也有意给李登辉一点颜色看。7 月 18 日当天，国务院发言人伯恩斯（Nicholas Burns）表示将和中国政府就此事进行沟通。《中国密档》援引洛德的话说，"这些演习无所助益，但我不记得提出了正式抗议，因为演习不具特别的挑衅性。"他还表示"不想膨胀或夸大这件事"。[26] 台湾当局为了安定人心，则强调导弹试射的"战略涵义和警告性质"。"国防部长"蒋仲苓称，试射的时间和地点并不寻常，"具有战略意义和警告性质，不过其政治意义大于军事意义"。[27]

李登辉"访美"的要害是美国背弃了自 1972 年尼克松访华以来美国政府执行的一个中国政策，但美国政府却避重就轻，把责任推给了台湾当局，指责它背弃了对美国做出的承诺，主要是李登辉在康奈尔发表的那次演讲。克林顿政府内部有不少人甚至异想天开地认为，如果李登辉的那篇演讲不那么"火爆"，中国可能会"容忍"李登辉"访美"。因此，美方在李登辉演讲上大做文章。洛德说："台湾的代表鲁肇中向我们保证，李登辉的演说将是非政治性的，内容包括台湾的经济改革。我们曾努力获知演讲的详细内容，但没有成功……李登辉在演讲中大约二十七次提到了中华民国在台湾。他完全欺骗了我们。中国人跳起来了，我们也跳起来了。克林顿总统是拿和中国的关系冒险的。我拒绝见鲁肇中，有几个月他根本没法见我。我是他被准许会见的国务院最高级别的官员。他最后被召回了台湾。"[28] 鲁肇中实际上是美国推卸责任的替罪羊、冤大头。李登辉对此根本不买美国的账。据《李登辉执政告白实录》，他对人说："政治本来就是看人在玩的，如果束手就擒，台湾永远没有机会。"[29] 他还在一次记者招待会上直言："访美即是为了推销中华民国。"[30]

由于美国知道准许李登辉"访美"是拿美中关系冒险，因此也做了"管控"风险的补救工作。据钱其琛的《外交十记》记述，1995 年 6 月 7 日，就是李登辉"访美"的当天，克里斯托弗给钱其琛写了一封信。他在信中说，李登辉"访美"将是一次"纯粹的私人访问"，行政部门的任何官员都不会与李登辉会见。李登辉不得从事任何官方性质的活动。钱其琛没有理会他的这番表白。6 月 8 日下午，克林顿总统在白宫紧急约见李道豫大使，除了对准许李登辉"访美"进行辩解外，重申美国执行一个中国政策，而不是"两个中国"或"一中一台"政策。他还说，不管台湾方面如何宣传，李登辉的"访问"完全是非官方和私人的，其"来访"不代表美国政府承认台湾。美国将继续谋求同中国建立建设性的关系，维护现行的对华政策。克林顿还一反惯例安排记者到现场照相，以烘托气氛。但李道豫大使当场向克林顿总统表示，不能接受美方的解释。此外，美国拒绝了李登辉经停纽约和他夫人曾文慧参观白宫的要求，不准康奈尔大学挂"中华民国国旗"，取消了他原定在康奈尔召开的记者招待会。[31]

然而，从李登辉进入美国的那一刻起，美方的接待安排就绝不是"纯粹的私人访问"性质的。李登辉在去他专机着陆的纽约州锡拉丘兹机场

（Syracuse，距康奈尔大学一小时汽车路程）的途中，被准许先在洛杉矶停留并过夜。6月7日，他到达洛杉矶后，数百名亲台的华人挥舞着"青天白日满地红"的旗帜在旅馆外欢迎他。洛杉矶市市长和加利福尼亚州州长的代表前来拜见他。在锡拉丘兹机场，迎接他的包括市长、康奈尔大学校长和三名参议员。老牌反华参议员赫尔姆斯对李登辉说："总统先生，今天是雪城（锡拉丘兹），我希望很快就是华盛顿。"在安保方面，美国除了出动了纽约州的警力之外，国务院外交安全局还加派出百余名便衣人员随扈。李登辉所到之处，有四辆警察摩托车为他长长的车队开道。美方准许了三百多名记者采访李登辉的活动，各大报和电视台都给予报道，替他做免费宣传。李登辉后来得意地说："到美国这条路，好像去月球一样远，经过整整二十七年的时间（1965至1968年间李登辉在康奈尔大学读博士学位），终于回到了绮色佳（Ithaca，康奈尔大学所在地），我一直认定，只要有决心和毅力，一定可以实现梦想。"[32]

美国准许李登辉"访美"，拿中美关系冒险，对李登辉姑息养奸，造成的后果之严重是它始料不及的。台湾《中国时报》发自华盛顿的一篇报道曾援引《纽约时报》称："克林顿总统称，任内在中国事务上的两大失误，其一即是同意李登辉访美，另一是未与到访的中国大陆国务院总理朱镕基签署世贸（WTO）入会协议。至于是中方反应超出预期，还是李氏做法不符承诺，或两者都有，就不得而知了。"[33] 中国的一系列反制措施确实使美国认识到问题的严重性。洛德承认，李登辉"访美"后事态的发展"好像是一场噩梦"。[34]《大转变》一书认为，"1995年夏天发生的事在（美国）政府内部导致了一个新时代。"在此之前的两年半中，美国的外交团队忙于俄国和波斯尼亚以及发生在索马里和海地的第三世界危机。中国只受到中等程度的关注，主要是最惠国待遇问题，而像李登辉过境夏威夷这样的事则交给了低层级的官员处理。从1995年年中开始，中国成为美国外交政策所面临的首要问题之一。美国外交团队的三巨头莱克、克里斯托弗和佩里开始像对待俄国问题一样不定期地共进早餐或午餐来讨论中国问题。美国一方面警告台湾方面，不要再利用国会来挫败政府的政策，不要再使白宫难堪；另一方面主动采取措施缓解和与中国的关系。[35]《外交十记》对此做了较详尽的回顾。因为从这一回合的中美外交较量中，可以看出双方是如何管控建交以来爆发的这次最严重危机的，有重要借鉴意义，所以将有关内容全文引述如下：

"1995年8月初，第二十八届东盟外长会和随后的东盟地区论坛在文莱的斯里巴加湾市举行。作为东盟的对话国，中、美两国都将先后与会。

"赴会之前，美国国务卿克里斯托弗积极表示，希望能与我在那里会见，举行双边会晤，并说克林顿总统有一封重要的信，要转交给江泽民主席。

"7月28日，在赴文莱之前，克里斯托弗在美国新闻俱乐部做了一个演讲，谈亚洲形势，其中讲到中国的篇幅最长，说中国如何重要，美国将继续执行一个中国政策，中华人民共和国政府是中国唯一合法政府，美国不支持搞'两个中国'，不支持台湾加入联合国，等等。

"当时，中美间的高层往来尚未恢复，但是，为了体现对美斗争'有理、有利、有节'的外交策略，我同意在国际会议的场合与克里斯托弗会面。

"8月1日下午，在斯里巴加湾市的国际会议中心，我与克里斯托弗进行了大约一个小时的会晤。

"克里斯托弗首先转交了克林顿总统致江泽民主席的一封信。信中提到，美国继续奉行一个中国政策，遵守三个联合公报，反对'两个中国'和'一中一台'的主张，反对台湾独立，反对台湾加入联合国，但没有提及今后如何处理台湾当局领导人访美的问题。

"克里斯托弗在与我的会谈中，除了重复辩解和做出一些原则表态外，提出两点新内容：一是美国非常希望与中国建立平等的伙伴关系；二是克林顿总统授权他告诉中方，愿意邀请江主席在'不久的将来访问华盛顿'，但未说明访问的具体时间和访问方式。

"当时，美国1989年后对我国进行的所谓制裁仍在继续，国家元首的正式访问一直处于停顿状态。克里斯托弗显然是想以这两点为'诱饵'，使我同意他提出的恢复中美间一系列对话、磋商和高层往来的建议。

"中方最关注的是，美方今后将如何处理台湾当局领导人访美这一重大问题，对此，克里斯托弗没有做出明确的表态。因此，我对美方的建议没有给予积极的回应，只是同意美方派塔诺夫副国务卿来北京与李肇星副外长进一步磋商。

"根据两国外长文莱会晤达成的一致，美国负责政治事务的副国务卿塔诺夫于8月24日至27日来华，与李肇星副外长就改善中美关系进行了磋商。

"根据克林顿总统的授权，塔诺夫向中方通报了关于美方今后对台湾当局领导人访问将采取若干限制措施，其内容为：这类访问必须是私人的、非官方的，只能是为个人目的，不能具有任何政治目的；其次，这类访问不仅要避免实质性的官方性质，也要避免可能被人们认为具有政治象征意义的礼节性和标志性；第三，这类访问将是很少的，只有在特定的情况下才被允许，并且是'个案处理'。

"塔诺夫的通报基本上回应和解决了中方的严重关切。于是中央决定逐步恢复中美间的高层往来。

"是年10月，江泽民出席联合国成立五十周年大会之后，在纽约与美国总统克林顿进行了正式会晤。

"当时，美国本来有意邀请江主席到华盛顿进行访问，但又表示难以按'正式国事访问'来安排，提出要以'正式工作访问'来进行。

"所谓工作访问和国事访问的区别，主要是前者没有白宫南草坪的欢迎仪式，没有二十一响礼炮。通常情况下，安排工作访问可以有两种解释，一是双方要讨论某个重要而紧急的问题，时间上来不及安排正式的国事访问，或访问的内容较为单一，时间较短，礼仪也就从简；一是双方的关系没有发展到鸣礼炮的热烈程度，所需维系的仅是两国之间的工作关系。工作访问的形式，可以向外界显示两国关系的局限性。

"从当时的情况看，国家主席江泽民如能实现访美，将是1985年之后中国国家元首对美国的第一次访问，对恢复和改善中美关系有重大意义。无论从内容和形式上都应该是正式国事访问。

"但是，美国坚持不安排正式国事访问，这不仅是一个礼遇问题，而是反映出美国政府在改善和发展对华关系问题上还没有足够的政治意愿。

"为了走出这一僵局，我方提议，中美两国元首在纽约会晤。

"1995年10月24日，中美两国元首在纽约林肯中心举行会晤，就加强和发展中美关系达成战略共识。这次会晤取得了积极的成果，为日后中美关系的恢复和发展铺平了道路。

"……

"关于台湾问题，克林顿说，美恪守中美三个联合公报，承认只有一个中国，台湾是中国的一部分，中华人民共和国是中国唯一合法政府，美方不希望台湾问题成为两国分歧的来源。

"克里斯托弗国务卿对处理台湾领导人访美问题做了特别阐述，再次承诺，对此类访问采取严格限制，'这种访问将是私人的、非官方的，而且是很少的，并将个案处理'。当然，他也留了一个小尾巴，说美国不能完全排除今后会有这种访问的可能性。

"针对美方提出希望恢复中美有关导弹不扩散、和平利用核能合作、军控和出口管制等问题的磋商，我也做了补充性发言，提出中美就不扩散问题的磋商，应当包括美售台武器问题，因为这是一种武器扩散，也是中方最关切的问题。

"作为江主席的陪同人员，驻美大使李道豫前往纽约，参加了中美首脑会晤后留在美国，也算是返任了。

"此后，中美间的高层互访和政治磋商逐步恢复。我国防部长、司法部长于1996年访美。至此，围绕李登辉访美问题与美国进行的斗争基本上告一段落。

克林顿的"三不"政策"经过这场斗争，克林顿政府比较清楚地认识到台湾问题的敏感性以及中美关系的重要性。中美关系因此得以在克林顿总统第二任期内比较平稳发展，并得到进一步提升。

"1997年，江泽民主席对美国进行了国事访问。

"1998年，克林顿总统正式访华，并在上海公开阐述了美国对台政策的'三不'主张。

"那是6月30日上午，克林顿夫妇在上海图书馆与上海市民代表举行圆桌会议时，阐述了对台'三不'政策的内容，即美国不支持台湾独立；不支持'两个中国'、'一中一台'；不支持台湾加入任何必须由主权国家参加的国际组织。

"美国总统公开做出上述承诺，这是第一次。"[36]

从1971年基辛格秘密访华开始，美国历任领导人对于一个中国问题私下都有具体的承诺。7月9日，基辛格到达北京后和周恩来总理进行的第一次会谈时就表示，美国不主张"两个中国"、"一中一台"，不支持"台独"，不再说"台湾地位未定论"。1972年2月尼克松访华时在会谈中重申，只有一个中国，台湾是中国的一部分；美国不再说"台湾地位未定论"；不支持"台独"。上文提到，克林顿总统在给江泽民主席的信中不但提到"三不"，而且使用了"反对"而不是"不支持"的字眼。后来的小布什总统私下也使用了"反对"一词。但在确立中美关系的三个联合公报中，即《上海公报》、《中美建交公报》和中美两国关于美国售台武器问题的《八·一七公报》并没有不支持"两个中国"或"一中一台"，不支持"台独"的表述。克林顿总统的"三不"使美国一个中国政策的一部分承诺从私下变公开，并连接在一起，是一个进步。

中国政府围绕李登辉"访美"问题开展的这场文"武"两线斗争，使得美国认识到台湾问题在中美关系中的敏感性和严重性，遏制了美国在"台独"问题上姑息养奸的错误倾向，维护了中美关系的正常发展。然而，美国官方声明中一个中国政策的"基础"中，除了三个联合公报之外，还有一个完全与它们背道而驰的《与台湾关系法》。中美之间围绕《与台湾关系法》的斗争从它 1979 年出台时候起至今从来没有停止过，而 1996 年春曾一度达到兵戎相见的"临界点"，受到了"火力"检验。

李登辉"访美"后洋洋自得，在国际上和岛内，分裂活动的气焰更为嚣张。他一再表示他不但要继续而且要扩展制造"两个中国"的"务实外交"。1995 年 9 月 8 日，台湾"外交部"公布了一份"参与联合国白皮书"，表明要进一步加强参与联合国的活动。9 月 16 日，李登辉声言他会"再去访问一些对方（大陆）想都想不到的地方"。[37] 12 月 31 日，他在一次纪念会上致辞，自问自答为什么要搞"务实外交"时说：冷战结束后，国际间传统主权观念的束缚逐渐被超越，新的秩序尚未建立，"中华民国要赶快跑出去占一个位子，新世纪成立后，中华民国就有地位了"。他再次提到访美并吹嘘："美国之行的效果非常大，对中美及中华民国与其他国家关系是很大的突破。"[38]

李登辉的这些言行受到国民党内部一些人的反对和驳斥。曾任"行政院长"的郝柏村就指出：推动加入联合国"分明是搞两个中国"。他不同意"中华民国在台湾"的说法。他强调，现在有些想法"似是而非"，是"利用外交的困境来鼓动台独情绪"。对于两岸关系紧张的根源，他认为，"现在有人籍机要搞两个中国，引起对岸疑虑和急迫感"才造成现在的结果。[39]

1996 年"台海危机" 面对这些批评，李登辉一方面极力掩盖他"台独"的庐山真面目，言不由衷地说，"台独"只会断送台湾的前途，"疯也不能疯到这种程度"。有人讲他是"台独"、"独台"，头脑真是"控固力"（装满泥头）；另一方面则加紧他"去中国化"的"社会心理的重建"。1995 年 9 月 1 日，他说"台湾当前最大的问题是很多人对台湾不认同"，并提出了"新台湾人"的口号。[40] 他对"新台湾人"的解释是："认同台湾、痛惜台湾、愿为台湾努力奋斗"。[41] 李登辉这种在否认"台独"的烟幕下，在国际上和岛内加紧分裂活动的两面做法还有一个重要考量是应对 1996 年 3 月 23 日岛内进行的第一次"总统"直接选举。他显然是要通过否认"台独"、空谈"统一"来稳住国民党传统的"蓝票"，特别是占人口 15% 的大陆籍选民的票源；同时通过加强分裂活动与主张"台独"的民进党争夺"台独"的"绿票"。一旦他当选，则可运用手中的权力进一步遂行他"分裂中国"的图谋。大陆对李登辉这一明修栈道、暗度陈仓的手法看得很清楚，因此持续地强烈表明反"台独"的立场和决心。除了开展了反"台独"文宣攻势外，1995 年 8 月 15 日和 25 日，解放军两次在东海海域及其上空进行了导弹、火炮实弹射击演习。11 月下旬，解放军南京军区陆海空部队在闽南沿海地区举行了联合作战演习。1996 年 3 月 8 日至 15 日，解放军向距离台湾北部基隆港东面方向二十至四十海里和距离台湾南部高雄港西南方向三十至一百五十海里的海域进行地对地导弹发射训练，共发射四枚导弹，全部命中目标。3 月 12 日至 20 日，解放军在福建厦门以南至广东汕头一线，进行了海空实弹演习。3 月 18 日至 25 日，解放军在台湾海峡北部西侧，进行大规模的陆海空联合演习。这三次军事演习显示解放军的海空打击及三军联合作战的能力。在台湾南北两端进行的导弹发射训练，被台湾的媒体解释为"中共对台实行了准封锁行动"。大陆进行的这一系列军事演习有力地震慑了岛内的分裂势力，戳穿了他们散布的大陆"不能打、不敢打"的欺骗宣传。民进党的领导人不得不表示，如果他们上台，不会也没有必要宣布台湾"独立"。另一方面，这些军事演习也引起了中国统一的最大外部障碍——美国的关注，特别是触动了他们要大陆放弃使用武力解决台湾问题的神经。为此，他们借口《与台湾关系法》，采取了自中美建交以来首次以武力威胁来干涉台湾问题的行动，派出了两支航空母舰编队驶进台湾附近海域。因为美国的这次行动揭示了美国依《与台湾关系法》所采取的军事干涉行动的"上限"和"底线"，有重要的研究价值，所以笔者根据相关资料，特别是美方披露的信息，对其应对这场"危机"的考虑和决策过程予以较详细的介绍。

《与台湾关系法》在卡特政府和中国政府谈判关系正常化的过程中，美方多次提到中美建交之后，美国要对和台湾的关系进行"立法调整"。1979 年 1 月 26 日，卡特总统向国会提交了这一调整的《综合法案》，表示将在非官方的基础上继续和台湾保持商务、文化和其他关系，并成立非官方的"美国在台湾协会"负责处理这些关系。法案同时还表示美国的国内法仍适用于"台湾人民"，美国与"台湾人民"之间的各项法案和往来将继续。在1978年12月15日卡特总统宣布将和中国建交之前就把这一法案的草案提交给了国会。

卡特政府决定中美建交，和"中华民国"断交、废约、撤军，本来就受到美国反共和亲台政治势力的抵制和反对。老牌的反华参议员戈德华特（Barry Goldwater）曾串联其他几位议员状告卡特总统终止和台湾的共同防御协定，声称条约生成时是经过参议院同意的，因此终止它也要经过参议院的同意。但美国高等法院裁决，那是总统的职权。戈德华特所代表的政治势力和国会中的不同利益集团利用审议《综合法案》的机会，对卡特政府进行刁难。参众两院通过一系列的听证、磋商，对法案进行了重大的修改，并于3月下旬分别通过了《与台湾关系法》。4月10日，卡特总统在做了一些保留的情况下签署了该法案。[42]

《与台湾关系法》共十八条，其中对卡特总统原草案做的最重要修改是加入了有关台湾"安全"问题的条款。该法称，美国和中国建交是"基于台湾的前途将通过和平方式决定这样的期望"，这在中美建交公报中是没有的。第二条第四款称："以非和平方式包括抵制或禁运来决定台湾前途的任何努力，是对西太平洋地区的和平与安全的威胁，并为美国严重关切之事。"第五款："向台湾提供防御性武器。"第六款："保持抵御任何危及台湾人民的安全和社会、经济制度的诉诸武力的行为或其他强制形式的能力。"第三条（A）款："为执行本法第二条所明定的政策，美国将向台湾提供保持足够自卫能力所需数量的防御武器和防御服务。"

据时任中国外交部长黄华的回忆录《亲见与见闻》所述，在该法尚在国会讨论时，中国驻美大使柴泽民于1979年3月3日奉命向美国国务卿万斯转达口信说：美台未来关系的安排应根据中美两国建交时双方同意的原则来处理，不允许单方面违反或破坏这些原则。中国方面不能同意任何干涉中国内政、使美台关系带有某种官方性质以及变相地保持美台《共同防御条约》的立法条款；中国方面注意到卡特总统已表示不能接受同美国已向中国做出保证相抵触的任何决议或修正案，希望美国能真正做到这一点。万斯表示，美国政府将设法影响国会，但不能控制它。3月16日，黄华约见了美国驻华大使伍德科克，强调《与台湾关系法》在一系列问题上违反两国建交时双方同意的原则以及美方的承诺，实质上是企图在某种程度上保持美台《共同防御条约》，继续干涉中国内政，使美台关系具有官方性质。中国政府对此表示严重关切，如果议案获国会通过，卡特总统签署生效，对两国关系是十分有害的。邓小平副总理4月19日在会见美国参议院外交委员会访华团时指出，中美关系正常化的基础是只有一个中国，现在这个基础受到干扰，中国对美国国会通过的《与台湾关系法》是不满意的，这个法案最本质的一个问题，就是实际上不承认只有一个中国；法案的许多条款表示要保护台湾，说这是美国的利益，还说要卖军火给台湾，一旦台湾有事美国还要干预。卡特总统表示他在执行这个法案时要遵守中美建交协议，中国正在看美国以后采取的行动。4月28日，中国政府向美国政府递交了抗议照会。美国驻华使馆到7月6日才迟迟回复说，美国政府将遵守与中国政府建交时达成的各项谅解。国会通过的《与台湾关系法》并不是在每个细节上都符合政府的愿望，但它为总统提供了充分的酌情处理的权力，使总统得以完全按照符合正常化的方式来执行这项法律。[43]

在三权鼎立的架构下，美国的政府和国会有相互制约的一面，特别是在总统和国会多数党分属不同的政党时，双方有时缠斗得很厉害，近年来甚至闹到政府被迫几度"关门"的地步，但更重要的一面是相互利用、配合。在《与台湾关系法》问题上，《中国密档》的作者唐耐心问了曾在国务院和国防部负责中国事务的资深专家傅立民（Charles Freeman Jr.）这样一个问题："通常，国会是政府马鞍下的蒺藜，但有时政府会利用国会做它必须要做的事，然后说它的手脚被捆绑了。当时是不是这样的情况？"傅立民回答："事实上二者兼而有之。在台湾地区和平与安全关系美国利益问题上，政府更倾向于不那么直白；在售台武器问题上，政府当然不希望使用那么肯定的语言。但是最后，在面对国会要使用会破坏（美中关系）正常化的语言时，妥协是必要的。"[44]

美国对李登辉"访美"后中国大陆进行的一系列军事演习的反应，特别是1996年3月导弹试射的反应，说明在利用《与台湾关系法》来干涉中国自主解决台湾问题上，美国政府和国会是沆瀣一气的。不惜炫耀武力是他们的一致立场。

1995年12月，美国"尼米兹"号航母编队从菲律宾北上时，特意穿越了台湾海峡。这是中美建交后的第一次。美国国防部的解释是"恶劣天气"迫使舰队改道行经台湾海峡。1996年初，中国副外长李肇星访问美国时，美方对他说，美国有着明白无误的利益来维护台湾海峡的和平。同时，美方保证，无论是李登辉还是别的台湾高官在 1996 年内都不会访问美国。[45]

中国政府当然不能接受美国任何干涉台湾问题的行动，即使是"暗示"。自李登辉"访美"以来大陆开展的反"台独"斗争按原部署继续进行。1996 年 3 月 8 日至 25 进行的三次导弹试射和三军联合作战演习将这次斗争推向高潮。此时，美国内部在如何做出反应问题上各有主张，最后在时任国防部长佩里的坚持下，经克林顿总统的同意，派出两组航母战斗群驶进台湾附近海域，以"展示美国的肌肉"。

美国的"航母外交" 佩里在和后来任奥巴马政府国防部长的阿什顿·卡特（Ashton B. Carter）合著的《预防防卫》一书以及《大转变》《大墙》《中国密档》等书中，对美国当时的考虑、决策过程和军事调动情况都有较详细的描述，虽然是一面之词，但对了解美国对华政策基本立场和政策制定有重要参考价值，特综合择录如下。

对于中国的军演，美国的对策是西奥多·罗斯福总统的经典两面手法："口中说软话，手里拿大棒"。1996 年美国东部时间 5 月 7 日，中国外交部副部长刘华秋到美国访问，本来是召开驻美大使馆和各总领馆工作会议的。美方原来打算利用机会安排国家安全顾问莱克和中方进行"战略"对话。按原计划，7 日晚克里斯托弗在国务院设便宴为刘华秋接风，并当面和莱克安排第二天进行的一整天会谈。但这时已是北京时间 8 日，解放军进行了导弹发射试验，结果便宴几乎变成了"鸿门宴"。佩里被拉进了宴会，宴会桌被安排成双方对坐的谈判桌，主题变成了导弹试射。克里斯托弗请刘华秋首先发言。刘副部长指出，导弹试射是正常的演习，美国没有必要表示"关切"。如果要"关切"的话，应"关切"台湾。即将进行的台湾"总统"选举中，至少有一个候选人是主张"台独"的，而李登辉在他到外国"访问"时，特别是到美国"访问"时，操弄的也是这个主题。刘华秋特别指出，美国应当把注意力集中在美国向台湾出售武器所造成的后果上，特别是老布什总统决定向台湾出售一百五十架 F-16 战斗机的后果上。接着克里斯托弗解释了美国认为的中美在建交过程中形成的关于一个中国的"协议"。他说，自尼克松以来的六任美国总统都遵守了协议的美国"这一端"，就是美国承认只有一个中国，台湾是中国的一部分。中国也应当遵守协议的中国"那一端"，就是不使用武力来实现一个中国。这显然是强加给中方的，因为中国从来没有承诺过放弃使用武力。但克里斯托弗仍强辩说，军事演习和导弹试射是在"胁迫一个民主选举",美国担心中国"准备用武力制造'一个中国'"。因此,他邀请国防部长与会,以便直接向中国人民解放军传递"一个信息"。佩里以一个"老炮兵和军事技术专家"的身份声称,在台湾南北两端的近海进行导弹试射绝非常规训练,而是在"锁定目标"。如果导弹发生故障落在台湾岛上,"后果是严重的",美国把它视为对美国利益的威胁。他威胁说,"美国有超出足够的军事力量去维护美国在这一地区至关重要的国家安全利益。"莱克这时帮腔说,"美国在西太平洋地区有着至关重要的国家安全利益,中国的军事行动威胁了这一利益。"但他话锋一转,"口中说软话",希望大陆恢复和台湾之间的对话,预计目前的这场危机会和平地解决。

1996年3月8日,莱克和刘华秋的"战略对话"按计划进行,地点是在弗吉尼亚州的帕米拉·哈里曼(Pamela Harriman)庄园。当时刚下过雪,天气很冷。对话从早上九点一直持续到下午四点。莱克首先重复了对中国进行军事演习的"警告"。接着和中方进行了更为"理论性"、"哲理性"和"战略性"的讨论。美方提出,在美中两个大国进入二十一世纪时应如何合作,其重要性及美国对中国的看法。美国愿意看到一个强大、繁荣和开放的中国,无意遏制中国、分裂或颠覆它。但美国会保卫其自身利益和价值。美国将维持它的军力水平和联盟关系。美方还提出了两国可以合作的领域和内容,如朝鲜、柬埔寨问题,地区安全对话,APEC和中国加入WTO问题,环保及反毒品问题等。

中国政府一直努力与美国发展和保持建设性关系,但决不能听任美国干涉其内政,也不会屈从于美国的威胁。3月8日,新华社授权发布公报,解放军将于3月12日至20日,在东海和南海进行海、空实弹演习。3月15日宣布于3月18日至3月25日再次进行地对地导弹发射训练和陆海空联合演习。与此同时,美国开始谋划如何挥舞手中的大棒。

佩里和参谋长联席会议主席沙利卡什维利(John Shalikashvili)开会讨论美方应做出何种军事反应。他们认为,再次通过外交渠道传递信息,可能被中国人民解放军解释为美国缺乏意志力,因此必须以武力应对。美国有几种选择。一是派驻守在西太平洋的"独立号"航空母舰战斗群到台湾以东的海域巡弋,但佩里认为这种姿态不够强硬。他提出要"独立号"驶进台湾海峡,进入解放军的军事演习区,面对面地挑战中国人民解放军。沙利卡什维利闻言"大惊失色"。他说,这样做是"自找麻烦",风险极大。如果双方擦枪走火，后果是什么？是战争。但佩里仍坚持要做出"咄咄逼人"的反应。沙利卡什维利于是建议，先派"独立号"到台湾东部海域兜圈子，然后视情况升级反应，如派一艘巡洋舰或直接派"独立号"进入台湾海峡。二人分歧的实质是，采取军事行动是为了传递信息，还是真的要动手。沙利卡什维利主张军事行动既要有很强的"象征意义"以防止危机升级，但不要如此"挑衅"以致危机升级，甚至引发自己不愿发生的战争。于是佩里提出第二种选择：派两组航母战斗群如何？沙利卡什维利回答，没有第二艘航母可派。佩里提出可以调动"尼米兹号"航母。沙利卡什维利回答说，它是根据佩里的命令派往了波斯湾，去建立对付伊拉克总统萨达姆的"禁飞区"。沙利卡什维利进一步提醒佩里，即使调动"尼米兹号"，它也不能赶在 3 月 23 日台湾"大选"前到达台湾海域。但佩里认为，调动"尼米兹号"的意义不在于它何时到达台湾海域，而是调动远在海湾的航母到台湾表明美国"非常认真"地对待解放军的导弹试射。最后沙利卡什维利同意派遣两组航母战斗群到台湾海域巡弋，但不进入解放军的演习区域。这样做既可展示美国的能力和意志，又不会造成不必要的挑衅。但问题是调动哪一艘航母？

沙利卡什维利给海军司令和代理作战部长约翰逊（Jay Johnson）打了紧急电话，征询他们的意见。情况是，以日本为基地的"独立号"航母编队可以很快驶向台湾；"乔治·华盛顿号"部署在地中海，执行在波斯尼亚建立"禁飞区"的任务，但北约总司令朱尔万（George Joulwan）不同意调走它，除非另派一艘航母予以替代；调走"尼米兹号"，会削弱对付萨达姆的军力，也不可取；"小鹰号"正在圣地亚哥进行检修，然后才能派往波斯湾。约翰逊海军上将不愿意他的训练周期被打乱，因为这是保持舰队战备状态的关键因素。

经过几个小时考虑，沙利卡什维利向佩里报告了他的方案：命令"尼米兹号"从波斯湾高速驶向台湾，争取十至十二天内到达；调地中海的"乔治·华盛顿号"到波斯湾，替代"尼米兹号"；命令空军派遣以陆地为基地的战斗机去执行"乔治·华盛顿号"在波斯尼亚的任务。佩里立刻召集克里斯托弗、莱克和中央情报局局长德齐（John Deutch）等人就这个方案进行紧急磋商，他们一致同意这个方案。当天，佩里和沙利卡什维利将军一起到白宫，由莱克向克林顿总统汇报了他们的计划。克林顿同意派两个航母战斗群到台湾海域，但同时授权克里斯托弗国务卿向中国政府和在华盛顿的台北代表处宣布，美国继续执行一个中国政策，不希望中国政府和台湾当局"误解"美国的行动。克林顿意识到此举有着潜在失控的风险。一旦美国士兵为了台湾而流血，这将在美国国内引起轩然大波。同时，他也不愿意五届前任总统建立起来的美中关系在他手上断送，他担不起这个责任。他指示佩里等人："我们要采取一切手段避免上述情况发生。"为了约束台湾，副国务卿塔诺夫和副国家安全助理伯格（Sandy Berger）还把台湾的"国家安全委员会秘书长"丁懋时秘密召到纽约，警告台湾不要在"外交"上过分挑衅，这会把美国拖入和中国政府的冲突之中。当然他们也安抚台湾说，美国会保护台湾的安全。

从上述情况可以看出，美国决定派遣航母到台湾是在炫耀武力，意在讹诈，但行动谨慎。佩里把它定性为"航母外交"。他明言："我们既无意动用海军力量采取军事行动，也不相信（美国海军）会受到挑战。航母战斗群的出现有效地告诉中国我们是如何认真地对待他们的行动。"克里斯托弗在3月10日是借接受电视台采访的机会，而不是通过发表正式声明来宣布派航母战斗群到台湾的。"独立号"航母是在远离台湾东海岸的海上兜圈子；而从波斯湾"全速"赶来的"尼米兹号"在接近指定海域前就"减速"行驶，明显拖延时间。

美国派航母还有另外一个意图，也许是更重要的意图，是安抚他在亚洲的盟国，特别是日本，表示美国对他们的"安全承诺"是认真的。否则，美国在亚太地区的"领导地位"将会动摇。用佩里的话说是告诉该地区其他国家，美国"承诺维护地区的稳定"。[46]

中国进行军演的目的和目标从一开始就是明确的。面对美国挥舞的"大棒"，中国一方面寸步不让，另一方面也采取了"灵巧"的应对策略，"有理、有利、有节"。美国是3月10日宣布派遣航母的，解放军定于3月8日至15日的导弹试射演习照常举行，共向东海和南海海域发射了四枚地对地导弹，全部命中目标。3月15日又宣布，从即日起到25日在相关海域进行陆海空联合演习。但是到3月20日，新华社宣布，这次演习作业已经全部完成，相关海域于当天下午六点恢复正常航行。提前结束了演习，使得费了很大周折调来的"尼米兹号"空跑了一趟，解放军"以逸待劳"，避免可能发生的不必要对抗升级。

3月8日，佩里召集克里斯托弗等人讨论派航母到台湾时，曾臆测中国大陆的意图。美国和台湾都没有大陆要对台湾动武的情报，也没有大陆要对台湾周边无人岛屿发射导弹或干扰航行的情报，大陆的军演很可能是一场"心理和政治战"；但也有"5%到10%"的可能是情报有误，大陆会采取行动，如攻占某些荒岛或向它发射导弹。这当然是妄加猜测。1996年3月17日，当时的国务院总理李鹏在一次记者招待会上强调，演习"是属于正常的演习，其目的是为了提高我军的军事素质，提高现代化作战的水平。中国人民解放军有义务、有决心，也有能力维护国家的主权和领土完整"。他指出："在公海进行军事演习，符合国际惯例，许多国家都是这样做的。到目前为止，中国人民解放军的演习都是在公告宣布的范围内进行的，而且很顺利。"他特别补充说，"我们愿意继续加强两岸之间的经贸合作，保护台湾同胞包括投资者在大陆的利益。"针对美国派遣航母战斗群到台湾附近水域，他警告说，"台湾问题是中国的内政，任何外部势力不得以任何形式加以干涉。如果有人想在台湾海峡炫耀武力，不仅于事无补，而且会使问题更加复杂化。"[47]

在台湾岛内和国际上还有一种说法，大陆进行的军事演习是为了反对台湾的"民主选举"，是要阻止李登辉当选，这也是无稽之谈。大陆领导人反复强调，大陆对台基本方针是"和平统一、一国两制"，所谓反对台湾搞"民主"毫无道理，大陆反对的是岛内的分裂活动和搞"台独"的一些势力。大陆学术界几乎没有人预测李登辉不会当选，大陆关心的是公开打出"台独"招牌的民进党候选人彭明敏能得多少票。他最后只得到了21%的选票。

美国派遣航母战斗群到台湾是越南战争以来美国在亚太地区进行的最大一次军事调动，酿成所谓"导弹危机"。正如李鹏所言，它不但于事无补，还使问题复杂化，无论对中美关系还是地区局势都造成深远影响，至今很多问题仍可追溯到那次危机。

就中美关系而言，这场危机凸显了台湾问题的敏感性，美国对此有了更深刻的体会。克林顿总统将他的前任们对中国政府在台湾问题上的"三不""私下承诺"提升到公开的和配套的政策。1996年11月21日，克里斯托弗国务卿访华时在上海复旦大学发表演讲说："一些人认为，由于冷战结束，中美关系的战略重要性消失了，我认为正好相反。当一个新世纪开始时，加强美中关系的重要性与日俱增……我们两个伟大国家具有一项共同的责任，作为核大国、联合国常任理事国和世界上最大的经济大国，我们必须进行领导。我们在建立和维护一个促进全球和平与繁荣的国际体系方面有共同利益。

在促进地区和全球目标的能力上，最终有赖于一个强大的美中关系。在世纪之交，我们两国面临建立一个新时代的广阔和持久的机会。"三天后，克林顿总统在 APEC 马尼拉会议期间会晤江泽民主席时表示："美国愿意看到一个强大、稳定和安全的中国，我们在许多问题上有着共同的战略利益。我们很高兴地看到，美中两国最近在许多问题上取得进展，我们愿意同中国建立起一个良好的合作伙伴关系。"

美国《纽约时报》1997 年 4 月 14 日发表了一篇题为"台湾因素"的社论，检讨了这次危机的教训。社论指出："1995 年至 1996 年间中美关系危机，明显地与台湾有关。""那些为李登辉获取签证而努力的人应当知道，他们的成功会妨害美国和中国的关系。"社论强调："要遏制台湾的外交冒险主义。"

当然，美国的亲台势力是不会停止在中美关系中制造麻烦的。1996 年 9 月 24 日，众议院通过了所谓赞同支持台湾加入国际社会的决议，为其"重返联合国"张目。但总体上，在克林顿总统第二任期内，中美关系得到了较平稳的发展。这是在政治和外交方面，但是在双边和地区安全问题上则是暗潮涌动，双方都采取重大步骤加强防范对方。

詹姆士·曼恩的《大转变》一书认为，解放军的军演"事实上是在测试（美国）政府，试图评估它对台湾关切的程度，为保护台湾它能走多远"。[48]郇培德的《大墙》一书则认为，美国派航母到台湾打破了美国在这个问题上一直奉行的"战略模糊"信条。美国出于"法律、政治和道德的需要"，在大陆"军事威胁"台湾时，会采取行动。[49]此后，美国各部门都加强了相关军事计划的研拟，把中国视为其对手。

美台"软件"军事合作 台海危机后美国采取的一个重要后续行动是恢复和强化与台湾的军事联系，其目的是恢复终止和台湾的共同防御条约后双方的"协同作战能力"。如果说美国对台军售是对台湾的"硬件"支持，那么和台湾的军事合作就是"软件"支持。在某种意义上说，这是更严重的问题。一位曾在国防部和国务院任职的美国高级官员事后对笔者说，在危机期间，美国的防空雷达分辨不出大陆军机和台湾军机，美国必须改变这种危险的情况。"导弹危机""激起克林顿政府通过'软件项目'（'software initiative'）等措施扩大与台湾的军事合作，包括在训练和物流方面的讨论，双方也讨论了如何将美国售出的硬件更有效地整合到台湾军队中。"[50]曾任美国国防部顾问的白邦瑞（Michael Pillsbury）2004 年 2 月 29 日在"台湾防务与安全研究所"（ITDSS）举行的一次研讨会上，做了题为"美国在台湾防务改革中的作用"的报告。报告详细介绍了"软件项目"当时已采取的六个步骤的"大事记"。

第一步发生于1997年12月，当时美台双方的"军事和政治领导者"在加利福尼亚的蒙特雷（Monterey）进行了首次"战略会谈"。美方给会谈定的调子是"只谈软件不谈硬件"，即不谈军售问题，只谈台湾的"防卫改革"问题。"蒙特雷会谈"的主要推手是坎贝尔，台湾方面是后来任陈水扁当局"国防部长"的蔡明宪。从那时起，"蒙特雷会谈"每年举行一次，但近年来会议地点已不只是在蒙特雷。

第二步是1998年美国国防部负责防卫战略的助理国防部长帮办秘密访问台湾，他的一项活动是向七十余名台湾高级军官讲解了美国关于由文职人员制定军事战略和计划的理论和过程，以及美国有关"综合风险评估"（Net Assessment）的观念。

第三步是1999年美国派"实战"军事人员到台湾的战区和军事基地，和台方战地人员讨论了防空作战、反潜作战和反登陆作战等三个关键问题。此后，美国派了十数个这样的"考察团"到台湾，并向台军提出相关"建议"。

第四步是布什政府在2001年4月改变了售台武器的程序。把过去每年举行一次的美台军售会议，改为根据"需要"随时举行，为售台武器打开更便捷的通道。

第五步是从2003年开始，美国公开对台湾"防务预算"的"优先项目"提出"建议"。第一项是要台湾购买美国爱国者3型反导弹系统。第二项是要台湾购买美国的指挥和管理系统（C4ISR），这不仅使台湾的三军能够协同作战，而且"在战时能够使台军和美军以及潜在的安全伙伴协同作战"。

第六步是总结和肯定台湾在"防务改革"上取得的"成绩"。[51]

小布什政府上台后还提升了和台湾军方联系的层级。2002年3月，美国准许台湾"国防部长"汤曜明出席在美国佛罗里达州举行的讨论售台武器问题的"美台商会"会议。这是1979年美中建交以来，美国第一次发给台湾的"国防部长"落地签证。国防部副部长沃尔福威茨 (Paul Wolfowitz) 还会见了他，并再次敦促台湾加强和美国的军事"软件"合作。他说："台湾需要改革它的防务机构以应对二十一世纪的挑战……这一改革包括强化台湾三军的三位一体……多年来我们积累了丰富的经验，我们极愿提供帮助。和军售同样重要的是，这种非硬件的，或者说软件的交流可以发挥重要的作用。它能够帮助台湾更好地把新近获得的武器系统纳入武库中……帮助确定国防现代化的需求，军队的职业化和组织、训练等活动。"[52] 从 2011 年以后，美国还加快了对台尖端军事技术的转让，帮助台湾发展中程导弹等进攻性武器。近年来，台湾当局还鼓动美国帮助它建造潜艇。美国的这些举动引起中国大陆的高度警惕。

美国强化美日同盟 美国采取的另一个重大行动是强化美国和日本的军事同盟，进一步拉日本共同遏制中国。1996 年 4 月，克林顿总统匆忙到日本访问，和日本首相桥本龙太郎签署了修改后的"美日防卫指针"，把其适用范围扩大到所谓"周边事态"。美日军事同盟是冷战时期的产物。冷战结束了，美国不但不终止它，反而延长并扩大其职能，显然是把矛头转向中国，包括干涉台湾问题。

克林顿总统上台后把经济外交放在突出位置，和日本的贸易摩擦不可避免地突出起来。上世纪八十年代，日本的"经济奇迹"在美国曾演化成一股"经济威胁论"的冲击波。克林顿总统夫人、前国务卿希拉里·克林顿在她的回忆录《艰难的选择》一书中有这样一段描述："比尔（克林顿）任阿肯色州州长时，我和他作为州贸易代表团的成员，第一次访问日本。那时这个国家是美国重要盟国，但也是美国日愈忧虑的对象。日本的'经济奇迹'成为美国内心深处惧怕停滞和衰落的象征，就像二十一世纪中国的崛起一样。1987年保罗·肯尼迪（Paul Kennedy）出版的《大国兴衰》（The Rise and Fall of Great Powers）一书的封面，画着一名疲惫不堪的山姆大叔从地球基座上走下来，后面一名眼睛直勾勾的日本商人则尽力向基座上爬。听起来很熟悉吧？当日本的一个财团 1989 年买下纽约历史性（建筑）洛克菲勒中心时，报界曾小惊一场。《芝加哥论坛报》问道：'要出售美国吗？'"[53]

克林顿政府当时对日本施加了巨大的压力要其对美国产品开放市场。这期间，笔者作为《人民日报》驻联合国记者站负责人，目睹了攻防激烈的美日贸易战。日本首相桥本龙太郎酷爱"剑道"，美国报刊特别刊登了他着和服、舞竹剑的大幅照片，影射他"好斗"。但是，台海危机爆发后，"贸易战"戛然而止。美国记者朋友分析，美国对日"贸易战"削弱了美日同盟关系，动摇了其亚太安全战略的基石，因小失大，必须修补提升这一同盟，以应对展现出巨大军事潜力的中国。

修订的"美日防卫指针"的核心是增加了"周边事态"条款。美国对它涵盖的范围是否包括台湾，一直含混其词，既不否认，也不肯定。但洛德在《中国密档》一书中做了坦率的回答："是的。"他说："说它适用（台湾）会是挑衅，因为北京认为台湾是中国领土的一部分。（使用）日本周边事态的措辞，避免了提到台湾。这样我们就不必回答中国人关于'指针'的真实含义是什么的问题了。"[54]

"反介入与区域拒止"美国派航母战斗群到台湾使中国进一步认清，要实现国家的统一，必须排除美国的干涉，特别是武装干涉。佩里认为，"95-96台海危机"之后，"解放军把他们作战计划制定和武器装备采购，从着眼和北方邻居苏联打一场全面战争，转向取得压制台湾的能力……台湾问题成为解放军改革和现代化的动力。"[55]美国的一些军事专家则认为，中国从此制定了对付美国军事干涉台湾问题的所谓"反介入和区域拒止"（anti-access/area denial，简称A2/AD）战略。

美国退役海军少将、中国军事问题专家麦德伟（Michael Mcdevitt）在2011年12月发表的一篇论文中认为，"反介入"和"区域拒止"两个词是美国创造的，它们第一次出现在美国国防部2001年发表的"四年国防报告"中。现在，这两个词通常是指中国大陆在对台湾使用武力时，为防止美国武力干涉所采取的对策。在美国国防部的语汇中，两个词是一个意思，但也有人给予它们不同的定义。美国《战略和预算评估中心》把"反介入"定义为"阻止进入大型固定的基地"，例如阻止美国军机从日本冲绳的嘉手纳空军基地飞赴台湾海峡作战；而"区域拒止"是指击溃移动的海上力量，如航母战斗群。

麦德伟认为，"反介入"军事概念可以追溯到冷战时期，苏联为了反制美国可能利用航母战斗群从海上进攻它而采取的"多层次防御"战略。第一层次是从苏联海岸线到二百海里远的海域。在这个称之为"控制区"内，苏联通过建立强大的海空陆防卫网，包括有效发现敌方舰艇的侦查能力、数以百计的舰艇和潜艇、数以千计的陆基航空兵机群以及充足的反舰巡航导弹等武器装备，把美国的航母战斗群阻止在"控制区"之外。第二层次是从"控制区"再向外延伸一千海里的海域，称之为"拒止区"。在这一区域内，苏联的目标是，如果不能"阻止"美国海军的行动，也要具备和对方"较量"的能力。

麦德伟认为，中国的"反介入"战略，是按照所谓"第一岛链"和"第二岛链"来划分层次的。"第一岛链"是从日本向西南，经琉球、台湾，到南沙群岛，大体上是中国专属经济区的海域，相当于"控制区"。"第二岛链"是从日本向东南经北亚丽安娜群岛、关岛，再向西南经密克罗西亚到帕劳，距中国海岸约一千三百海里，相当于"拒止区"。从武器装备上看，中国"反介入"作战计划和苏联的最大不同是增加了所谓"智能"弹道导弹。由于普通弹道导弹只能打击固定目标，不能对付移动的航母战斗群，因此中国研制了弹头能够自动搜索移动目标的弹道导弹，有人称之为"杀手锏"。麦德伟认为，这种武器对美国海军来说是"难以对付"的挑战。[56]

不管麦德伟和美国的军事专家如何认定中国反制美国武力干涉台湾问题的军事思想和战略，中国为维护国家主权和领土完整的国防现代化进程是历史的必然。为应对中国所谓"反介入"战略，美国提出"空海一体战"构想，中国肯定会研拟应对方案。只要美国不放弃干涉政策，中国就必然要反干涉，这一斗争会继续下去。

评议

1995—1996年台海危机是至今为止中美之间濒临军事冲突的唯一一场干涉和反干涉斗争。就美国对台湾政策来说，这是一次"火力测试"，对认识它的"庐山真面目"有难得的研究价值，属于"典型案例"。

台湾问题事关中国的主权和领土完整，是中国的核心利益，牵动着十三亿中国人民和全世界华人的民族感情。因此，台湾问题一直是中美关系中最敏感的核心问题，也如邓小平所说，是最具"爆炸性"的问题。他早就预见到"导弹危机"这一幕，甚至更危险的可能前景。1983年3月30日他在北京会见由小托马斯·奥尼尔（Thomas O'Neill Jr.）率领的美国众议院代表团时就指出："中国努力用和平方式解决台湾问题，但中国绝不能做出不使用武力的承诺，用什么方式解决台湾问题是中国的内政，别人无权干涉。我可以坦率地告诉朋友们，我们是努力用和平方式解决台湾问题的……如果这条路走不通，怎么办？最终用武力也必须解决中国统一问题。到那时候，美国的选择有两个，一是不干涉；二是参战，中美直接冲突，这是一个危险的选择。"[57]

小布什总统时期的副国务卿阿米塔奇（Richard Armitage）曾把台湾问题比作中美关系中"最大的地雷"。[58]基辛格则把它视为一张"百搭牌"（wild card）。他在《美国需要外交政策吗？》一书中说："通常情况下，美中关系所面对的问题随着时间的推移就得到了澄清。中国的最终意图会变得清晰，美国会依据经验，耐心地制定政策。但其间隐匿着一张百搭牌，它会把中国或美国搞得措手不及，那就是台湾的前途。它是中国大陆和美国内部压力问题，它的演化进程有其自身的必然。"[59]但就美国而言，如容安澜在他《悬崖勒马》一书中所指出，当美国"不能真正理解，或至少不尊重，中华人民共和国关于台湾在中国国内位置的基本性质的立场"，"美国有时就身陷困境"。[60]

美国对台八政策 自1971年基辛格秘密访华以来，经过四十余年，美国对台湾的政策在中美之间时起时伏的摩擦和斗争过程中逐步"清晰"成型。笔者将其概括为下列八点主要内容：

（1）奉行基于美中三个联合公报和《与台湾关系法》的一个中国政策。

（2）不支持"台独"，不主张"两个中国"或"一中一台"。

（3）不支持台湾参加联合国以及由主权国家组成的国际组织，但支持台湾"有意义"地参与国际组织的活动。

（4）台湾问题必须和平解决。

（5）依据《与台湾关系法》向台湾提供防御性武器和服务。

（6）反对海峡两岸任何一方单方面改变现状，台海现状的改变必须经由两岸人民的同意。

（7）支持两岸无条件的协商与对话

（8）支持两岸经贸往来与合作。

本质上，美国对台政策是其对华的两手策略，即遏制加接触政策的重要组成部分。它的政策目标是维持海峡两岸"不统、不独、不战"的分裂局面，把台湾问题作为牵制中国发展壮大的一张牌。美国一些官员和学者对它的两面性做了坦率的概括："一个中国，两个原则"（台湾不独立，大陆不动武），"双遏制政策"（遏制台湾独立，遏制大陆动武），"双清晰政策"（明确反对台湾独立，明确反对大陆动武），"双保证政策"（给大陆政治保证——一个中国政策，给台湾安全保证——根据《与台湾关系法》帮助台湾自卫）。

在了解了美国对台基本政策之后，再和本书第一章中介绍的中国大陆对台政策对比一下，人们就不难明瞭为什么从 1971 年以来，台湾问题一直是两国关系中的"戈尔地雅斯难结"（Gordian Knot），为什么它过去是，现在是，在可预见的将来仍会是中美关系中最具"爆炸性"的不稳定因素。虽然二者之间有某些契合之处，但分歧是本质的、泾渭分明的：大陆要统一，美国要分裂。例如，美国支持两岸对话和经贸往来。在胡锦涛主席 2011 年访美时于 1 月 19 日发表的《中美联合声明》中，美国表示："支持两岸关系和平发展，期待两岸加强经济、政治及其他领域的对话与互动，建立更加积极的关系。"但是，美国支持的两岸对话是"无条件"的，包括和主张"台独"的民进党对话。大陆的立场是，体现一个中国原则的"九二共识"和反"台独"是两岸对话的前提和基础，这也是自 2005 年以来中国共产党和中国国民党达成的共识，没有这个政治基础，两岸进行对话和协商是不现实的。再如，美国一直支持两岸"三通"，支持 2010 年 6 月 29 日签订的《两岸经济合作框架协议》（ECFA），但和大陆的出发点并不一样。大陆是把两岸经济关系的正常化和制度化视为两岸和平发展的经济基础和动力；而美国官、学界的许多人则认为，两岸更为密切的经贸关系不会导致两岸更为密切的政治关系。它的出发点至多是前国务卿舒尔茨所说的："这有助于缓和台湾海峡的紧张局势。我们坚定的政策是培育一种环境，使这样的事态能够继续产生下去。"[61] 然而，在这些几乎无处不在的差异和分歧中，最本质的、最具原则性的分歧则反映在两个问题上，即一个中国原则和美国对台军售。

一个中国原则 这个原则是中国政府处理台湾问题不可动摇的基础。2005 年 3 月 14 日第十届全国人民代表大会第三次会议通过的《反分裂国家法》第二条给予它具有法律效力的定义：

"世界上只有一个中国，大陆和台湾同属一个中国，中国的主权和领土完整不容分割。维护国家主权和领土完整是包括台湾同胞在内的全中国人民的共同义务。

"台湾是中国的一部分。国家决不允许'台独'分裂势力以任何名义、任何方式把台湾从中国分裂出去。"

美国政府，特别是近年来的声明，一直称它奉行一个中国的"政策"而非"原则"，以示两者之间的区别。而这个政策是"基于美中三个联合公报和《与台湾关系法》的"。把性质对立、相互否定的中美三个联合公报和《与台湾关系法》强行组合成一个政策，这在国际关系史中是罕见的，是强词夺理的"杰作"。台湾前"国安会秘书长"苏起认为，第一次把二者硬拼在一起的是小布什总统。他在《两岸波涛二十年纪实》一书中说："过去美国政府通常对中共重申'三个联合公报'，而对台湾才会提到《与台湾关系法》。但2001年3月，钱其琛赴美拜访新总统时，小布希就拼提'三报'与'一法'。"[62] 1979年4月19日，邓小平在会见美国参议院外交委员会主席佛兰克·丘奇（Frank Church）为团长的代表团时即尖锐地指出："中美关系能够正常化的政治基础，就是承认只有一个中国。现在这个政治基础受到一些干扰。对你们国会通过的《与台湾关系法》，中国是不满意的。这个法案最本质的问题，是实际上不承认只有一个中国。"[63] 曾在卡特政府时期任国务院副发言人的容安澜指出，美国一个中国政策根深蒂固的依托是"台湾地位未定论"。基辛格、尼克松当年访华时仅承诺，美国官方公开表态不再提"台湾地位未定论"，但美国至今"从未放弃美国在这个问题上的正式立场，虽然不再给予明确的表述"。[64] 为基辛格访华做准备，1971年初美国就台湾问题拟定了一份"国家安全研究备忘录"（NSSM-106），总结了当时美国在台湾问题上的立场：

"自朝鲜战争以来，我们在台湾主权问题上采取的立场是，它是一个有待未来国际解决的未定问题。因此，我们一直避免声明我们视台湾为中国的一部分，同时也避免暗示这个岛屿另有主权的声明。我们承认中华民国政府合法地占有和行使对台湾的管辖权，其省会是台北。不过，我们是把中华民国政府作为它控制的那片领土上事实的政府而与之交往的。至少在过去5年中，我们避免公开声明承认中华民国政府是全中国的合法政府，但是我们也避免挑战中华民国政府所声言的这种地位。"

虽然美国官方不再公开鼓吹、措词也可能不同了，但NSSM-106所表述的立场至今仍是美国政府的"潜政策"。

美国政府强行把《与台湾关系法》塞进一个中国政策中，还凸显了美国对华政策的两面性和两手策略。当它需要维护和发展与中国的关系时，他会誓言恪守美中三个联合公报；当它需要干涉台湾问题、阻挠中国推进国家统一的努力时，或为了应对国内政治需要，它就祭起《与台湾关系法》。

为了强化干涉台湾问题的"硬的一手"，美国还刻意贬低中美三个公报的国际法效力。《八·一七公报》签署的第二天，时任助理国务卿的霍尔德里奇（John Holdridge）在参议院外委会作证时称，公报"不是一份条约，也不是一个协定，而是一个说明美国今后政策的声明。我们打算根据我们的理解来执行这个政策"。[65] 容安澜认为，"美国政府的立场是，所有三个公报都提出了美国和中国的'平行的、相互关联的政策声明'而不是国际协定，因而'没有赋予任何一方根据国际法所承担的义务'。"[66] 美国有些政客还宣扬国内法高于国际协议的理论。但是，国际上和美国国内都有人持和美国政府不同的立场。根据国际法院（ICJ）对类似案例的处理，许多人认为，"这些联合公报构成国际协议"，"它们的确拥有具有约束力的国际协议的性质。"卡特政府的国务院法律顾问赫伯特·汉塞尔（Herbert J. Hansell）指出，中美三个联合公报的国际法效力并没有因为《与台湾关系法》的制定而改变。他说："《与台湾关系法》是国内立法，在美国境内具有法律效力；但是，对中国而言，国会不能单方面取消中国以前在这些公报中获得的权利，也不能解除美国以前在这些公报中对中国承担的义务。"[67] 其实，《奥本海国际法》对此有明确的阐述："宣言是正当地被视为国际协定的，因而宣言的法律效果是受条约法的支配的。""由主要代表签署并包括一致同意的结论的官方声明，如果这些结论包含有明确的行为规则，则可以被认为对有关国家是有法律上的约束力的。"[68]

从上面所述情况可以看出，在处理中美关系中台湾问题时，中国随时都要做好维护一个中国原则斗争的准备。这是核心问题中的核心。

美国对台军售问题 这是中美关系中另一个难题。问题的根子还是美国割舍不断手中的"台湾牌"，执意要在中国发展的道路上设置绊脚石。因此，这个问题本质上是政治问题。具体来说，它又有两个层面，即军售和美国"协防"台湾的承诺。

1982 年 8 月 17 日中美两国关于美国售台武器问题的《八·一七公报》说得很清楚，售台武器问题是两国建交谈判时没有解决的遗留问题。笔者认为，公报也未能解决问题，只是对如何"管理"这个问题做出了双方当时尚能接受的安排。这种安排的核心内容是，中国政府在坚持原则的基础上同意分步骤解决这个问题，而美国方面则承诺售台武器首先在性能和数量上不超过两国建交后头几年的水平，逐步减少，并经过一段时间最终解决这个问题。公报是发表了，但是美国从签订公报那一刻起，就公开声称它不具法律约束力，表露了无意遵守公报的霸权心态。8 月 17 日当天，《美国总统里根关于美中联合公报发表的声明》说："我们的政策在公报里已说得很清楚，是同《与台湾关系法》完全一致的。出售武器将继续按照《与台湾关系法》进行，在这同时，充分期待中国政府对解决台湾问题的方针将继续是和平的。"里根还为公报写了一个"附录"称："美国愿意减少对台军售，绝对是以中国继续承诺和平解决台湾—中华人民共和国分歧为条件的。这是美国外交政策的持久必要。售台武器的数量和质量完全取决于中华人民共和国所造成的威胁。必须保持台湾相对于中华人民共和国的防卫能力。"[69]早在公报签订的一个月之前，为了减少公报在台湾引起的"震动"，里根政府还向台湾当局传递了"六项保证"，作为台湾当局对美国立场的理解。它们是：（1）美方未同意在对台军售上设定结束期限。（2）美方对中国要求就对台军售与其事先协商一事未予同意。（3）美国无意在北京和台北间扮演调解人角色。（4）美国不同意修改《与台湾关系法》。（5）美国无意对台湾施加与大陆谈判的压力。（6）美国未改变对台湾主权的一贯立场。[70]

中美建交后成立的美国"非官方"机构"美国在台协会"的第一任台北办事处主任查尔斯·克罗斯（Charles Cross）把美国售台武器的重要象征意义概括为："对北京的中国人来说，军售象征着反复提醒他们，美国反对他们统治台湾。对台北的中国人来说，军售象征着对他们的道义支持。对美国来说，向台湾提供武器象征着我们的指令，中国人必须和平地解决台湾地位问题。"[71]克罗斯的这段话表明了美国在售台武器上既露骨又狂妄的立场。从《八·一七公报》签署以来，美国一次又一次地违反在公报中所做的承诺，一次又一次地向台湾出售远远超出公报限制的武器，在中美关系中制造了一次又一次的碰撞甚至是危机。至今，也包括未来，美国对台军售仍是笼罩在两国关系上的挥之不去的乌云。

美国对台军售还有为美国"军工联合体"谋利的目的。美国是世界上唯一向台湾出售武器的国家，完全是"卖方市场"，卖什么、要多少钱，都是美国老板说了算。在卖给台湾的武器装备中，有不少是美国淘汰或退役的，有的是"为台专造"（Made for Taiwan）的次品，台湾"花大钱，买次货"，有苦难言。据2014年4月11日台湾指标民调公司（TISR）发布的数据，只有26.4%的受访者对美国售台武器的防卫能力有信心，57.4%的人没有信心。有的台湾评论把美国比喻为黑手党老大，卖武器是向台湾索要"保护费"。

关于美国"协防"台湾的承诺，自美国国会通过《与台湾关系法》以来，美国政府一直奉行所谓"战略模糊"策略。1995—1996年台海危机突破了这种"模糊"，使人们看到美国"协防"台湾的"上限"和"底线"。它其实就是一柄"双刃剑"，也就是要台湾不挑衅、大陆不武力施压。洛德在《中国密档》中说："我们当然不希望台湾认为它得到了美国的一张空白支票。我们告诉台湾，不要因为我们派了两艘航母到台湾就进行挑衅"；"如果中华人民共和国认为我们不会驰援台湾，它会咄咄逼人，对台湾施压"。他认为，出现这两种情况都会使美国处于困境，甚至被卷入冲突之中，所以要保持"战略模糊"。[72]

小布什政府执政初期曾要改变这一策略，执行"战略清晰"政策。2001年4月25日他入主白宫后不久，美国广播公司播放了事先录制的采访他的谈话。当他被问到美国是否动用所有的军力去保卫台湾时他回答：美国"将尽其所能帮助台湾自卫"。同月，他还宣布了自他父亲老布什总统1991年决定卖给台湾150架F-16战机以来的最大军售案，总值约为180亿美元。小布什的言行使得台湾的分裂势力弹冠相庆、气焰嚣张，而中美关系和台海局势则骤然恶化。但是，很快发生了"9·11事件"，小布什政府不得不改弦易辙，在防卫台湾问题上重回"战略模糊"的老路。阿米塔奇曾说，根据《与台湾关系法》，"我们并没有被要求去防卫（台湾）。这些问题是国会的事，它必须宣布一项战争法案"。[73]卜睿哲认为，《与台湾关系法》"更是一项意向声明，而不是约束性的授权"。[74]

毫无疑问，台湾问题不但是中美间最敏感，也是最具爆炸性的问题。那么中美之间会不会发生1983年3月邓小平在会见小托马斯·奥尼尔众议院议长时所指出的那种最严重后果，即中美因台湾问题而直接冲突呢？作为分析性的假设，中美在下列三种情况下可能爆发直接冲突：（1）中国大陆和平解决台湾问题的路被堵死，出现《反分裂国家法》第八条所列举的情况，大陆被迫使用非和平手段，而美国做出干涉的选择。（2）在和平解决台湾问题的希望尚未消失之前，中国大陆放弃和平努力而采取非和平手段完成统一，美国做出干涉的选择。（3）美国放弃一个中国的政策，公开支持台湾"独立"，中国被迫采用非和平手段维护主权和领土完整。从现在的情况看，这三种情况发生的几率都不大。从大陆对台政策看，只要有一线希望，大陆就不会放弃和平解决统一问题，第二种假设可以说不存在。从美国的民意看，绝大多数民众不支持政府在台湾问题上动用武力。据芝加哥全球事务学会（The Chicago Council on Global Affairs）2015年6月2日发表的一份报告所做的民调，从 1998 年开始，在被问到"如果中国入侵台湾"，你是支持还是反对动用美国军队防卫台湾时，支持者从来也没有超过三分之一，2014 年则仅为 26%。[75] 美国凯托研究所（Kato Institute）学者卡彭特（Ted Galen Carpenter）说过："美国冒着和中国这样一个崛起中大国开战的危险去保卫一个仅关系到它次要利益的小小附庸是不明智的。"[76] 从更宏观的视角看，自"95—96 台海危机"到现在，中美关系的格局发生了巨大变化，中国已经发展为世界第二大经济体，国防现代化取得明显成果，绝不是当年的吴下阿蒙。但中国无意挑战美国在亚太地区的正当权益，致力于和美国建立"不冲突、不对抗、相互尊重、互利双赢"的新型大国关系；美国则视美中关系为最重要的双边关系，表示要避免使两国陷入新兴大国和守成大国注定成为战略竞争对手的历史陷阱。再者，自 2008 年以来，两岸关系出现的和平发展新局面，尽管仍面对诸多挑战，而且有可能出现挫折，但发展趋势是不可逆转的。从世界大格局的视角来看，世界多极化架构已经浮现，一国主导世界事务的局面将不复存在。美国要继续利用台湾来遏制中国大陆将会越来越力不从心，不但做不到，反而会因损害与中国关系而损害它在全球的重大利益。卡特总统的国家安全顾问布热津斯基（Zbigniew Brzenzinski）在他所著《战略视野——美国和全球大国危机》一书中预测："美国的衰落将明显地增加台湾的脆弱性。台北的决策者们既不能无视中国的压力，也不能无视经济上成功的中国的吸引力。这至少将加速两岸统一的时间表，但是在有利于大陆的条件下。"[77] 美国学术界"弃台论"和"保台论"之争一直没有停止过，但主流意见在发生微妙变化。著名的"进攻现实主义"学者、美国芝加哥大学教授米尔斯海默（John Mearsheimer）在 2014 年 3—4 月一期的《国家利益》（The National Interest）上发表了一篇文章，标题是《对台湾说再见》（Say Goodbye to Taiwan），在台湾岛内引起很大震动。根据他的理论，任何一个大国的终极目标是把它在全球力量中的份额最大化，最终控制国际体系。"中国将试图控制亚洲就像美国控制西半球那样。"因此随着中国的崛起，"时间不在台湾一方"。"对台湾危害最小的结果将是和今天的香港一样，享有相当的自治权"。当然，米尔斯海默把他的理论硬套在中国头上只能得出"中国威胁论"，完全是张冠李戴、以己律人。中国会坚定不移地走和平发展的道路，因为这是唯一长治久安之路。但是他看到，中国的发展壮大不可避免地会导致两岸最终统一。

奥巴马政府对台政策 2009 年奥巴马总统上任后，对外交政策最大的调整，或者说宣传最多的调整，是所谓的"转向亚洲"（pivot to Asia），后来又使用"更少争议"的措辞："亚太再平衡战略"。国务卿希拉里·克林顿在其中扮演了关键性角色。她在《艰难的选择》一书中说："到我就任国务卿时，我已经确信，美国必须更着力于形塑亚洲的未来和管控我们与中国越来越复杂的关系。世界经济的走向，我们自身的繁荣，民主与人权的提升，及我们对二十一世纪不要像二十世纪那样血腥的期待，在很大程度上无不系于亚太地区将发生的情况。"她说，亚太国家一些政治人物认为，美国把注意力集中在伊拉克、阿富汗等中东地区，使得美国在亚洲的传统领导地位脱节了。澳大利亚前总理陆克文（Kevin Rudd）认为，亚太地区的和平与安全依靠美国的领导。他最不希望看到的是美国撤出或失去在亚洲的影响力。希拉里相信，在伊拉克战争进入尾声，美国从阿富汗撤军的情况下，美国到了调整外交战略的"转向点"。如何"转向亚洲"？她的幕僚们提出三种选择：一是，集中精力扩大和中国的关系，如果对华政策对头，亚洲工作就好做多了；二是，集中精力强化和日本、韩国、泰国、菲律宾和澳大利亚等缔约盟国的关系，以抗衡中国的崛起；三是，提升和搞好与亚太地区纷繁复杂的地区组织的关系，如东南亚国家联盟（ASEAN）和亚太经济合作组织（APEC）等，通过这些多边组织来加强在诸如知识产权保护、防止核扩散、航行自由及气候变化等领域的行为规范。[78] 然而，希拉里做了最"精明"的选择，将三者合而为一，全力投入亚洲。她的这一决策得到了奥巴马总统和美国行政部门的认同和支持。从过去几年的实际情况看，美国就是通过这种三管齐下的策略来推行"再平衡"战略的。

美国战略重点转向亚太必然对它的对台政策和两岸关系带来重大影响。希拉里国务卿第一次公开阐述她的"转向亚洲"政策是在 2011 年 11 月一期《外交政策》上发表的《美国的太平洋世纪》署名文章。但在这篇文章中，她只字未提台湾。同年同月 10 日，她在夏威夷的"东西方中心"就同一个问题发表的演说中提到了台湾："我们依然信守一个中国政策和维护台湾海峡两岸和平、稳定的承诺。我们和台湾有着强大的关系，是重要的安全和经济伙伴。我们乐于看到中国和台湾在过去三年里两岸关系所取得的进展，我们期待着它继续改善，以便和平地解决它们之间的分歧。"希拉里把和台湾的关系定位为"安全和经济伙伴"，但没有直接和"再平衡"联系起来。最明确的把台湾和"再平衡"联系起来的是亚太事务助理国务卿拉塞尔（Daniel Russel）。他在 2014 年 4 月 3 日参议院的听证会上说："我们和台湾人民的持久友谊是美国在亚太地区战略再平衡的一个关键因素。美台关系是基于历史、尊重民主与人权、尊重国际关系准则、日益成长的经济伙伴关系和持久的安全合作。"奥巴马政府其他负责对华关系的官员很少把"再平衡"和台湾联系起来，有时还有些不完全一致的声音。曾长期在国务院和国安会供职的中国问题专家贝德（Jeffrey Bader）深度参与了"再平衡"战略的筹划和制定。他在 2012 年 4 月华盛顿举行的一次美中学者研讨会上说："通过坚持两岸和平解决、一个中国政策、适当的对台军售，以及不把台湾视为地区安全盟友、避免台湾问题军事化，来控制双方在台湾问题上的分歧。"[79] 在他卸任白宫亚太事务安全助理后不久出版的《奥巴马和中国崛起》一书中，还特别提到了对台军售政策。他说："海峡两岸军力越来越不对等的情况意味着，认为美国可以为台湾提供足够的武器变得越来越不现实。对台军售有三个不同以往的目的：第一，为台湾提供手段，使它能在足够长的时间内抵挡住大陆的攻击，以便美国前来增援并扭转战局。第二，这些军售表明美国仍然信守对台湾安全的承诺。第三，军售向美国在这一地区的朋友和盟国表明美国的诚信，因为一旦台湾海峡出现使用武力的情况，他们会感到惊恐。"[80] 和过去相比，美国现在显然更强调台湾的"抗打击"能力，而不是"攻击"或"威慑"能力，要台湾采取所谓"豪猪战略"，以打"不对称"战争对抗大陆。

从奥巴马总统上台以来处理台湾问题的情况来看，虽然对它的敏感性有较清醒的认识，行事比较谨慎，但基本政策并没有改变，也就是并没有改变笔者所概括的那八项主要内容。如果两岸关系继续沿着和平发展的轨道运行，台湾问题在中美关系中的敏感性会有所减缓，但在可预见的将来，它仍然是中美之间的摩擦，甚至是冲突的引爆点，无论美国是民主党还是共和党执政。

台湾问题是中国的内政，中国迟早会排除美国和其他外部势力的干扰和阻挠，把台湾问题的最终解决完全掌握在自己的手中，问题的关键就是中国的发展壮大。邓小平的关于中国所有问题，包括台湾问题，只能通过发展才能解决的名言，将继续是中国解决台湾问题的战略选择。

注释：

[1] 李登辉：《台湾的主张》第一二六页。

[2] 详情请参阅周玉蔻：《李登辉的一千天》第五一至五七页。

[3] Patrick Tyler: "A Great Wall" 第二四页。

[4] 同注 1，第一七六页。

[5] James Mann: "About Face" 第三二○页。

[6] Richard C. Bush: "Untying the Knot" 第二四七页。

[7]《纽约时报》1997 年 3 月 17 日。

[8] Andrew J.Nathan、Robert S.Ross: "The Great Wall and the Empty Fortress" 第七一页。

[9] Henry Kissingger: "Does America Need A Foreign Policy?" 第一五○页。

[10] 同注 6，第二一九至二二○页。

[11] 同注 5，第二七四页。

[12] 同注 3，第二八页。

[13] 钱其琛：《外交十记》第三○六至三○七页。

[14] 译自美国新闻署华盛顿 1995 年 9 月 8 日英文电。

[15] 参阅 Nancy Bernkopf Tucker: "China Confidential" 第四七三至四七六页。

[16]《人民日报》1994 年 9 月 11 日。

[17] 同注 5，第三二一页。

[18] 同上注，第三二五页。

[19] 同上注，第三二四至三二五页。

[20] 详情请参阅上注第十七章 "Crisis over Taiwan" 第三一五至三三八页。

[21] 同注 13，第三○五至三○六页。

[22] 同注 15，第四七九至四八○页。

[23] 同注 18。

[24] 同注 13，第三○七至三○八页。

[25] 同注 5，第三二八至三二九页。

[26] 同注 15，第四八一页。

[27] 台湾《中国时报》1995 年 7 月 20 日。

[28] 同注 26。

[29] 邹景雯:《李登辉执政告白实录》第二六七页。

[30] 台湾《中央日报》1996 年 4 月 17 日。

[31] 同注 13，第三○九至三一○页。

[32] 同注 29，第二六七页。

[33] 台湾《中国时报》2015 年 7 月 13 日华盛顿讯，刘屏："从绮色佳到波士顿，马英九没有出卖美国"。

[34] 同注 15，第四八二页。

[35] 同注 5，第三二七至三二八页。

[36] 同注 13，第三一〇至三一五页。

[37] 台湾《联合报》1995 年 9 月 17 日。

[38] 台湾《中央社》台北 1995 年 12 月 31 日电。

[39] 同注 37，1995 年 9 月 30 日。

[40] 同上注，1995 年 9 月 2 日。

[41] 同注 30，1995 年 9 月 17 日。

[42] 详情请参阅注 15，第三三一至三四〇页。

[43] 黄华:《亲历与见闻——黄华回忆录》第二五六至二五七页。

[44] 同注 42。

[45] 同注 5，第三三五页。

[46] 详情请参阅 Ashton B. Carter，William J. Perry: "Preventive Defense" 第九二至九九页；同注 20；同注 3，第二一至四三页（The Taiwan Crisis）；同注 15，第四八一至四九〇页。

[47]《新华社》北京 1996 年 3 月 17 日电。

[48] 同注 5，第三三四页。

[49] 同注 3，第三六页。

[50] 美国东西方研究所（East West Institute）政策报告（3-2013）:《穿针引线——美中处理对台军售问题的建议》，中文版第二一页。

[51] 详细介绍请参阅许世铨:《激荡中的台湾问题》第一六三至一六八页（"美国对台军事关系中的'软件'问题"）。

[52] Alan D. Romberg: "Rein In at the Brink of the Precipice" 第二〇四至二〇五页。

[53] Hillary Clinton: "Hard Choice" 第四七页。

[54] 同注 15，第四九一页。

[55] 同注 46，第一〇六至一〇七页。

[56] 择译自 Phillip Sounders, Christopher Yung, Michael Swaine, and Andrew Nien-Dzu Yang 主编: "The Chinese Navy--Expanding Capabilities, Evolving Roles" 第一九一至二一〇页（Chapter 8，"The PLA Navy's Antiaccess Role in a Taiwan Contingency"）。

[57] 中共中央文献研究室编:《邓小平年谱》（下册）第八九七至八九八页。

[58] 2004 年 12 月 10 日，阿米塔奇接受美国公共广播公司（PBS）记者罗斯采访时，当被问到在中国崛起和美国的问题上，"地雷在哪里？"时，他回答:"要我说是台湾。台湾是其中之一。它可能是最大的那个。"http://www.state.gov/s/d/rm/39973.htm。

[59] 同注 9，第一四九页。

[60] 同注 52，第五页。

[61] 同上注，第一四九页。

[62] 苏起：《两岸波涛二十年纪实》第二五四页。

[63] 同注 57，第五〇七至五〇八页。

[64] 同注 52，第三四至三五页。

[65] 美国《国务院公报》1982 年 10 月。

[66] 同注 52，第二二八页。

[67] 同上注，第二二八至二二九页。

[68]《奥本海国际法》（第一卷第二分册）第六一四页。

[69] 同注 52，第一四〇页。

[70] 同上注，第一三四至一三五页。

[71] 同上注，第一一八至一一九页。

[72] 同注 15，第四八九至四九〇页。

[73] 同注 58。

[74] Richard Bush: "Thoughts on the Taiwan Relations Act"，2009 年 4 月 25 日，http://www.brookings.edu/opinions/2009/04 __ Taiwan __ bush.aspx?p-1

[75] Dina Smeltz and others: "United in Goals, Divided on Means" 第一三页。

[76] 参阅 Justin Logan and Ted Galen Carpenter: "Taiwan's Defense Budge—How Taipei's Free Riding Risks War"

[77] Zbigniew Brzezinski: "Strategic Vision—Ameirica and the Crisis of Global Power" 第九二页。

[78] 同注 53，第四一至四九页。

[79]《环球时报》2012 年 5 月 4 日（杰弗里·贝德：当前中美关系不处于紧张阶段）。

[80] Jeffrey A. Bader: "Obama and China's Rise" 第七一页。

第五章 "综合施策"：大陆的八年反"台独"斗争

2000 年 3 月 18 日，台湾举行了第二次"总统"直接选举，主张台湾"独立"的民主进步党候选人陈水扁以 39.4% 的选票赢得了选举。在台湾执政了半个多世纪的国民党败选下台，台湾出现了第一次"政党轮替"，两岸关系面临前所未有的挑战。

鹬蚌相争，渔翁得利 陈水扁之所以能以少数票当选，是因为国民党发生了分裂。曾任国民党秘书长和台湾省省长的宋楚瑜脱离国民党，以独立候选人身份参选，和国民党的候选人连战兄弟阋墙，结果连、宋鹬蚌相争，陈水扁渔翁得利。

这次选举共有五组人马参选：民进党的陈水扁和吕秀莲，国民党的连战和萧万长，无党籍的宋楚瑜和张昭雄、许信良和朱慧良，以及新党的李敖和冯沪祥。除陈、吕得到 39.4% 选票外，宋、张得到 36.7% 选票，仅以三十一万二千八百零五票之差输给了陈、吕。连、萧得到了 23.1% 的选票，许、朱的得票率为 0.6%，李、冯为 0.1%。

民进党前"立法委员"郭正亮在选后出版的《变天与挑战》一书中，开宗明义第一章的标题就是"分裂：国民党自我毁灭"。他说：2000 年的选举"与其说是民进党或陈水扁的胜利，不如说是国民党的自我毁灭。毕竟，相较于 1997 年县市长选举，民进党的得票率其实并未增加，即使是相较于 1998 年台北市长选举，陈水扁的得票率也略微降低。对民进党和陈水扁来说，2000 年"总统大选"都不是最好的成绩。[1]

国民党的分裂是陈水扁当选的主因，但还有另外一个原因，就是台湾的相对多数选举制。按照台湾的"选举法"，无论多少人参选，也无论参选人得到的选票是否过半数，获得最多选票的就当选。从选举的结果来看，如果台湾采取的是绝对多数选举制度，也就是在没有候选人获得超过半数的选票的情况下，在得票最多的两名候选人之间进行第二轮投票，获超过半数选票者当选。如果是这样，那么就应当在陈、吕和宋、张之间进行第二轮投票；毫无疑问，投给连、萧的国民党传统票绝大多数是会投给宋、张，而宋、连两组人马的得票率加在一起是59.8%，占有绝对的优势，宋楚瑜而不是陈水扁将当选。在这个意义上说，2000年民进党的上台，是台湾违背多数决民主原则的选举制度，造成的没有民意基础的选举结果。

其实，到选举投票的最后一天，民进党仍没有胜选的把握。郭正亮在书中坦言，直到选前一天，仍有不少陈水扁幕僚担心宋楚瑜将险胜阿扁。在很长的一段时间内，"不管是阿扁总部或民进党，都是一片愁云惨雾，私下都暗暗叫苦，认为这次大选恐怕只是连宋对决，阿扁只是配角而已"。[2] 那么为什么国民党会分裂呢？罪魁祸首就是李登辉。

根据台湾的"宪法"，"总统"的任期原为六年，后改为四年，只能连任一次，因此李登辉在2000年没有资格参选，国民党必须推出新的候选人。李登辉中意的是时任"副总统"的连战。李登辉挑选接班人的条件有两条：能执行他的政治路线和必须是本省人。连战符合这两条标准。他抗战时期出生在西安，但是地道的本省人，出身台南名门。祖父连横是著名爱国史学家、《台湾通史》的作者，在日本殖民统治时期，宣扬"爱国保种"的民族精神。父亲连震东抗战时期赴大陆参与抗战，抗战胜利后返台，历任"内政部长"等党政要职。连战本人性格内敛、沉稳、不强出头、善尽职守，是李登辉比较放心的人。据李建荣所著《连战风云》一书，李登辉曾这样评价连战："放眼目前政坛，无论主客观条件、学识历练、沉稳表现，无人能出其右。"[3] 但因为他出身华贵、家道殷实、性格沉潜，所以"接地气"不够，缺乏"亲民"的形象和魅力。这和国民党内另一位政治强人宋楚瑜形成鲜明对比。

宋楚瑜的"临门一脚" 宋楚瑜，1942年生，将门之后，祖籍湖南湘潭。他曾就读于美国加利福尼亚大学伯克利分校和乔治敦大学，先后获政治学硕士和博士学位。返台后曾任蒋经国的英文秘书，"新闻局长"，国民党秘书长等要职。1994年成为台湾省第一位"民选"的省长。宋楚瑜是蒋经国一手培养和提拔起来的"青年才俊"，但和李登辉也曾有过"情同父子"的关系。一般认为，那是因为宋楚瑜曾经"临门一脚"把李登辉推上国民党主席的宝座。1988 年 1 月 13 日下午，蒋经国突然病逝。当晚，国民党召开临时"中常会"，依法律程序推举"副总统"李登辉继任"总统"。对于是否由李登辉接任国民党主席一职，"中常会"决定于 1 月 20 日讨论后决定。据说，三十一位"中常委"中多数倾向由李登辉接任，但宋美龄这时给"中常委"写了一封信，建议采取集体领导制。因为有此争议，会议推迟到 27 日举行。27 日会上，"行政院长"俞国华、国民党秘书长李焕打算以临时动议案方式提议由李登辉继任党主席，但没有在会议一开始时就提出来。这时列席会议的副秘书长宋楚瑜担心事情有变，于是举手发言说："大家都签名同意的事，为什么要拖下去？如果这个时候案子不通过，对国家社会的伤害将一天大过一天，多拖一天就对不起经国先生一天！这个案子不提出来，我也不干了！"说完就退席了。[4] 这就是坊间流传的"临门一脚"的故事。《李登辉执政告白实录》则认为，当时"中常会"一致同意提名李登辉为代理党主席是大势所趋，"并不因某人做了什么、或未做什么而有所更改。""当时在党内辈份不高的宋楚瑜则是对他（李登辉）效忠表态，宋楚瑜这样做，也确实达到突显其个人的效果。"[5] 宋楚瑜自己也说："李先生真正感激我，对我百分之百信任的，是在起立派与票选派对决那一役，我个人最清楚。"[6] 所谓起立派和选票派的对决是指 1990 年 2 月 11 日，国民党召开临时中央全会，决定"总统"和"副总统"的人选。后来成为"非主流"的传统派主张通过投票来决定人选，而后来成为"主流派"的李登辉支持者则主张用"起立鼓掌"方式决定人选。经过一番激辩，一度趋于劣势的票选派在第一轮投票中以九十七票对七十九票反败为胜。"这是李登辉政治生活中最惊恐的一刻，非主流以十八票之差让票选案败部复活，躲在幕后观看战况的李登辉万念俱灰，他下令撰写'退选声明'以保存颜面。这张从未曝光的'退选声明'被他用汗湿的手紧紧握在口袋中，这个时候的李登辉仿佛溺水的人，谁能救他，就是他的上帝。此时，宋楚瑜挺身而出，激动落泪：'有证据显示，党内有一股令人不安的力量在酝酿，少数人欲藉票选方式，做出令人忧心的行为，破坏党内团结。'宋楚瑜如今笑着回忆，自己当时特别强调：'如果我有说任何一句不真实的话，我就辞职。'第二天媒体都报道他要辞职。结果第二轮投票，票选派与起立派直接对决，起立派大逆转，以九十九票对七十票获胜，李登辉保住了总统大位。"[7]

宋楚瑜说："这一役才是所谓情如父子的开端。"[8]那么，李、宋之间又怎么反目成仇的呢？

"冻省案" 这要从李登辉操弄的"冻省案"说起。1996年12月23日，李登辉主持召开了为期五天的跨党派"国家发展会议"，在民进党的强烈支持下，达成"冻结"省级选举等结论。李登辉借口台湾实行的四级行政体制是"叠床架屋"、浪费行政资源，因此要把省这一级"精简"掉，或"虚级化"。实际上，他是要废除台湾作为中国一个省的政治定位。《李登辉执政告白实录》承认："决定冻省，李登辉确实有政治考量。'中华民国虽然曾拥有三十五个省，但是现在只剩下台湾，还要省干什么？'"[9]但这引起了作为省长的宋楚瑜的强烈反弹，他认为这是李登辉在"削藩"，要"释兵权"。早在李登辉为废省动员舆论时，宋楚瑜的省府发言人就公开反驳说："台湾省存在五十年，创造了经济奇迹，怎么会突然一夕成为阻碍进步的'代罪羔羊'！"[10]12月28日国发会闭幕，31日宋楚瑜以宣布辞职抗争，后来接受了李登辉的"慰留"，但从此一步一步和李登辉"割袍断义"。

宋楚瑜是在1994年12月3日台湾举行的首次省长和"直辖市长"选举中当选省长的。他获得了56.2%的选票（四百七十二万六千余票），不但远远领先于民进党候选人陈定南（38.7%），而且也比1996年"大选"时李登辉的得票率（54%）多了两个多百分点，在台湾的"民气"没有出其右者。这为宋楚瑜纵横台湾政坛提供了重要的政治资本。

两年的省长任期为宋楚瑜赢得了"勤政爱民"的美誉。他勤跑基层。台湾有三百多个乡镇，他走了不下三遍。每到一个地方都注意体察民情，哪个地方需要修路，哪个地方需要修桥，哪个地方需要建学校，他都记在心中。他利用作为省长掌握的丰沛行政资源，到处"为民兴利"。而且他十分注意下情上达和上情下达。他在省府里安排了两组人马，一组专门为他调查地方的民情和需要，另一组为他核实他答应的事是否落实了，这样他在民众中逐步树立起言必信、行必果的信誉。宋楚瑜"勤政爱民"的政绩，使他成为台湾少有的能跨越族群（本省人、外省人和台湾少数民族）、跨越地域（北部和南部）和跨越党派（国民党和民进党），跨越性别和年龄的政治人物，这是他能以独立候选人资格参选的资本。当然，他也有反对者，这些人称他为"散财童子"，到处用公帑为自己买个好名声。

1997年"修宪"时，宋楚瑜曾再次反对"冻省案"，但仍无力回天。

1998 年底，宋楚瑜四年省长任期届满后正式卸任，李登辉曾打算外放他，或给他个"资政"闲职，但都被宋楚瑜拒绝。于是李登辉送给他八个大字"诸法皆空，自由自在"，要他老实下野。但宋楚瑜选择避走美国以筹划下一步行动。郭正亮认为，他开初并没有脱党参选的打算。当时"宋仍感到前途未卜，仍然希望李登辉回心转意，此时如果国民党能释放和解讯息，提出较合理的权力安排，宋仍有可能倦鸟知返，但国民党高层显然并没有把宋放在眼里。"[11] 当时，国民党内要求连战和宋楚瑜搭档参选的"连宋配"，或胜选后由宋出任"行政院长"的呼声甚高。1997 年 8 月 27 日，国民党进行中央委员会选举，远在美国"请辞待命"的宋楚瑜竟然获得一千六百九十六票，名列第一！国民党内"拥宋"者大有人在。

那么李登辉为什么无视"党意"一定要把宋楚瑜"卡"出局呢？郭正亮列出四点理由：（1）宋担任省长后，不但拒绝参加"行政院""院会"，还经常和"中央"唱反调，李登辉早已深感不满，尤其是宋结合"反冻省"势力，使 1997 年"修宪"差点流产，更使李耿耿于怀。（2）李坚持由本省人继任"总统"，以便延续他的政治路线，将"本土化"推进到底。（3）李对宋的"大内权术"有深刻认识，憨厚的连战不是宋的对手。如果同意"连宋配"，或选后由宋出任"行政院长"，即使连战当选，日后也会被宋架空。（4）"连宋配"一旦成局，胜选的几率极高，李登辉的辅选份量将大幅降低，他极可能提前成为"跛鸭总统"。[12]

民进党前"立法委员"郭正亮认为，宋楚瑜是在美国期间下决心脱党参选的。他分析："远在美国的宋楚瑜，终于看到了当权派的冷酷无情，尤其当他发现几次民调显示，支持他参选总统的比率，始终遥遥领先其他对手，更使他大受鼓舞。宋后来坦承，有位美国朋友对他说：'在美国，如果拥有这么高的支持，却不出来竞选，就是对不起自己。'"[13]

上文提到，2000 年的"选举"由五组人马参选，但实际上是连、宋、陈混战的"三国演义"。宋楚瑜一路上可以说是气势如虹，但到了 1999 年 12 月形势却陡然生变，李登辉捅出了"兴票案"。

"兴票案" 12 月 9 日，一位名不见经传的国民党不分区"立法委员"杨吉雄突然爆料，宋楚瑜家族在"中兴票券"拥有上亿元来源不明的账款，并且多次转账，质疑宋楚瑜"A"钱（盗用公款）。这就是引发舆论大哗的"兴票案"。宋一向以清廉自诩，"兴票案"自然损害了他的形象，加之他开始时对此案反应迟缓、应对含混，进一步增加了人们的疑窦，民调支持率一下子从 32% 跌落到 26%。

当时扑朔迷离的"兴票案"，选后很快水落石出。宋楚瑜掌握的这笔款项包括三部分：宋楚瑜选省长后得到的选举补助款，照顾蒋经国家人的基金，以及李登辉专用的"党政运作基金"。宋使用自己的选举补助款无可非议，问题出在后两项款项上。所谓照顾蒋经国家人基金是因蒋经国儿子蒋孝武去世后没有抚恤金，孩子小又在国外读书，李登辉就从党产的"中广"公司提拨了一亿台币成立了教育基金。但宋楚瑜后来也用这笔钱照顾了蒋经国另一个儿子蒋孝文的家属，所以只能含混说是照顾"蒋家遗族"。结果引起未能雨露均沾的其他蒋家后人的反对。而最有"猫腻"的是那笔"党政运作基金"。这是一笔只有李登辉和宋楚瑜知道的秘密资金，用来支付李登辉交付的"特殊任务"的开销，例如在选举时为某人"辅选"，开展"金钱外交"等"党政运作"。对于这种地道"黑钱"的使用，宋楚瑜自然有口难辩，付出了惨重的代价。最了解"兴票案"的国民党前副秘书长徐立德总结了宋楚瑜在处理"兴票案"时的四大失误：（1）处理全案不谨慎，没有危机意识。（2）靠记忆办事、说话，造成外界反复之感。（3）因事出突然，有些仓皇失措，没有把握第一时间。（4）一直不肯承认其中有瑕疵。[14] 2001 年 1 月 20 日，台北地方检察署对"兴票案"做了侦查终结，因为没有发现宋楚瑜侵占或不当使用该款项，不予起诉。2 月 7 日，国民党决定不声请再议。李登辉挑起的国民党自残的"兴票案"，在为陈水扁作嫁衣裳后，不了了之。但国民党广大党员还是清算了李登辉。

2000 年 3 月 18 日晚"选举"结果公布后，国民党选民群情激愤，纷纷涌向国民党党部，要求一手酿成败选的李登辉辞职下台。3 月 24 日，李登辉在内外压力下辞去国民党主席职务，但他毫无愧疚之意，表示他还要致力于"政权的和平转移"，也就是不但要把陈水扁"扶上马"，还要"送一程"，使他稳坐江山。民进党元老、前主席施明德曾一针见血地指出："李登辉对台湾民主的最多贡献，就是引导国民党走向自我毁灭。"[15]

李远哲、许文龙挺扁 国民党的败选除了上述李登辉制造国民党分裂及选举制度等原因之外，李远哲和亲民进党的企业家在选战争夺最激烈的时候出来支持陈水扁也起了一定的作用。李远哲是诺贝尔化学奖得主，当时任"中央研究院院长"，在台湾民众中有很高的声望。在黑金横流的台湾社会中，他成为知识分子清流的代表，为各种政治势力争取的对象。李登辉就曾企图延揽他"组阁"；陈水扁曾邀请他做"大选"的搭档。李远哲有很强的"本土意识"，主张"政党轮替"。2000年3月5日，在距投票日只有十三天时，他发表了"跨越断层——掌握台湾未来关键五年"的感言，影射国民党是"向下沉沦的力量"，开始公开支持"向上提升"的民进党。3月10日，他会见陈水扁，提出辅佐陈的"国政顾问团"名单。3月13日，他辞去"中研院院长"的职务，公开宣布在选后将协助陈水扁"组阁"。同一天，李登辉的"挚友"、本土财团"奇美"董事长许文龙也出来公开支持陈水扁，声称陈是"最接近李登辉路线的人"。笔者当时根据台湾媒体的报道估计，李、许可能为陈水扁争取到3%—5%的选票。

朱镕基敲山震虎"兴票案"和李远哲挺扁使得选情向有利于民进党的方向转变。主张"台独"的民进党如果上台，两岸关系将向何处去？这是摆在两岸人们面前最尖锐的问题。大陆必须表明立场，毋谓言之不预也。3月15日，第九届全国人大三次会议结束后，朱镕基总理举行记者招待会。新加坡《联合早报》记者问："台湾的选举这几天形势发生了一些变化，民进党的候选人陈水扁，声势看涨。请问总理先生，您对台湾岛内选举的最新形势有何看法？"朱总理回答说：

"台湾的选举是地方性选举，是台湾人民自己的事情，我们不想干预。但是我们必须讲清楚，不管谁上台，绝对不能搞'台湾独立'，任何形式的'台湾独立'都不能允许。这是我们的底线，也是代表12.5亿中国人民的心声。我们解决台湾问题的一贯方针是'和平统一、一国两制'，但是我们绝不承诺放弃使用武力。

"谁赞成一个中国的原则，我们就支持谁，我们就跟他谈，什么问题都可以谈，可以让步，让步给中国人嘛。谁要是搞'台湾独立'你就没有好下场，因为你不得人心，你违背了海峡两岸中国人的人心，你也违背了全世界华裔、华侨的人心。我们中国人都记得，1840年鸦片战争以来，中国的一部近代史就是受外来侵略势力欺侮凌辱的历史。台湾也是多年在日本军国主义的统治和占领底下。回想当年，中国是何等的贫穷积弱，但是我们还是喊出了'起来不愿做奴隶的人们'，并且为此进行了前仆后继的英勇斗争。我当时九岁，救亡的歌曲我还记得清清楚楚，每逢唱这些救亡歌曲的时候，我的眼泪就要流出来，我就充满了要为祖国慷慨赴死的豪情。今天中国人民已经站起来了，我们能够允许自古就属于中国领土的台湾从祖国分裂出去吗？绝对不能！

"现在，有些人在计算中国有多少飞机、多少军舰、几个导弹。结论是中国不敢打，也不会打。按照你这种计算，希特勒早已统治世界啦。你不懂中国的历史，你不知道中国人民一定会以鲜血和生命来捍卫祖国的统一、民族的尊严。这几天台湾的选情波诡云谲，急转直下，用尽了权谋手段。司马昭之心，路人皆知，不就是有人要让'台独'势力上台吗？

"前天，台湾股市重挫617点，它集中反映了台湾人民对于'台独'势力嚣张的忧虑。我们担心'台独'势力上台，会挑动两岸战争，破坏两岸和平。我们认为，这种担心和忧虑是逻辑的必然，是关系到每一个台湾人的切身命运的。现在，台湾人民面临着紧急的历史时刻，何去何从，切莫一时冲动，以免后悔莫及。但是，我们相信台湾人民的政治智慧，我们相信台湾同胞会做出明智的历史选择。但是还有三天，世事难料，台湾同胞你们要警惕啊！"[16]

朱镕基总理这番义正辞严的回答，依笔者的判断，绝非他临场发挥的即席之作，而是有备而发，很可能是最高层研拟的意见。它全面地阐述和宣示了大陆对台湾这场选举的可能结果的立场。它的核心是对"台独"的零容忍。他点明，李登辉和国际上支持"台独"的势力"用尽了权谋手段"要陈水扁上台，是"司马昭之心，路人皆知"。对"台独"势力上台是否要挑起战争保持高度警惕，而且明确驳斥了大陆"不敢打，也不会打"的欺骗宣传，表明"中国人民一定会以鲜血和生命捍卫祖国的统一和民族的尊严"。对于选举结果，他希望台湾同胞"做出明智的历史抉择"，但也指出"世事难测"，历史可能要走弯路。朱镕基的讲话在台湾和国际上引起极大的震动。它对后来陈水扁不得不做出的"四不一没有"表态，从而对暂时稳住两岸关系起了直接作用，也是在"敲山震虎"。但是，选后台湾有些舆论对朱总理的讲话极尽歪曲之能事，甚至声言讲话"帮助了陈水扁"，对此笔者将在后面的评议部分用事实予以回答。

民进党主张"台独"，那么它的"台独"论述 是如何形成和演变的呢？

民进党的"台独"论述 民进党是1986年9月28日成立的。它实际上是当时各个反对国民党"威权"统治的政治人物和政治派别的联合体或统一阵线。因此，派系政治是民进党与生俱来的特征。在"党禁"未开、"台独"违法的政治环境中，"台独"派系在建党之初只能蛰伏，其党纲主张"台湾前途应由全体住民决定"，承袭了民进党的前身"党外中央后援会"所标榜的"住民自决论"。但很快它就一步一步地陷入"台独"的泥沼之中。其中"新潮流"派别在"台独"论述上起了主导作用。1987 年 11 月 9 日，民进党第二届"全国党员代表大会"通过了所谓"台独言论自由"决议文，称"人民有主张台湾独立的自由，为思想与言论的范围，不应以之作为刑事追诉的对象。"1988 年 4 月 17 日，在第二届第一次临时大会上又通过了"台独前提论"决议文，即"四个如果"："如果国共片面和谈；如果国民党出卖台湾之利益；如果中共统一台湾；如果国民党不实施真正的民主宪政，则本党主张台湾应该独立。"1990 年 10 月 7 日，第四届第二次党员代表大会通过了"事实主权论"的"一〇〇七决议文"："我国事实上主权不及于中国大陆及外蒙古。我国未来宪政体制及内政、外交政策，应建立在事实领土范围之上。"1991 年 10 月 13 日，第五届第一次"全国党员代表大会"通过了"公投台独党纲"："基于国民主权原理，建立主权独立的台湾共和国及制定新宪法的主张，应交由台湾全体住民以公民投票方式选择决定。"1995 年 9 月，民进党组织"台湾国家安全访问团"访美，为了安抚美方的忧虑，15 日党主席施明德在华盛顿表示："民进党如果执政，不必也不会宣布台湾独立。"施的这番话在民进党内引起轩然大波。"新潮流"大将、外号"智多星"的邱义仁当天出面解释说，民进党对"台独"的认知是，台湾自 1949 年以来"已是一个事实上主权独立的国家"，只是不知"国名"而已。这是"无国名独立论"。其后，"新潮流"另一大将，有"台独"理论家之称的林浊水进一步解释说，台湾"主权已经独立，建国尚未成功"。1999 年，台湾步入"大选"年。当时，"台独"是选举的"票房毒药"。为了缓解选民的疑虑，民进党于 1999 年 5 月 8 日在第八届第二次"全国党员代表大会"上通过了"台湾前途决议文"，其核心内容是："台湾是一个主权独立国家，其主权领域仅及于台澎金马与其附属岛屿，以及符合国际法规定之领海与邻接水域。台湾，固然依目前宪法称为中华民国，但与中华人民共和国互不隶属，任何有关独立现状的更动，都必须经由全体住民以公民投票的方式决定。"至今，这一决议文仍是民进党的基本立场。和过去的论述不同的是，决议文从"公投台独"变身为"公投反统"；从"无国名独立"演化为"中华民国独立"，为"台独"借壳上市。关于这一点，林浊水曾披露过内部争论的一些细节。陈水扁出于选举需要，打出"新中间路线"旗号，并通过时任秘书长的游锡堃推动修改"台独"党纲，希望用"中华民国"取代"台湾共和国"为民进党认同目标。"新潮流"系极力阻止这一修改。属"美丽岛"系的陈忠信提出不修改"台独"党纲，代之以通过一项有关台湾前途的决议文。双方接受了这一妥协方案，成立了决议文起草小组，成员为郭正亮、陈忠信、林浊水，而由郭主稿。林浊水扮演了阻止决议文过度向"中间路线"倾斜的角色。他坚持决议文必须承认台湾"主权独立"，改变现状必须"公投"，而且把郭原稿中"国号中华民国"，改为"目前国号中华民国"，并加上"在国际上必须弹性选用"的字句。[17] 2001 年 10月 20 日，民进党"全代会"决定，"全代会决议文"的效力等同于行动纲领，使得"台湾前途决议文"的位阶等同于"台独"党纲。当时的党主席谢长廷说，"台湾前途决议文"是"民进党对台独党纲的新的诠释"。如果"台湾前途决议文"和"台独"党纲发生抵触，则"新的法律优于旧法律"，"台湾前途决议文"优于"台独"党纲。[18] 2007 年 9 月 30 日，民进党第十二届第二次"全国党员代表大会"还通过了一项"正常国家决议文"，声称："台湾是主权独立国家，于中国互不隶属，互不治理。""国家应正名为'台湾'，国家年号应使用'公元'，以破除中国利用'中华民国'的历史与体制，在法理上与事实上吞并台湾。"该决议文完全是为了配合陈水扁的"台独时间表"和"入联公投"，除了极"独"派外，民进党一般回避这个决议文。

从上述民进党关于两岸关系论述的变化可以清楚地看出，无论是"台独党纲"还是"台湾前途决议文"，其本质还是"台独"。但民进党不得不玩弄文字游戏，不时"模糊"其"台独"论述的事实说明，"台独"并不为台湾多数民众所接受，而且路越走越窄。"新中间路线"不过是用来忽悠选民。

"新中间路线" 1999 年 9 月 14 日，民进党确定陈水扁和吕秀莲为民进党"正副总统"候选人。陈水扁深知"在两岸关系方面，人民对民进党的信心指数一向较低……民进党总统候选人被迫承担了不被信任的包袱"。[19] 同时，他也看到，对台湾存在至关重要的美国台海政策，"就是维持台湾现状及稳定，使台湾继续超脱于中国的控制之外，唯有如此才符合美国的国家利益。美国所认知的现状，包括不允许中国武力犯台，但也不允许台湾在'法理上'宣布独立"。[20] 在内外因素的作用下，他自称受到英国前首相布莱尔"第三条道路"的"启发"，提出"新中间路线"。对两岸关系，他一方面摇动橄榄枝，声称如果当选，愿意访问大陆，"为两岸关系正常化在千禧年来临之前开启新页"，另一方面又预设了三项前提：大陆承认台湾的"对等国家地位"，"遵守联合国'和平解决争端'的原则"和"不预设未来走向"。[21] 很清楚，陈水扁的"新中间路线"是新瓶装旧酒，"台独"立场没有丝毫改变。但是他也清楚，"住在台湾的人，没有人希望看到两岸关系紧张，任何不妥的主张或对策，都会影响两岸未来的发展，尤其是台湾的永续成长。"[22] 因此，陈水扁在当选之后把稳住两岸关系、稳住美国，从而稳住政权作为当务之急。

2000 年 3 月 18 日晚，陈水扁在当选感言中，就两岸关系大唱高调："台湾的和平与稳定，是双方人民的共同期待，未来，我们愿意以最大的善意与决心，进行全方位、建设性的沟通与对话。在确保国家安全与人民利益的前提之下，我们愿意就两岸直航、通商、投资、和平协定、军事互信机制等各项议题进行协商。我们也诚挚地欢迎江泽民先生、朱镕基先生以及汪道涵先生能够来台湾访问。阿扁与吕秀莲也愿意在就职之前，前往中国大陆进行和解与沟通之旅。我们相信双方的领导人均能为彼此关系未来的良性发展，竭尽智慧与勇气，迈向'善意和解、积极合作、永久和平'的永久目标。"[23]

听其言，观其行 陈水扁这番言不由衷的"善意喊话"，已在大陆意料之中，因此第二天立即用"听其言，观其行"六个大字予以回应。3 月 19 日，中台办、国台办就台湾选举发表声明，全文如下：

"世界上只有一个中国，台湾是中国领土不可分割的一部分。台湾地区领导人的选举及其结果，改变不了台湾是中国领土一部分的事实。

"和平统一是以一个中国原则为前提的。任何形式的'台独'都是绝对不允许的。对台湾新领导人我们将听其言观其行，对他们将两岸关系引向何处，拭目以待。

"我们愿意同一切赞同一个中国原则的台湾各党派、团体和人士交换有关两岸关系与和平统一的意见。我们呼吁广大台湾同胞和我们一起，为维护国家主权和领土完整，维护中华民族的根本利益，实现祖国的完全统一而共同努力。"[24]

从 3 月 18 日到 5 月 20 日陈水扁正式就任上台这段时间，台湾的政治舞台上可以说是波诡云谲，上演了一出又一出的权谋戏；大陆则任凭风浪起，稳坐钓鱼船，听戏词、观表演、成竹在胸、后发制人。

被国民党赶下台的李登辉，这时原形毕露，全力帮助陈水扁稳住阵脚。陈水扁在其署名的《世纪首航》一书中说，政权移交开始时并不是很顺利，但李登辉"非常主动、积极、热心"，在他正式就职前，每个星期都要到李那里去好几次，而李一想到重要的事就把他叫去，"一件一件告诉我，一样一样移交给我"。[25] 李登辉对他说："阿扁，你要好好做，不是做四年，而是要努力做八年，我一定会协助你。"[26]

唐飞"组阁" 陈水扁深知，要稳住"政权"，首先要稳住军队。在内外"高人"的指点下，2000 年 3 月 29 日，陈水扁在记者招待会上宣布，将"敦请"国民党当局的"国防部长"唐飞出任他的"行政院长"。唐飞，1932 年生于江苏太仓。飞行员出身，从少尉飞行官，一路迁升为飞行大队队长、驻外武官、空军司令、总参谋长等军中要职，军衔至一级上将。1999 年退役就任"国防部长"。至于陈水扁如何相中唐飞的，陈本人未曾披露，唐飞也身在五里雾中，倒是坊间有多种说法，总括起来可以说是李登辉、李远哲为首的"国政顾问团"以及"美国友人"的"集体智慧"。据周玉蔻、宁育华所著《唐飞》一书，"唐飞也十分纳闷陈水扁找上自己的过程。亲近友人和政界敏感者都相信，不论主动提议者是谁，美国因素和李登辉的意见，绝对是陈水扁当初选上唐飞的重（要）考量。特别是美国军方高级将领友人，在大选结束后，曾经透过管道告知唐飞千万不可辞却国防部长一职邀约一事，足以验证美方意见在阿扁组阁考量中的举足轻重。"[27] 以李远哲为首的"国政顾问团"也给予了重要的支持。据许文龙对报界透露，"顾问团"原来想拱李远哲披挂上阵，但李不干。听到陈水扁提名唐飞后，"我立刻鼓掌叫好。有国政顾问担心南部人因省籍情节不接受，我说没问题，我来发稿支持，这下子换成国政顾问团为我鼓掌了"。"为什么支持唐飞？坦白说，我最担心的是台湾乱，政局动荡，全民的辛苦就化为乌有。外省人虽然在人口上是少数，但力量和本省人是平衡的。省籍情节的对立一升高，这是了不得的事，闹到戒严，新总统都没辙，一切听军人的。""唐飞有多少实力是一回事，但考量整体的利益，唐飞所代表的多重利益，就要支持他。"许文龙说，唐飞出任"国防部长"时，他问李登辉"你对军人到底有多少把握？"李登辉回答："如果军人都像唐飞，我有百分之百的把握。"[28] 许文龙把启用唐飞的缘由说得再明白不过了，是为了稳住政局的权宜之计，不过陈水扁"卸磨杀驴"做的也过于急迫，只用了他一百三十七天，就叫他"请辞"下野了。

美国与"四不一没有" 如果美国在唐飞的问题上扮演了"影舞者"角色的话，那么在陈水扁两岸政策的权谋游戏中，则公开出面"下指导棋"。长期以来，美国的台海政策就是维持两岸"不统、不独、不武、不和"的状况，这最符合美国的利益。主张"台独"的民进党上台，如果推动"法理台独"，即践行它主张的"公投"和"修宪"，那势必点燃台湾海峡的战火。因此，美国一方面要支持陈水扁，另一方面要给他制定行为规范。2014年2月28日，美国公布了克林顿政府时期的一批白宫解密文件，其中有关台湾部分披露，国家安全顾问伯格等认为："关于中国与台湾，我们正处于很不确定的时刻。民进党候选人当选，他是主张台独的，令人担心，所以这个状况很严峻。美国能扮演的角色是维持1979年以来的一贯立场，即一个中国、和平解决、两岸对话。这个立场使三角形的三边都很稳固，所以维持稳定。对美国而言，维持稳定具有重大利益。因此美国应该：第一，明确告诉台海两岸，我们这个政策不变。第二，提供台湾正当的防卫需求，就像我们一向做的那样。第三，鼓励台湾新政府行事小心谨慎，也鼓励新政府审慎与中国交往，我们也向两岸明确表示必须以和平方式解决争议。中国须有耐心，并要给台湾新政权时间。美国一直扮演平衡的功能，今后如要继续扮演这样角色，必须一方面维系与台湾间的非官方关系，一方面维系与中国间的积极、建设性的关系。"[29]

3月18日美国大选后，其前政要和涉台人员纷纷走访台湾，其中包括克林顿总统的好友、前众议院国际关系委员会主席汉密尔顿（Lee Hamilton），前国防部长佩里，前助理国务卿洛德，前国安会亚太事务助理包道格（Douglas Paal），前美国在台协会理事主席、驻台北办事处主任卜睿哲等。卜在《打开死结》一书中回顾了当时美国采取的措施。他说，美国当时估计到陈水扁可能胜选，因此"开始对这一前景做了防范。美国政府在台北和陈水扁沟通，并鼓励他访问华盛顿，以便和（美国的）决策者进行低调的商谈。通过这些接触，陈更好地了解了美国是如何看待这次选举的——台湾领导人的政治行动比谁是领导人更重要。这些澄清强化了陈在竞选中对两岸关系采取的温和立场，而且使得选后（美国）和他能够进行富有成果的互动。"针对大陆在选前发表的强硬声明，"华盛顿采取了防止局势失控的步骤，包括克林顿总统发表声明，重申美国重视的是（选举）过程，但话锋一转又说，美国不仅期待台海问题和平解决，而且'要得到台湾人民的同意'"。[30]有美国学者私下对笔者说，这后一句是卜建言的。另据苏起所著《两岸波涛二十年纪实》一书，美国学者和民进党人士披露，"其中汉密尔顿之行，美方要求陈水扁把选前对美国的'三不'保证（即不宣布"台独"、不把"两国论入宪"、不办统"独"公投）具体明文写在就职演说中。至于文字，则由美国驻台北代表薄瑞光（Raymond Burghardt）协助陈水扁草拟。"[31]从陈水扁当选到就职，薄瑞光至少四次私下会晤了他。[32]

2000年5月20日，陈水扁在其就职演说中提出了"四不一没有"："只要中共无意对台动武，本人保证在任期内，不会宣布独立，不会更改国号，不会推动两国论入宪，不会推动改变现状的统独公投，也没有废除国统纲领与国统会的问题。"5月3日，他接见美国在台协会前理事主席白乐崎时，先向美国交了底，提出他就职演说中处理两岸关系的三原则："一、要做到至少美国方面一定满意；二、国际社会一定肯定；三、纵使中国大陆不满意，但至少让大陆找不到借口说我们挑衅、制造麻烦。"[33]这番话把他挟洋自重的媚态表露无遗！

大陆定下政策基调 5月20日当天，中台办、国台办即发表声明，对陈水扁的讲话做出了回应：

"今天，台湾当局领导人发表讲话，其中宣布了对两岸关系的有关政策。这篇讲话提到了不会宣布'台独'，不会推动'两国论入宪'，不会推动'统独公投'，没有废除'国统纲领'与'国统会'的问题；但在一个中国原则这个关键问题上采取了回避、模糊的态度。显然，他的'善意和解'是缺乏诚意的。一个中国原则是两岸关系和平稳定发展的基础。台湾当局领导人既然表示不搞'台独'，就不应当附加任何条件；就不应当否认一个中国、台湾是中国一部分的现实，把一个中国说成是'未来'的。是否接受一个中国原则，是检验台湾当局领导人是维护国家主权与领土完整，还是继续顽固推行'台独'分裂政策的试金石。"

声明还说："我们注意到，台湾当局还有人顽固坚持所谓'台湾是主权独立国家'的分裂立场，企图把台湾从中国分割出去。这是分裂国家、危害人民的严重罪行，将不可避免地破坏台湾的社会安定、经济发展，在两岸同胞之间和台湾同胞内部挑起冲突，将危及台湾海峡及亚太地区的和平，损害包括台湾同胞在内的全体中国人民的根本利益。台湾问题是中国内战遗留的问题，迄今两岸敌对状态并未结束。如果有人胆敢把台湾从中国分割出去，重新挑起中国的内战，他们必将对此承担历史的罪责。"

声明还重申："在一个中国原则基础上进行对话与谈判，实现双方高层互访。在一个中国原则下，什么问题都可以谈。江泽民主席提出的八项主张早就指出，作为第一步，双方可先就'在一个中国原则下正式结束两岸敌对状态'进行谈判并达成协议。当前，只要台湾当局明确承诺不搞'两国论'，明确承诺坚持海协与台湾海基会 1992 年达成的各自以口头方式表述'海峡两岸均坚持一个中国原则'的共识，我们愿意授权海协与台湾方面授权的团体或人士接触 对话。"[34]

这篇声明不只回应了陈水扁的"四不一没有"，而且全面阐述了大陆对民进党当局的基本政策。后来的实践表明，在陈水扁当政的八年期间，大陆贯彻执行的就是这一基本政策。一个中国原则是大陆对台政策中从不妥协的底线，历来用这个"不变"应对两岸关系中出现的"万变"。1992 年海协、海基两会香港会谈后，双方求同存异达成的"九二共识"成为两岸关系的政治基础。只有在"九二共识"的基础上，两岸之间才可能有正常良性互动。以此标准衡量，陈水扁的"四不一没有""缺乏诚意"。大陆清楚，民进党的"台独"立场不会改变，因此声明提醒"台独"势力，中国的内战尚未结束，如果它重新挑起内战，必须承担历史罪责。声明中有一处新的提法，就是如果陈水扁接受"九二共识"，那么海协会愿意和"台湾方面授权的团体或人士"接触对话，而没有点名海基会。因为当时海基会是存是废还在未定之数。

大陆采取"听其言，观其行"的对策，是基于对民进党、台政局以及国际环境，主要是美国的对台政策的全面分析而确定的政策，是经过深思熟虑的，绝不像台湾某些政治人物和媒体臆想的那样，是对民进党上台"不知所措"的仓促应对。大陆当时对形势的估计是："台湾地区领导人的更替改变不了台湾是中国一部分的地位。目前世界上绝大多数国家坚持一个中国政策，承诺在一个中国框架内处理与台湾关系，'台独'在国际上没有空间。同时，大多数台湾同胞不接受'台独'及两岸关系动荡的前景，他们希望稳定和发展两岸关系的基本格局没有改变。我们毫不动摇地坚持一个中国的原则，坚决反对'台独'，决不承诺放弃使用武力，谁搞'台独'，谁没有好下场。"[35]也就是说，大陆不惜以武力反"台独"，台湾民众不接受"台独"，美国和国际社会不支持"台独"，"台独"没有出路。大陆完全可以而且应当"任凭风浪起，稳坐钓鱼船"。郭正亮的《变天与挑战》一书不惜笔墨渲染大陆如何"不知所措"，但所引用的材料都来自敌视大陆、以"制造新闻"著称的香港《争鸣》、《开放》等政治"八卦"刊物，不值得笔者在这里引用。大陆所以

"稳坐钓鱼船"还因为看到陈水扁的问题成堆，日子不会好过。

陈水扁的"三个少数"　陈水扁上台之初，提出"四不一没有"、要按"新中间路线"组织"全民政府"，让唐飞"组阁"，迎合了台湾民众求稳、求和的民意，民调的支持率一度达到78%。但权术只能起一时作用，他的"短板"很快就暴露出来。首先，陈水扁是"三个少数"的"总统"。他是靠不到百分之四十的少数选票上台的，民意基础"先天不足"。在民进党内，他的派别是少数派。上文提到，民进党是个"派系共治"的联盟党。陈水扁的"正义连线"是个小而松散的派系。当时民进党的主流派系是"美丽岛"系和"新潮流"系。在"立法院"中，民进党是少数执政党，"朝小野大"。陈水扁上台前，在"立法院"二百二十五席"立法委员"中，民进党只有七十席，不到三分之一；国民党有一百零八席。2001年12月，"立法院"改选后，民进党增至八十七席，成为第一大党，这主要是因为选后宋楚瑜成立了亲民党，原国民党的席次分裂，但总体上民进党仍是少数党。"泛蓝"阵营的国民党（六十八席）、亲民党（四十六席）和新党（一席）加在一起共有一百一十五席。民进党和李登辉的"台湾团结联盟"（"台联党"，13席）的"泛绿"阵营共有一百席。在这种"三个少数"的情况下，陈水扁自然施政维艰。加之，民进党第一次执政，没有经验、缺乏人才，内部又派系林立，这更加重了陈水扁执政的困难。

八掌溪、"核四风暴"与"弹劾案"　陈水扁上台后的半年时间里，就有两件事使他受到重挫，一是"八掌溪"事件，一是所谓"核四风暴"。

2000年7月22日下午，八名工人在嘉义县山间的八掌溪进行加固河床的工作。突然间，天降大雨，山洪暴发，有三男一女四名工人被困在河中一沙洲之上。赶来营救的消防队员因没有营救设备而请求直升飞机支援，但从下午五时许直到七时两个多小时，仍不见直升机踪影，四名工人只能手拉着手，抵御洪水不被冲走。但河水不断上涨，四名工人最后在众人惊呼中被洪水冲走。这幕惨剧被赶来的电视台记者全程拍录并做了实况转播。惨剧使台湾公众群情激愤，纷纷指责当局事发反应迟钝，事后推诿责任，不顾百姓死活。具有讽刺意味的是，当时"行政院"刚刚颁布了"灾害防救法"。由于民众的愤懑情绪不断发酵，唐飞在事发四十四小时后向陈水扁提出辞呈。陈水扁考虑到，准其辞职意味着"内阁"垮台，震动太大，因此由负责救灾的"副院长"游锡堃承担责任辞职。这时游锡堃刚刚上任了六十五天。陈水扁的民调支持率从此开始下滑。

"核四风暴"是指陈水扁当局宣布停止修建第四核电厂引起的风波。民进党有两个"神主牌位",一是"台独",另一个是反核。1999年,李登辉为了缓解台湾的电力不足,不顾民进党和反核民众团体的反对,下令修建台湾的第四座核力发电站。民进党上台后,"废核"提上日程。9月20日,民进党提出要停止修建"核四"。"行政院长"唐飞公开表示反对,并以辞职相威胁。但民进党当局不为所动,10月3日晚,陈水扁召见唐飞,对他"极为客气地"说,他"已经同意院长前一阵子提出的请辞要求"。唐飞原以为陈找他是商量是否停建"核四"的事,听了陈的话虽然错愕,但立即回答道:"谢谢总统,是不是今天就可以宣布了?"陈水扁很快答道:"可以啊!"[36] 唐飞"因健康原因辞职"后,陈水扁很快任命民进党的"行政院副院长"张俊雄接替唐飞。至此,上演了仅一百三十七天的陈水扁"全民政府"闹剧谢幕,"少数政府"粉墨登场。

为了排除国民党等在野党反对停建"核四"的阻力,陈水扁又玩弄了和在野党进行"政党和解"的把戏。10月27日上午,他邀请国民党主席连战商讨"核四"问题。连战诚心诚意地提出了"和解"方案:继续修建已经投入大量资金的"核四",逐步关掉"核一"、"核二"等老旧的核电厂。陈水扁当面说可以啊,但半小时后,张俊雄突然宣布停建"核四"。这种出尔反尔、毫无信义的拙劣做法,引起国民党的震怒和舆论大哗。连战痛斥民进党当局逞一党之私,"幼稚、无理、粗鲁"。[37] 坊间则流传,素有涵养的连战火冒三丈地一拍桌子说:"擒贼先擒王,弹劾陈水扁!"国民党先在"立法院"提出弹劾案,亲民党提出"倒阁案",本来因"大选"而积怨难消的国民党与亲民党、新党这时联合起来了。10月30日,三党组成"在野联盟"。11月3日,"在野联盟""立委"联署弹劾案的人数达到一百四十二人。按台湾相关规定,弹劾需要"立法院"全体委员的四分之一提案,全体委员的三分之二同意,然后经选民总数一半以上的"公民投票",超过选民总数一半的人投赞成票,弹劾案才算通过。因为当时"立法院"实有委员二百二十名,三分之二的多数,为一百四十七票。陈水扁地位危如累卵,不得不以退为进。11月5日,他发表电视谈话,为停建"核四"引发的政治风暴,向连战和民众道歉。但在此关键时刻,一股台风侵袭台湾,造成严重灾害,加上又发生一起空难,大家只能全力救灾,弹劾案被搁置下来。同时,台湾民间拥核与反核、挺扁和倒扁的对立也在加剧，街头冲突一触即发。李登辉通过"独"派大佬彭明敏放话："很不愿意看到这样的事情发展下去"。国民党内部出现了"鹰派"和"鸽派"的分歧。副主席萧万长、李登辉的亲信黄辉珍等人公开表示，罢免案不一定要推到底等言论。在这样的背景下，2001 年 1 月 15 日，台湾"司法院大法官会议"公布"第 520 号释宪案"，认定"行政院"停建"核四"的决定存在"程序瑕疵"，但未判定"行政院"决定"违宪"或"和宪"。2 月 13 日经过朝野双方，"立法院"与"行政院"的多次协商，"行政院长"和"立法院长"王金平共同签署"核四复工续建协议书"达成四项共识："行政院"即日宣布"核四"复工，以非核家园为终极目标，讨论能源相关法案问题，"核四"复工后"立法院"朝野开启协商大门。至此，"核四风暴"暂告平息。[38] 陈水扁的支持率再度下滑。

经济滑坡 陈水扁上台后，台湾的经济也一路下滑。1999 年，台湾的 GDP 增长率为 6.7%，但到 2001 年直线下跌到负 2.1%，是台湾五十多年来第一次负增长。股市更是一路惨跌，从八千多点下泄到 2001 年底的五千多点，中间曾跌到三千四百多点。2001 年，股市市值蒸发了一万六千八百多亿新台币。按台湾当时的人口计算，每人损失新台币十六万元，而每个股民损失达六十六万元。一些股票被称为"饺子股"，就是说，一股只值五台币，和一个饺子的价值一样。外汇储备从 2000 年初的一千三百八十多亿美元减少到 2001 年底的约一千亿美元。失业率则从 2.78% 攀升到 4.51%。民间的疾苦可想而知。

克林顿的对策 从国际环境看，主要是美国的政策，在小布什总统 2001 年上台之前，如陈水扁所言，实际上"美国政府也还在所谓的听言观行阶段"。[39] 美国一方面支持台湾首次"政党轮替"，在选举结果公布后仅几小时，克林顿总统就发来贺电赞扬"台湾民主的力量和活力"，另一方面也采取了上文提到的"防范"陈水扁的"台独"言行的措施。美国密集派要员到北京重申克林顿总统的"三不"政策，给大陆以政治"保证"。第一个来到北京的是美国常驻联合国代表霍尔布鲁克（Richard Holbrooke）。2000 年 3 月 21 日，钱其琛副总理会见了他，指出中美关系既存在良好的发展机遇，"也面临着严峻的挑战，最大的挑战就是台湾问题。如何妥善处理好这个问题对于中美关系向何处发展具有至关重要的影响"。他说："一个中国的原则是和平解决台湾问题的基础和前提，无论谁上台，都不能搞'台独'，任何形式的'台独'都是绝对不允许的。我们主张在一个中国原则的前提下，海峡两岸什么都可以谈。美国政府一贯宣称执行一个中国的政策，这也是世界上几乎所有的国家所坚持的。"[40] 紧接霍尔布鲁克之后，美国总统国家安全事务助理伯杰也到北京。钱其琛 3 月 29 日会见他时重申："一个中国的原则是和平解决台湾问题的基础和前提，我们要求台湾当局新领导人尽快回到一个中国的原则上来。一个中国的原则也是包括美国在内的国际社会的一致共识。美方应该充分认识到当前局势的敏感性和复杂性，以实际行动坚持一个中国原则，恪守中美三个联合公报。"[41] 根据苏起的观察，"克林顿政府在 2000 年似乎特别重视'两岸对话'。"在他选后发来的贺电中特别表示，"相信这次选举为两岸提供了透过对话和平化解歧见的新契机"。伯杰也表示："我也认为现在应抓住台北与北京间的对话恢复时机。"[42] 显然，克林顿政府当时是想通过它对台"三支柱"政策（一个中国，和平解决，两岸对话）中的两岸对话作为政策工具，来化解两岸关系所面临的危机。从新华社的报道可以看出，钱其琛在会见霍尔布鲁克和伯杰时显然和他们讨论的这个问题，并重申了大陆的一贯立场：对话的基础和前提是一个中国的原则。那么在这一阶段，陈水扁除了通过"四不一没有"的负面表述让"美国满意"之外，又是如何应对大陆的一个中国原则和"九二共识"呢？

陈水扁与"九二共识" 对于一个中国原则，陈水扁提出过"未来一个中国"；对"九二共识"，他曾经唱了一出"捉放曹"的戏码。在"5·20"就职演说中他说："在既有的基础上，以善于营造合作的条件，共同处理未来'一个中国'的问题"。6 月 20 日，在他就职后举行的第一次记者招待会上他又说，两岸可在"既有的基础"上，"共同处理未来'一个中国'的问题"。他对"既有基础"的解释是："过去海峡两岸海基、海协两会的接触、对话，协商与协议，只要有结论，只要有共识，都是既有基础。"但他否认两会有共识，"如果说要有'共识'，那是没有'共识'的'共识'，所谓'agree to disagree'"。但是，如笔者在第三章中提到的那样，2000 年 6 月 27 日下午，他在接见美国"亚洲基金会"会长傅勒时却说，他的"新政府"愿意接受海基、海协两会 1992 年"一个中国，各自表述"的共识，但是大陆方面却不承认有这样的共识。笔者认为，陈水扁这样说，是想把责任推给大陆以取悦美国人，但在民进党内却捅了马蜂窝。当晚，"总统府高层人士"就急急忙忙出来否认陈水扁接受"九二共识"。次日晚，当时的陆委会主委蔡英文专门为此召开记者招待会称，"一个中国，各自表述"是台湾方面用来表述 1992 年海基、海协两会香港会谈"过程"的用语，两岸从来没有对一个中国有共识。7月 18 日，陈水扁接见民进党籍"立法委员"时说："'一个中国'已经说到底线，现在已将球抛给中共，不能再让了；中共如果要我们再说'一个中国'原则，就是要将台湾捏死。"[43] 他总算亮出了拒不承认一个中国原则的底牌。但是对于"九二共识"，他又提出了所谓的"九二精神"。2000 年 7 月 31 日，他在记者招待会上"呼吁"大陆"携手努力，共同打拼，在既有的基础上，本诸九二年的精神，共同来建立两岸的良性互动"。"所谓'九二年的精神'，当然是指'对话、交流及搁置争议'，我们深信只要有对话交流，有交流就能够有共识，如果没有共识，我们宁愿暂时把这些争议搁置在一边。"[44] 很显然，陈水扁这一时期高唱"对话、交流"，也是在配合美国的"两岸对话"政策，要使"美国满意"，但他早已内定了要执行"只做不说的两国论"。

蔡英文与"两国论" 据苏起披露，陈水扁上台后已握有三件"秘密武器"来推行"台独"路线。第一是，李登辉为他准备好的"两国论"。李在任内最后两年组织了"两国论"，也就是两岸是"特殊的国与国关系"的研究。1998年 8 月，在克林顿总统访问北京、并在上海提出对台"三不"政策后的一个月，李登辉在"国安会"内成立了"强化中华民国主权国家地位小组"，召集人为刚受聘为"国安会"咨询委员的政治大学教授蔡英文，顾问为"国安会"另外两位咨询委员张荣丰、陈必照，及"总统府副秘书长"林碧炤。蔡英文再召集了一些法政学者参与研究。关键人物是蔡和张荣丰。

蔡英文，1956 年 8 月 31 日生于台北市。父亲蔡洁生在日本殖民统治时期曾在东北的日本航空公司从事机修工作，返台后靠土地买卖致富成为企业家。蔡英文先后获台湾大学法律系学士、美国康奈尔大学法律硕士、伦敦政治经济学院法律博士学位，是李登辉在康奈尔大学的校友、陈水扁台大法律系的学妹。她从事国际经济法、国际商法和国际商约等领域的研究和实务工作，在李登辉时期就成为重要的财经幕僚，参加过台湾申请加入关贸总协定、亚太经济合作组织（APEC）、世界贸易组织（WTO），以及台湾和美国的贸易等重要谈判。她为人处世低调圆融，但思辨清楚，基本立场从不退让。1998 年 10 月，海基会董事长辜振甫率团访问大陆时，她曾随访。她一度"浸淫在中国文化领域"，曾透露，若非父亲坚持，本来是要选择中文系就读的，后来研读中国历史书籍变成兴趣。但在她出任陈水扁的陆委会主委后就不再提及了。张荣丰则是李登辉大陆政策长期的"藏镜人"。他自1991年从"中华经济研究院"转进"总统府"后，一直默默地为李登辉做研究、幕僚乃至媒体放话工作。"95—96台海危机"之后更受重用，经常于夜间出入"总统"官邸，面承机宜，与李登辉的亲密程度甚至凌驾于"国安会秘书长"之上。

1999年5月，小组完成研究，提出报告。报告包括三大部分，大陆政策、"外交"和"修宪"。其中大陆部分最重要，核心内容是两岸政治定位。"两国论"小组的基本观点是，台湾（而不是"中华民国"）是一个主权独立国家，它的名字刚好叫"中华民国"；而"中华民国台湾"主权与治权（而非仅治权）均不及于大陆，人民与领土也仅及于台澎金马。换言之，台湾不是中国的一部分，台湾与大陆是两个互不隶属的国家；两岸关系不是内政问题，而是国际关系，适用于国际法与国际规范。它的最终境界就是双方相互承认对方为"中华民国"和中华人民共和国。

"两国论"小组建议，以后不要再提"中华民国自1912年就已存在"，因为这会给"中华民国"一个历史的内涵，使得这个名字将来难以撕换；"分裂国家"和"中华民国自1949年起隔海分治"的说法也不宜使用，因为这使台湾与大陆产生历史关联，将来不易切断。小组勉强接受"中华民国在台湾"的说法，但认为1991年开始"修宪"以后，就再蜕变成"中华民国台湾"，它在法律上及本质上已等同于"第二共和国"或"新共和"，与"中华民国"及大陆都没有关系，最好就直呼"台湾"。

"两国论"还主张，不要把两岸关系类比成两德或南北朝鲜等分裂国家；最好不再谈统一。如果必须谈，只能谈"统一"，而不是"再统一"，尤其是英文翻译只能用unification，而不能用reunification。如果不得已要谈统一，最好用"统合"或"整合"，并把它解释为欧盟内部主权国家间的关系。

"两国论"关于"台湾不是中国的一部分"的"理论根据"是所谓的"台湾地位未定论"。他们认为，西方国家对"未定论"的看法仍留有一定的空间，台湾应大胆提出自己的主张，即使这个主张冲撞了大陆的立场。据此，国民党过去提出的"一个中国即中华民国""一国两府""一国两区""一个分治的中国""一个国家，两个对等政治实体"等等，一概不能接受。至于"一个中国，各自表述"，因为有"一个中国"四个字，当然也不能接受。

"两国论"小组对两岸交流也抱敌视态度，认为交流不但会使台湾丧失大量经济社会资源，而且会降低台湾内部的心防，混淆"敌我"意识，所以如果不能全面禁止，也要严加限制。他们尤其反对大陆官员来台参访，认为这样会同时混淆岛内和国际视听。基于这种看法，他们认为，海协会长汪道涵如果不能按计划于1999年秋访台，也不可惜。为了严管两岸交流，蔡英文被授权建立一个无所不包的"国家安全网"，由各行政部门实施。

"修宪"和修法是"两国论"的配套设计，就是把"两国论"法制化，因此它比"两国论"更具"攻击性"。"两国论"的"外交"部分则着重区隔台湾与大陆，避免任何的模糊性。要继续争取加入联合国及其功能性组织，如世界卫生组织（WHO）等，但称谓不能再使用"中华台北"，而要使用"台湾"或"中华民国台湾"。此外，要积极参加国际多边性条约，以宣示主权。在钓鱼岛和南海争议问题上，要避免使用"自古属于中国"或"历史性"等措辞，以区隔两岸不同的立场。

"凑巧"的是，"两国论"的出台时间和上文提到的民进党"台湾前途决议文"的通过（1999年5月8日）在同一个月里，核心内容也几乎完全一致。这就不得不让人联想，"在当时执政的国民党屋檐下进行研究的两国论小组，事实上已经神不知鬼不觉地与民进党高层暗度陈仓了一段时间，并在大陆政策的核心议题上取得了共识"。[45]

实际上，还有许多事实证明苏起的"联想"绝非牵强附会。例如所谓的"统合论"。2000年12月31日，陈水扁在元旦祝词中说："从两岸经贸与文化统合开始着手，逐步建立两岸的信任，进而共同寻求两岸永久和平、政治统合的新架构……"李登辉对德国记者抛出"两国论"时就说过，两岸问题在于"制度"，"从制度上的统合，逐步推演到政治上的统合"。"两国论"的"理论基础"是"台湾地位未定论"，民进党上台后第八天，"副总统"吕秀莲就抛出"台湾地位未定论"。关于"特殊国与国关系"，民进党也有解释。该党1999年11月15日公布的"跨世纪中国政策白皮书"，在重申两岸是互不隶属的"国家"后说："在不影响主权独立与国家利益的前提下，基于相近的文化与血统根源，台湾与中华人民共和国之间的关系，应比一般国家之间更为特殊、更为密切。"[46]李登辉和陈水扁之间才真是"情同父子"，也有"摩西与约书亚"之比。陈水扁自己曾坦言，无论在"宏观理念"，还是在"总体方略"上，他和李登辉是"本源一体，并无二致"。[47]可以说"两国论"为民进党上台在两岸关系上做了"理论"和政策的准备，而陈水扁则完全是吃现成的。2000年4月他即内定蔡英文出任陆委会主委。由于要首先稳定政局，蔡英文当时对外表示"两国论"非常复杂，容易引起误解，因此不再提"两国论"。但她在上任前造访苏起时"突然主动透露：'今后虽不再提两国论，但仍将继续执行两国论'"。[48] 后来的事实证明，蔡英文既是陈水扁大陆政策的执行者，也是"裁判员"。

李登辉人马相助 苏起所说的陈水扁的第二个"秘密武器"是李登辉移交给他的"国安体系人脉"。其中最重要的便是蔡英文和张荣丰。上文提到，蔡英文在"两国论"小组中还负责建立"国家安全网"。由她主掌陆委会，实际扮演了"教练兼守球门的角色"。张荣丰则任"国安会副秘书长"。"国安会"由前海军"总司令"庄铭耀主掌，汤曜明续任"国防部长"，李登辉的智囊、"红顶学者"田弘茂出任"外交部长"，"经济部长"则由他的另一名亲信颜庆章出任。

"国安密帐" 第三个"秘密武器"是所谓的"国安密帐"。它是一笔共有三十五亿新台币的巨款，是两蒋时期情报经费的结余款。李登辉在1994年和1997年分别把其中一半存进不同银行获取利息。至2000年时仅利息已高达八亿四千万新台币，超过了好几个行政部门的年度预算。这笔完全不受监督的经费，被李登辉和陈水扁用来运作访问康奈尔、"两国论"研究以及"结交外国友人"。2002年3月，这笔密帐被媒体曝光，被迫交公。[49] 捅出这一爆炸性丑闻的是2002年3月21日在台北出版的第四十三期《壹周刊》。该周刊"透过特殊管道，独家获得（台湾）国安局内部绝对机密文件"，包括秘密专案报告文本、有"国安局长"丁渝洲签字及李登辉签批的批件等大量原始材料，图文并茂，证据确凿。根据这些文件，李登辉在分别于1994年6月和1997年5月成立的"奉天专案"和"当阳专案"下，成立了"七〇一"、"三三一"和"明德"等专案，开始动用这笔密帐。在这些专案中，"最引人瞩目的，莫过于台美日三边秘密管道运作的'明德专案基金'"。在账面数字上，成立于1994年的"明德基金"似乎最不起眼，只有区区两千七百六十万元，但是'奉天专案'三十五亿元的庞大孳息，大部分都转到这个基金，因此该基金总金额可以说难以计数。台湾"国家安全局"运用"明德基金"建立和运作台湾与美国、日本的体制外沟通管道，并"统合"三方的"党政和军情系统"。日本方面参与三边沟通管道的有卸任的首相桥本龙太郎、前"北部方面"指挥官志方俊之，以及退役的"统合幕僚长"（总参谋长）、前情报高官等。美国方面是由费城的"外国政策研究所"（FPRI）牵线，参与者包括前国防部副部长沃尔福威茨、副助理国防部长坎贝尔等。

除"明德专案"外，还有"固谊专案"、"上智专案"等。顾名思义，"固谊专案"是用来开展"金钱外交"的。1997年李登辉访问巴拿马时秘密支出了一千一百万美元。"上智专案"是用来支付"卡西迪"等美国公关公司的游说费用的。陈水扁上台后，继续使用这笔秘密经费，直到被曝光。[50]

苏起认为，陈水扁上台后的第一年，初掌政权、立基未稳，内外压力十分沉重，整个大环境不利于他轻举妄动，因此明里用"四不一没有"稳住局势，但暗里在"做而不说两国论"，是另一套的"四不一没有"。一没有是，"没有一个中国与一中各表"；四不是："不正面表述任何高层次的问题"，如"四不一没有"；"不整合民进党与政府内部的共识"，民进党内理念不一，大陆政策没有稳定性和可信度；"不与中共公开接触和谈判"，执行蔡英文设计的"国家安全网"；"不回应中共的弹性表示"，如大陆提出的两岸同属一个中国的新提法（下文将提到）。[51]

一个中国的"新三句" 大陆的对台政策则是，一方面坚持反"台独"的立场毫不动摇，另一方面为推动两岸接触与对话、发展经贸关系而做出新的努力，也可以说是该"硬"的硬，该"软"的软。在政治方面，最重要的是钱其琛提出的关于一个中国原则含义的"新三句"。2000年8月24日，钱其琛副总理会见台湾《联合报》系访问团时说，大陆对两岸关系发展的前景是乐观的。但两岸间也存在一些政治障碍，关键是台湾当局领导人至今不承认自己是中国人，一味回避和模糊一个中国原则，搞文字游戏，致使两岸对话、谈判无法进行。他接着说："就两岸关系而言，我们主张的一个中国原则是：世界上只有一个中国，大陆和台湾同属一个中国，中国的主权和领土完整不容分割。"[52]本书第一章已经介绍了大陆一个中国原则从"老三句"到"新三句"的演进过程。在主张"台独"的民进党当权的情况下，大陆仍提出"新三句"表明，大陆对处理两岸关系有信心，因此表现出更大的包容性和诚意。

在经贸关系方面，钱其琛在会见中还就"三通"明确了大陆的立场："实现直接'三通'的困难不在大陆，主要障碍在台湾。只要认同是一个国家的航线，两岸通航的具体问题可以迎刃而解，办法可以尽可能简化。比如可以采取港澳与台湾以及福州、厦门与高雄通航双方船只入港的办法。关键是台湾当局有没有真正改善两岸关系的诚意。"有关两岸经贸关系问题，本书将在下一章予以更详细的介绍。

"一边一国"、"公投立法"与"台独时间表"　上文提到，陈水扁上台初期，囿于"三个少数"的虚弱地位，为稳住阵脚，口头上宣示"四不一没有"，行动上执行另一套"四不一没有"，遂行"台独"路线。有些学者称之为"切香肠"的"渐进式台独"。但到了2001年中后期，由于内外环境的变化，他的"台独"本质开始由"暗"转"明"，直到2002年8月3日公然抛出两岸"一边一国论"和"公投立法"，彻底脱下"四不一没有"的伪装。2001年10月，陈水扁的公开讲话中再次出现沉寂了一段时间的"台湾前途决议文"。2002年5月7日，他接受《路透社》记者专访时说："台湾是一个主权独立国家，不属于中华人民共和国的一部分，民进党没有办法接受所谓的一个中国原则跟'一国两制'，这种主张，民进党很清楚表达在'台湾前途决议文'中。"[53] 7月以后，开始提出"要走自己的路，要走自己的台湾路，走出台湾的前途"。[54] 他公开承认："民进党创党十六年来坚持的理想从来没有改变，阿扁就职以来坚持的信仰和信念也从来没有改变。"[55] 随着2004年"大选"的临近，陈水扁快步从"渐进式台独"走向"激进式台独"，运作的核心是推动"公投立法""催生新宪法"，根本目的是用"公投绑大选"，扭转不利的选情。他公开宣称，在2004年3月20日"大选"当天以及之前，进行"公投"是不可避免的，"大选"将是一场"一边一国对抗一个中国"的选战。[56] 台湾《中国时报》在一篇社论中揭露了陈水扁的司马昭之心："长于选举操作、困于选情劣势的扁政府，可能相信这是一个不错的策略。打着人民基本权利的崇高旗帜，蓝军如果反对，就是反民主反改革的人民公敌，更是与中共唱和的卖台集团。公投若引发两岸紧张，民心同仇敌忾下，坐收选票之利的自然是胆敢与中共对干的民进党。回顾这三年多来的施政，确实还找不出能有同样拉票效果的政绩。"[57] 陈水扁上台后，台湾的政经形势可以说是江河日下。主要原因是："少数政府"的一意孤行，如"废核四"，激化政争和社会矛盾；"八掌溪事件"以及后来推行的"国民年金制度""劳动工时改革""财政划分法修改"等财经、福利、劳工政策，既不配套甚至相互矛盾，暴露了施政无能。最重要的是，推行"渐进式台独"，损坏了两岸关系，恶化了台湾的投资环境。上文提到，陈水扁上台后，台湾股市大幅缩水，在其后三年中，每到"5·20"陈水扁就职周年的时候，台湾股市都出现超过一百点的大跌，民众和投资人对他缺乏信心。从2000年7月起，台湾的失业率开始迅速攀升。"官方"公布的2001年失业率为4.6%，但美国《商业周刊》公布的调查结果是 11%。2000 年 12 月，"标准普尔"评级公司将台湾的"主权评等展望"由原来的"稳定"降级为"负向"，是自 1989 年该公司开始对台湾评级以来的第一次。2003 财政年度，台湾未偿债务余额高达三兆四千亿新台币，占 GDP 的 33%，而稳定性财政收入仅占 GDP 的 13.5%。按国际货币组织（IMF）的标准，属于高负债经济体。[58]

王永庆：对陈水扁"没他法度"！ 有台湾"经营之神"之称的已故"台塑集团"董事长王永庆，对民进党上台后台湾经济困境和两岸政策之间的因果关系有过一番质朴但掷地有声的评论。他在 2000 年底接受台湾《中国时报》记者专访时，有这样的问答：

问：日前，您曾与陈"总统"会晤，两人并就台湾当前的产业问题及两岸政策交换意见，您认为陈"总统"了解台湾产业界的需要吗？

答：台湾如果无法放眼大陆，只局限于这块蕞尔小岛发展，根本就是在吃老本，在原地踏步。虽然曾和陈"总统"沟通过相关问题，但就目前新"政府"的政策及做法，陈"总统"显然没有把我的话听进去。"对于他（陈水扁），没他法度（拿他没办法）"！

问：你和陈"总统"谈"一个中国"的问题，他的回应怎样？

答：实在不知陈水扁为何不肯承认"一个中国"。只要和对岸站在对等的地位，有什么不可以谈，难道是怕"总统没得做吗"？大陆的人才比台湾多，做事也比台湾积极，台湾必须要和对岸合作，才有机会。

问：经济"部长"林信义说，在年底前将有解除"戒急用忍"政策的相关配套措施出炉，这是否意味着政府对产业界释放出善意？

答：新"政府"对大陆的政策，大原则就是应该开放。"戒急用忍"政策本来就应该解除。但据了解，相关"部会"曾研拟，如厂商欲赴大陆投资，必须在台湾有一定的投资比例，但这种做法根本不合乎逻辑；厂商如果在台湾可以生存，用得着再赴大陆投资吗？ 就是因为台湾的投资环境变差，厂商才会赴大陆投资的。如果以这种逻辑再推论，台塑集团在台湾投资四千亿元兴建六轻，未来是不是所有厂商中，最有资格赴大陆投资？新"政府"如果没有更宏观的大陆政策，三年后，台湾一定是百业萧条。如果台湾不再进步，只在原地踏步，不用多久，台湾一定被大陆或其他国家追赶上。

问：你曾说过"李时代不如蒋时代"；那你认为"民进党政府与国民党政府"相比如何？

答：现在是"一代不如一代"。原本以为，国民党"政府"腐败，的确应该下台换党做做看。但是新"政府"上台后，情况不但没有改善，反而越来越糟。新"政府"如果再不努力，台湾一定会完蛋。[59]

为摆脱政经困局，陈水扁只能求助于民进党中的"基本教义派"，所谓在"深绿丛中取温暖"。"基本教义派"一方面给他急需的"温暖"，但同时压他不要再遮遮掩掩，要他赤膊上阵搞"台独"。当时有两股势力发挥了这种作用，一是 2000 年 12 月由数十个海外"台独"组织在华盛顿成立的"世界台湾人大会"。另一个就是 2001 年 8 月 12 日成立的、以李登辉为"精神领袖"的"台湾团结联盟"（"台联党"）。李登辉此举的目的是，利用民众对陈水扁当局的不满，和民进党争夺选民，在年底举行的"立法院"选举中夺取一块政治地盘。他在"台联党"成立大会的致辞中公开拆陈水扁的台，称民众对他上台一年来的表现甚至到了"反感、愤慨的地步"，[60] 毫不掩饰地乘民进党之危夺它的选民。相关的民调证实，"急独"的选民是"台联党"的主要选票市场，其次是"缓独"的选民。[61] 这对民进党造成一定的压力，促使陈水扁向"急独"势力表"忠心"。2003 年 9 月 30 日，他在民进党中常会上宣布了他"催生新宪法"的时间表："我希望利用三年的时间，来进行这个历史性的宪政改造工程，并于 2006 年完成合乎贰仟叁佰万台湾人民需要的一部新宪法。"[62] 也就是说，他要通过"公投"实现"法理台独"。

陈水扁之所以越来越大胆地在"台独"赌盘中下注，其最重要的外部因素是和他同一年当选、2001 年 1 月上台的美国小布什政府对他发来的错误信号。

小布什与"火神团队" 2000 年 11 月，老布什总统的儿子小布什（George W. Bush）代表共和党和克林顿政府的副总统戈尔（Albert Gore）角逐美国第四十三任总统大位。美国的总统选举采用的是所谓"选举院"制度，虽然小布什得票总数少于戈尔，但他在决定胜负的佛罗里达州却拿下来全部的"选举人票"，艰难地赢得了选举。小布什的竞选团队和政府班底有不少属于"新保守主义"分子，如副总统切尼（Dick Cheney）、国务卿鲍威尔、国防部长拉姆斯菲尔（Donald Rumsfeld）、国家安全顾问（后任国务卿）赖斯（Condoleezza Rice）、副国防部长沃尔福威茨、副国务卿阿米塔奇等，他们左右了布什政府的对外政策。赖斯是在阿拉巴马州的伯明翰出生和长大的。伯明翰城外的小山上耸立着一尊高大的罗马"火神"（the Vulcan）塑像，人们为这些人起了个外号叫"火神团队"。"新保守主义"脱胎于自由主义，但接受了保守主义的一些信条。他们的共同理念是：认为美国的军事实力至关重要，主张单边主义；关注传统的国家安全问题，美国在国际上的经济问题应由私人企业来处理；美国的实力和理想是世界的"正能量"，不完全认同自由派的人权政策；对美国的能力和未来抱有极度的信心。[63]

在这种思潮的驱动下，小布什政府上台之初对克林顿政府的对台政策做了重大的调整。首先，它把克林顿政府在"防卫台湾"问题上的"战略模糊"改为"战略清晰"，并宣布了自1991年老布什总统决定卖给台湾一百五十架F-16战机以来最大的一笔对台军售案。实际上，早在1999年8月，布什竞选班底的外交政策重要成员阿米塔奇、沃尔福威茨、博尔顿（John Bolton, 后来的副国务卿和驻联合国代表）和利比（Lewis Libby, 后来任副总统、国家安全顾问）等，就通过"新保守主义"组织"美国新世纪计划"发布了一封公开信，要求克林顿政府"毫不含糊地声明，如果出现台湾受到攻击或封锁的情况，（美国政府）将驰援台湾防卫"。[64] 2000年2月，布什本人在竞选期间也说过："中国人要了解，如果出现了军事行动，我们将帮助台湾自卫。这一点是重要的。"[65]

2001年4月1日发生了南海撞机事件，中美关系跌落到冰点。4月23日，布什政府宣布向台湾出售四艘基德级驱逐舰，八艘传统动力潜艇，十二架P-3C反潜巡逻攻击机，以及导弹、鱼雷、自行火炮等多项武器系统，总金额估计为一百八十亿美元。[66] 4月25日早晨，《美国广播公司》（ABC）播放了24日晚录制好的记者吉普森（Charles Gibson）对布什总统的采访。当记者问如果台湾受到中国（大陆）的攻击，美国是否有义务（obligation）防卫台湾时，布什回答："是的，我们有，而且中国人必须了解这一点。是的，我会的。"（Yes, we do, and the Chinese must understand that. Yes, I would.）记者追问：动用美国所有武力（full force of the American military）防卫台湾？布什回答说，美国"将尽其所需帮助台湾保卫她自己"(Whatever it takes to help Taiwan to defend herself)。但是，几小时之后，他似乎做了自我澄清。在接受美国有线电视网CNN采访时他说，美国将继续遵守过去五任总统所执行的《与台湾关系法》与一个中国政策。接着，国务院发言人重申了美国政策没有变化。然而当晚，国家安全顾问赖斯却说，布什总统早间（对ABC）说的话是算数的。"《与台湾关系法》清楚地表明，美国有义务使台湾和平的生活方式不被武力所改变。""关系法中没有任何内容不准总统说美国将尽其所需帮助台湾防卫它自己。"但是，布什和赖斯的说法受到了现任副总统、当时的参议院外交委员会主席、资深民主党参议员拜登（Joe Biden）的挑战。他指出："和总统对吉普森的声明相反，美国没有'动用美国所有武力'防卫台湾的义务，而且自从我们废除了艾森豪威尔总统 1954 年签署、参议院批准的（美台）共同防御条约以来，（美国）从来也没有过。""和白宫发言人的声明相反，总统没有被授权单方面地承诺使用美国军队去保卫台湾。根据宪法以及《与台湾关系法》的条款，这是一件总统必须提交给美国人民和国会的事务。"拜登指出，布什总统在竞选期间批评了在防卫台湾问题上执行了二十年的"战略模糊"政策。他本人所支持的政策是，保留使用武力防卫台湾的权力，把在何种情况下，美国可能或不可能使用美国军队的所有决定权留给美国自己。否则，即使在台湾单方面地宣布独立时，美国也会被拖入台海冲突之中。[67]

不管布什和拜登孰是孰非，对台湾的"台独"势力来说，被认为"最亲台"的布什政府上台后发出的信号无疑是使它们手舞足蹈的兴奋剂。2002 年 2 月下旬，布什访华时仍念念不忘《与台湾关系法》，虽然大大降低了调子。22 日，他在清华大学发表演讲后在回答学生的问题时说，他希望台湾问题能够得到和解，并在他有生之年得以成就，但"如果我们签署了什么协议，我们都会遵守，我们美国有《与台湾关系法》，我们曾经承诺保护台湾，但是我们一再说明任何一方都不能有挑衅的行为"。[68]苏起认为，是布什政府第一次把中美三个联合公报和《与台湾关系法》并称的，成为"三报一法"的一个中国政策，而过去在谈到一个中国政策时，对大陆只提三个公报，对台湾才提《与台湾关系法》。[69]

布什政府上台后还放宽了台湾官员到美国的限制。2001 年 5 月，陈水扁"过境"美国到拉美"邦交国"访问时，美方同意他在纽约和休斯敦"停留"，参观了纽约证券交易所，观看了休斯敦的一场棒球比赛，并会见了二十余名国会议员。布什政府的这些动作，使得陈水扁得意忘形，"台独"势力弹冠相庆。

在"防卫"台湾问题上，布什政府把其立场"清晰化"了，但在"台独"问题上却把其立场"模糊化"了，不再提克林顿总统的"三不"政策。2001年 3 月 19 日，美国国务院发言人包润石（Richard Boucher）在新闻简报会上说："如果让我回顾一下'三不'政策的历史，你可以发现原本的提法并非完全如此。今天也无意这样说。"

美国政府的这些言行使得一些"台独"分子昏昏然，犹如"暖风熏得游人醉，直把杭州作汴州"。2002年4月4日，布什总统呼吁国会授权政府推动贸易谈判时，脱稿说：美国欢迎"这两个国家——台湾共和国，当然还有中国，进入世界贸易组织，这是不错的，是很重要的。"此话一出，立即引起台湾当局的高度兴奋，其"外交部"立即指令"驻美代表处"向美方做进一步了解，得到的答案是，抱歉，这是布什一时的口误，美国的一个中国政策没有变，布什并非主张"一中一台"。[70]布什在即席讲话中出现口误在美国已是见怪不怪，但陈水扁仍视为至宝。一个多月后的5月10日他和台湾媒体主管座谈时还说："我衷心感谢布什总统与美国政府与人民坚定地支持台湾……布什在另一次讲话，提到台湾共和国（ROT），个人认为这不是重点，重点是在前面，欢迎两个国家加入WTO。相信这两个国家，其中一个是中国，一个是台湾。"[71]美国的"鸡毛"在陈水扁的手中也是"令箭"。

"9·11"后的转弯 然而，2001年9月11日发生的恐怖分子劫持民航客机撞击纽约世贸大楼和五角大楼的事件，使得布什政府意识到，在对台政策上右摆，使得陈水扁感到有恃无恐，更为嚣张地推行"渐进式台独"，破坏了台海地区的稳定，在中美关系中制造麻烦，严重干扰了美国"反恐"大局。因此，它不得不对其对台政策做再调整，逐步回到他的前任总统们所执行的对台政策的原点上，甚至在反"台独"问题上做出更"清晰化"的表态。

民进党有"公投台独党"之称。打着"民主""人权""住民自决"旗号的"公投"是其谋求"法理台独"的看家手段。2002年8月3日陈水扁抛出"一边一国论"之后，国台办新闻发言人即做出强烈反应："近日来，陈水扁多次发表谈话，公然声称'要走台湾自己的路'，两岸是'一边一国'，准备用'公民投票'方式'在有需要的时候'决定'台湾的前途、命运和现状'。这些言论与李登辉'两国论'如出一辙，充分暴露了他顽固坚持'台独'立场的真面目，是对包括台湾同胞在内的全体中国人民的公然挑衅，也是对国际社会公认的一个中国原则的公然挑衅，必将对两岸关系造成严重的破坏，影响亚太地区的稳定与和平。"[72]8月26日，钱其琛副总理在会见来访的美国常务副国务卿阿米塔奇时特别提醒美国："我们绝对不允许任何形式的'台独'。希望美方认清'台独'的危害性和危险性，不向'台独'势力发出错误信号，这对台海地区的和平与稳定以及中美关系的健康发展至关重要。"[73]

陈水扁鼓吹的"一边一国""公投制宪""台湾走自己的路"，"跨越了美国的容忍线"，"布什发出信号，台北需要收敛其挑衅性言论"。[74]2002 年 10 月，江泽民主席在他任期结束前访问美国，25 日，布什总统特别安排在德克萨斯州他私人的克劳福德（crawford）牧场和江主席会谈。江主席指出，中国一直在尽最大努力争取以和平方式解决台湾问题，完成祖国统一，问题是"台独"势力在千方百计地破坏和平解决的前景，"台独"势力的分裂活动是对台海地区稳定和中美关系发展的最大威胁。希望美方恪守一个中国政策和中美三个联合公报，为实现和平统一发挥建设性作用。布什说，美方理解台湾问题的敏感性，坚持一个中国的政策，反对台湾独立。我们赞赏中方关于和平解决台湾问题的立场。美国政府的上述政策是不会改变的。[75]敏感的台湾媒体对布什是使用了"反对台独"还是"不支持台独"的说法不惜笔墨地讨论了一番。《人民日报》在 10 月 27 日报道江泽民和布什在克劳福德牧场会谈后共同会见记者时，援引布什的话是"美国不支持台湾独立"，但了解情况的人都知道，美国对外表态的语言是"不支持台独"，但总统和高官们使用"反对台独"的措辞也屡见报端。据笔者了解，布什在对江泽民说"反对台湾独立"时，还特意重复了一遍这句话。不管情况如何，台湾当局应当清楚的是，如果它谋求"法理台独"，用美国的话说，要单方面改变台海现状，即踩了美国的红线。

在大陆坚决反对和严厉警告下，以及不得不屈从美国的"忧虑"，陈水扁声言"不会笨到去推动统独公投"，[76]并一再变换"公投"的议题，先是进行"核四公投""加入 WHO 公投"，后来是"立委席次减半公投"，到 2004 年"大选"前提出"防卫性公投""和平公投"。但是，无论陈水扁如何变换议题，他要以"公投"作为第一步、遂行其"催生新宪法"的"法理台独"终极目标始终没有改变。台海地区危险形势有增无减。同时，由于选举形势的变化，陈水扁执意要以"公投绑大选"，希望以此拉提得票率。

"连宋配"成军，"公投法"过关 为了应对 2004 年选举，2003 年初，国民党和亲民党开始酝酿由连战和宋楚瑜搭档参选的"连宋配"。1 月 29 日，国民党公开就"兴票案"向宋楚瑜道歉。2 月 12 日，宋楚瑜发表《建构台湾未来的远景》万言书，强调自己不计较权位，国、亲两党必须切实合作，并表示他尊重连战。2 月 14 日，连战到亲民党中央党部拜会宋楚瑜，两人在会谈九十分钟后正式签署"共同书面声明"和"国亲两党政党联盟备忘录",设立"国亲政党联盟决策委员会"。4月18日,两党正式宣布连战和宋楚瑜代表国亲联盟的正、副"总统"候选人参加2004年的"大选"。"连宋配"成军后,民进党的支持率一度跌到谷底。[77] 为了应对陈水扁的"公投",国、亲两党转守为攻,推动"公投"立法案。10月,两党"立院党团"提出"公投法"草案,把变更"国旗""国号""领土范围"等问题排除在外,并极力破解陈水扁的"公投绑大选"选举策略。同月25日,民进党和李登辉的"台联党"等"独"派团体联手在高雄市举行"全民公投、催生新宪"的游行,鼓动了约二十万人上街大造声势。陈水扁再次鼓吹"一边一国论"和"制宪行宪"的"台独时间表"。在"台独"势力利用"民主""人权"煽动起的舆论压力下,国、亲两党步步后退,最后甚至同意通过"公投"决定台湾的未来。11月27日,"立法院"深夜三读通过了"公民投票法",范围包括法律的复决、立法原则的创制、重大政策的创制或复决、"宪法"修正案的复决,以及地方性"公投"适用事项等。"行政院"为"公投"主管机关,但无权提案"公投",只能由人民和"立法院"提出。"公投"案通过的"门槛"是投票人数必须达到有投票权总人数的二分之一以上,且有效票数超过二分之一同意者,即为通过。"公投法"虽然门槛高,但它的第十七条却为当权者开了一个大口子:"当国家遭受外力威胁,至国家主权有改变之虞,总统得经行政院会之决议,就攸关国家安全事项,交付公民投票。"陈水扁就是利用这一条在2004年"大选"中擅权举办了所谓"和平公投",也称"防御性公投"。

大陆密切关注台湾通过"公投法"的事态发展。11月28日,国台办新闻发言人表示:"我们坚决反对任何人借'公投立法'进行'台独'分裂活动。任何人企图把台湾从中国分裂出去,是我们绝对不能容忍的。"[78]

布温会 对于陈水扁利用"公投"来突破"法理台独"底线的冒险,美国慢慢有所警觉,"萌生对扁不信任感"。[79] 2003年6月21日,美国国务院发言人就"公投"一事表示,陈水扁在2000年就职演说中宣示不推动改变现状的统"独"公投,美国对他的保证"感到欣慰,也认真对待之"。[80] 2003年12月,温家宝总理访问美国。这次访问是台湾2004年"大选"前,中美两国领导人最后一次面对面的沟通机会。据笔者了解,温总理把台湾问题列为他访美的重要议题之一,希望劝说布什总统能公开反对"台独",不要让陈水扁继续"台独"冒险,危害台海地区的和平。他深知这次访美"此去多艰，重任在肩"，因此抱着蔺相如"完璧归赵"的精神来完成这次特殊的外交使命。温总理在会见布什总统前，会见了基辛格、国务卿鲍威尔等人，传递了中国坚决反对"台独"的明确信息。9 日，布什总统在白宫会见了温家宝。温家宝到达白宫后即感到了友善的气氛。首先，他和布什总统进行了小范围会谈，接着一起会见记者。布什总统一上来就点名一位记者提问，而问题就是美国是否认为台湾应当取消计划于明年 3 月举行的"防御性公投"。他拿出一张纸条念道："我们反对中国或台湾任何单方面改变现状的决定。台湾领导人的言行表明，他可能有意单方面作出改变现状的决定，这是我们反对的。"（ We oppose any unilateral decision by either China or Taiwan to change the status quo and the comments and actions made by the leader of Taiwan indicate that he may be willing to make decisions unilaterally to change the status quo, which we oppose.）会见记者后，双方举行了大范围会谈。会谈后，布什在白宫二楼他的私人餐厅设午宴招待温家宝。他在这里仅招待过英国首相布莱尔和西班牙首相阿斯纳尔。午宴后，他还陪同温家宝参观了白宫。在林肯室，布什向温家宝出示了林肯总统亲笔修改过的《葛底斯堡讲演》（ The Gettysburg Address ）第五稿的原件。副总统切尼和国务卿鲍威尔等参加了相关活动，气氛热情友好。布什对记者的表态标志着温家宝访美取得成功。

很显然，布什的记者招待会是经过安排的。作为美国总统，他第一次点名批评了台湾当局领导人，而且用了"反对"这样明白无误的措辞。英国《金融时报》12 月 11 日的一篇述评文章认为，布什的警告有着多层的意义。最明显的是，美国在亚洲这个最易燃的起火点上的立场从"台湾民主的保护者"转变为"台湾海峡和平的保证人"。此外，布什不仅说美国不支持台湾"独立"，而且还表明美国反对台湾采取的"独立"步奏。[81]

谜中谜的"枪击案""连宋配"成军后，民调支持率一直领先于陈水扁和吕秀莲的"水莲配"。据台湾媒体做的民调，连、宋的支持率平均比陈、吕高 10% 左右。民进党公布的民调也有 3% 的差距。因此，陈水扁利用执政的优势使出浑身解数拉抬选情，其核心策略仍是百变不离其宗的"公投"。2004 年 1 月 6 日，陈水扁利用"公投法"的第十七条，抛出了在 3 月 20 日和"大选"同时进行的"和平公投"的两个题目。一个是"台湾人民坚持台海问题应该和平解决，如果中共不撤除瞄准台湾的飞弹，不放弃对台湾使用武力，你是否赞成政府增加购置反飞弹装备，以强化台湾自我防卫能力？"有人称这个特意把美国拉进来的题目为"公投绑军售"。第二个题目是"你是否同意政府与中共展开协商，推动建立两岸和平稳定的互动架构，以谋求两岸的共识与人民的福祉？"[82]任何人都可以看出，这样的"公投"议题完全是巧立名目、骗取选票的把戏。后来投票的情况证明，陈水扁死抱住不放的"公投"并没有帮他多大的忙。真正起了些作用的是2004年2月28日"泛绿"团体组成的"手护台湾大联盟"发动的"二百二十八万人手牵手护台湾"的活动。参加者手牵手组成了一条从北部基隆到南部屏东的"人链"，呼应陈水扁提出的"公投"诉求。这次前所未有的"手牵手"造势活动，利用了"2·28事件"的"悲情"，以便煽动起台湾本土民众的历史回忆，起到动员本土选民的效果。但是，真正在选举中起了"翻盘"作用的是在3月20日投票前一天下午发生的枪击陈水扁和吕秀莲的事件。3月19日下午，陈、吕在民进党的"大票仓"台南市扫街拜票，1点45分，在行经文贤路和金华路附近时，突然遭到枪击，陈水扁腹部、吕秀莲右膝受到擦伤。这一离奇的枪击案至今仍是一个谜中有谜的悬案，但它确实使原本对陈水扁不满的选民转而对他投下了"同情票"。据"蓝营"负责民调的专家黄德福说，有三家民调结果显示，短短几个小时，竞选双方已经打成平手。"枪击事件让连宋支持者至少消失了七到八个百分点，等于一百万票左右。"[83]

陈水扁争议中连任，"公投"失败无效 3月20日晚，"中选会"公布了投票结果：陈、吕得票六百四十七万一千九百七十张，以二万九千五百一十八票、即0.23%的微弱多数险胜连、宋。选举投票率为82.19%，陈、吕得票率为50.11%，连、宋得票率为49.89%。但是，如果加上废票，陈、吕得票率为48.83%，连、宋得票率为48.61%。

"公投"的结果是，所谓"强化国防"题目得票率为92%，反对票占8%；所谓"两岸协商"题目赞成和反对者的得票率也是92%和8%。因为投两项"公投"票的人数都只略多于合格选民的45%，不到50%，按"公投法"两项"公投"均不成立。国台办就此发表了声明："3月20日，台湾当局执意举办所谓'和平公投'，试图挑衅两岸关系、分裂国家，公投结果无效。事实证明，这一非法行径不得人心。任何把台湾从中国分割出去的企图都是注定要失败的。"[84]陈水扁花费了五亿多公帑、受到美国总统点明反对的"和平公投"落得了个"偷鸡不成蚀把米"的结果。

民进党在这次选举中首次得到了超过50%的选票，但它是通过不正当手段得来的，并不代表蓝、绿两大阵营的力量对比发生了转折性的变化。长期从事台湾民意和选举研究的台湾大学教授洪永泰，将1949年以来岛内蓝、绿两大阵营力量对比的变化分为四个阶段。第一阶段是从1949年到1985年"党外"势力和国民党斗争时期，前者有30%的支持率。第二阶段从1986年至1993年，这时民进党成立，国民党发生新党出走的分裂。绿营在"立法院"选举中有30%的选票，在县市长选举中有40%的实力。第三阶段从1994年至2000年，岛内进行了省长，"直辖市"和"总统"的选举，蓝、绿双方的力量对比为60%对40%。第四个阶段是从2000年至今，双方力量对比为蓝55%、绿45%。[85]"蓝营"的最大问题是一再分裂，现在是国民党、亲民党和新党的一大两小的局面，唯有团结一致，才有望在选举中战胜民进党。从地域上看，基本上仍是"北蓝南绿"，中部台湾是双方争夺的"边区"，谁在中部台湾夺得优势，谁将胜选。

　　一些评论，特别是美国媒体的评论认为，台湾2004年的选举表明，"台湾意识"或"国家认同感"明显膨胀。确实，在李登辉和陈水扁的推动下，利用"台湾悲情"分割"台湾人"和中国人，泯灭中华民族感情；利用"民主"旗号，煽动对大陆的敌视，拉开两岸的距离；挥舞"卖台湾"的大棒，打压岛内统派。所有这些自然助长了所谓"台湾意识"。那么李登辉和陈水扁鼓吹的"台湾意识"的实质是什么呢？

　　"台湾意识"与"台湾悲情"曾任民进党妇女部和文宣部主任但后来退党的陈文茜认为，李登辉和陈水扁鼓吹的"台湾意识"实际上是"福佬中心主义"冠冕堂皇的化身。在台湾的人口中，74%为福佬人，也就是闽南人。在他们中间仅有40%的人支持民进党，也就是说，还有34%的福佬人支持反对党或者是"中间选民"。如果民进党能够把这34%的福佬人争取过来，那么民进党将赢得所有的选举。要争取这部分人，最有力的武器就是"台湾悲情"。[86] 李登辉和司马辽太郎对谈时，就用"生为台湾人的悲哀"来为"台独意识"张目的。

　　"台湾悲情"是在历史中逐步郁积起来的。笔者梳理出三大肇因。第一是日本强迫清政府割让台湾的《马关条约》。丘逢甲著名的诗句"宰相有权能割地，孤臣无力可回天"代表了当时台湾绅民被清政府抛弃的悲怆心情。他当时致电巡抚唐景崧和总兵刘永福要求他们反抗日本占领："台湾属倭，万民不服，而事难挽回，如赤子之失父母，悲惨曷极！伏查台湾以为朝廷弃地，唯有死守，据岛为国，遥戴皇灵，为南洋屏障。"为此，他提议成立"台湾民主国"。丘逢甲说的很清楚，他这样做绝不是搞分裂，而是在被清政府抛弃情况下的无奈之举。他一再强调，"台湾民主国""尊奉正朔，遥作屏藩"，而且把年号定为"永清"。[87] 正是他的这种爱国爱乡的气节使他留名青史。

一位台湾学者曾对笔者讲过这样一段往事，笔者至今记忆犹新：他小的时候，年迈的祖母一次带他给祖父扫墓。祖母在墓前对他悲愤地说，祖父是被日本人杀害的，如果台湾没有被割让给日本，你祖父是不会死的，你要记住啊！台湾同胞被自己祖国遗弃的这种悲怨之情在不少人中代代相传。有人说，《马关条约》是"台湾悲情"的起点，其实它也是整个"中华民族悲情"的重要成因，"此恨绵绵无绝期"。

第二是五十年的日本殖民统治。在这五十年中，台湾同胞在文、武两条战线上都进行了壮烈的抗日斗争，虽然受到残酷镇压，但他们从来没有屈服过。日本占领台湾后，先有巡抚唐景崧和总兵刘永福领导的武力反割让，后有陈秋菊、简大狮、余清芳、罗福星等领导的抗日武装起义。据可靠资料，台湾共发生不同规模的起义一百多次，为抗日而牺牲的台湾同胞多达六十五万人。1915 后，武装反抗基本被镇压下去了，但以林献堂、蒋渭水等人为代表的台湾民族资产阶级和知识分子又展开了在文化战线上的抗日斗争。这一斗争的主线是祖国和民族意识。1921 年，他们成立台湾文化协会，举办各类文化讲习会，发行《台湾民报》以提倡汉文，介绍五四运动后大陆的思想文化，"振起同胞元气，以谋台湾幸福"。日本人写的《警察沿革志》承认，台湾人民的民族意识之根本起源乃系于他们原是属于汉民族的系统，"民族意识牢不可拔……故其以支那（近代日本侵略者对中国的蔑称，笔者注）为祖国的情感难于拂拭，乃是不争之事实。"[88] 然而，无论是抛头颅、洒热血的武装反抗，还是以笔代枪的坚韧战斗，在日本殖民统治的淫威下，只能在漫漫长夜中发出何日"出头天"的呼唤。

历史上，殖民者对殖民地的统治历来都使用镇压和奴化的两手策略，日本对台湾也不例外。五十年中，日本的殖民统治大体可分为镇压、奴化和"皇民化"三个阶段。台湾同胞的武装抗日斗争被镇压下去之后，日本殖民当局统治手法的重点转向文化教育，力图将台湾同胞奴化为日本的"忠臣良民"。1937 年以后，为了使台湾民众为其侵略战争服务，推出"皇民化运动"，企图使台湾的人民和土地"都成为皇国的真正一环"。1941 年太平洋战争爆发后，"皇民化运动"被强化为"皇民奉公运动"，旨在彻底落实日本皇国思想，驱使台湾同胞为日本帝国尽忠。[89] 无论是奴化教育还是"皇民化运动"，其目的都是迫使台湾同胞放弃自己的民族属性和中华文化。为此，殖民当局强制普及日语，不准使用汉语和地方方言；推行神社崇拜，禁止供奉中国人的神明、过中国传统节日；甚至强迫台湾同胞改用日本姓名。"皇民化"扭曲了一部分台湾人的心灵，造就了一批"协力者"和"御用派"的亡国奴。殖民当局为了笼络这批人，有的施以小惠，给予他们诸如专卖鸦片、盐、糖的特权；有的充任警察、保正等基层行政人员。李登辉的父亲就担任过刑警，他在《台湾的主张》一书中颇以为荣地说："父亲李金龙先生，毕业于警察学校（警察官练习所），曾担任十多年的刑警。当时在台湾，仅有少数人能就读警察学校，和公费师范学校毕业的老师一样，都属于社会的'精英阶层'。"[90] 还有极少数的上层人士，如当年协助日军占领台北的辜显荣还被安排在日本的贵族院。但是，多数人则被称为"亚细亚孤儿"。他们被迫接受日本教育，懂日语，但仍被日本人视为"二等公民"；而在大陆一些地方，却因为他们的日本籍而受到怀疑，甚至被集中监视居住。[91] 日本殖民统治在他们身上留下深深的历史伤痕。

日本殖民统治时期，台湾同胞因"悲情"而产生的"台湾意识"是包含正反两面的混合体，但其主流是正面、积极的：是对殖民统治的反抗，是不忘家国的民族气节，是维护、承续中华文化传统的民族精神，是对先民们用血汗开拓出的这片热土的无限眷恋，是对"出头天"和"当家作主"的顽强追求。他们的"台湾意识"或"本土意识"是和"祖国意识"相通和一致的。蒋渭水就提出："若要救台湾，非先（从）救祖国着手不可"。台湾文坛巨匠、《亚细亚孤儿》一书的作者吴浊流说："台湾人在无意识中，认为台湾是自己的祖先所开拓的，我们做子孙的有保护它的义务……台湾人具有这样炽烈的乡土爱，同时对祖国的爱也是一样的。"[92] 另一方面，一小批地主、士绅，如辜显荣之流，则卖身投靠日本主子，"自任日本帝国之耳目手足，竭尽全力"。他甚至厚颜无耻地把殖民统治下的台湾人民说成是"应为地球上各国人民中最幸福之人民之一"。[93] 还有一批人，在殖民当局的驱使下，顺从地为殖民当局效力，成为像李登辉父亲那样的"三脚仔"（日本人被称为"四脚仔"，普通台湾人为"二脚仔"）。还有一些被蒙蔽的下层民众被征兵入伍（台湾少数民族被编入所谓"高砂义勇军"），做了日本侵略战争的炮灰。殖民统治还孵化出一批灵魂扭曲的知识分子，如王育德，他们后来成为"台独史观"的始作俑者和"台独意识"的精神支柱。王育德在他用日文撰写的《台湾——苦闷的历史》一书中，一方面说"憎恶并痛斥日本对台湾的统治"，另一方面又说"日本在整整五十一年的时间内孜孜经营，把台湾建设成几乎十全十美的资本主义殖民地"。[94]他的这本书影响甚广，至今仍被奉为"台独意识"的圭臬。在日本殖民统治时期，主动或被动地被"皇民化"的这批人成为日后"台独"势力社会基础的重要组成部分。

然而，把"台湾悲情""台湾意识"在部分台湾人中异化为"台独意识"的则是台湾光复之后发生的"二·二八事件"和国民党当局实行的反共"白色恐怖"。

"二·二八事件" 1945年8月15日，日本宣布战败投降。10月17日，国民政府派遣第七十军三千余人进驻台湾。台湾同胞"箪食壶浆以迎王师"。吴浊流写道："岛民似一日千秋，又像孤儿迎接温暖的母亲般的心情，等待著祖国军队的来临。"[95]10月25日，台湾省行政长官兼警备总司令陈仪在台北接受了日本第十方面军司令长官安藤利吉的投降。台湾结束了五十年零一百五十六天的殖民统治，回到了祖国的怀抱。但是，台湾同胞迎来的却是即将发动反共内战并很快被推翻的反动政权。长官公署实行了集行政、司法、立法、军事大权于一身的独裁专制统治，台湾同胞"出头天"的期盼落空。在台湾经济和民生因受殖民掠夺而十分拮据的情况下，国民党的"接收大员"们则贪污腐败、横行乡里，使接收变成了"劫收"，引起台湾同胞的极大失望和不满。1947年2月27日，台湾省专卖局缉私人员和警察在台北市南京西路查缉私烟时，打伤了女烟贩林江迈，并打死了围观的市民陈文溪。在场民众愤怒地来到警察局和宪兵团，要求惩办凶手，但没有得到合理的答复。2月28日，更多的群众围攻了专卖局。下午，四五百群众到行政长官公署请愿，卫兵竟向徒手民众开枪，打死打伤数人。事后，陈仪宣告实行戒严，军警上街巡逻，又打死打伤不少民众。民众中积蓄已久的愤懑爆发了，人们罢工、罢课、罢市，十六个县市都出现了反抗官府、排斥外省人的抗议行动，甚至发生抢劫军用仓库、烧毁公营机构、释放在押人犯等暴力行动。国民党当局把这次事件定性为"企图颠覆政府，夺取政权，背叛国家"的叛乱，派出军队镇压。直到5月16日，戒严被解除，事件才被强力平息下去。[96]"二·二八事件"是一次要求政治改革、实行地方自治、铲除贪污腐败的民众运动，但国民党当局抓住一些暴力事件上纲上线，施以严酷镇压，在台湾人民和国民党当局、本省人和外省人之间播下了仇恨的种子、掘开了隔阂的深沟，至今仍是台湾政治中难以平复的创伤。"二·二八事件"的"悲情"使得一部分本土人士的"台湾意识"中原有的"祖国意识"被剥离出来，转变为"台独诉求"。因"二·二八事件"被逮捕杀害的殖民时期的本土精英陈炘、林茂生等常被引以为例。

陈炘，1893 年生，台中县大甲镇人。父亲陈凤为清军将领，1895 年时率部英勇抗击日军占领台湾。陈炘毕业于美国哥伦比亚大学，获经济学博士学位。回台湾后首创金融机构"大东信托"，是台湾金融界先驱。他支持并参与"台湾文化协会"等组织的活动。日本投降后，他奔走全岛筹组"欢迎国民政府筹备委员会"。因为有留美背景并和在台的美国情报人员多有往来，1946 年 3 月被以"汉奸"罪名被捕入狱。一个月后被无罪释放。他曾赋诗一首表达当时的心情："平生暗泪故山河，光复如今感慨多，一吁三台尽奋起，欢呼声里入新牢。""二·二八事件"发生后，他被推举为台北民众组织的"二·二八事件处理委员会"代表。在和陈仪谈判时，他建言陈"开诚布公，勿被少数特殊分子包围"。3 月 11 日，陈炘被逮捕处死。[97]

林茂生则是较有争议的"本土精英"。他 1887 年生于台南市，毕业于东京帝国大学，后被日本总督府保送到美国深造，获哥伦比亚大学哲学博士学位，是台湾的首位博士。回台后，主要从事教育工作，曾任台湾大学文学院长。在听到日本投降后，他曾高兴地赋诗一首，其中道："痛心汉土三千日，孤坟楚囚五十秋。从此南冠欣脱却，残年尽可付闲鸥。"3 月 11 日，他因在"二·二八事件"发生后说过杀光外省人而被捕"失踪"。[98]

国民党当局对"二·二八事件"的错误处置确实伤害了一部分台湾同胞，特别是知识分子的民族感情。少数人由此蜕变为"台独"分子。第一代的"台独"大佬廖文毅，既是大地主，又是留美博士，台湾光复时，他曾表示拥护和欢迎，但"二·二八事件"后鼓吹"托管台湾"，并于 1949 年跑到日本，在东京成立"台湾国临时政府"，自任"大总统"。

在当今台湾政党竞争中，"二·二八事件"是民进党用来操弄"族群牌"的最得力的抓手。助推陈水扁 2004 年连任成功的"牵手护台湾"造势活动，就是利用了"二·二八事件"的历史悲情，以动员二百二十八万人上街为号召。因此，"台独"势力极力渲染、利用这种悲情，例如，任意夸大"二·二八事件"中死难的人数。1995 年 10 月台湾当局成立了"财团法人二·二八事件纪念基金会"，从那时起到 2004 年初，申请补偿的受难者家属共两千零八十四人（其中死亡补偿六百七十三人，失踪者一百七十四人，其他因被羁押、坐牢或伤残者一千二百三十七人）。台籍"监察委员"丘念台 1948 年 1 月做的统计为"全台殆不下二、三千人"。两个数字基本吻合。而"独"派人士却估计为一万甚至十几万人。[99] 他们还故意忽略死难者中也有被暴徒杀害的外省人。据陈仪统计，事件发生后头两天，外省公、教人员被殴八百六十六人，死三十三人，失踪七人。[100] 需要指出的是，不是所有台胞都仇恨来台的大陆同胞，有同情心的台胞看到被殴打的大陆同胞时，往往予以保护。2 月 28 日当天，新竹县长朱文伯来台北洽公，在路上被拦截、殴打。台胞吴深潭挺身而出，把他解救到住在附近小巷的朋友林刚朗的家中。这样的例子不在少数。"二·二八事件处理委员会"发表的"告全国同胞书"也说："我们的目标是在肃清贪官污吏，争取本省政治的改革，不是要排斥外省同胞。"[101]

"白色恐怖" 1949 年 5 月，蒋介石败退到台湾后，立即宣布台湾进入戒严状态。19 日，"省政府"正式颁布《台湾地区紧急戒严令》，接着又相继颁布禁止"非法"集会、结社、游行、罢工、罢课等各种活动；对报刊杂志、图书出版严加控制；实行党禁，不准成立新的政党。6 月 13 日，更颁布实行严厉的《戡乱时期检肃匪谍条例》，借反共之名实行蒋介石的个人独裁和特务统治。一时岛内风声鹤唳，笼罩在"白色恐怖"之中。据估计，到 1955 年，因"匪谍"、"叛乱罪"而被捕的约五万人，其中一万多人被定罪，约四千人被处死。据在"保密局"干了一辈子的谷正文少将回忆，各情治单位在台湾逮捕的"匪谍"仅约二千人，其余都是冤假错案。[102] 在这些冤案中，涉及外省人的远远多于本省人，但因为情治单位为外省人控制，因此有的本省籍受害者就把怨恨迁怒于外省人。"白色恐怖"及其后对反对国民党专制统治的"党外运动"人士的高压迫害，在相当多的本省籍人中甚至产生了国民党统治还不如日本殖民统治的感触。这一惨痛的历史记忆在今天的台湾政治中仍然在发挥作用。民进党不但通过揭国民党的伤疤来反国民党，而且利用它来反对两岸统一。一位著名本土精英、曾在李登辉和陈水扁当政时期任"国策顾问"的许文彬律师，早年撰文谈到，国民党专制统治促使很多台湾本土民众对"被统一"产生疑虑。他的文章表明，他和相当一批本土精英人士，把中国共产党和中国国民党之间的党际关系，误认为是大陆"想要拉拢'老旧国民党'残余势力，以制造岛内矛盾，压迫本土台湾人族群认同'统一'"。而"这样一群昔日在蒋家戒严威权欺凌下，强烈要求'当家作主'而被杀被关的广大台湾人及其子孙，原本是与中国共产党无冤无仇的。""今天这群人之所以惧怕'被统一'，乃是下意识里那种'一朝被蛇咬，十年怕草绳'的心理使然。""如果北京被本土台湾族群看作是'蒋介石第二'，他们基于被专制压迫的痛苦经验，是誓死也要抗拒'被统一'的！"[103] 这种对大陆对台政策，特别是对国共关系的认知显然是完全错误的，但在台湾政党恶斗的现实下，它不但得不到澄清，反而由于民进党的强力炒作变得有过之而无不及。

当然，由于两岸的政治制度的不同，台湾同胞受到岛内和国际上的反共宣传的影响还难于消除，加上大陆过去的一些政策失误，如"整风反右"扩大化和"文化大革命"等，台湾同胞对"统一"仍有疑虑，部分人甚至排拒，这是可以理解的。

欲亡其国，先亡其史。"台独"势力为了把台湾从中国分裂出去，就要把台湾的历史从中国历史中分割出来，直至对立起来。"台独史观"的始作俑者除了王育德之外，还有史明。史明原名施朝晖，曾是进步青年，留学日本时读过社会主义书籍，但也受到无政府主义影响。1942年他来到大陆参加抗日工作，曾到狼牙山一带打游击。由于对共产党的政策，尤其是土地改革政策抵触不满，1949年开小差回到台湾。面对国民党的白色恐怖，他走上了"台独"之路。由于组织地下武装和暗杀蒋介石的图谋败露，他逃亡日本。1962年，他在日本出版了用日文写的《台湾人四百年史》。这部书被认为是"台独运动的启蒙经典"。该书把台湾同胞的汉民族意识说成是"空想汉族主义"；把海峡两岸分割为"台湾社会，台湾人"和"中国社会，中国人"；把两岸关系对立为"被统治"和"统治"的关系。"据此而形塑出悲情、苦闷的台湾史观，也从而烘托出蛮横、充满并吞意图的中国观"。[104] 李登辉的"两国论"和陈水扁的"一边一国论"都是立基于史明杜撰的荒谬历史逻辑之上的。需要特别指出的是"台独"势力总是把"台独意识"和"台湾意识"混为一谈，这是在鱼目混珠，是出于他们的政治需要。

对于"台湾意识"，曾参与民进党建党、做过"立法委员"的台湾学者朱高正，有过一番分析。他认为"台湾意识"是"经验概念"而不是"绝对概念"。"而任何未经理性殿堂严格审视过的意识形态也不适作为道德和价值判断的最高原则。然而，在（台湾）各党派相激相荡之下，台湾意识已发展成'政治正确'（politically correct）的民粹诉求，其中夹杂着道德性的宣示，选票结构的考量，同时也参混着对台湾前途的焦虑和身份认同的危机。"[105] 根据他的这种看法，"台湾意识"是历史记忆、岛内政争、两岸竞合（还应包括国际干涉）的复杂混合物。但它不是绝对的，是发展变化的。据此，笔者相信，随着大陆经济、政治、社会各方面的不断改革发展、壮大繁荣，"台湾意识"会返璞归真，逐步回到和祖国认同一致的轨道上来。

在台湾和国际上，总有些人批评大陆不了解台湾民意。其实，这正反映了这些人不了解大陆的对台政策。早在 2001 年 1 月 22 日，钱其琛副总理在纪念"江八点"发表六周年讲话中就明确表示："海峡两岸分隔多年，在意识形态、社会制度等方面存在差异，这些因素，我们应当充分加以考虑，这也是我们主张'一国两制'的原因，而不应构成和平统一的障碍。"他特别强调："我们深切同情台湾同胞曾长期遭受殖民统治和专制压迫的痛苦，充分理解和尊重台湾同胞要求当家做主的强烈愿望，衷心祝愿台湾同胞生活幸福、事业发达。"[106] 对于 2004 年选举所呈现的"台独意识膨胀"的表象，特别是民进党得票率首次过半的现实，大陆也有着清醒的分析和把握。

"5·17 声明" 5 月 17 日，国台办就台湾选后的两岸关系问题发表了经过授权的声明。声明改变了 2000 年陈水扁上台时的做法，在他 5 月 20 日发表就职演说之前即做出了反应，这说明大陆对陈水扁未来四年的走向以及大陆的对策，已有成竹在胸。

笔者将这个声明概括为一个判断，两条道路，五个"决不"和七个前景。声明开宗明义即提出对两岸形势的基本判断："当前，两岸关系形势严峻。坚决制止旨在分裂中国的'台湾独立'活动，维护台海和平稳定，是两岸同胞当前最急迫的任务。"经过过去四年的"听其言，观其行"，大陆得出结论："百变阿扁"出尔反尔，说话不算数，无诚信可言，完全背叛了他在 2000 年做出的"四不一没有"的承诺。两条道路就是民进党当局面临两个选择："一条是悬崖勒马，停止'台独'分裂活动，承认两岸同属一个中国，促进两岸关系发展；一条是一意孤行，妄图把台湾从中国分割出去，最终玩火自焚。"对于民进党当局的何去何从，大陆表明五个"决不"的立场："'台独'没有和平，分裂没有稳定。我们坚持一个中国原则的立场决不妥协，争取和平谈判的努力决不改变，与台湾同胞共谋两岸和平发展的诚意决不改变，坚决捍卫国家主权和领土完整的意志决不动摇；对'台独'决不容忍。"在未来四年，如果民进党当局改弦易辙，承认两岸同属一个中国，摒弃"台独"主张，停止"台独"活动，那么大陆将尽最大努力推动两岸关系发展，争取七个光明前景：

"——恢复两岸对话与谈判，平等协商，正式结束敌对状态，建立军事互信机制，共同构造两岸关系和平稳定发展的框架。

"——以适当方式保持两岸密切联系，及时磋商解决两岸关系中衍生的问题。

"——实现全面、直接、双向'三通'，以利两岸同胞便捷地进行经贸、交流、旅行、观光等活动。

"——建立紧密的两岸经济合作安排，互利互惠。台湾经济在两岸经济交流中，优化产业结构，提升企业竞争力，同大陆一起应对经济全球化和区域一体化的挑战。台湾农产品也可以在大陆获得广阔的销售市场。

"——进一步密切两岸同胞各种交流，消弭隔阂，增进互信，累积共识。

"——在两岸关系的祥和气氛中，台湾同胞追求两岸和平、渴望社会稳定、谋求经济发展的愿望将得以实现。

"——通过协商，妥善解决台湾地区在国际上与其身份相适应的活动空间问题，共享中华民族的尊严。"[107]

台办授权提出这七个建议表明，虽然两岸关系处在"高危期"，但大陆并没有放弃开辟两岸和平发展前景的愿望和努力。七个建议立足于两岸同胞的共同利益，充分考虑台湾同胞的要求和愿望以及国际社会对于台海地区和平与稳定的关切而提出来的，是经过深思熟虑的、具体而又务实的。但是，前提也是不容讨价还价的，台湾当局必须放弃"台独"主张，停止"台独"活动。大陆做好两手准备，就看对岸如何回应。

5月20日，陈水扁在连任就职讲话中，仍然坚持"催生新宪法""公投入宪"的"台独时间表"。他说："2008年阿扁卸任总统之前，能够交给台湾人民及我们的国家一部合时、合身、合用的新宪法，这是阿扁对历史的责任，也是对人民的承诺。"[108]因此，从2004陈水扁连任年到2008年民进党下台这四年间，反"法理台独"仍是大陆的对台政策的主线，在具体执行时，可以说是该"硬"的更硬，该"软"的更软，有张有弛，刚柔相济。

笔者在本书第一章中提到，中共十六大后，面对2004年后民进党继续执政所带来的"高危期"，大陆适时在四方面调整了对台政策：把对台政策提高到"全局性"和"战略性"的高度，动员各涉台部门"综合施策"，推动两岸关系朝积极方向发展；把反对"法理台独"定位为斗争底线，防止"过激"和"保守"两种错误倾向；更突出"寄希望于台湾人民"的方针，加强和台湾各阶层民众，包括支持民进党的基层民众的往来；把构建两岸和平发展框架确立为中长期对台工作目标。2007年10月举行的中共十七大进一步把构建两岸和平发展框架明确为统一前大陆对台政策的战略方针。

《反分裂国家法》这一期间大陆采取的一项重大举措是通过了《反分裂国家法》。2005年3月14日，第十届全国人民代表大会第三次会议几乎全票通过了《反分裂国家法》。因为这是在全国人民代表大会上通过的法律，其位阶高于一般的国家法律，有的人甚至称之为"准宪法"。在2004年12月全国人大常委会决定启动这部法律的立法程序，岛内的"台独"势力被打到了痛处，鼓噪而攻之；国际上，主要是美国，有人攻击它，有人质疑它；攻击的重点是污蔑它为"战争法律"；质疑的核心是担心它会"加剧两岸的紧张情势"。攻击因为触其痛处，质疑实为杞人忧天。

早在李登辉分裂图谋暴露之后，大陆和海外华侨、华人中就出现了通过立法遏制"台独"和"独台"的议论。因为立法事关重大，大陆领导人一直持慎重的态度。在李登辉抛出"两国论"、陈水扁提出"一边一国论"、制定"公投立法"的"台独时间表"后，以法律手段遏制"法理台独"变得现实而紧迫起来。因为中外历史都告诉人们，分裂国家会导致战争，为了和平就必须遏制分裂活动。美国的南北战争就是一场反对南方奴隶主分裂联邦的战争。1858年6月17日，林肯在伊利诺斯州竞选参议员时发表的演说中第一段，"便提出了此后美国历史的基调：'分裂之家不能持久'。"他还对人民自决的观念提出了有力的挑战，认为"所谓人民自决的原则是虚伪的，因为西部地区的奴隶制，不仅是当地居民所关心的，并且也是整个美国所关心的。"[109]上世纪六十年代，非洲的尼日利亚也曾因为东部分裂集团成立"比夫拉共和国"而爆发四年多的内战，生灵涂炭。笔者当时在非洲工作，亲身感受到分裂在非洲不得人心。维护海峡两岸和平稳定之道在于消除"法理台独"的威胁，这是《反分裂国家法》的宗旨和要义所在，它是一部预防性的和平法。

据笔者了解，虽然问题紧迫，但大陆领导人对出台这部法律还是十分慎重的。首先，对启动立法程序的时机是否成熟，广泛地征求了大陆和海外华侨、华人的意见。在法律起草的过程中，人大常委会主管部门也广泛征求了大陆和海外华侨、华人的意见，吴邦国委员长还不止一次亲自主持了专家学者的座谈会。《反分裂国家法》中吸纳了他们的合理建议。应当说，这部法律的立法过程是慎重、民主的。

如果通读一下这部言简意赅的法律，人们会看到它的主要条款是过去二十多年来大陆为推动两岸关系和平发展而制定的方针政策的系统化和法制化。笔者在这里特别提出以下几点：

首先，中共十六大时，已经把钱其琛关于一个中国原则的"新三句"写入政治报告中，而《反分裂国家法》进一步赋予了它法律地位。该法第二条明定：

"世界上只有一个中国，大陆和台湾同属一个中国，中国的主权和领土完整不容分割。维护国家主权和领土完整是包括台湾同胞在内的全中国人民的共同义务。

"台湾是中国的一部分。国家绝不允许'台独'分裂势力以任何名义、任何方式把台湾从中国分裂出去。"

《中华人民共和国宪法》对一个中国的界定是："台湾是中华人民共和国的神圣领土的一部分。完成统一祖国的大业是包括台湾同胞在内的全中国人民的神圣职责。"《反分裂国家法》只提"大陆和台湾同属一个中国""台湾是中国的一部分"，而没有提"中华人民共和国"，这体现了大陆在处理两岸关系中的一个中国问题时，既考虑现实，更着眼于未来，为将来解决统一问题预留了政治和法律空间。笔者认为《反分裂国家法》是就现阶段两岸关系中的一个中国原则，对《宪法》做出的权威解释。

第二，它的第七条是大陆对两岸协商和谈判主要事项做的法律承诺。其中第四款"台湾当局的政治地位"，第五款"台湾地区在国际上与其地位相适应的活动空间"，呼应了台湾方面关切的问题。本书第一章中提到，1998年10月，海协会汪道涵会长在他提出的"八十六字方针"中，第一次提到在一个中国的前提下两岸可以讨论这个问题，引起了广泛的注意和讨论。关于台湾的"国际空间"问题，"江八点"明确反对台湾当局旨在制造"两个中国"、"一中一台"的"扩大国际生存空间"活动。中共十六大政治报告中把这两个问题都列入两岸在一个中国原则下协商谈判的议题。《反分裂国家法》则把它们提升到法律承诺的高度。

第三，《反分裂国家法》的反对者们集中攻击的是它的第八条，就是在三种情况下，"国家得采取非和平手段及其他必要措施，捍卫国家主权和领土完整"。这是大陆一贯、也不会改变的立场。它和大陆和平解决台湾问题的基本方针不是矛盾的，而是相辅相成的。本书第一章引用邓小平的话把问题说得很清楚了："我们不能把自己的手捆起来，如果我们把自己的手捆起来，反而会妨碍和平解决台湾问题这个良好愿望的实现。"试问那些攻击《反分裂国家法》的人们，世界上有哪个正常国家在面对主权和领土被分裂时会宣布放弃使用武力？除非这个"国家"举手投降，甘愿任人宰割！

《反分裂国家法》通过后，台湾当局曾鼓动支持者在 2005 年 3 月 29 日举行"百万人抗议游行"，但是当天的游行却有气无力，草草收场。和"台独"势力期待的相反，《反分裂国家法》通过后两岸关系不但没有加剧紧张，反而发生了具有历史意义的积极发展，国民党主席连战、亲民党主席宋楚瑜和新党主席郁慕明接踵访问大陆，国共两党恢复了断绝半个多世纪的关系。

连、宋、郁访问大陆 2005 年 4 月 26 日至 5 月 3 日，应胡锦涛总书记邀请，中国国民党主席连战率领庞大代表团到大陆访问。4 月 29 日，胡锦涛在人民大会堂隆重会见了连战和代表团全体成员，并举行六十年来国共两党领导人的首次会谈。"胡连会"发布了"两岸和平发展共同愿景"，在"九二共识"和反对"台独"的政治基础上，提出了五项共同促进的愿景：

一、促进尽速恢复两岸谈判，共谋两岸人民福祉。

二、促进终止敌对状态，达成和平协议。

三、促进两岸经济全面交流，建立两岸经济合作机制。

四、促进协商台湾民众关心的参与国际活动的问题。

五、建立党对党定期沟通平台。[110]

2005 年 5 月 5 日至 13 日，应胡锦涛的邀请，亲民党主席宋楚瑜率代表团访问大陆。胡锦涛在人民大会堂以同样隆重的仪式欢迎了宋楚瑜并举行了会谈。"胡宋会"5 月 12 日发布的会谈公报公布了两党达成的四点共识：

一、促进在"九二共识"基础上，尽速恢复两岸平等谈判。

二、坚决反对"台独"，共谋台海和平与稳定。

三、推动结束敌对状态，促进建立两岸和平架构。

四、加强两岸经贸交流，促进建立稳定的两岸经贸合作机制。

关于"九二共识"，公报特别确认和重申了 1992 年海协、海基两会香港会谈时各自口头表述坚持一个中国的具体内容：海基会表述——"在海峡两岸共同努力谋求国家统一的过程中，双方均坚持一个中国的原则，但对于一个中国的涵义认知各有不同。"海协会表述——"海峡两岸均坚持一个中国的原则，努力谋求国家统一，但在海峡两岸事务性商谈中，不涉及一个中国的政治含义。"亲民党是台湾第一个用文字确认"九二共识"具体内容的政党。公报还用"两岸一中"注释了"九二共识"，是两党提出的有关一个中国的新概括。[111]

2005 年 7 月，台湾新党主席郁慕明率领纪念抗日战争胜利六十周年代表团访问大陆，12 日胡锦涛总书记在北京会见了他和代表团全体成员，并和他们举行了会谈。双方在一个中国原则、反对"台独"和发展两岸关系等重大问题上达成高度共识。[112]

连、宋、郁相继访问大陆后，岛内掀起了"大陆热"，反对党的气势回升。四党通过平等协商所取得的共识和成果说明，只要在"九二共识"的基础上，两岸之间什么问题都可以谈，经过共同努力是可以达成双方都满意的成果的，一时不能解决的问题，可以留待以后解决。四党达成的共识体现了岛内希望两岸和平稳定的主流民意，在肃飒的两岸关系中涌现出一股春潮。

与此形成对照的是，陈水扁当局的状况却江河日下。民进党虽然在 2004 年选举中得到 50.2% 的选票，但"枪击事件"却使它执政的"合法性"受到广泛的质疑。如果说 2000 年上台的民进党当局是一个不具多数民意基础的少数当局的话，它的上台还具有"程序正义"，即符合法律规定，"取之有道"；而 2004 年民进党虽获胜，但"程序"却不"正义"，也就是"取之无道"，也可以说是赢了选举，失去了公信。因此，民进党特别重视 2004 年 12 月举行的"立法院"选举，希冀拿下过半数的席位、控制"立法院"，这样就全面掌握政权。"新民意"将证明其政权的"合法性"，而泛蓝的在野党一败再败，必将溃不成军，民进党将长期执政。为此，陈水扁再次操弄"公投制宪""台湾正名"的议题，四处奔走、拉抬选情、志在必得。但是选举的结果却重挫了民进党。在二百二十五个总席次中，国民党获七十九席、亲民党三十四席、新党一席，泛蓝共一百一十四席；民进党八十九席、"台联党"十二席，泛绿共一百零一席。在其余的十席中，无党籍团结联盟得六席，独立候选人获二席。由于他们中间多数倾向泛蓝各党，所以泛蓝阵营在"立法院"中占有了稳定的多数。选举后，陈水扁"引咎"辞去民进党主席职务。笔者对投票的情况做了进一步的分析后，发现一个值得注意的问题，就是投票率只有

57.6%，比2001年上届选举下降了近九个百分点，创下历史新低。以往，低投票率对民进党有利，但这次恰恰相反，大约有二百二十万在"总统"选举中投了陈水扁票的选民，不是没有出来投票，就是转投给了泛蓝候选人。当然，"立法院"选举不同于"总统"选举，但泛蓝阵营的气势明显止跌回升。

在2005年12月举行的"三合一"选举，即县市长、县市议员和乡镇长选举中，民进党再次受挫。在有指标意义的县市长选举中，国民党在二十三个县市中赢得了十四个，包括人口大县台北县和民进党长期执政的宜兰县及南部的嘉义市；如果加上国民党独立参选的吴俊立胜选的屏东县、新党的金门县和亲民党的连江县，泛蓝阵营共拿下十七个县市。民进党仅保住了南部的六个县市；李登辉的"台联党"则一无所获。从得票率来看，国民党为50.96%，比四年前增加了6%；民进党为41.95%，比四年前减少了3.4%。国民党的气势进一步回升。

到临近"大选"的2008年1月第七届"立法院"选举时，民进党更是一败涂地。根据2005年6月通过的第七次"修宪"案，"立法委员"的任期由三年改为四年，名额由二百二十五人减半为一百一十三人，选举制度改变为"单一选区两票制"。选举结果，国民党大胜，获得八十一席；民进党惨败，仅得二十七席；无党团结联盟获三席；亲民党一席；个人参选一席。国民党在"立法院"中单独获得三分之二的绝对多数。选举表明，民进党在两个月后的"大选"中败局已定。

使民进党当局一路败走麦城的致命因素是陈水扁和他家族的贪污腐败。

早在陈水扁第一任期时，他和妻子吴淑珍的贪腐行为就开始浮出水面。有人揭发吴素珍涉嫌股市内线交易。2004年"大选"前，台湾"东帝士集团"董事长陈由豪自爆，在1998年陈水扁竞选台北市长和2000年"大选"期间，曾给吴提供大笔"政治献金"。笔者从可靠人士处获悉，陈用箱子装着数百万美元的现钞，亲自乘车送给吴淑珍。因为吴没有给收据，陈的指控后来被不了了之。前"立法委员"邱毅揭露，从2004年4月到2006年2月，陈水扁家族介入四家金控公司的经营权之争，收受的"调解费"逾一亿元新台币。台湾媒体称之为"二次金改"案。此外，陈水扁本人被指控的贪腐案还有"国务机要费"案、海外洗钱案、龙潭买地案及南港展览馆案等"四大弊案"。2011年10月13日，台湾高等法院对陈水扁及其家人所涉"二次金改"弊案进行二审宣判。陈水扁从一审无罪，被以贪污罪改判行刑十八年，吴素珍判刑十一年，其子陈致中被判一年，儿媳黄睿靓被判六个月。在此之前的2006年7月，陈的女婿赵建铭因违反"证券交易法"的罪嫌被台北地检署判刑八年入狱。陈水扁当权期间，他任用的三名"部长"、五名"次长"也因贪腐案落马。

陈水扁当局的恶性腐败引起民众极大不满。2006年1月，被视为民进党"精神象征"的前主席林义雄宣布退出民进党。6月，在野党在"立法院"发起对陈水扁的弹劾案，结果一百一十九票赞成，但因没有达到一百四十七票的三分之二多数，未获通过。10月，在野党再次推动罢免案，仍因只有一百一十八票赞成而闯关失败。

红衫军运动 在"立法院"外，台湾民众走上街头，展开了波澜壮阔的反腐败"倒扁"运动。2006年8月，民进党前主席施明德发起"百万人倒扁运动"。施明德，1941年生于高雄市。台湾陆军炮兵学校毕业，任炮兵少尉。但不久因从事"台独"活动而被判无期徒刑。1977年被特赦出狱后，积极从事"党外运动"。1979年和"党外运动"元老黄信介等出版党外刊物《美丽岛》并任总经理。12月10日参与在高雄组织反对国民党独裁统治的"美丽岛"大游行。游行遭到国民党当局的镇压，酿成震动岛内外的"高雄事件"（也称"美丽岛事件"）。1980年1月，施明德被捕，再次被判无期徒刑。1990年5月，他被李登辉特赦出狱后，加入民进党。1992年当选"立法委员"，1994年5月当选民进党主席。2000年11月14日他宣布已于早些时候退出民进党。施明德不同凡响的经历，特别是他先后坐牢二十五年，使他成为台湾政坛上风云一时的人物，因此他登高一呼，蓝、绿民众都出来响应。

2006年9月9日一早，民众冒着大雨来到台北市的主要街道凯达格兰大道参加"反贪腐"静坐示威。因为示威者着红衫，媒体将他们称为"红衫军"。9月15日晚，约三十万红衫军手持烛火，进行了"荧光围城"大游行，将台北城区团团围住，场面极其壮观。10月10日"双十节"时，十几万红衫军又举行了"天下围攻"的抗议示威。面对强烈的民众抗议浪潮，陈水扁不但拒不认错下台，反而再次利用"族群牌"，散布"外省人欺负本省人""北部人欺负南部人"的流言蜚语，挑动南部下层民众起来反对红衫军。虽然红衫军运动打破了省籍和蓝、绿的界限，但参加者主体还是北部的中产阶级和民众，而且施明德也明确"倒扁"不是反民进党，而且台湾政治中的省籍偏见、南北差别、政党对立等痼疾仍然发挥作用，民进党的"死忠"分子还是"只问蓝绿，不问是非"，这为陈水扁提供了依托。民进党的"大佬"和要员们为了维护个人既得利益，打出"维护本土政权"的旗号，极力为陈水扁"护盘"。红衫军经过一个多月的抗争，逐渐师老兵疲，最终无果而终。但是它严重地冲击了民进党的民意和政治基础。[113]

陈水扁上台后，虽然也高喊"拼经济"，但他施政的主轴一直是"拼政治""拼选举"，经济自然很难振疲起衰，民生因此日益拮据。但是越是民众怨声载道，他越是要"拼政治""拼选票"；而对他来说，"拼政治"的不二法门就是操作"台独"议题，到"深绿丛中取温暖"。

陈水扁在他 2006 年元旦祝词中又提出，"最重要的未来宪改工程，未来的推动必然是由下而上、由外而内、先民间后政党，以全民共同的智慧与力量，在 2008 年为台湾催生一部合时、合身、合用的新宪法。"[114]接着，在回台南县老家拜年时，他抛出了一枚"震撼弹"："现在已是认真思考废除'国统会'及'国统纲领'的适当时机。将以台湾的名字，直接申请加入联合国。必须在剩下的二年任期内对这块土地有所交代。"[115] 2 月 27 日，他在"国安会高层会议"上宣布"终止""国统会"的运作和"国统纲领"的适用。对于陈水扁采取的新的"台独"冒险行动，大陆做出了强烈反应。在此之前的 2 月 26 日，中台办、国台办负责人就发表谈话，揭露陈水扁"废统"的用心和带来的后果。"陈水扁选择这个时候废除'国统会'和'国统纲领'，有着特定的背景和险恶用心。2005 年以来，通过两岸同胞的共同努力，两岸关系出现和平稳定发展的良好势头，陈水扁不仅不思悔改，反而拿台海和平与台湾人民的利益作赌注，实行更为极端的'台独'分裂路线。他为了个人权位和一己私利，更加疯狂地在台湾内部挑起争端，撕裂台湾社会；执意进一步挑衅大陆，制造两岸紧张，离间两岸同胞感情，企图转移台湾社会舆论对他造成台湾经济不振、社会动荡的谴责及对某些弊案丑闻的追究，以摆脱困境。他把'国统会'和'国统纲领'视为推动'台湾法理独立'的一大障碍，迈出'废统'这一步后，将进而彻底背弃残存的'四不'承诺，力图加紧'宪改'实现'台湾法理台独'。陈水扁推动'台独'分裂活动步步升级，势必引发台海地区的严重危机,破坏亚太地区和平与稳定。"[116]为了应对这一新的危险形势，大陆领导人亲自在国际上做工作。2 月 28 日，胡锦涛主席利用会见来访的瑞士国防部长机会，向国际社会宣示："台湾当局不顾岛内外的强烈反对，一意孤行，决定终止'国统会'、'国统纲领'，这是对国际社会普遍坚持的一个中国原则和台海和平的严重挑衅，是在走向'台独'的道路上迈出的危险一步。"[117] 温家宝总理等其他领导人也利用外事活动的机会向国际社会发出了同样的信息。新的一轮反"台独"斗争展开了。

2007 年，台湾又步入选举年。5 月，国民党和民进党先后推出马英九和谢长廷作为两党的"总统"候选人。马英九选择了萧万长做搭档，谢长廷选择了苏贞昌。

马英九竞选纲领中把两岸关系定调为"不统、不独、不武"。幕僚提出"三不"时，把"不独"放在首位，是马把"不统"调到首位。在政治、经济、社会等领域，共提出二十项具体规划，包括恢复对话、海空直航、开放大陆民众来台观光和投资，建立经贸合作框架、加强文教交流等。[118] 谢长廷的两岸关系竞选政策则是"尊重陈水扁主导权"。[119]

在经济不振、社会震荡、弊案缠身的困境中，陈水扁的竞选主轴只能再次借助于包着"民主""自决"外衣的"公投"议题，不过这次不是"和平公投"，而是"以台湾名义加入联合国"的所谓"入联公投"。反"入联公投"成为大陆反"台独"斗争的焦点。

"入联公投" 根据笔者当年的记录，民进党是在 2007 年 3 月 6 日正式启动"入联公投"案的。当天，外号为"蔡公投"的民进党"立法委员"蔡同荣召开记者招待会，发起"入联公投"。"副总统"吕秀莲、民进党主席游锡堃和谢长廷、苏贞昌等所谓民进党"四大天王"都到会表示支持。"候选人"谢长廷说，加入联合国是台湾追求"国格"与"国家尊严"的长期悲愿，现在时机已经成熟，可以"公民投票"达成共识。5 月 17 日，按照"公投"程序，蔡同荣将"以台湾名义加入联合国"第一阶段联署提案报送民进党。提案主文是："1971 年中华人民共和国进入联合国，取代中华民国，台湾成为国际孤儿。为强烈表达台湾人民的意志，提升台湾的国际地位及参与，您是否同意政府以'台湾'名义加入联合国？"这个案文成为"大选"时"公投"的正式案文。7 月 19 日，陈水扁当局向联合国秘书长提交了"以台湾名义加入联合国"的申请书，第二天联合国秘书处根据联合国大会二七五八号决议和联合国一贯坚持的一个中国立场迅即退回了这份申请书。

为应对民进党的公投，国民党错误地提出了"返联公投"。2007 年 7 月 4 日，国民党向"中央选举委员会"提交了提案。案文是"您是否同意我国申请重返联合国及加入其他国际组织，名称采务实、有弹性的策略，亦即赞成以中华民国名义、或台湾名义、或其它有助成功并兼顾尊严的名称，申请重返联合国及加入其他国际组织？"2008 年 2 月，"中选会"以六票赞成、四票反对的结果通过两个"公投案"和"总统"选举同时进行。

大陆严重关切陈水扁的"入联公投"。2007 年 6 月 13 日，国台办发言人指出："陈水扁当局推动举行以台湾名义申请加入联合国的公投，是以公投方式谋求改变大陆和台湾同属一个中国的现状、走向'台湾法理独立'的重要步骤，也是一种变相的'统独公投'。大陆方面严重关注事态的发展，绝不允许'台独'分裂势力以任何名义、任何方式把台湾从中国分裂出去。"[120] 值得注意的是，7 月 31 日，国防部长也为此发表谈话，他表示："我们有决心、有能力、有准备制止'台独'和导致'台独'的重大事变，坚决捍卫国家主权和领土完整。"[121]

美国与"入联公投" 美国如何对待陈水扁的"入联公投"是两岸和国际社会所高度关注的。对于 2004 年"大选"时的"防御性公投"，当时的国务卿鲍威尔解释了美国的立场。2004 年 2 月 11 日，他在众议院国际关系委员会举行的听证会上说，关于"公投"，我们其实没有看出这些公投的必要性，台湾是个"民主的地方"，如果他们选择"公投"，那就可以"公投"。不过，我们明确地向他们表示，我们不希望这些举动以任何形式导致局势发生变化。我们在《与台湾关系法》中仍然支持并坚决遵守以三个公报为基础的一个中国政策，按照这项法案，我们对台湾的安全负有一定的责任。我们认为不应在该地区做出单方面改变局势的举动。双方必须共同努力，最终找到消弭意见分歧和利益冲突的办法。所以我们对其中任何一个议题都没有表示支持（So, we are not expressing support for either of the referenda.）。[122] 10 月 25 日，鲍威尔在北京接受香港凤凰卫视采访时特别指出："台湾不是独立的国家，它不享有作为一个国家的主权。"[123] 当时任国务院负责亚太事务的副助理国务卿薛瑞福（Randall Schriver）曾撰文解释过美国面对台湾"公投"时决策的纠结。2007 年 6 月 27 日，他在台湾英文日报《台北时报》（Taipei Times）发表了题为"亲台（但不反中）"[Pro-Taiwan (But Not Anti-China)] 的文章。他写道，遇到台湾"公投"的问题，美国面临的核心挑战是，"美国如何才能既亲台又不反中？如何既亲民主又不亲独立？"台湾的公投可分为三类：事务性公投，"独立公投"，以及象征性地或模糊地涉及主权问题的"公投"。对于第一种"公投"，美国会很轻松地予以支持，因为这既亲台又不反中，既亲民主，又不亲"独立"。对于第二种公投，美国会很容易地决定反对，因为美国的政策是不支持"台独"。第三种公投将在华盛顿内部引起争论，声明的措辞是对美国亚洲政策专家们的一种"罗夏墨迹测验"（rorschach test，受试者说出对各种墨迹的联想）。薛瑞福认为，"入联公投"属于第三种公投。[124]但美国官方的反应显然把"入联公投"归类为第二种"公投"。

2007年8月28日，美国副国务卿内格罗蓬特在华盛顿接受香港电视媒体专访时说，美国对"入联公投"深表严重关切。美国反对"入联公投"，因为美国认为这是进一步走向宣布"独立"，改变现状。他还说，台湾方面应当避免任何挑衅，这点很重要。美国认为，推动"入联公投"不是台湾当局为了追求台湾利益而应有的正面举措。[125]

9月6日，胡锦涛主席会见了在澳大利亚悉尼出席亚太经济合作组织第十五次非正式领导人会议的布什总统。关于"入联公投"问题，布什表示，内格罗蓬特副国务卿已代表美国迅速、明确地表明了反对台湾当局推行"入联公投"的立场。美方将关注这一问题，愿同中方保持密切沟通。[126]

9月11日，负责亚太事务的副助理国务卿柯庆生（Thomas Christensen）利用在"美台商会"举行的防务工业会议上演讲的机会，全面地解释了美国为什么"强烈反对""入联公投"。很明显，他是要在场的台湾来的人听清楚美国官方的立场。他重申美国不支持台湾参加需要国家资格的国际组织。他"代表美国政府断然拒绝"所谓美国反对"入联公投"是干涉台湾民主的指控。他说："这项公投的内容，思路错误而且潜藏着巨大的危害。坏的公共政策不会因为用民主的大旗包装起来就变好了。"他指出："不管我们喜欢还是不喜欢，世界上绝大多数国家接受北京对台湾的定位，而且，中华人民共和国一旦被动员起来，它能够赢得压倒性的支持使台湾边缘化……正面冒犯北京的敏感问题是注定要失败的，最终使台北被进一步抛在后面。以台湾名义加入联合国的公投就是这样的正面冒犯，它无望改变台湾在国际舞台上的地位，反而加剧两岸紧张，使台湾疏离了支持台湾增加国际空间的潜在支持者。"[127]

12月21日，国务卿赖斯在国务院举行的年终记者会上进一步表示："最近几个月来，我们认为，以台湾名义加入联合国的公投是一项挑衅政策。它不必要地加剧了台湾海峡的紧张局势。它也不会给台湾民众带来任何实质性的好处。这就是我们为什么反对这一公投。"[128]

同月早些时候，笔者应邀到纽约参加由"美国外交政策全国委员会"主办的"中美关系与台湾问题研讨会"。美方东道主邀请了退休的大使等国务院高官、中国问题专家、在台协会负责人士以及国务院和国防部各一位中级官员与会。时任国台办副主任孙亚夫应邀做了午餐演讲。会议有三个议题，但"入联公投"始终是讨论的热点。根据笔者的回忆，美方当时认为，要陈水扁撤回公投看来不可能，陈为了选票已经置美国的反对于不顾。美国的政策是直接诉诸台湾选民，尽量压低其投票率，使其不能过关。当时，美国国务院有一个逐步提高讲话者层级的规划。早在柯庆生讲话之前，已经规划由赖斯出面讲话。布什总统亲自出来讲话也在考虑之中。他是否讲、什么时候讲，取决于两个情况：一是看赖斯讲话的效果，二是看陈水扁是否采取进一步的挑衅措施。对赖斯是否出来讲话，国务院内部有争论。反对者担心她出面讲可能有反作用；但经过对柯庆生讲话在台湾方面引起的反应进行分析后发现，柯的讲话起了正面作用，因此决定赖斯讲。除了公开表态外，美国还通过私人渠道传递反对信息，也准备采取诸如拒绝某些台湾官员访美的行动来表达反对立场。这使笔者想起一段往事。2006 年 2 月陈水扁宣布"废统"后，他提出 5 月出访时再次过境美国，但美方迟迟不予答复，到最后只同意他过境关岛。陈水扁一怒之下临时决定改取西线，一时间岛内不知道他的专机在何处着陆加油，上演了一幕"专机迷航"的闹剧。最后，在几个机场不接受他着陆后，勉强在阿联酋的阿布达比机场暂停加油。

另一方面，美方一再要求大陆对"入联公投"不要过度反应。一位前大使说，中方希望美国"讲话"，美方希望中方"冷静"；美方"讲话"，中方才会"冷静"，否则将相反。在另外一个场合，一位美国在任高官对笔者私下说，在反对"入联公投"问题上，"我们声音大些，你们声音小些，效果最好"。此外，美国坚持继续对台军售，甚至表示推迟对台军售会对台发出"错误信号"。美国的两手政策不会改变。

为挫败陈水扁的"入联公投"，大陆在世界范围内开展了前所未有的外交活动。不出柯庆生所料，除美国外，大国如法国、英国、俄罗斯，中小国家如新加坡、冰岛，都正式表态反对陈水扁的"入联公投"。有人统计，表态国家多达一百六十余国。[129] 日本的态度比较隐晦。据"维基解密"曝光的材料，日本私下向陈水扁表达反对态度，但未同意公开发表声明予以反对。[130] "入联公投"使得一个中国政策在国际上更为明确和巩固，而"台湾疏离了支持它增加国际空间的潜在支持者"。

2008 年 3 月 22 日，台湾"大选"结果出炉：中国国民党候选人马英九以获得 58.45% 选票的绝对优势战胜获得 41.55% 选票的民主进步党候选人谢长廷，赢得了"大选"。台湾再次政党轮替，国民党重新上台执政。陈水扁的"入联公投"以远低于法定票数的 35.82% 支持票被否决。国民党的"返联公投"也以 35.74% 支持票被否决。大陆八年抗"独"斗争以民进党下台而取得阶段性胜利，两岸关系进入了和平发展的新阶段。

评议

大陆在民进党当政八年中进行的反"台独"斗争实践表明，大陆的战略和策略总体上是正确的、是成功的。面对民进党首次上台执政的空前挑战，大陆冷静观察、沉着应对。"听其言、观其行"其实是外松内紧，在做好应变准备的同时，把球踢到对方，"拭目以待"对岸的局势发展。大陆断定，陈水扁"三个少数"的虚弱地位，"台独"的施政方向，以及没有行政经验和人才，必然导致政不通、人不和。果然，岛内"废核四""罢免案"政争不断；政局混乱导致经济失调，民怨四起。岛内自顾不暇，大陆赢得战略主动。2004 年以后，陈水扁制造了两岸关系"高危期"，大陆把反"独"斗争放到全局和战略高度，群策群力、"综合施策"。连、宋、郁相继访问大陆后，岛内反对党气势回升；"红衫军"兴起标志着贪腐的陈水扁气数已尽。通过反"入联公投"一役，大陆再次重挫"台独"势力，并在国际上巩固了一个中国的地位。八年期间，大陆更突出"寄希望于台湾人民"的方针，实现了"小三通""春节包机"，加强了两岸经贸和人员往来，出现了"政冷经热"的局面（有关两岸经贸关系，笔者将在下章予以介绍）。但是，岛内分裂势力对大陆历来是"逢中必反"，对大陆的对台政策和采取的措施总是歪曲攻击；国际上也有些人带着偏见说三道四；还有些人因不明真相而产生误解。因此，笔者在这里就几个人们议论较多的问题介绍一下笔者了解的情况和看法。

选情评估 对于 2000 年选举的结果，岛内有一种颇为流行的说法，大陆判断错误，"跌破眼镜"。郭正亮在他的《变天与挑战》一书中甚至称，"北京大感错愕", "恼羞成怒和不知所措"。[131] 这完全是无稽之谈。台湾的选举颇具"台湾特色"。由于它是李登辉从西方匆忙"移植"而来的, 因而"水土不服"。选举中买票、做票、绑桩、抹黑等恶行普遍存在, 甚至不惜制造"枪击"事件; 而在统"独"之争主导选举的情况下, 族群对立、社会撕裂, 相当一部分选民, 特别是在南部, "不问是非、只问蓝绿"。因此, 台湾的选举往往"不按常理出牌", 变数较多。洪永泰教授在他的书中就写道: "有个东西在教科书里写的是一回事, 在现实世界里却完全是另一回事, 请读者猜猜看是什么呢? 答案是, 台湾的选举!"[132] 民进党内部对选情的看法就始终存在分歧。上文提到, 郭正亮承认, "直到选前一天, 仍有许多扁幕僚担心宋将险胜阿扁"。他还披露, 民进党"主流派是'重连轻宋', 以党主席林义雄和执行总干事邱义仁为代表, 认为宋'只有声势, 没有实力', 只要国民党辅选机器开动, 宋的声势就会迅速滑落"。[133] 他自己也直言, "不管是哪一种选举递变, 都不是历史必然, 都是偶然发生。即使到了最后的阶段——扁宋对决, 由于两人的差距过于接近, 不到最后开票还是难定胜负。陈水扁的胜选, 显然带有相当的运气……"他还说, 算命先生们也误判了选举结果。因为陈水扁属虎, 而2000年是龙年, 龙虎对冲, 虎必输无疑。[134] 如果是这样, 是谁"跌破眼镜"呢?

笔者当时对选情的评估是, 1999 12月"兴票案"之前是"宋领先、陈稳定、连落后", 用交通信号灯来形容是"宋绿灯、陈黄灯、连红灯"。"兴票案"后, 宋、连也变成了"黄灯", 一时呈鼎足之势, 高下难分。宋楚瑜受到重挫, 民调支持率从最高的40%跌到20%, 出现了选举中最忌讳的"开高走低"态势。连战摆脱了支持率长期处于20%的低迷状态, 拉近了和宋、陈的差距, 但国民党内部的评估是"在统计学中尚不具意义, 仍需努力冲刺"。陈水扁从"兴票案"中渔利最多, 支持率多次拔得头筹, 胜选几率增加。到2000年3月10日左右, 笔者任职的社科院台研所大多数研究人员认为, 陈水扁的选情很可能从"黄灯"变"绿灯"。据笔者了解, 此时大陆涉台部门已经对陈水扁一旦上台, 两岸关系的发展趋势及国际, 主要是美国的反应做了评估, 并制定了预案。据说, "听其言、观其行"是钱其琛副总理提出的。

白皮书 2000年2月22日大陆发表了《一个中国的原则与台湾问题》白皮书。台湾岛内和国际上对它发表的时机, 特别是其中提到大陆使用武力的"三个如果", 即"如果出现台湾被以任何名义从中国分割出去的重大事变，如果出现外国侵占台湾，如果台湾当局无限期地拒绝通过谈判和平解决两岸统一问题，"有些误解，更有妄评。台研所参与了初稿的草拟，对相关情况有些了解。首先，白皮书的缘起是李登辉的"两国论"，因此它的中心内容是一个中国原则，重点是说明中国绝不会在一个中国原则问题上做出妥协，绝不会容忍任何分裂中国的活动。第二，白皮书是一个国家对国际社会宣示重大政策的文件，是说给国际社会听的，重点不是台湾。第三，白皮书原拟在 1999 年底或 2000 年初发表，但因为要翻译成五种外文，所以拖延到了 2 月份，并非有意选择了特定的发表时间。第四，"三个如果"是大陆的一贯政策，在李登辉提出"两国论"、加剧分裂活动的情况下，必须将其危险性"讲清楚、说明白"，外界不要错认为台湾搞"台独"也会"天下无事"，大陆会吞下苦果。2000 年 1 月 28 日，在纪念"江八点"发表五周年的座谈会上，钱其琛就警告说："我们希望和平，也深知台湾同胞渴望和平。而'台湾独立'只能意味着两岸之间的战争，绝不是两岸之间的和平。"[135] 如果说国际上对这个警告的反应有些迟钝的话，白皮书则在国际上，特别是在美国，引起了很大的震动，而且产生了近似于军事演习的持续性效应。应当说，在强化国际社会对中国反"台独"坚定立场的认知，防止某些外部势力以"民主"为借口支持"台独"冒险的意义上，白皮书的"三个如果"达到了预期目的。《反分裂国家法》进一步把"三个如果"的基本立场法制化。

朱镕基讲话 和白皮书相比，在台湾岛内流传更广、因此必须廓清的另一种不实说法是，朱镕基总理 2000 年 3 月 15 日在记者招待会上回答台湾问题的讲话，"帮了陈水扁的忙"。到底朱总理讲话对选情有什么影响呢？3 月 19 日下午，台湾《中时晚报》刊登了郭淑媛的一篇新闻分析，标题是"台独党纲，民进党的马蜂窝"，副标题是"陈水扁以退出政党活动来回避，能否化解疑虑待观察，民进党倾向以'历史文件化'处理"。文中第五段写到"据了解，在中共总理朱镕基发表强硬的文攻之后，民进党内部民调发现，陈水扁从领先宋楚瑜三个百分点，一天之内快速掉了二个百分点，几乎与宋无分轩轾。面对选前重大危机，三月十六日下午，民进党决策阶层曾召开一次非正式会议研商对策，会中有人主张由党主席林义雄出面宣示民进党要废除台独党纲，经过幕僚联系，甚至取得候选人陈水扁的首肯，不过林义雄认为废除党纲非同小可不容草率，因此这项大动作遂胎死腹中。"郭正亮在他的书中认为，朱镕基的讲话在台湾南部地区引起了反弹，但在北部效应则相反，"使保守选民转趋谨慎，大多数改投给宋楚瑜"，并以台北市和台北县的宋、扁的得票率为据。他认为，南部的转票效应要大于北部，但只举了个别几个例子，主要论据是"据笔者了解"，而没有给出具体数据。[136] 笔者认为，南部本来就是民进党的票仓，即使有反弹，对选票的影响也不会大到"扭转乾坤"的程度。《中时晚报》的报道可为佐证。上文中已经提到，朱镕基讲话的目的是表明大陆对"台独"的"零容忍"，是"敲山震虎"，和白皮书一样，对陈水扁不得不做"四不一没有"的表态，从而避免两岸关系可能失控，起了直接的作用。着眼于大局，这是才是朱镕基讲话的意义所在。

陈水扁其人 陈水扁到底是个什么样的人？这是在他当权八年中人们研究和不断议论的一个重要话题。在笔者浏览过的有关陈水扁的评论文章中，陈文茜 2003 年 12 月 8 日在台湾《商业周刊》上发表的一篇专栏文章给笔者留下深刻印象。文章的标题是"游戏的陈水扁"。由于她从十九岁就投身于政治运动，曾担任过民进党的妇女和文宣等部的负责人，属于民进党权力核心的人物，因此对陈水扁的观察可以说是"近水楼台先得月"。而且，文章用笔俏皮、诙谐，但入木三分，很耐人玩味。这里，笔者择录其主要内容以飨读者：

陈水扁的出现，对典雅政治文化，无疑冲击极大。他打破了游戏规则，搞得对手、同志人人摇头他不可"信"，但却因此开启了他人生一朵又一朵的权力花朵。

他来自反对运动，批评陈水扁不相信自由民主，似乎不公平。他和自由民主符号，还真有不算短的关系；他参加反对党，曾出任党外杂志发行人，高雄事件担当辩护律师。但不知为什么，狂飙陈水扁的背后，总给人一种时时刻刻拿算盘，连自由也算多少钱、民主也称秤多少两的精明之感。

他是台湾史上最杰出的群众政治领袖。个性急躁、善变；讲战术，他一流；讲战略，陈水扁一塌糊涂。

陈水扁从小来自穷苦家庭，这帮助他熟悉人性的弱点，他比一般人体会人性的贪，也领会人性的胆怯；他年幼时一无所有，贫苦的处境，锤炼他比旁人多了那么一点毅力，也正巧多了那么一点勇气。这些特质帮助他在第一时间、当人们正常反应是恐惧与惊吓时，狠狠捉住人性的弱点。站在台上，他不只字字句句，抓住了群众的情感，甚至似乎可以看穿台下民众眼睛里看什么、心里想什么、脑袋里要什么，他总会满足信徒那一刻全部的梦想。

如果陈水扁是赌徒，绝对是梭哈型的玩家，他玩游戏，不玩长盘的。每一轮，他顶多和你打个一、两圈牌，两圈完 game over，除了输场情绪失控外，通常他会适时转换一下台，重新洗牌，甚至更换牌友。他可以为不同赌局，定出不同策略，为不同对手，拟不同赛局，游戏玩到顶端，甚至自我都可以跟着转换。

星座专家评论，他是天秤座，因此不同处境的角色换演，格外熟练。从悬疑剧场的张力来看，陈水扁有时像一把揭穿特权利益阶级的刀刃，与特权阶级水火不容。打特权的陈水扁，声嘶力竭，当他一入戏，观众很难不鼓掌。但到了资本家聚集场合，陈水扁收起他的锋利，反像一只漂亮的棉花糖，粉粉红红、吹得澎澎大，大老板们舔起来，都觉得可口贴心。陈水扁是政坛中少数企业家竖起大拇指的好"买办"，交代拜托他的事，说到办到。当上"总统"后，陈水扁对金主们卑躬屈膝，人事问题向他们请教，政策部分由他们指教，政府投资金额更由他们精准教授。

人类史上大概没有一个像他这样，夜晚与特权紧密结合，白天时时装扮打特权盔甲的战士。公开场合他扮演上帝；私底下，他是位不折不扣的浮士德。

在新颖投机的都会中，陈水扁这位乡下小孩沉浮得很传奇。无论穿着多么青涩、与热门音乐舞蹈如何格格不入，他坚韧努力地了解城市的每一个新符号，他知道必须参与，多少变装上身，他都不会忌讳。他深谙这是个势力投机的社会，如果不能顺利扮相，他永难爬到高峰。

他为自己塑造了两个身份，城市陈水扁与乡土陈水扁。通常他的幕僚会为他编织不同的戏码，好表现不同的身份。Rap 晚会，他要变；群众演讲，他要"放"。

出了台北市的陈水扁，还是最有魅力的。市长落选时，吴素珍曾劝他："选总统！怕什么，你出了台北市，就像皇帝。"的确，群众中的"阿扁"无论身份是否家财万贯，总有能力演得像初入台北丛林的台南乡下"志明"，在乡间小路里，穿梭迷茫的无辜少年。陈水扁每个肢体动作都在抗议"台北不是我的家"，他提醒群众，田里长大的孩子，不甘向命运低头。

不了解陈水扁的，会以为他是冒险家。但基本上他玩的只是冒险边缘的游戏，他和冒险有那么一点关系，但不会真的拿自己的权力生命开玩笑；真到悬崖边，他不会轻易往下跳。局面多半是他看着别人往下跳，然后大声帮那个人发言辩护。

……

李光耀称陈水扁为"赌徒"。据"维基解密"公布的美国驻新加坡使馆2007年10月19日发出的电报，李光耀在会见来访的柯庆生时说，陈水扁是赌徒，他因为贪污丑闻已自毁声誉，唯一可以打的牌就是推动"台湾独立"，反正他已一无所有，准备"孤注一掷"。李光耀还指出，陈水扁害怕在2008年的选举后，不论是国民党或民进党胜选，他恐怕都会遭到刑事调查，因此得要"巩固他的地位"。[137]

笔者认为陈水扁是个机会主义"台独"分子。他搞"台独"主要不是出于"信仰"或"自由、民主"的意识形态，而是出于个人向上爬，摆脱受人鄙睨的"三级贫困户"处境，要出人头地的野心和贪欲。作为把自己的灵魂卖给魔鬼以换取知识和权力的浮士德，他曾经风光一时，但最后落得个锒铛入狱结局是合乎他人生逻辑的。

读了陈文茜对陈水扁的评价，人们应该可以回答另外一个对大陆的不实指责，就是大陆在陈水扁提出"四不一没有"后没有积极回应，因而错失了"机会之窗"。这里笔者要问一下指责大陆的人：陈水扁可信吗？上文已经提到，陈水扁的"四不一没有"是在美国的"指导"下提出的，他是在玩"战术"，是为了稳住美国、稳住两岸，从而稳住地位虚弱的自己。其后的事实是，他"催生新宪法"、"废统"、制定"台独时间表"、强推"入联公投"，哪里还有"四不一没有"？它不过是陈水扁用来自欺欺人的一件"皇帝的新衣"。但是，大陆"听其言，观其行"的政策绝不是被动的无作为，大陆为创造两岸间的机会之窗做了很多努力。一个重要举措就是上文提到的，钱其琛在2000年8月接见台湾《联合报》访问团时，提出一个中国原则的"新三句"，它释放出大陆在这个关键问题上的包容性，但陈水扁完全置之不理。不但如此，他还阻止、破坏民进党内人士为创造两岸往来"机会之窗"所做的尝试。最突出的例子就是时任高雄市长谢长廷厦门之行的流产。

谢长廷，1946年生于台北市，台湾大学法律系毕业，日本京都大学法学院博士课程结业。早年因担任"高雄事件"辩护律师而在"党外运动"中暂露头角，是民进党创党元老之一。他多次当选"立法委员"。1996年作为彭明敏的"副总统"候选人，代表民进党参加"大选"，但落选失败。1998年12月他当选高雄市市长。2008年他作为民进党候选人参加"大选"，但败在马英九手下。在民进党内，有所谓"扁长之争"的"瑜亮情结"之说。陈水扁上台后，谢长廷竞选民进党主席成功，于2000年7月22日走马上任。据笔者了解，他就任高雄市长后，为繁荣高雄经济，特别是提振高雄港作为境外转运中心的地位，即酝酿通过和厦门结成"姐妹城市"，进一步便捷和密切高雄和对岸的经贸、人员等往来。经过在福建经商的友人居间联络沟通，双方就两岸城市交流首先要解决的政治定位问题达成了共识。6 月 27 日，在他就任民进党主席之前，举行记者招待会宣布，将以高雄市政府名义邀请包括厦门等大陆重要港口城市市长互访，随后将有关信函发给福建省政府、厦门市委书记和市长。对于政治定位问题，谢长廷从他主张的"宪法一中"出发表示，"台湾与大陆仍为同一个国家领土的基础并未改变"，"厦门与高雄应该是同属于一个国家的关系"。人们把他这一表述概括为"一个中国，两个城市"（一国两市）。大陆对此作了积极回应，通过厦门市长朱亚衍邀请谢以市长身份来访，同时明确厦、高两市之间的交流和民进党无关。来访时间定在 7 月 10 日下午四点到，13 日返回。大陆接待计划中还包括访问福州和泉州。国台办主任陈云林事先带领大队人马到福州做准备工作。但两岸这一具有重要意义的互动，却因为陈水扁的阻挠而流产。7 月 7 日，谢长廷被迫宣布取消厦门之行，并发表了题为"深化台湾价值，突破两岸困境"的声明，对无法访问厦门表示遗憾。台湾当局的借口是，谢到厦门访问不符合台湾相关"法律"的规定。7 月 13 日，作为最后的努力，朱亚衍致函谢长廷，提出率团访问高雄，但还是因为台湾当局的阻挠而未能成行。很清楚，如果这个厦、高"双城记"故事成功，它将开启两岸一个"城市交流"模式，这无疑为突破两岸关系僵局打开一扇光亮的"机会之窗"，但是陈水扁执意堵死了这扇窗。

在民进党当权的这八年期间，大陆开展的以反"台独"为主轴的斗争丰富了对台工作的实践，积累了宝贵的经验。笔者认为，大陆的总体战略和具体政策都通过了实践的考验，是行之有效的。岛内"台独"思潮的形成和发展有着复杂的历史和现实的背景，诸如历史郁积的"台湾悲情"，日本殖民统治时期"皇民化"的流毒，国民党专制统治和"白色恐怖"留下的省籍问题和政党对立，两岸政治制度的差异以及外部势力的干涉等等。虽然自 1949 年以来两岸海天相隔，但毕竟同文同种，民间往来从来没有断绝过，大陆对"台情"总体上是了解的，因此对台政策是精细和符合实际的。但是，大陆清醒地认识到台湾问题的复杂性，"台独"思潮在岛内外还有其生存的土壤，反"台独"斗争是长期的，甚至还可能出现曲折。大陆需要面对岛内"政党轮

211

替"的常态化，面对曲折、反复要有定力。八年反"独"实践表明，"台独"是没有出路的，而且随着大陆的发展壮大，会更没有出路。大陆应当更有自信地贯彻构建两岸和平发展框架的方针政策，并不断地实事求是、与时俱进地予以调整，水到渠成地化解"台独"问题。归根结底，解决台湾问题的钥匙是大陆自身的发展。

注文：

[1] 郭正亮，《变天与挑战》，第三页。

[2] 同上注，第四十五页。

[3] 李建荣，《连战风云》，第十八页。

[4] 陆铿马西屏，《别闹了，登辉先生》，第十三页。

[5] 邹景雯，《李登辉执政告白实录》，第六十五页。

[6] 同注 4，第十四页。

[7] 同上注，第十六页。

[8] 同上注，第十七页。

[9] 同注 5，第一百一十页。

[10] 同上注，第一百零七页。

[11] 同注 1，第八至九页。

[12] 同上注，第八页。

[13] 同上注，第九页。

[14] 同注 4，第一百四十七页。

[15] 同注 1，第六页。

[16] 新华社北京 2000 年 3 月 15 日电。

[17] 台湾《自由时报》，林浊水："台湾前途决议文"的秘密，2007 年 5 月 14 日。

[18] 台湾《中国时报》，何荣幸、李翰报道："台湾前途决议文"优于"台独"党纲，2001 年 10 月 21 日。

[19] 陈水扁，《台湾之子》，第一百一十五页。

[20] 同上注，第一百一十七页。

[21] 同上注，第一百二十二至一百二十三页。

[22] 同上注，第一百一十八至一百一十九页。

[23] 陈水扁，"人民的胜利，责任的开始——中华民国第十任总统、副总统当选感言"。

[24]《人民日报》，"中共中央台湾工作办公室、国务院台湾事务办公室就台湾地

区产生新的领导人发表声明"，2000 年 3 月 19 日。

[25] 陈水扁，《世纪首航——政党轮替五百天的沉思》，第七十八页。

[26] 同上注，第七十一页。

[27] 周玉蔻、宁育华，《唐飞——在关键年代里》，第六十四页。

[28] http://www.chinatimes.com.tw/moment/890607001.htm

[29]《中国时报》，刘屏，华盛顿 1 日电，2014 年 3 月 2 日。

[30] Richard Bush, "Untying the Knot—Making Peace in the Taiwan Strait"，第二百六十二页。

[31] 苏起，《两岸波涛二十年纪实》，第一百九十八页。

[32] 台湾《联合报》，2000 年 5 月 17 日。

[33] 台湾《中央通讯社》（中央社）2000 年 5 月 3 日电。

[34] 新华社北京 2000 年 5 月 20 日电。

[35] 新华社北京 4 月 6 日电，"钱其琛在中宣部等部门举行的形势报告会上作台湾问题形势报告"。

[36] 同注 27，第十一页。

[37] 台湾《联合报》，2000 年 10 月 28 日。

[38] 参阅《参考消息》："沸沸扬扬 30 天——台湾'总统'罢免案的台前幕后"，2000 年 11 月 28 日，及《中国时报》，2000 年 11 月 3 日。

[39] 同注 25，第九十四页。

[40] 新华社北京 2000 年 3 月 21 日电。

[41] 新华社北京 2000 年 3 月 29 日电。

[42] 同注 31，第一百九十八页。

[43] 台湾《联合报》，2000 年 7 月 19 日。

[44] 台湾《中央社》2000 年 7 月 31 日电。

[45] 参阅苏起《两岸波涛二十年纪实》第九十三页至一百零三页，有关蔡英文段落参阅陈淞山主编《陈水扁新智囊——新世纪接班人》第一百七十九至一百八十九页。

[46] http://www.dpp.org.tw/d_news/center/abian991115_1.htm

[47] 同注五，第三十五页。

[48] 同注 31，第一百五十四页。

[49] 同上注 40，第二百页至二百零一页。

[50] 详情请参阅《壹周刊》2002 年 3 月 21 日第 43 期"封面故事"，第十页至二十三页。

[51] 参阅注 31，二〇四页至二一九页。

[52] 新华社北京 8 月 25 日电。

[53] 台湾《联合报》，2002 年 5 月 8 日。

[54] 台湾《中国时报》，2002 年 7 月 13 日，陈水扁在"亚洲台湾商会联合会"年会上的讲话。

[55] 台湾《中央社》2002 年 8 月 6 日电，陈水扁在民进党中常会上就"一边一国"论提出五点声明。

[56] 台湾《台湾日报》2003 年 7 月 26 日。

[57] 台湾《中国时报》社论："在维护国家最高利益上操作公投议题"，2003 年 6 月 24 日。

[58] 以上数据来自台湾《中国时报》和《联合报》2000 年 12 月至 2003 年 6 月的相关报道。

[59] 台湾《中国时报》，"王永庆：再不努力 台湾会完蛋"，2000 年 12 月 13 日。

[60] 同上注，2001 年 8 月 13 日。

[61] 台湾《联合报》，2001 年 8 月 13 日。

[62] 台湾《中国时报》，2003 年 10 月 1 日。

[63] James Mann, "Rise of the Vulcans –The History of Bush's War Cabinet", p. ⅩⅥ - ⅩⅦ

[64] David M.Lampton & Richard Daniel Ewing, "U.S.—China Relations in a Post—September 11th World", p.75

[65] 同上注，第十七页。

[66] 台湾《中国时报》，2001 年 4 月 25 日。

[67] 参阅 http://thomas.loc.gov/cgi-bin/query/D?r107:10:/temp/~r107u95uHK::

[68] http://www.sina.com.cn 2002 年 02 月 23 日 00:24 中国新闻网。

[69] 同注 31，第二百五十四页。

[70] 新华网（2004 年 8 月 31 日 10:02:54）来源:《国际先驱导报》。

[71] 台湾《中央社》，2002 年 5 月 10 日电。

[72]《人民日报》，2002 年 8 月 6 日。

[73]《新华社》北京 2002 年 8 月 26 日电。

[74] 同注 63，p.223—224。

[75]《人民日报》，2002 年 10 月 26 日。

[76] 台湾《中国时报》，2003 年 6 月 26 日。

[77] 参阅张海鹏、陶文钊主编，《台湾史稿》下卷，第七百五十至七百五十一页；台湾《中国时报》，2003 年 6 月 26 日。

[78]《人民日报》，2003 年 11 月 29 日。

[79] 台湾《中国时报》, 2003 年 6 月 22 日。

[80] 同上注。

[81] http://www.taiwansecurity.org/News/2003/FT -111203.htm

[82] http://www.ettoday.com/2004/01/16/11093-1574314.htm

[83] 台湾《商业周刊》, 陈文茜："三二〇当晚, 你在哭吗？" 2004 年 3 月 29 日。

[84]《人民日报》2004 年 3 月 21 日。

[85] 洪永泰：《谁会胜选？谁会当选？》, 第二十四至二十九页。

[86] 同注 83, 陈文茜："台独市场化", 2004 年 5 月 16 日。

[87] 参阅王晓波：《台湾意识的历史考察》, 第二十九页。

[88] 陈孔立主编：《台湾历史纲要》, 第三百八十八页。

[89] 同上注, 第四百一十三至四百一十四页。

[90] 李登辉：《台湾的主张》, 第三十六页。

[91] 同注 87, 第四百一十六页。

[92] 参阅朱高正：《纳约自牖》, 第二百五十一至二百五十二页。

[93] 王育德：《台湾——苦闷的历史》, 第一百三十五至一百三十六页。

[94] 同上注, 第一百一十二页。

[95] 同注 87, 第二百五十一页。

[96] 详情请参阅注 77, 第三百五十四至三百七十二页。

[97] http://zh.wikipedia.org/wiki/%E9%99%B3%E7%82%98

[98] http://zh.wikipedia.org/wiki/%E6%9E%97%E8%8C%82%E7%94%9F

[99] 戚嘉林：《台湾六十年》, 第三十页。

[100] 同注 77, 第三百五十六至三百五十七页。

[101] 同上注, 第三百五十七页、第三百六十页。

[102] 同注 99, 第五十二页。

[103] 许文彬："闻北京认同台湾人当家作主的愿望",《台湾新闻报》, 2001 年 2 月 1 日。

[104] 同注 92, 第六页。

[105] 同上注, 第二百四十八页。

[106]《新华社》北京 2001 年 1 月 22 日电。

[107]《人民日报》, 2004 年 5 月 17 日。

[108] 台湾《中央社》2004 年 5 月 20 日电。

[109] 美国（驻华）大使馆文化处编译出版,《美国历史简介》, 第八十五页。

[110] 参阅《新华社》北京 2005 年 4 月 29 日电, "中国共产党总书记胡锦涛与中国国民党主席连战会谈新闻公报"。

[111]《新华社》北京 2005 年 5 月 12 日电，"中国共产党总书记胡锦涛与亲民党主席宋楚瑜会谈公报"。

[112]《人民日报》2005 年 7 月 13 日。

[113] 上述详情可参阅注 77，第七百七十一至七百七十四页。

[114] 台湾《青年日报》，2006 年 1 月 2 日。

[115] 台湾《中国时报》，2006 年 1 月 30 日。

[116]《人民日报》海外版，2006 年 2 月 27 日。

[117] 同上注，2006 年 3 月 1 日。

[118] 同注 31，第四百八十七页。

[119] 台湾《联合报》2007 年 5 月 16 日。

[120]《人民日报》，2007 年 6 月 14 日。

[121]《新华社》北京 2007 年 7 月 31 日电。

[122]《参考消息》，2004 年 2 月 17 日。

[123]《新华社》香港 2004 年 10 月 26 日。

[124] 台湾《Taipei Times》，2007 年 6 月 27 日。

[125]《人民网》2007 年 8 月 28 日电。

[126]《中国新闻网》悉尼 2007 年 9 月 6 日电。

[127] Thomas J.Christensen: Speech to U.S.-Taiwan Business Council Defense Industry Conference,2007 年 9 月 11 日

[128]《人民网》华盛顿 2007 年 12 月 21 日电。

[129] 参阅《海峡之声网》2007 年 12 月 30 日对中国前驻法国大使吴建民的采访。

[130] 台湾《中央社》台北 2010 年 12 月 15 日电。

[131] 同注 1，第三百三十一页。

[132] 同上注，第十一页。

[133] 同上注，第七十八页。

[134] 同上注，第七十五页。

[135]《新华社》北京 2000 年 1 月 28 日电。

[136] 同注 1，第八十六至八十七页。

[137] 同注 130。

第六章 合则两利：两岸关系中的政经互动

　　经济关系是两岸关系中的重要组成部分。它始于1987年11月蒋经国宣布开放台湾民众到大陆探亲。在此之前，台湾当局执行"不接触、不谈判、不妥协"的"三不政策"，严厉封杀两岸经贸往来，违禁者甚至会受到"资匪通敌"的指控。[1] 但随着岛内外形势的变化，特别是1979年1月1日大陆人大常委会发表《告台湾同胞书》，倡导两岸通商、通邮、通航（"三通"）之后，台湾当局不得不逐步调整对大陆的经贸政策。1984年，"经济部"宣布放宽自香港和澳门转口输入台湾的大陆货品的限制。1985年7月，台湾当局颁布了"对港澳地区转口贸易三项基本原则"，重申继续禁止与大陆直接通商，厂商不得与大陆设在海外的机构或人员接触，但对转口贸易不予干涉。1987年7月，台湾当局宣布开放种子、药材、鱼苗等二十七种大陆农工产品的间接进口，对转口输出采取不干涉政策，这实际上使两岸间接贸易合法化。[2] 在投资方面，尽管仍然严格查禁，但少数台胞仍通过各种途径到大陆投资。据大陆官方资料，从1983年到1987年，台商在大陆投资项目有八十多宗，实际投入金额三百多万美元。[3] 探亲的闸门一开，越来越多的台商顺势冲破藩篱到大陆经商或投资，厦门、福州、深圳等地成为台资企业的首选。从此，两岸"经济关系"登上历史舞台，而且势如"一江春水向东流"，沛然莫之能御。

　　据两岸经贸部门的统计，两岸贸易总额从1987年的十五亿多美元增加都到2014年的一千九百八十三亿多美元，增长了一百三十二倍；台商的投资项目和金额从 1987 年的八十项、三百多万美元增加到 2014 年的九万二千三百三十六项、六百一十一亿余美元，各增长了一千一百五十四倍和二万倍！由于台湾方面的严格限制，直到 2009 年 6 月 30 日台湾颁布了"大陆地区人民来台投资许可办法"后，陆资才开始入台。到 2014 年底，大陆在台核准的投资项目有六百一十九件，投（增）资金额为近十二亿美元。

虽然在过去近三十年中，两岸经济关系的发展势如大江东去，但也必然在曲折的航道中前行，其中有利益冲突，但更主要是政治障碍。两岸经济关系是和两岸政治关系相互联系、相互作用的，是在政经互动中发展的。下面，笔者从政治的视角来回顾一下两岸经济关系的发展轨迹。

"三通"大陆首次宣示对台湾的经济政策，应当是 1979 年 1 月 1 日的《告台湾同胞书》。在此之前，毛泽东和周恩来的"一纲四目"对台政策中只提到，"台湾所有军政及经济建设一切费用不足之数，悉由中央政府拨付"。邓小平关于"和平统一，一国两制"的"邓六点"中没有直接提到两岸经济关系。《告台湾同胞书》第一次明确提出对台经济政策，倡议两岸"三通"和进行学术、文化、体育、人员等领域的交流。"我们希望双方尽快实现通航通邮，以利双方同胞直接接触，互通讯息，探亲访友，游览参观，进行学术文化体育工艺观摩。""台湾和祖国大陆，在经济上本来是一个整体。这些年来，经济联系不幸中断……我们相互之间完全应当发展贸易，互通有无，进行经济交流。这是相互的需要，对任何一方都有利而无害。"1981 年 9 月 30 日，叶剑英向新华社记者发表谈话时提出了"叶九条"，其中第二条对"三通"和交流做了进一步的阐述："我们建议双方共同为通邮、通商、通航、探亲、旅游以及开展学术、文化、体育交流提供方便，达成有关协议。"第八条提出："欢迎台湾工商界人士回到祖国大陆投资，兴办各种经济事业，保证其合法权益和利润。"有人把大陆的倡议概括为"三通四流"。

本书在第一章中介绍了发表《告台湾同胞书》的背景。中共十一届三中全会决定把党和政府的工作重心转移到经济建设上来，对台工作随之转向"和平统一，一国两制"的新阶段。（邓小平说过，"叶九条"就是一国两制。）要和平统一，就要接触、对话、谈判，两岸首先要"通"，要突破隔绝状态；而经济是连接两岸同胞切身利益的纽带，是双方相互的需要，有利而无害；因此，在两岸政治分歧一时难以解决的情况下，从经济入手沟通两岸自然是不二的选择。1981 年 8 月 26 日，邓小平会见台湾、香港知名人士时说："两岸实现'三通'没有先决条件。'三通'就是说先来往，增加彼此了解，增加人民之间的了解，这是促进谈判的一种方式。"[4]1986年9月2日，他接受美国记者迈克·华莱士采访时把问题说得更明确："可以鼓励、劝说台湾首先跟我们搞'三通'：通商、通航、通邮。通过这种接触，能增进海峡两岸的相互了解，为双方进一步商谈统一问题创造条件。"[5]笔者认为，大陆提出两岸"三通"，恢复、发展两岸经济合作，其政治意涵就是"以通促统"、"以经促政"，是为了能够通过和平途径实现国家最终统一。现阶段，"两岸经济合作是连结两岸同胞的利益纽带，是促进两岸和平发展的重要动力。"[6]

对于大陆的"三通"倡议，当时的蒋经国当局视其为"统战攻势"，采取了可以说是"以政拒经"的对策。时任陆委会副主委的马英九在1992年出版的《两岸关系的回顾与前瞻》一书中说，台湾当局"一方面加速台湾的政治民主化与经济自由化，同时对大陆提出'以三民主义统一中国'的号召，另一方面采取与中共政权'不接触、不谈判、不妥协'的立场，化解其统战攻势"。[7]但是到了1987年，蒋经国不得不开放台湾民众赴大陆探亲、放弃了"三不政策"，两岸之间"通"的闸门被打开。蒋经国去世后，国民党当局进一步调整大陆政策，实际上也转而采取了"以经促政"的政策。1988年7月，国民党第十三次"全国代表大会"通过的"中国国民党现阶段大陆政策"，全面开放了对大陆的"转口贸易"，准许"台湾地区生产企业得通过间接途径，进口所需大陆原料"。同时表示要"运用台湾地区民生主义经济建设的成功经验与力量，影响大陆经济发展方向"，"促进大陆'经济自由化'"。[8]

国民党的有些要人甚至还提出过以向大陆提供"贷款"来"以经促政"的建议。1988年7月14日，国民党元老陈立夫等三十四名"中央评议委员"提出一项关于中国和平统一的议案，主张"以中国文化统一中国"，同时提议向大陆提供五十亿至一百亿美元的低息贷款，"以改善大陆经济"，但大陆必须"放弃使用武力和共产主义"，"必须同台湾的以自由、民主和通过和平手段平分财富为基础的统一目标保持一致"。[9]《人民日报》就此发表了评论员文章，对他们谋求祖国统一的积极态度予以肯定。对于贷款问题，文章没有直接提及，但表示两岸经济往来应"平等互利，取长补短，互补互益，共同繁荣"。[10]

台湾当局对"三通"的直接回应出现在1991年2月颁布的"国家统一纲领"中。它把统一过程分为近、中、远三个阶段，把"三通"规划到"中程"的"互信合作阶段"，称："开放两岸直接通邮、通航、通商，共同开发大陆东南沿海地区，并逐步向其他地区推展，以缩短两岸人民生活差距。"这样的回应不但文不对题，而且由于设置了不着边际的前提，诸如要大陆"经济改革"、"开放舆论"、在国际上"互不排斥"等等，实际上仍是拒绝"三通"。

随着两岸经贸和人员交流的日益频繁，岛内要求两岸"三通"的呼声不断高涨。台湾当局在这种压力下，于1992年9月由陆委会发表了一份"两岸直航的问题与展望说明书"，解释为什么当局不能开放两岸间的海、空直航。这份不惜篇幅的万言书包括直航的"连锁反应""主要障碍""衍生影响"等九大部分，但其核心内容是："我们赞成是有安全、有秩序、有尊严的直航，而不是无条件的、立即的直航"；"在两岸结束敌对状态及互不否定对方为对等政治实体之前，两岸无从进行海、空运协定谈判。这就是两岸直航的主要障碍"。[11] 大陆国台办发言人很快对这份说明书做出了回应，指出台湾当局以"安全"为借口并提出"双方互不否认对方为对等政治实体"的先决条件，是人为地设置政治障碍，而且混淆是非，将责任推给大陆一方。该发言人重申大陆反对旨在制造"两个中国"或"一中一台"的"两个对等政治实体"的图谋，同时提出在政治分歧一时难以解决的情况下，把两岸经济合作和促进直接"三通"放在首要位置。[12]

松绑阶段"青山遮不住，毕竟东流去"。在岛内民众和工商界的压力下，也是出于台湾自身经济发展的需要，从1987年至1996年李登辉提出"戒急用忍"政策之前，台湾当局在拒绝"三通"的同时一步一步地松绑和大陆的经贸往来，主要有：

——1988年8月制定"大陆产品间接输入管理原则"，一是不危害"国家"安全，二是对岛内相关产业无不良影响，三是有助于岛内产品外销竞争力的提升。

——1990年8月发布"对大陆地区间接输出货品管理办法"，开放对大陆间接出口台湾货品，除部分高科技产品外，其余不加限制。

——1990年10月发布"对大陆地区从事间接投资或技术合作管理办法"，厂商经主管机关批准后，可经由第三地区到大陆投资，采取正面列表。

——1991年8月制定"现阶段金融机构办理对大陆地区间接汇款作业要点"，开放台湾地区外汇指定银行及邮政储金汇业局经由第三地区银行办理对大陆地区间接电汇、信汇及票汇业务。

——同月，开放"国外基地"作业渔船雇佣大陆地区船员。

——1991年12月制定"指定银行对台湾地区厂商办理大陆出口台湾押汇作业要点"，实施"大陆出口、台湾押汇"政策。厂商持大陆地区出口证明文件在台湾银行和外商银行在台分行办理押汇。

——1992年9月公布"两岸直航的问题与展望"，说明"政府"对两岸直航的规划。

——1993年9月颁布实施"台湾地区与大陆地区人民关系条例"。该条例是台湾当局处理两岸关系，包括经贸关系的"法源"，共有六章九十六条。另外还有施行细则七十三条。"条例"第三十五条规定，经主管机关许可，台湾地区人民、法人、团体或其他机构可在大陆地区从事贸易、投资、技术合作或其他商业活动。

——1995年5月颁布"境外航运中心设置作业办法"，将设在高雄的境外航运中心与大陆地区港口间的航线定位为"特别航线"，开放权宜轮和外国船舶行驶两岸之间。大陆的国际贸易货柜货物可以"不通关、不入境"方式在高雄转运。这实际上是把在限定范围内的两岸间接通航做了政治定位并合法化，但通过准许外国货轮参与其间，仍留下"国际化"的尾巴。[13]

大陆措施 《告台湾同胞书》发表后，大陆采取了一系列政策和措施配合"三通"倡议、推动两岸经济合作。

——1981年10月交通部做出两岸通航的五项决定，随时准备同台湾交通部门和航运界协商两岸通航问题。民用航空总局做出关于两岸通航的三项决定，在准备好和对岸航空当局进行通航谈判的同时，建议先在空运企业之间互相实行业务代理，合作处理客运、邮运、货运业务。邮电部做出关于两岸通电通邮的六项决定，除欢迎两岸通邮谈判外，决定开放海运、空运的邮路和北京、台北之间通过卫星的直达电信电路。

——1988年6月25日颁布《国务院关于鼓励台湾同胞投资的规定》，俗称"二十二条"。规定明确了台胞投资的形式、范围、享有的优惠、组织管理机构等原则和具体问题，但侧重于"鼓励"；对台资的保护仅提到"不实行国有化"、"经营管理自主权不受干涉"，在发生纠纷时，如不能协商解决，可提交大陆或香港的仲裁机构仲裁。随着在大陆台资的不断增加，为了加强对台资的保护，1994年3月，第八届全国人大常委会第六次会议通过了《中华人民共和国台湾投资保护法》，不仅将"二十二条"中对台资的优惠政策用法律手段规范下来，而且又增加了有关"保护"的内容，从而形成了一部鼓励、保护台商投资权益的完整法律文本。[14]

——1989 年 5 月国务院批准在福建的福州、海沧、杏林建立台商投资区。（1992 年 12 月又批准增设了集美台商投资区。）

——1991 年 7 月对外贸易经济合作部发言人提出两岸经贸交流的五项原则，即直接双向、互惠互利、形式多样、长期稳定和重义守约。

——1993 年 10 月对外贸易经济合作部与海关总署联合发布《对台湾地区小额贸易的管理办法》，以便利大陆沿海省市与台湾地区的货物交流，引导两岸民间小额贸易正常开展。管理办法规定，小额贸易是指台湾地区居民在大陆沿海指定港口进行的货物交易，以易货形式为主，以美元计价。使用的台湾船只限定在一百吨位以下，每船每航次进出口限额为十万美元。大陆出台这项管理办法对规范火热但无序（包括渔民走私）的海上贸易起到十分积极的作用，但台湾当局无论对合法的小额贸易或非法的渔民海上交易仍都视为非法。

——1996 年 8 月大陆颁布《台湾海峡两岸间航运管理办法》。交通部部长黄镇东指出，该管理办法和台湾的"境外航运中心设置作业办法""在本质上是完全不同的两回事，不能混为一谈"。台湾当局虽然准许挂"方便旗帜"的船舶（权宜轮）从事两岸间中转业务，但"不通关、不入境"并不能真正解决两岸间旅客和货运迫切需要的直接运输问题。另外，大陆只准许拥有两岸资本的船公司所属的或经营的船舶从事两岸运输业务，而不准许外国船公司介入。尽管如此，大陆决定开放厦门和福州两个港区作为两岸直航的试点口岸。[15] 1997 年 4 月，两岸船公司的权宜轮开始往来于厦门、福州和高雄之间，开始了两岸间所谓"直航不直运"时期。

——1996 年 8 月对外贸易经济合作部发布《关于台湾海峡两岸间货物运输代理业管理办法》，提出"一个中国、双向直航、互惠互利"的通航原则。第三条规定两岸间直达货物运输"属于特殊管理的国内运输"。第五条限定两类货运代理企业可以经营两岸间的货运业务，即大陆全资的和大陆与台湾合资的，排除了外国公司参与两岸海运业务。

这期间大陆领导人的两个讲话，对推动两岸经济关系的发展起了重大作用。一是 1992 年春邓小平的南方视察讲话，它全面推进了大陆改革开放的进程，为两岸经济关系的发展提供了新的历史机遇；二是江泽民1995年的春节讲话（江八点），提出"不以政治分歧去影响、干扰两岸经济合作"，确定了"政经分离"的基本政策。

从1987年至1995年，两岸经贸关系起步后即蓬勃发展起来，就像是万物勃发的阳春三月。据两岸相关部门统计，1995年两岸双边贸易额达到近二百一十亿美元；台商在大陆累计投资三万二千二百八十七件，实际投资金额一百一十六亿美元。这样的发展形势和成果惠及两岸，本来是可喜可贺的；但如本书第一章所述，从1994年以后李登辉开始显露了他分裂国家的图谋，两岸政治关系随之恶化。1995年他策划了美国康奈尔之行，酿成"1995-1996台海危机"。对两岸经贸关系，岛内出现了台商投资大陆造成台湾"产业空洞化"，台湾经济对大陆依存度过高等论调。在这样的背景下，1996年9月李登辉在"全国经营者大会"上抛出了"戒急用忍、行稳致远"的政策，要给两岸日益热络的经济关系踩刹车。

"戒急用忍" 笔者耳闻，李登辉使用"戒急用忍"四个字是采纳了时任陆委会副主委吴安家的建议。当年吴受社科院台研所之邀到大陆做学术交流，会后到承德避暑山庄参访。在"烟波致爽斋"东暖阁的门楣上，看到咸丰皇帝手书的"戒急用忍"匾额。他有所感悟，回台后在上呈的报告中建议对大陆投资要"戒急用忍"。

1996年12月，李登辉召开朝野各界参加的"国家发展会议"，把"两岸经贸关系之构建"列为"两岸关系"的六大议题之一。会议就两岸经贸关系的原则、方向和策略达成"共识"。原则有三："由于大陆政权对我仍有敌意，两岸经贸发展应格外考量政治风险"；两岸经贸应"顺应亚太经济整合及国际产业分工潮流"稳定发展；台湾经济发展"应有多元化的全球策略"。方向也有三：改善岛内投资环境，加速自由化、国际化；"三通"在时机成熟时再解决，此前应继续推动"境外航运中心"；面对两岸加入世界贸易组织的新形势，早日规划因应策略。策略亦有三：投资方面，审慎评估大型企业赴大陆投资，积极开展包括南向政策在内的各种对外经贸关系。贸易方面，兼顾两岸贸易的"稳健成长与风险分散"。现阶段的两岸经贸交流与合作，"原则上可由民间机构共同出资在第三地成立基金会进行。"

1997年7月台湾"经济部"出台了"戒急用忍"的实施细则：

——规定厂商到大陆累计投资不得超过其净值的40%，个人和中小企业累计投资不得超过六千万新台币。

——申请赴大陆投资个案投资金额不得超过五千万美元。

——对大陆投资项目分为禁止、准许及专案审查三类。禁止类有三百多项，包括机场、港口等基础设施，上游化工产品，电子科技产品，银行、保险等金融产业。专案审查类要根据产业和个案进行"评分"，根据评分的高低决定是否放行；放行的门槛标准将视两岸关系而定，由"经济部"设定"两岸关系的标准"。

——要求赴大陆投资者提交投资计划对岛内经济效益的评估；已经在大陆投资的要提供投资的"损益记录"。[16]

在李登辉"戒急用忍"政策的阻挠和限制下，台商到大陆的投资在一段时间内出现了趋缓的情况。1997年，台商在大陆的投资项目为三千零一十四项，较上年下降5.3%，协议投资为二十八亿多美元，较上一年下降45.3%。

"南向政策" 作为"戒急用忍"政策的一部分，李登辉又重提"南向政策"。这一政策是台湾当局自上世纪90年代以来推行的一项经济、"外交"政策，是企图通过鼓励厂商向东南亚地区投资，减少对大陆的投资；同时通过提升经济关系，扩大在这一地区的"外交空间"。

上世纪50年代末到60年初，台湾厂商开始在泰国等东南亚国家投资。到80年代，特别是1987年台湾放宽外汇管制后，台商对东南亚地区的投资一度成为热点。1989年台湾当局制定了"加强对五大新兴地区经贸拓展计划"，提出"以投资带动贸易，开发农工原料进口，加强双方技术合作，改善外贸结构"。1987年至1991年，台湾在东南亚六国累计投资约八十四亿美元，贸易额约一百二十八亿美元。但是，1992邓小平南方讲话后，大量台资转向大陆，对东南亚投资骤降。这种情况引起李登辉的不安。1993年台湾当局首次提出"南向政策"。11月，"经济部"拟定"南向政策说帖"，企图引导台商把投资的重点从大陆转向东南亚，从"西进"转为"南进"，从而避免因对大陆依存程度过高而带来政治风险。1994年1月台湾当局颁布"加强对东南亚地区经贸工作纲领"，计划以公营和党营企业为先导，协助台湾企业将难以经营的生产线转移到东南亚国家、建立海外生产基地；在1997年香港回归后，以某些东南亚国家取代香港作为对大陆的经贸中转站；提升和东南亚国家的"实质关系"，加强台湾在这一地区安全体系中的关键地位；为参与将来成立的"东盟"自由贸易区打下基础。李登辉等当局头脑人物利用"南进政策"作为便车，对东南亚一些国家开展了密集的"务实外交"，"开拓国际空间"。

"南向政策"当时规划为三年，但实施后并没能扭转台商投资大陆的热潮，所以李登辉在提出"戒急用忍"时再把"南向政策"延长三年。但人们称之为第二波的"南进政策"进行的也不顺利，1997年爆发了亚洲金融危机，多数东南亚国家陷入经济危机和政治动荡，印度尼西亚还发生了排华事件，许多"南进"的台商血本无归。同时，大陆不但成功应对了金融风暴，而且经济继续高速发展，台资不可避免地大量流向大陆。2001年台商在东南亚的投资约十四亿美元，2002年快速下降为不到七亿美元；而对大陆的投资从2001年的近二十八亿美元飙升到2002年七十七亿美元。这时陈水扁已经上台，他再次求救于"南进政策"，下文将做具体介绍。[17]

在"戒急用忍"的阴霾下，两岸经贸关系受到干扰，但在通航问题上仍取得一定的进展，就是解决了1997年香港回归后台港之间的海运问题。1995年6月22日，钱其琛副总理代表国务院宣布了《中央人民政府处理"九七"后香港涉台问题的基本原则和政策》，俗称"钱七条"，其中第三条明定："根据'一个中国'的原则，香港特别行政区与台湾地区的空中航线和海上运输线，按'地区特殊航线'管理。香港特别行政区与台湾地区间的海、空航运交通，依双向互惠原则进行。"1996年12月27日，港澳办和国台办发言人就"九七"后港台海上航运问题发表谈话表示，按照"地区特殊航线"的管理原则，"'九七'后，在台湾注册的船舶进入香港港口时，所悬挂的旗帜不得出现'两个中国'的问题。在香港注册的船舶进入台湾港口，应受到互惠待遇"。1997年3月5日，海协会致函台湾海基会，正式委托香港船东会主席赵世光等人士，与台湾方面的指定团体就港台间船舶互航及进入对方港口时的有关技术问题交换意见。1997年5月24日，赵世光等人和台湾海基会张良任等人经过协商，就"九七"后港台间海运问题达成五点共识，并签署了《港台海运商谈纪要》。双方商定：在香港注册的商船自进入台湾港口至出港期间，在船艉旗杆，只悬挂香港特别行政区区旗；在船舶主桅杆，暂不悬挂旗，待双方协商确定后，再行悬挂。在台湾注册的商船自进入香港港口至出港期间，在船艉旗杆，暂不挂旗，待双方商定后，再行悬挂；在船舶主桅杆，也暂不挂旗。在两地注册（登记）的商船自进入对方港口至出港期间，还可悬挂各自的公司旗和信号旗。此外，在两地注册（登记）商船增悬挂任何旗帜或变更上述旗帜，应双方协商确定。海协、海基两会于6月通过交换信函确认了《纪要》并于7月1日香港回归当日生效。由于商船挂旗涉及国家主权问题，所以解决了港台海运商船挂旗问题就排除了敏感的政治障碍，成为后来处理类似问题的一种参照模式。[18]

"小三通" 2000年主张"台独"的民进党上台执政，两岸关系黑云压城。但如本书第五章指出，陈水扁上台之初，为了稳固政权，在两岸关系问题上提出"四不一没有"，要从"经贸关系与文化的统合开始着手，逐步建立两岸之间的信任"。另一方面，大陆先于2000年底、台湾（台、澎、金、马单独关税区）后于2001年初加入世界贸易组织（WTO），台湾当局在此前后不得不做出一些对大陆开放的姿态，最重要的是开放了"小三通"。

2000年4月5日，台湾当局公布实施了"离岛建设条例"，其中第十八条称："为促进离岛发展，在台湾本岛与大陆地区全面通航之前，得先行试办金门、马祖、澎湖地区与大陆地区通航，台湾地区人民经许可后得凭相关入出境证件，经查验后由试办地区进入大陆地区，或由大陆地区进入试办地区，不受台湾地区与大陆地区人民关系条例等法令限制；其实施办法由行政院定之。"[19] 2000年12月25日，"行政院"依据该条例公布实施了"试办金门、马祖与大陆地区通航实施办法"，并决定于翌年元旦起开办两岸"小三通"，由金门、马祖、澎湖等与大陆的厦门、福州进行直接通邮、通商和通航。具体项目包括航运、商品贸易、人员往来、金融往来、邮政往来、工商及农渔业发展等七大方面。[20] 可以说在"三通"之前有力地促进了两岸经贸和人员的往来。以厦门和金门之间的航线为例，至2014年，经该航线来往两岸的旅客已经超过一千万人次，被誉为"黄金航道"。"小三通"是"三通"的前奏，为2008年底开始的"三通"积累了经验。

"积极开放、有效管理" 2001年8月24日，陈水扁当局就台湾经济问题召开了跨越党派的"经济发展咨询委员会议"。经过三天讨论，五个分组共达成三百二十二项"共同意见"。在两岸方面，根据"台湾优先、全球布局、互惠双赢、风险管理"四原则，以"积极开放、有效管理"取代"戒急用忍"。陈水扁在会议闭幕时声称，这样做是为了"建构稳健的两岸经贸关系；建立资金流动的灵活机制；主动因应加入世界贸易组织及两岸三通问题；积极推动大陆人士来台观光；持续推动两岸协商"。[21]

"积极开放、有效管理"对"戒急用忍"的"调整"包括：

——简化投资大陆产业的分类，将禁止、许可和专案审查三类改为禁止和一般两类。

——调整投资大陆累计金额的上限，个人及企业累计投资金额和比例上限维持不变，个人和中小企业累计投资上限由六千万新台币增加到八千万新台币，取消投资大陆个案的累计金额五千万美元的上限。

——加强对投资大陆的事后管理，对累计在大陆投资二千万美元以上的个案，加强管理，促使其财务透明化。

——准许国际金融业务分行（OBU）在有完备可行的纠纷处理、债权确保及风险管控计划下，得与大陆地区金融机构及海外分支机构等进行直接金融业务往来，其范围包括收受存款、办理汇兑、签发信用状等。

——建立企业投资大陆资金汇回可循环运用机制。[22]

从这些调整来看，"积极开放、有效管理"和"戒急用忍"的区别不过是"五十步笑百步"，是在岛内工商界强烈要求下做的技术性调整，重点还是在"有效管理"。对此，国台办发言人张铭清表示，台湾工商界在"经发会"上呼吁积极开放两岸经贸和投资，推动两岸直航，"这表明，在两岸经济交流与合作已成为台湾经济发展内在需要和未来方向的背景下，尽早实现两岸直接'三通'，积极发展两岸经贸关系，是大势所趋、人心所向。值得注意的是，台湾当局有关部门最近表示，落实有关两岸经贸共识没有时间表。台湾当局能否认真地落实这些共识，我们拭目以待。"[23] 大陆的怀疑后来被证实是有先见之明的。随着陈水扁的"台独"冒险不断加剧，1996年元旦他把"积极开放、有效管理"改变为"积极管理、有效开放"，企图封杀两岸经贸关系的进一步发展。但是，大陆和台湾各界有识之士利用"积极开放"的短暂机会，推动了两岸经贸关系继续前进，其中最重要的成果是实现了2003年的"春节包机"。

"春节包机" 春节是中国人最重要的传统节日，是阖家团圆的喜庆日子。由于台湾当局拒绝两岸直航，来往于两岸的同胞不得不绕道香港、澳门等第三地，舍近求远、舟车劳顿。笔者当年到台湾做学术交流，不得不一大早从北京飞香港，在香港办理赴台手续后再飞台北，到达时已是夜晚。本来三个小时的航程要拖上十几个小时，不胜其苦。对广大台商来说更是如此，到了春节还要为一票难求的机票发愁。"让回家的路途不再遥远"成为台商们强烈的呼声。关于"春节包机"，曾任海协会副秘书长的刘纲奇先生在他所著《两岸商谈中的"澳门模式"》一书中有详细记述，特择录如下：

2002 年 10 月 27 日，台湾"立法委员"蒋孝严提出在 2003 年春节期间，采取"直航包机"的方式，方便在大陆的台商返乡过年。他建议，在此期间作为专案准许台湾的航空公司航机以定点、定时、定物件方式，专程接载台商往返上海和台北之间。提议一经提出立即受到岛内各界广泛回应，一百多位"立法委员"联署予以支持。

大陆方面对蒋孝严的提议立即做出回应。10 月 30 日，国台办发言人李维一表示，我们愿意采取积极措施，让台商以各种便捷的方式返乡。我们主张本着平等、互利原则，使大陆航空公司的飞机能参与包机运输。11 月 17 日，中国民航总局港澳台办主任浦照洲表示，大陆关于包机的基本立场是"直接双向、互惠互利"，希望台湾方面接受大陆航空公司的申请。11 月 22 日，国台办主任陈云林表示，在大陆的台商及其家属希望在春节期间包机直航，返乡过年是合情合理的要求，也是一件完全可以办到的事情。他强调，我们的希望和合理要求是双向直航。11 月 26 日，大陆将《民用航空运输不定期飞行申请程式》正式交由"台北市航空运输商业同业公会"转交台湾各航空公司。

然而，大陆方面的善意和合理要求却遭到陈水扁当局的拒绝。12 月 4 日，台湾当局通过"大陆台商春节返乡专案"，并规定：只允许台湾民航业者申请"春节包机"业务；包机出发航点只限台北和高雄，抵达机场仅限上海浦东和虹桥机场；包机往返均需在香港或澳门中停，但不准上下客；乘客只能是台商及其眷属。原本是"包机直航"的提议被陈水扁当局"有效管理"为单向的"包机曲航"。尽管如此，大陆考虑到台湾同胞的切身利益，还是以积极的态度促成了"春节包机"。2003 年 1 月 26 日凌晨，台湾最大的"中华航空公司"从台北桃园机场起飞，绕道香港经五个小时在上海浦东机场着陆。浦东机场张灯结彩予以热烈的欢迎。可惜的是，由于只能单向载客，华航只是空机到达。上午 11 时，华航包机满载二百四十三名台商及其眷属起飞返回台北。这次"春节包机"首航虽然有很大的缺憾，但它仍不失为具有开创意义的事件。2005 年，"春节包机"终于冲破阻力实现了"双向对飞"。

2003 年的"春节包机"由于是"单向曲航"，并不能满足台商的要求，而且航空公司也是赔本飞行，因此要求双向直飞的呼声高涨。台湾当局不敢公开反对，但仍设置政治障碍，坚持行使所谓"公权力"作为"双向对飞"

的先决条件。对 2004 年的"春节包机",只同意在岛内开放新航点,以及可以绕飞韩国、琉球等第三地。随后,陆委会授权海基会致函海协会,提出重启两会协商,讨论两岸包机等问题。很明显,这是台湾当局玩弄的政治手腕,因为它明知没有一个中国的政治基础,两会不可能恢复协商。而且,台湾当局提出包机可绕航韩国或琉球,是企图把两岸航线操作为"国际航线",大陆当然不能同意。因此,2004 年的"春节包机"由于台湾当局设置政治障碍而流产。

2005 年春节来临前,大陆台商和台湾航空业者又提出"春节包机"问题。1 月 9 日,由国民党中央政策会执行长曾永权、"立法委员"蒋孝严、朱凤芝等人组成的"推动台商春节包机参访团"来到北京。国台办主任陈云林会见代表团时明确表示,如果台湾当局真正顾及台湾同胞的利益,言而有信,采取灵活、务实的做法,"春节包机"完全可以实现。对于台湾民航界提出希望今年包机能比以往更便捷、安全、合理的要求,陈云林表示,这种要求是合情合理的,完全应当做到。他希望 2005 年的"春节包机"能够实现"共同参与、多点开放、直接对飞、双向载客"。他又提出,在当前情况下,可以采取民间对民间的方式,由两岸航空业者就有关技术性、业务性安排直接沟通,达成共识,做出简单易行、便利快捷的安排,各自执行。陈云林还表示,大陆欢迎"台北航空运输商业同业公会"、台湾航空业者与大陆"海峡两岸航空运输交流委员会"就包机相关技术性、业务性问题进行协商。

1 月 12 日,国台办经济局局长何世忠又就"春节包机"提出五点意见,主要内容有:秉持只要有利于台湾同胞的事情,我们都愿意努力去做的原则,推动实现 2005 年"春节包机";希望包机实现"共同参与、多点开放、直接对飞、双向载客";采取民间对民间的方式,由两岸航空公司或民间行业组织就包机的技术性、业务性问题直接沟通,达成共识,做出安排,各自执行;包机的具体细节问题可参照 2003 年包机的做法处理;注意到台湾有关方面就包机问题发表的谈话,希望他们履行承诺,采取务实做法,使两岸民间航运组织尽快就包机问题直接沟通。很明显,大陆的立场是:"春节包机"是"个案",不涉及两岸"航约"问题;商谈采取"民间对民间"的形式,国台办和海协会人员不直接参与;商谈的问题是技术性和事务性的。

为了促成"春节包机",大陆方面提出了具体包机方案:两岸航空公司共同执行包机业务,公平参与;在飞航站点上,大陆除上海外,增加北京、广州和厦门等地，台湾也可增加航点，双方可就此协商；包机不经停第三地，双向直航；包机往返均载客，除台商及眷属外，可运载其他往返两岸的台胞。大陆的建议在岛内引起强烈反响，舆论敦促台湾当局尽快和大陆协商落实"春节包机"。在此情况下，台湾当局终于做出了回应。"行政院"发言人陈其迈表示，希望两岸能尽快就双方能接受的方式务实协商，相信一切都可以水到渠成。陆委会副主委邱太三表示，已确认大陆意愿，对"双向、对飞、不中停"等原则已达成"隔海共识"。近期内双方将进行第二阶段对话，就磋商模式与参与人员等达成共识。"春节包机"看来是"万事俱备，只欠东风"了。

2005年1月11日，中国民航协会常务理事、海峡两岸航空运输交流委员会副理事长浦照洲致函"台北市航空运输商业同业公会"理事长乐大信，邀请他率台湾航空公司有关主管，在双方认为合适的地点与大陆民航协会、交流委员会就"春节包机"的具体技术和业务细节进行沟通。乐大信于13日回函浦照洲称，台湾主管机关已经委托他和有"中华民国航空学会"理事长身份的"民航局长"张国政等组成协商团队，15日在澳门和大陆业者协商"春节包机"的相关细节。早在1月7日，浦照洲和乐大信曾先期在"大陆放心、台湾不担心"的澳门进行了秘密磋商。大陆方面曾希望除台北高雄外，再开放台中航点。但台湾方面因台中为军民两用机场，所以坚持只开放台北和高雄；台湾方面则希望大陆除北京、上海外，开放广州、厦门、重庆、深圳等六个机场，而且要求部分航机可以经过冲绳飞航情报区，但大陆不愿两岸航线和国际航线扯上关系，只同意飞经香港和澳门。由于双方都做了让步，这次秘密商谈进展顺利，双方了解了彼此在具体问题上的立场。

1月15日下午二时，两岸航空业者在澳门凯悦酒店就"春节包机"问题进行正式协商。大陆方面首席代表是浦照洲，代表有海峡两岸航空运输交流委员会常务理事高毅、理事丁明及尚可佳等四人；台湾方面是乐大信，"台北市航空运输商业同业公会"总干事苏贤荣、张国政和以民间身份出席的"交通部"官员方志文。谈判的焦点首先是航线问题。台湾方面提出，从北京飞台北绕经韩国的济州；从台北飞北京绕经琉球；理由是这样比绕经香港节省两个小时时间，但真正意图是使航线"国际化"。大陆则提出更过硬的反驳理由：如果是为了节省时间，从上海、北京直飞台北可节省三分之二的时间。第二个问题是航飞站点的问题。大陆方面希望台湾方面开放台中的清泉岗机场作为航点。台湾方面因它是军民两用机场未予同意。第三个问题是大陆希望包机可以载运所有持台胞证的旅客，台湾方面坚持仅限于台商和他们的眷属。最后，双方互有妥协，台湾方面放弃绕经济州和琉球；大陆方面不再坚持提出的两个要求。下午四时双方就"春节包机"达成协议。双方并未签署任何文字协议，而是采取逐一核对双方达成协议的文字记录。在随后宣布协议的记者招待会上，浦照洲和乐大信各自拿着手写的协议记录的影印件，照本宣科地向记者做了宣布。这种特殊方式是 1995 年澳台续航谈判模式的翻版，即由民间行业组织谈判、达成协议，双方核实、各自确认、各自落实。这种"澳门模式"是在当时特定的两岸关系形势下，为顺应两岸同胞的要求，务实地推动"三通"而做的成功努力。浦照洲形容它就像过河一样，"水浅就淌过去，深一点就游过去，再深的话就搭桥过去，只要能过河就是好的模式。"

2005"春节包机"协议的具体内容是：包机时间为 1 月 29 日至 2 月 20 日；两岸起航地为北京、上海、广州，台北和高雄；两岸航运业者均可向其对口单位申请承运包机，以"共同参与、直接对飞、双向载客、多点成行"方式运作；只限台商搭乘包机；包机必须飞经香港飞航情报区上空，但不需在港、澳降落。

2005 年"春节包机"期间，大陆和台湾共有十二家航空公司、开通了四十八个航班往返两岸运载台商和他们的眷属。虽然仍然是"曲线直航"不尽人意，但实现了"双向对飞"，仍不失为具有历史意义的事件。

2005 年"春节包机"虽然比 2003 年的"春节包机"有了新的突破，但和两岸同胞的需求相比，不过是杯水车薪。因此人们呼吁包机能进一步节日化、常态化。上文提到，当年春夏之交，国民党、亲民党和新党主席相继访问大陆，岛内在两岸关系问题上出现了"朝冷野热"的情势，民进党当局受到很多压力。在 2006 年"春节包机"问题上，民进党当局不得不有所松动。2005 年 11 月，由浦照洲和民航总局两名官员组成的三人小组和由台湾"交通部航政司司长"林志文、"台北市航空商业同业公会"理事长范志强等三人组成的小组，在澳门举行谈判。经过三次协商，双方本着"政治问题少碰，经济利益多谈"的基调，就"2006 年春节包机方案"达成协议。和 2005 年相比，2006 年方案的主要不同是除台商及其眷属外，持有合法证件的台湾居民也可以搭乘包机往返两岸。另外，大陆同意增加厦门为航点。[24]

　　然而，在人们准备喜迎 2006 年"春节包机"之前，陈水扁采取了破坏两岸关系的恶劣行为。上一章提到，他在 1 月 2 日发表的"民主台湾，生生不息"元旦祝词中，把"积极开放，有效管理"的两岸经贸政策改变为"积极管理，有效开放"。他说，"无论是开放或管理，其目的都是为了台湾的整体利益，而非中国的压力或个别厂商的私利"。当局的角色必须"积极"负起"管理"的责任，才能"有效"降低"开放"的风险。他声称，唯有落实"深耕台湾、布局全球"的经济政策，不能把经济命脉和所有筹码"锁在中国"。1 月 30 日，他迈出更为冒险的"台独"步骤：要废除"国统会"和"国统纲领"，要以"台湾名义加入联合国"，在两岸之间制造了"高危期"。

　　3 月 22 日，台湾陆委会、"内政部"、"经济部"、"交通部"、"农委会"、"金管会"及"各有关机关"联合发布了"两岸经贸'积极管理、有效开放'配套机制"。台湾当局摆出了全面收紧两岸经贸关系的架势，但从公布的"配套机制"的具体内容来看，空泛口号多于有效措施。两岸经贸关系为两岸福祉所系、切身利益所趋，陈水扁想逆势而动，不过是螳臂当车。正如高长教授所指出的那样，从 1995 到 2008 年陈水扁下台，从李登辉的"戒急用忍"开始，到陈水扁的"积极管理、有效开放"，台湾当局"为了避免经济对大陆过度依赖，丧失经济自主性，对大陆经贸政策采取较为保守或是管制政策，希望台商多留在台湾，减少到大陆投资，增进台湾经济实力。"结果，这些管制政策的预期目标根本没有达成。以贸易为例，台湾对外贸易总额中大陆所占比重，自 1995 年的 9.8%，逐年上升到 2000 年的 11.2%，2007 年间更攀升到 21.9%，大陆已成为台湾第一大贸易伙伴；同期间，台湾对大陆的投资也逐年增加，台湾至海外投资，平均 60% 集中在大陆。两岸经贸关系的实务发展与（台湾）政策目标背道而驰。""更为严重的是，这些管制性政策让台湾付出惨重代价，主要是政治对立升高，大陆采取更激进的政策或手段对付台湾，让台湾在国际社会处处碰壁，更让外资不愿到台湾投资，国内民间投资意愿也下挫，最后，削弱了台湾经济成长的动能。"经建会"公布的资料显示，1993 ～ 1999 年间，台湾经济成长率平均每年 6.3%，同一期间和东亚其他国家做比较，仅次于新加坡的 7.7%，排名第二，表现不差；2001 ～ 2007 年间，台湾平均每年经济成长率跌落至 3.8%，在东亚各国家和地区中排名倒数第二，仅略高于日本的 1.6%，前后两个时期相比，经济成长力道大幅衰退。在民间投资方面，前一阶段每年平均成长 7.43%，后一阶段平均成长率也大幅缩减到只有 0.93%。政府公共投资，前一阶段还保持每年平均 5.5% 的成长，后一阶段却呈现每年 5.43% 的负成长。民间投资意愿不高，外资不愿冒两岸对立的政治风险来台投资，当局又将预算花在公共投资以外的领域，导致台湾经济成长减缓的后果并不意外。"[25] 这是从宏观上看，从微观上看也是如此。以"三通"为例，由于李登辉和陈水扁拒绝直接、双向通航，无论客运、货运都不得不绕行第三地，费时、费钱，无谓地增加了成本。从台湾开放民众到大陆探亲后的 1988 年至陈水扁上台后的 2002 年，就有二千七百多万人次的台胞到大陆探亲、旅游、投资、经商。从台北直飞上海只需要一小时十五分钟，而中转香港需要四小时，加上候机时间，浪费的时间更多。台港往返机票当时每人次的费用为三百八十美元，以二千七百万人次计算，台胞就多付了一百多亿美元的冤枉钱。在货运方面，从上海港到高雄港的直线距离为六百海里，绕经日本石垣岛要增加二百三十二海里，运营成本增加许多。[26]

"三通"是两岸经贸往来的客观需要，"通"则双赢，是李登辉和陈水扁所阻挡不住的。在陈水扁的"积极管理、有效开放"实施后，继 2006 年"春节包机"，当年又实现了中秋等"节日包机"、医疗紧急救援等的"专案包机"等等。陈水扁当年曾引用过南宋诗人杨万里的一首诗：

> 万山不许一溪奔，
> 拦得溪水日夜喧，
> 到得前头山脚尽，
> 堂堂溪水出前村。

但是，他用错了地方，这首诗用来形容他阻挡不住两岸经贸关系的发展最为贴切。2008 年 3 月，民进党在台湾"大选"中惨败，国民党候选人马英九以赢得 58.45% 选票的优势当选，两岸关系如出山的"堂堂溪水"，进入了和平发展的新阶段。

和平发展阶段 2007 年下半年，马英九在竞选期间陆续发表了"国防"、"外交"和两岸关系"白皮书"，其中后者无论在篇幅或政策论述上都远远超过前两个"白皮书"。它提出政治、经济和社会三大方面的二十项政策主张。经济方面共提出十项主张，包括开放海空直航、大陆对台投资、陆客来台旅游观光，建立经贸合作架构，签订投资保护及租税协议，互设办事处，开放金融业登陆，农渔业合作等等。[27]

2008年5月20日，马英九在他的就职演说中重申，在"九二共识"的基础上，尽早恢复两岸协商，并秉持"正视现实，开创未来；搁置争议，追求双赢"，寻求共同利益的平衡点。"两岸走向双赢的起点，是经贸往来与文化交流的全面正常化，我们已经做好协商的准备。"

5月26日，台湾海基会致函海协会，通报该会当天举行第六届第二次临时董监事联席会议，选任江丙坤先生为董事长、高孔廉先生为副董事长兼秘书长，旋即就职。"本会业经我方主管机关授权与贵会就'周末包机直航'、'大陆观光客来台'两项议题进行磋商。期望贵我两会在'九二共识'的基础上，尽早恢复制度化协商。"5月29日，海协会致函海基会，邀请江丙坤和高孔廉于6月11日至14日率团访问北京，就两岸周末包机、大陆居民赴台旅游事宜进行商谈，"并期取得成果，以满足两岸同胞期待"。[28]6月11日，江丙坤率海基会代表团抵京，由于李登辉抛出"两国论"而中断九年的两会制度化协商正式恢复。12日，海协会会长陈云林和江丙坤就两岸周末包机和大陆居民赴台旅游两项议题交换了意见，并就加强两会协商和联系等事宜进行了讨论。陈云林提出，两岸协商可本着先经济后政治、先易后难、循序渐进的精神，务实规划近期协商议题和步骤。江丙坤建议，两会年内可讨论两岸货运包机、扩大客运包机、两岸海运直航等事项。两会商谈进展顺利。6月13日，两会签署了《海峡两岸包机会谈纪要》和《海峡两岸关于大陆居民赴台湾旅游协议》两项协议。这是在1993年"汪辜会谈"签署四项协议后两会签署的首批协议，具有承前启后的重要意义。包机协议于7月4日开始实施；同日，大陆启动赴台旅游首发团，18日正式实施旅游协议。[29]

2008年11月3日，陈云林会长率海协会代表团访问台湾。这是海协会成立十七年以来，其会长首次应邀率团访问台湾。1999年，已故汪道涵会长曾拟于秋天应海基会邀请访问台湾。据笔者所知，双方就访问的行程，包括一些细节都做了安排。海基会建议汪会长于9月12日至19日，或10月12日至19日访台，并朝10月中旬访台的方向规划；大陆方面原则同意，行程由台北至高雄。大陆方面草拟了汪会长几次重要讲话的初稿；台湾方面甚至对主要宴会的菜谱都做了安排。但如上文所述，李登辉为了阻止此次访问，于7月抛出"两国论"，致使汪会长台湾之行功败垂成。大陆高度重视陈会长首次防台。时任国台办主任的王毅在北京机场为陈云林送行时指出，"这是两岸关系向前发展的一个重要标志，也是载入两岸关系史册的一件大事。"他说，两岸关系的坚冰已经打破，道路已经开通，正在步入和平发展的轨道。他表示，大陆将秉承"建立互信、搁置争议、求同存异、共创双赢"的精神，和台湾方面一道解决好当前和今后可能出现的各种问题。[30] 11 月 4 日，经过协商，陈云林和江丙坤两位会长签署了《海峡两岸空运协议》《海峡两岸海运协议》《海峡两岸邮政协议》和《海峡两岸食品安全协议》等四项协议。在大陆发表《告台湾同胞书》、倡议两岸"三通"三十周年来临前夕，两岸全面、直接"三通"终于开始实现。除了签署四项协议外，陈云林在台湾的四天访问还举行了两岸金融界座谈会和工商航运界座谈会；完成两岸互赠大熊猫、珙桐树和长鬃山羊、梅花鹿的手续，解决了延宕三年多的赠台大熊猫赴台事宜；规划了下一阶段协商的议题等。[31]

两会制度化协商恢复之后，经过十次协商，到 2014 年，双方共签署了二十一项协议、达成两项共识。两会第三次至第十次协商分别是：

2009 年 4 月 25 日至 26 日，两会领导人第三次会谈在南京举行，签署了《海峡两岸空运补充协议》《海峡两岸金融合作协议》《海峡两岸共同打击犯罪及司法互助协议》，并就大陆企业赴台投资事宜达成原则共识。这些协议的签署与共识的达成，意味着两岸实现了全面和直接的"三通"。

同年 12 月 21 日至 25 日，两会领导人在台中举行第四次会谈，签署了《海峡两岸渔船船员劳务合作协议》《海峡两岸农产品检疫检验合作协议》和《海峡两岸标准计量检验认证合作协议》。

2010 年 6 月 29 日至 30 日，两会领导人第五次会谈在重庆举行，签署了《海峡两岸经济合作框架协议》（ECFA）和《海峡两岸知识产权保护合作协议》。

同年 12 月 20 日至 21 日，两会领导人在台北举行第六次会谈，签署了《海峡两岸医药卫生合作协议》。

2011 年 10 月 19 日至 21 日，两会领导人在天津举行第七次会谈，签署了《海峡两岸核电安全合作协议》，公布了关于继续推进两岸投资保护协议协商和加强两岸产业合作两项共同意见。

2012 年 8 月 8 日至 9 日，两会领导人在台北举行第八次会谈，签署了《海峡两岸投资保护和促进协议》和《海峡两岸海关合作协议》。

2013年6月20日至21日，新任海协会会长陈德铭和新任海基会董事长林中森在上海举行两会领导人第九次会谈，签署了《海峡两岸服务贸易协议》，并就解决金门用水问题达成共同意见。

2014年2月27日，两会领导人在台北举行第十次会谈，签署了《海峡两岸气象合作协议》和《海峡两岸地震监测合作协议》。[32]

两会签署的二十一项协议和达成的两项共识，是2008年两岸关系进入和平发展新阶段后取得的实质性成果，标志着两岸经济关系跨入制度化、法制化的历史新纪元。其中全面、直接的"三通"和《海峡两岸经济合作框架协议》（ECFA）的签署是两岸关系和平发展进程中的两个历史性里程碑。胡锦涛总书记曾经评价说："两岸实现全面直接双向'三通'，给两岸同胞往来创造了前所未有的有利条件。两岸达成经济合作框架协议，推进两岸经济合作机制化、制度化进程。"[33]

台湾方面从其立场出发，也给予"三通"和ECFA积极的评价。陆委会对"三通"的经济效益算了一笔细账。空运：航路截弯取直，民众到大陆不必绕道香港，节省飞行时间六十二分钟，节省燃油成本40%—50%，旅客及航空公司每年可省下新台币三十亿元以上。海运：船舶航行两岸不需再经石垣岛或香港弯靠，每航次平均可节省航行时间约十六至二十七小时，节省运输成本15%—30%，如加计靠第三地签证费每航次节省新台币三十万元，每年至少可省下新台币十二亿元。此外，两岸还互相减免了海、空运业的营业税和所得税。通邮：扩大邮政服务范围，满足民众用邮需求，并提高邮件递送时效及安全性，提供更便民的服务。[34] 对于ECFA，马英九认为，它的签署"对台湾、两岸、亚太地区乃至于全世界，都有非常重要的意义。这项协议'跨出三大步、证明四件事'：第一，'两岸经济协议'是台湾突破经济孤立的一大步，让台湾走出经济被边缘化的威胁；第二，'两岸经济协议'是两岸经贸走向互惠合作的一大步，可以在制度化的架构下为台湾创造更多商机且增加更多就业机会；第三，'两岸经济协议'是加速亚洲经济整合的一大步，今后台湾的价值会受到亚太地区与国际社会更大的重视，台湾很可能将成为各国企业进军大陆市场的跳板。"他所说的"证明四件事"是证明了当局落实了曾做过的四项承诺：ECFA没有触及开放大陆劳工问题，以及增加开放大陆农产品，所开放的一千四百一十五项农产品的关税没有任何减免；协议并非只为大企业而签订，也照顾了中小企业、弱势产业、劳工与农民，估计有二万三千多家小企业和四十二万多劳工受益，且多开放了十八项农产品销往大陆；协议做到了货品及服务业关税的减让与市场的开放，并签署了《两岸知识产权保护合作协议》，让台湾文化创业及其他产业增加到大陆发展的空间；协议做到了"对等互惠"，"以台湾为主，对人民有利"的原则，"没有损害国家主权，也没有伤害台湾的尊严"。[35]

台湾当局对两岸经贸合作协议的这些评价，主要是着眼于岛内政治，特别是针对民进党的攻击和一些不明真相的业者和民众的疑虑，无非是想说明协议是"以台湾为主"、对台湾有利。如上所述，民进党在当权时，阻挡不住两岸经济关系的发展，但尽其所能予以阻挠和限制；沦为在野党后，则"逢中必反"、为反对而反对，把"台独"诉求和党派私利置于台湾整体利益之上。对于国民党当局改善发展两岸关系的举措，特别是二十一项协议的签署，尽管是台湾的需要、对台湾有利，仍使它惶恐不安，于是采取惯用的手法，祭起"倾中""卖台"等大帽子，煽动追随者和不明真相的民众起来反对。ECFA 是两岸经济合作的框架性协议，它规划了两岸未来经济合作协商的范围、内容、目标和进程，不是一步到位的自由贸易协定。它针对特殊而复杂的两岸经贸关系，纳入了所谓"早期收获计划"（Early Harvest Programme），这使得双方的协商可以按照"急事急办""先易后难"的原则循序渐进地进行。按照 ECFA，海协、海基两会领导人还将就两岸"货品贸易协议""争端解决协议""避免双重课税及加强税务合作协议""互设办事机构""环境保护合作协议"以及"飞航安全及适航标准合作协议"等议题进行会谈并达成协议。ECFA 如果能顺利执行下去显然对民进党不利，特别是会影响它 2016 年"大选"的选情。于是它利用《海峡两岸服务贸易协定》送审"立法院"的机会发难。2014 年 3 月爆发了所谓的"太阳花学运"。

太阳花学运 两岸服务贸易协定签订之后，民进党就一直利用各种手段阻止协议在"立法院"中通过。社会上也出现了攻击服贸协议是"黑箱作业"，成立所谓"反黑箱服贸民主阵线"等组织。2014 年 3 月 17 日，"立法院"内政等八个委员会联席初审服贸协议时，国民党籍"立法委员"张庆忠因为服贸审查在"立法院"中已经延宕超过三个月，依法规应视为已经审查过，于是把协议送"立法院"存查。这一个人举动给反服贸势力提供了发难的借口。18 日晚，"反黑箱服贸民主阵线"分子和二百多名学生冲进"立法院"、占领了会场。民进党主席蔡英文、谢长廷等人赶来支持学生们的非法行动。由于冲击"立法院"的反服贸学生手持向日葵花,所以后来人们称其为"太阳花学运"。23日晚,千余名学运分子又冲击了"行政院"。30日下午,反服贸团体和学运分子在台北市中心举行了号称数万人的反服贸集会。"太阳花学运"演化成一场社会运动。同时,反对学生非法行动的民众也组织和行动起来。3月29日,警察眷属和"白色正义社会联盟"等民众团体发动了"反反服贸"活动。警眷们人手一只康乃馨花,被称为"康乃馨运动"。面对"太阳花学运",国民党当局一方面谴责暴力和违反民主法治的行动,另一方面又不能摆脱台湾政治中民粹主义的困扰,在"街头政治"面前被动软弱、缺乏担当。各式各样、各有背景的"民调"成为决策的依据,领导者不但不能引导舆论,反而成了舆论的尾巴。在当局做出退让,同意"尽速完成"两岸协议监督立法,同意"立法院"逐条审查服贸协议后,非法占领"立法院"近一个月的学生于4月10日退场,一场使台湾"民主与法制"蒙羞的社会震荡暂时收场。

"太阳花学运"实际上是在民进党的鼓动和操弄下,以反服贸为借口来阻止、破坏两岸关系的进一步发展,是"项庄舞剑意在沛公"。反服贸者对服贸协议的指责大多是无中生有的。他们的一项主要指责是所谓"黑箱作业"。据国民党当局的说法,它和各行各业共举行了一百一十次磋商、召开了一百四十四场说明会。他们还声称服贸协议同意大幅增加大陆来台移民,但协议根本没有开放大陆移民。他们声称协议将挤压台湾就业,但协议根本没有开放大陆蓝领工人到台工作。他们还声称陆资来台将抬高台湾房价,但协议明定大陆不得投资台湾房地产。他们还指责协议只照顾了台湾的大企业,大陆对台开放的八十项服务业多数适用于台湾的中小企业。尽管如此,"太阳花学运"还是蒙蔽了一部分台湾民众,阻挠了两岸服务贸易协议完成立法程序,延迟了货品贸易和ECFA其他的后续商谈,为两岸经济关系的发展制造了困难。那么,如何看待"太阳花学运",它对两岸关系到底造成了什么样影响呢?

如果回顾一下两岸关系发展的历史轨迹,人们会清楚地看到它一直是波浪形前进、螺旋式上升的。每当两岸关系将要取得突破性进展时,台湾岛内总要出现反对的声浪。1993年4月海协会会长汪道涵和海基会董事长辜振甫在新加坡举行了在两岸关系史上具有里程碑意义的"汪辜会谈"。事先,民进党就曾千方百计地阻挠、破坏会谈的召开。他们提出,举行"汪辜会谈"必

238

须要有"立法院"和"民意"的监督等。这些"要求"几乎和民进党及"太阳花"学生们提出的要求如出一辙。2000 年台湾"大选"前,由于李登辉的操弄,国民党发生分裂,民进党上台执政,两岸关系经历了为时 8 年的"高危期"。但是,波浪的低谷既是能量的释放,也是能量的积蓄,是下一波高潮的准备。2008 年反对"台独"的国民党在"大选"中获胜,两岸关系开始了和平发展的新阶段,在 6 年多的时间内两岸实现了双向直接"三通",签署了 ECFA 等二十一项协议,机制化和制度化的经贸关系基本形成。正是因为两岸关系的这种前所未有的发展,引起了台湾岛内反对势力的焦虑不安,因此发生了"太阳花学运"这样的逆向行动。可以说,这是两岸关系向前发展过程中不可避免的插曲。

然而,"太阳花学运"之所以爆发并在台湾部分社会阶层中引起共鸣,形成一定规模的社会运动,究其"内因",岛内的经济问题从中起着重要作用。就台湾青年而论,从陈水扁时期到马英九执政后的十年时间内,他们身处薪资日降、就业日难和房价飚升的"三大困境"。在台湾买房有多难?2013 年第四季度的数据表明,台北市的房价和收入之比为 15.01 倍,新北市为 12.67 倍,分别居世界第一和第三,远远超过了韩国首都首尔的 6.0 倍。而 2003 年初,两市的房价收入比仅为 6.1 倍和 5.1 倍。尽管如此,台湾的房价并非全球最高,房价收入比之所以世界第一,主要是因为十多年来台湾的工资呈现停滞,尤其以青年人最为严重。调查显示,具有大学学历的初任人员的薪金 1999 年为二万八千多新台币,而到 2012 年却降至二万六千多新台币。"青年人欲以递减之收入购狂飙之住宅,直如夸父追日"。青年学生的就业也日渐困难。台湾每年有二十多万大学生、六万多硕博士生毕业,就业成了大问题。每年被安排从事低工资工作的所谓"派遣人力"中,有四万多大学毕业生和五千名硕博士生。青年学生中积郁的不满可想而知。[36] 然而,"太阳花学运"反应的不仅仅是青年学生的不满。

2014 年 8 月 18 日,台湾《中国时报》在其题为"再评价三月太阳花运动"的社论中指出:"三月太阳花运动是复杂的群众组合,包含了学生与非学生,及反资本主义、反财富集中、反财团、反开放主义、反核电、反国民党、反马英九,及忧心两岸经济与政治关系失衡,或更极端的反中、支持台独势力,甚至包括一些浪漫的街头抗争者。"台湾今天的社会中之所以出现如此复杂的"逆反心态"者的组合,其根本原因是台湾在国际大格局发展变化的背景下，面临着向何处去的争议和艰难选择。中国大陆正在迅速发展壮大，改革开放仅三十余年，已成为世界第二大经济体，谋求国家和平统一的实力和信心在增强；经济全球化、区域经济一体化正风靡全球；而台湾仍深陷于统"独"政争和权力恶斗的内耗而不能自拔，失去了整整一代人的发展机遇。因此，岛内有识之士和国际上客观的观察家都把"太阳花学运"和台湾今后经济发展方向联系起来看，特别是两岸经贸谈判受阻停滞和中国大陆和韩国将在 2015 年完成自由贸易协定谈判联系起来看。因为，台湾和韩国对大陆的出口有很大的同质性，如果中韩两国签订自贸协定，而台湾对大陆实行贸易壁垒，那么约有 2% 至 5% 的台湾出口大陆的产品将为韩国产品所取代，被挤出大陆市场。据台湾经济部门的估计，台湾的出口损失将高达 490 亿美元。美国《华尔街日报》2014 年 8 月 5 日就中韩自由贸易协定和台湾"太阳花学运"发表的社评中指出："台湾领导人多年来警告经济孤立有害国家竞争力，现在，他们最担心的情况已经成真；而抗拒更自由贸易与经济改革的后果，会越来越明显可见。""与此同时，台湾去年与大陆最新的服务贸易协定却受到学生领导的'太阳花运动'影响，导致法案卡在'立法院'而停滞不前。""在邻国陆续解除贸易障碍的同时，如果台湾不能跟进，将会更加孤立。"这篇社论的标题一针见血——《台湾自甘落后》(Taiwan Leaves Itself Behind)。[37]

台湾反服贸协定势力提出的"理由"还是老一套的台湾经济不能过分依靠大陆，不然会受制于大陆。现在台湾对大陆的出口已经占到对外出口的40%，已经很危险了，如果不做出调整，台湾的命运将掌握在大陆的手中。他们把这种情况归咎于马英九当局的"倾中""卖台"的政策。国际上，特别是美国的一些学者，也煽风点火，为这种大陆"经济威胁论"造势。这种论调既荒谬又违背事实。首先，两岸今天的经贸格局是经济规律决定的，也就是那只"无形的手"制造的，不是任何人的意志所能决定的。台湾的资金、产品流向大陆因为大陆的市场有利可图，任何人也挡不住。实际情况是，如果没有大陆这个市场，台湾的对外贸易会出现巨额逆差。2013 年，台湾对大陆出口的顺差高达 770 亿美元，但全球贸易顺差只有 370 亿美元，也就是说，如果没有对大陆的出口，台湾将出现 400 亿美元的贸易逆差，是大陆弥补了台湾对外贸易的亏空！更具讽刺意味的是，台湾对大陆贸易的"依赖"恰恰是在民进党执政期间积累、增加起来的。从 2000 年民进党上台到 2008 年下台的 8 年时间内，台湾对大陆的贸易增长了 2.8 倍，投资增长了 3.8 倍；对大陆的出口从占总出口的 24%，增长到占 40%。而在 2008 年国民党执政后的 6 年多时间内，台湾对大陆的出口比率不但没有增加反而下降了 1%。[38] 由此看来，两岸经贸关系是按照经济规律发展的，不论是"太阳花"还是别的什么运动都改变不了它的进程。

那么中国大陆是如何看待"太阳花学运"呢？据笔者的观察，大陆当然希望两岸关系能够平顺发展，但大陆领导人的哲学思考是，任何事物都不可能直线发展，两岸关系发展过程中出现曲折，甚至暂时的倒退是难以避免的、是正常的。因此，大陆对"太阳花学运"处之泰然。当然，这一风潮也使大陆对台湾社会动态和思潮有了更清晰、深入的了解，会更有针对性地调整某些具体的对台政策，如加强和台湾青年人的沟通，增加他们对大陆的了解。至于服务贸易协定被阻滞的问题，如上文所述，受伤害的是台湾，不是大陆，但大陆会一如既往地继续推动两岸经贸互惠互利的合作。大陆主管对台事务的重要领导人全国政协主席俞正声 2014 年 8 月 18 日在北京会见台湾工业总会大陆经贸考察团一行时说："两岸经济合作是连接两岸同胞的利益纽带，是促进两岸关系和平发展的重要动力，我们推动两岸经济合作的政策不会改变……愿让台湾同胞首先分享大陆发展的机遇。"

"太阳花学运"对大陆民众有什么"冲击"或影响呢？应当说是十分负面的。美国前总统小布什曾把台湾称之为"亚洲的民主灯塔"，希冀利用台湾作为"民主样板"来"西化"大陆。根据"和平统一、一国两制"的对台政策，大陆尊重台湾所选择的政治制度和生活方式，但大陆同时也坚持自己选择的政治制度和生活方式，"井水不犯河水"。但是，台湾照搬西方民主制度的实践却使"民主灯塔"之光在很多大陆民众的心目中越来越暗淡。去过台湾的一些大陆学者的感触是"不到台湾不知道文化大革命还在进行"。"太阳花学运"进一步强化了这种感觉。台湾的"立法院"是通过选举产生的民意机构，一些学生竟然强占了它长达一个月之久。这是犯法，是无政府主义，不是民主。英国《经济学家》在评论"太阳花学运"时曾指出，"台湾的未来恐怕要在街头决定"。[39] 身在台湾的台湾学者对台湾的民主实践可能感触更为深刻。台湾文化大学教授蔡逸儒 2014 年 8 月 14 日在新加坡《联合早报》上撰文说："台湾社会陷入'民主内战'是众人皆知的事实。""台湾的政客、媒体与所谓的名嘴已成为当前最大的乱源。政客是党同伐异，专为反对而反对；媒体和名嘴则已成为另类的制造业和屠宰业，大家为了曝光率、收视率，不惜哗众取宠、无中生有、捕风捉影，甚至蓄意假造、偏颇报道。在耳濡目染、长期渲染之下，部分台湾民众已变得非常的无理，甚至到了需索无度的地步，凡事都冷嘲热讽，政府不管怎么做都被批评、谩骂，反正全部都是政府的错。外国朋友很难想象，台湾的政府几乎已经沦为全民公敌，这样的地方岂有明天？"如果是这样，大陆同胞只能为台湾的民主祈福了。

评议

本章在开篇时即提到，两岸之间的经济关系是政治和经济互动的关系，双方的经济政策其实都是在执行各自制定的政经战略。大陆的战略很清晰，就是"以经促政"，切入点是1979年《告台湾同胞书》提出的"三通"。邓小平说得很清楚，通过"三通"增加两岸同胞的了解，为商谈统一创造条件，简单地说是"以通促统"。经过三十多年的努力，"三通"实现了，ECFA等二十一项经贸协议签订了，两岸经贸关系基本上正常化、制度化和法制化了，两岸经济关系成为连结两岸同胞根本利益的纽带，促进两岸和平发展的重要动力。大陆会一如既往朝着和平统一的方向努力。

台湾方面的战略也是"以经促政"，但随着两岸关系情势的变化，经过了几个阶段的调整。1987年至1996年，台湾对大陆逐步开放，实际上是出于岛内经济结构调整的需要。由于工资、土地价格、水电费用等生产成本的提高，一些劳动密集型的产业在岛内已经难以生存。大陆的改革开放为这些企业提供了继续生存发展的机会，因此纷纷转战大陆，利用大陆廉价劳动力、庞大市场和优惠政策在大陆获得了"第二春"。上文提到，台湾当局这一时期曾希望利用台湾雄厚的财力和"台湾经验"来影响大陆朝着政治和经济"自由化"的方向演变。但是事与愿违，两岸经济关系的天平却日趋向大陆方面倾斜，成为李登辉实施他的分离主义战略目标的阻力，因此他提出"戒急用忍""南向政策"，防止两岸经济关系产生有利于统一的"政治外溢"效应。李登辉的政策调整标志着，在两岸经济关系上，台湾已从战略主动转变成战略被动。这种态势从1996年到2000年陈水扁上台直至2008年他下台一直在持续发展。所以，陈水扁不得不把"积极开放，有效管理"加码为"积极管理，有效开放"，越来越被动。2008年马英九上台后，他看清楚了，两岸经济关系的发展堵是堵不住的，而且对台湾来说，有挑战，但更多的是机会，要改防堵为疏导，"趋利避害"，守住"对台湾有利"的底线。

《大陆政策与两岸经贸》一书的作者高长，长期研究两岸经济问题，并在马英九当政后担任过"国安会"咨询委员和陆委会副主委等要职，对马英九的大陆经贸政策和战略意图有着比较准确的了解。下面是他在书中表述的主要观点：

长期以来，"中国大陆一直被认为是台湾发展上最大的威胁"。这基本上是政治面的观点，因为两岸一直存在政治与主权争议，"推测大陆随时可能动用武力手段，并吞台湾"，因此对大陆的政策倾向保守。"事实上，大陆经济持续成长，市场腹地辽阔，对台湾而言也可能带来机会。两岸若能减少政治对立，大陆对台湾的威胁可能降低，相对的机会即可能增加。多从正面思考，找出审慎利用大陆经济资源和市场腹地（的办法），是壮大台湾经济实力之道。对台湾而言，最大安全保障来自于经济实力，发展经济、拼经济应列为最优先的策略选择。"

"对大陆实行管制性经贸政策所期待的效果未实现，反而付出了惨痛代价。""尤其在全球化潮流下，有必要重新理解中国大陆在国际分工中已占有重要地位的现实。如果两岸政策选择跟大陆划清界限，只顾虑意识形态，并非明智之举。也就是说，大陆在整个国际分工中已占有重要地位，若刻意排斥跟大陆经济往来，就等于是自缚手脚，与国际分工体系隔离。因此，在全球化浪潮下，台湾不能锁国，加强跟大陆的经济联系，有助于落实'深耕台湾、连接全球'的目标；同时也可以降低两岸对立氛围，积累互信，谋求区域和平与两岸经济繁荣。"

高长强调："区域和平与两岸关系改善，对台湾经济环境自由化、国际化发展非常重要，台湾的区位优势条件才能得到充分发挥。台湾北边是全球第三大经济体的日本，太平洋对岸是全球第一大经济体美国，中国大陆在台湾西边，是全球第二大经济体。台湾的地理位置在全球三大经济体之间，居东亚地区交通要道上，这样的区位优势条件台湾一直没有充分运用，十分可惜。新加坡前总理李光耀先生曾公开表示，非常羡慕台湾有这样好的地理位置，台湾未曾好好运用这样的区位优势，创造更大的经济成就，新加坡为台湾感到惋惜。”

关于台湾发展和大陆经济关系的策略，高长写道：大陆政策的"最高指导纲领是'以台湾为主，对人民有利'的原则。'以台湾为主'的意旨是，在两岸交流、协商的过程中，要坚持台湾的主体性；推动两岸协商，从议题的设定、协商腹案及底线的研拟，到协商程序相关安排，均以能否彰显台湾主体性，不损害国家主权与尊严，维护全体台湾人民利益为最优先考量"。在经贸关系上，"以推动两岸经贸关系制度化，以及维护交流秩序为最重要考量，优先处理攸关民生及经济发展的议题，循序渐进推动两岸经贸关系正常化，并积累经验、建立互信基础，再进一步处理或解决更复杂的议题"。[40]

高长把马英九当局大陆经贸政策的宏观分析、目标设计、实施办法都说得很清楚了。笔者认为，客观地说，它不失为直面国际、两岸和岛内现实的务实政策，也是现阶段对台湾经济发展最有利的政策选择。至于它所追求的"不损害国家主权"的政治目标，则是两岸经济关系深入发展所必须解决的问题。现阶段，两岸经济关系是建立在"九二共识"和反对"台独"的政治基础上的，大陆绝对不容许出现"两个中国"或"一中一台"的局面。即使在民进党当政的八年中，这种局面不但在国际上，而且在两岸经贸关系中也没有出现。将来，无论哪个政党在台湾主政，大陆也不会容许这样的情况出现。因此，有一种认为"两岸经济关系日益密切，政治关系渐行渐远"的说法是不对的。这个问题应当一分为二地看。一方面，两岸经济关系的发展从1987年算，只有不到三十年，从2008年两岸进入和平发展阶段算，不过区区七年，两岸经济关系的长足发展惠及两岸，这是不争的事实。大陆是台湾最大贸易伙伴、最大贸易顺差来源，大陆对台湾经济的重要性不言而喻。另一方面，两岸间的政治分歧仍然是两岸经济关系中尚待解决的问题。大陆的原则是"政经分离"，不因政治分歧影响经济关系；国民党当局坚持"九二共识"和反"台独"立场，但"以台湾为主"、"主权与尊严"、"国际空间"时常挂在嘴边，这使得两岸经济关系的政治基础不时受到考验。更重要的是，岛内存在"台独"分裂势力，它们还有相当的能量，"太阳花学运"就是例子，而且它们还有可能在台湾掌权，两岸经济关系的发展不可能是一帆风顺的，出现倒退也不足为怪。笔者相信大陆对此有清醒的认识，不会急于求成，因此也不会因为出现一时的困难或倒退而改变初衷。

"台湾经济不能过分依赖大陆"，这在台湾似乎是各色政治人物都不能碰的"铁案"。笔者一直认为，在正常情况下，经济关系是"正数和"而不是"零和"游戏。至今，两岸贸易中台湾一直是顺差，大陆是逆差，这当然对台湾有利，但对大陆就完全无利？事实并非如此。台湾的贸易顺差有很大一部分是对大陆投资带动的，大陆当然从中受益，可以说是"失之东隅，得之桑榆"。对两岸经济关系，双方都应当算大账，不应总盯着小账。所以，台湾方面必须看到减少台湾对大陆的"依存度"并不完全对台湾有利，而且在"无形的手"作用下，这种"依存度"已经在下降，而且还将进一步下降。台湾《工商时报》2015年5月29日发表了一篇题为《台湾经济成长为何不如预期》的社论，值得人们参阅。

社论指出，对台湾而言，出口是启动台湾经济成长的最重要引擎。但在过去半个世纪中支撑台湾经济成长的出口，已经隐忧重重。从台湾在大陆进口市场中的占有率近年来持续走低可以看到台湾外贸风险正渐升高。出现这种情况的原因有四：

其一，台湾在大陆进口市场的占有率，十年前一直在11%以上，仅次于日本居大陆的第二大进口来源，四年前跌破8%以来，去年降至7.8%，这说明台湾在大陆市场的竞争优势，随着大陆市场的开放，已是今非昔比。早年在大陆市场占有率才是台湾一半的韩国，去年达9.7%，已在台湾之上，台韩在大陆市场彼长我消的情势，也是台湾出口的一大风险。

其二，大陆产业供应链自主性逐年升高。依世界银行的统计，1992年大陆进口零组件的比重高达69%，但随着制造业生产体系日趋完整，包括面板、半导体、石化原料等昔日仰赖进口的商品，如今皆已自行生产，零组件进口比重如今已降至35%；大陆进口半成品、零组件需求降低，意味着长期以来两岸垂直分工，投资带动贸易的效果正日益式微，这也是台湾出口的一大风险。

其三，台湾早年藉由投资带动贸易，使台湾对大陆出口占总出口的比重逐年提升。依"国贸局"估计，由1991年的一成增至2007年的三成。近五年这一比重逐年下滑，2014年已降至26.1%，投资带动贸易的效果，已是一年不如一年。

其四，两岸货品贸易协定（因民进党和"太阳花学运"阻挠）裹足不前。影响台湾对大陆出口的变数除了韩国和日本的竞争，及大陆供应链自主性提高这两项，自由贸易协定（FTA）也不容小觑。我们不需迷信自由贸易协定而随意承诺市场开放，但对亚洲经济整合，韩中自由贸易协定后来居上，也不能视若无睹，固步自封；在野党（民进党）若不摒除这个非理性的两岸情节，终将会使台湾在大陆市场的大好形势拱手让人，在外贸上被边缘化。

社论的结论是："从以上四项趋势可知，外贸风险正蚕食鲸吞台湾的经济动能，更令人忧心的是，这四项对我不利的趋势，非但不会就此定格，还会继续扩大。朝野若不能摒除意气之争，认清这一局面，并尽速研提大计，未来四年经济成长降调的时间，只怕会越来越多。"

对于《工商时报》从两岸的视角对台湾出口面临风险的分析和警告，在大陆看，是言之有物，并非危言耸听。但是这种情况并非完全不可避免。如果两岸在 ECFA 的框架下，继续深化两岸经贸协商，总可以找到互利双赢的途径。但是在台湾，《工商时报》的这篇社论肯定会受到民进党和"太阳花""反服贸"群体的反对和攻击。可悲而又无助的事实是，台湾的经济发展已经被政治斗争所绑架。在发表这篇社论的前一天，也就是 2015 年 5 月 28 日，《工商时报》发表的另一篇社论指出了台湾社会的"信赖崩解"危机。它以大陆的李克强和台湾的毛治国都在推动创新产业为例说，"北京当局拼经济以稳政治，政令既出，驷马难追，官民互相帮衬，不仅造就多个超级明星创业者，也让后进者跃跃欲试；台湾政争卡经济，政策忽左忽右，以致官民相互拉扯，信赖危机正层层剥落。""台湾社会的'信赖崩解'危机其来有自，蓝绿内耗与统独之争是两大祸根。"笔者经历过大陆的"文化大革命"，对其破坏性有切肤之痛，因而深恶痛绝。联系上文蔡逸儒提到的台湾政治乱象，除了对台湾同胞深表同情外还是深表同情，因为台湾内部的纷争只能台湾同胞自己解决。

两岸关系"合则两利，分则双伤"。目前的阻力和破坏力来自岛内的分裂势力和它们在国际上，主要是美国的支持者。"九二共识"和反"台独"是两岸关系的政治基础，当然也是经济关系的基础。马英九最近在谈到两岸关系和"九二共识"时说："若相合则旺、相离则伤、相反则荡。"[41] 笔者相信，经济是基础，政治是上层建筑，归根结底，政治要为经济服务。两岸经济合作占有天时、地利、人和的优势。天时：世界经济的全球化，区域经济的一体化是大势所趋，两岸合作是岛内分裂势力阻挡不住的。地利：两岸经济本来就是一体，台湾临近世界三大经济体的地理优势，缺了大陆不但是舍近求远，而且会像鼎失一足，是站立不住的。人和：两岸同文同种，"血浓于水"，是改变不了的"一家亲"。两岸之间的政治分歧迟早会得到合情合理的解决。"台独"没有出路，这在国际上已形成共识，在岛内也将形成共识。从长远看，两岸"合"是历史的必然，但也要有一个过程，和平发展是最好的途径，也是必由之路。最重要的是大陆要把自己的事情做好，这是解决两岸问题的关键。

注释:

[1] 参阅高长:《大陆政策与两岸经贸》，第二〇二页。

[2] 同上注。

[3]《郑竹园论海峡两岸经济》，第二九四页。

[4]《邓小平思想年谱》，第二〇〇页。

[5]《邓小平文选》第三卷，第一七〇页。

[6]《中国台湾网》2013 年 8 月 18 日北京消息:"俞正声会见台湾工业总会大陆经贸考察团"。

[7] 马英九:《两岸关系的回顾与展望》，第三页。

[8] 同上注，第七十六页。

[9] 台湾《中国时报》1988 年 7 月 15 日。

[10]《人民日报》，1988 年 9 月 7 日。

[11] 台湾《新生报》于 1992 年 9 月 11 日刊载了该说明书的全文。

[12]《人民日报》，1992 年 9 月 24 日。

[13] 同注 1，第二〇三至二〇四页。

[14] 刘震涛、江成岩、王建芬:《前途——再论两岸经济关系》，第二十一页。

[15]《人民日报》，1996 年 8 月 27 日。

[16] 参阅注 1，第二一一至二一六页。

[17] 以上内容请参阅《台湾研究集刊》，2003 年第二期，王勤:"台湾对东南亚直接投资与'南向政策'"。

[18] 参阅海协会编:《两岸对话与谈判重要文献选编》，第四〇八至四一〇页。

[19] "行政院"大陆委员会编印:《大陆事务法规汇编》，第八十九页。

[20] 同注 1，第二一六至二一七页。

[21] 陈水扁:《世纪首航——政党轮替五百天的沉思》，第三四三页。

[22] 有关详细内容请参阅注 1，第二一六至二二二页。

[23]《人民日报》，2001 年 9 月 26 日。

[24] 更详细内容请参阅刘纲奇:《两岸商谈中的"澳门模式"》，第一四一至一八

三页。

[25] 同注 1，第二三五至二三六页。

[26] 参阅国台办 2003 年 12 月 17 日发表的《以民为本、为民谋利，积极务实推进两岸"三通"》，见《人民日报》2003 年 12 月 18 日。

[27] 苏起：《两岸波涛二十年纪实》，第四八七页。

[28]《人民日报》2008 年 5 月 30 日。

[29]《人民日报》2008 年 6 月 14 日。

[30] 参阅海峡两岸关系协会编：《重要文件选编【2008】》，第二七九至二八〇页。

[31] 参阅《人民日报》，2008 年 11 月 13 日。

[32]《新华网》北京 2014 年 2 月 26 日电。

[33]《新华社》北京 2011 年 5 月 10 日："胡锦涛总书记会见中国国民党荣誉主席吴伯雄"。

[34] http://www.mac.gov.tw/ct.asp?xItem=109941&CtNode=7650&mp=1

[35] 台湾"总统府"新闻稿，2010 年 7 月 1 日。

[36] 参阅台湾《工商时报》，2014 年 4 月 22 日。

[37] 参阅台湾《中国时报》社论："经济规律决定两岸经贸关系"，2014 年 8 月 17 日。

[38] 参阅马英九 2014 年 6 月 29 日接受美国《富比士》杂志专访。

[39] http://opinion.haiwainet.cn/n/2014/0504x345415-20593941.html

[40] 同注 1，第二三六至二三八页。

[41] 台湾《中央社》台北 2015 年 5 月 18 日电。

第七章 内外有别：两岸关系中的台湾 "国际空间" 问题

台湾的所谓"国际空间"问题是两岸关系中复杂而又敏感的问题。它涉及中国国家主权和领土完整，是国家的核心利益。因此，大陆一贯秉持一个中国原则，以对国家、民族、历史负责的精神，严肃认真对待和处理这个问题。据笔者的理解，在两岸事务中坚持一个中国原则，就是两岸同属一个中国，可以不涉及一个中国的政治内涵；在国际事务中坚持一个中国，就是联合国二七五八号决议所赋予的国际法意涵，即世界上只有一个中国，中华人民共和国是其唯一合法代表，绝不容许出现"两个中国"或"一中一台"，绝不接受"双重承认"。两岸和国际，二者之间是有区别的，也可以说是内外有别。

1949 年蒋介石退据台湾后，执行"反共复国"的基本方针，坚持代表"全中国"，反对美国提出的"台湾地位未定论"、"划峡而治"及"双重承认"。在"双重承认"问题上，蒋介石虽然政策上仍然坚持"汉贼不两立""敌来我走"，断绝与大陆建交国家的"外交关系"；但实质上是"当友邦迎敌（大陆）入门时，就算我们（台湾）不走，也会被赶走；与其被赶走，不如主动断交，用'反对两个中国'、'汉贼不两立'的堂皇理由，找台阶下。"[1] 尽管如此，在蒋介石当权的大部分时间里，并没有提出台湾"国际空间"的诉求。

从历史上看，台湾的"国际空间"问题出现在 1971 年联合国第二十六届大会通过的二七五八号决议之后。这一具有历史意义的决议，恢复了中华人民共和国在联合国的合法席位和权利，并立即"把蒋介石的代表从联合国及其所属机构驱逐出去"。在此之前的二十二年间，"中华民国"在"外交"承认上占有优势。1970年，和中华人民共和国建交的有四十八个国家，台湾当局的"邦交国"有六十七个。联合国通过二七五八号决议后，当年情况即翻转，中华人民共和国建交国增加到七十五个，台湾当局"邦交国"减少到五十六个。从这个转折点开始，越来越多的国家和中华人民共和国建交、和台湾当局"断交"。1979年，中国和美国恢复外交关系，一边倒的格局进一步发展。截至2015年2月底，中华人民共和国建交国共一百七十二个，台湾当局"邦交国"为二十二个。

1971年联合国恢复中华人民共和国的合法席位之前，蒋介石已经预感到会出现这样的结果，为了稳定人心，他于6月15日发表了"我们国家的立场和国民的精神的讲话"，提出"庄敬自强，处变不惊，慎谋能断"的对应之策，要人们经得起考验，冲破难关。联大决议通过后的第三天，蒋介石发表了"为联合国通过非法决议告全国同胞书"说，台湾当局"对于主权的行使，决不受任何外来的干扰；无论国际形势发生何种变化，我们将不惜牺牲，从事不屈不挠的奋斗，绝不动摇、不妥协"。[2] 1972年5月蒋经国出任"行政院长"，继续执行"反共复国"政策，但同时逐步推出了争取"国际空间"的"实质外交"。1988年蒋经国去世后李登辉掌权，在他权位稳固后，对内推行"本土化"，在国际上则开展所谓"务实外交"，有计划、有步骤地贯彻分裂主义的图谋。2000年至2008年，主张"台独"的陈水扁当局在国际上公开搞"一边一国"的"烽火外交"，大陆在外交上进行了反"台独"的"零容忍"斗争，"台独"势力在国际上空前孤立。2008年国民党重新执政后，马英九提出"活路外交"，大陆在两岸和平发展的框架内，在处理台湾"国际空间"问题时表现出更大的灵活性，对台湾的一些诉求，做出了合情合理的安排。

从蒋经国提出"实质外交"开始，到李登辉的"务实外交"，两岸在台湾"国际空间"问题上的博弈，在世界各国中是少有的，它不同于二次世界大战后出现的德国、越南和朝鲜等问题，有着明显的特殊性和复杂性。大陆坚持一个中国的原则，反对任何形式的"两个中国"或"一中一台"；同时，考虑到两岸在尚未统一的情况下，台湾在经济、社会生活等方面不可能完全置身在国际社会之外，大陆根据不同性质、不同层面的问题，予以理性务实的处理。台湾当局，主要是在李登辉当权时期，一方面极力制造事实上的"两个中国"，另一方面基于实际利益、面对国际现实，在不同时期、某些问题上，也不得不做过"务实"的妥协。在此情况下，海峡两岸曾就诸如奥运会、亚洲开发银行（亚行，ADB）、亚太经济合作组织（APEC）、世界贸易组织（WTO）等问题上做出过双方均不十分满意、但尚可接受的安排。马英九执政后，两岸关系因为有了反"台独"和"九二共识"的政治基础，所以能较为顺利地解决了台湾的世界卫生组织大会（WHA）观察员和参与世界民航组织大会等问题。本章将从蒋经国"实质外交"开始，就两岸在台湾"国际空间"问题上既有不容退让斗争、又有务实妥协的历史做一回顾和总结。

"实质外交" 1972年5月26日蒋经国出任"行政院长"。他在就任后的第一个"施政报告"中，针对被驱逐出联合国后的情势说："由于当前世局的多变，因之一般国人多有'求变'的心理，希望政府以变应变，甚至许多国际友人也盼望我们有所转变。不错，政府在各种施政上，针对主客观环境的变动，已经随时斟酌轻重缓急，采取因应的行动。但是，我们纵然通权达变，而在通权中，决不离开'守经'的原则，也就是在'达变'之中，仍有'不变'的原则。这不变的原则，也就是牢牢把握我们反共复国的基本国策。"[3] 1975年蒋介石去世，蒋经国全面掌权。他在当年的"施政报告"的口头补充部分中提出要加强与"非邦交国"的"实质关系"。他说："今后我们在仁义为本的前提下，实际的做法也不宜胶柱鼓瑟，至少要晓以利害开展工作，以和则彼此大利，分则彼此大害来加强我国与自由世界的关系。"[4] 这就是所谓做出"弹性"调整的"实质外交"。根据笔者的梳理，这种"弹性"主要表现在两个方面。

一是推进和"非邦交国"的"实质关系"。如果不能和这些国家建立或恢复正式"外交关系"，则争取设立半官方的办事处，重点是美国。对美工作的主要手法是，通过做各州和国会议员的工作影响美国对华政策；通过缔结"姐妹城市"等方式加强和各州政府和民间的联系；通过派遣大型"采购团"争取财团、利益集团和地方势力的支持。对发展中国家，主要通过经济"援助与合作"来"固邦"和扩展"邦交国"，就是所谓"经援外交"。

二是拓展多边即国际组织的"外交"。基本做法是区别对待政府间的国际组织和民间的国际组织。对前者，政策上是"宁为玉碎，不为瓦全"，但实际上出现了不排拒"中华民国"和中华人民共和国"两个中国"并立的"双会员"安排的苗头。这方面的案例是台湾当局被迫撤出"国际刑警组织"。

国际刑警组织　国际刑事警察组织（INTERPOL）成立于 1923 年，最初名为"国际刑事警察委员会"，总部设在奥地利首都维也纳。第二次世界大战期间一度迁往德国首都柏林。二战后总部迁往法国首都巴黎。1956 年该组织更名为现在的国际刑事警察组织，简称国际刑警组织。1989 年总部迁往法国的里昂。它是世界上最大的国际警察组织，目前有一百九十个成员国。

台湾当局是 1961 年以"中华民国"名义加入国际刑警组织的。1979 年大陆改革开放之后，国际犯罪活动开始渗入。为了加强预防和打击刑事犯罪的国际合作，大陆于 1981 年开始进行加入国际刑警组织的准备工作。1984 年 5 月 17 日，国际刑警组织秘书长博萨（Andre Bossard）访华，大陆正式提出加入该组织的申请。中国政府在申请书中声明，中华人民共和国是中国唯一合法政府，台湾是中国领土不可分割的一部分，中国加入该组织后，台湾只能以台湾地区警察组织的名义派代表团参加相关活动，但不能委派团长、无表决权，会议和会议文件中均不能出现"中华民国"的文字和标志，只能使用"中国台湾"的称谓。台湾当局坚持要以"中华民国"的名义留在组织内，还以联合国存在"两个德国"为例，要搞"双重代表"。中国大陆当然坚决反对。1985 年 9 月 4 日国际刑警组织第五十三届年会在卢森堡举行，下午讨论了中国政府的加入申请。经过四个多小时的激烈辩论，在比较混乱的情况下，大会匆忙进行投票表决，结果出人意料，中国申请未获三分之二的多数赞成票。原来计票出现了错误，大会在 9 月 5 日上午重新投票，结果是七十二票赞成、二十七票反对，八票弃权，中国获得三分之二的多数票，被接纳为正式成员国。台湾代表当即表示不接受大会的决定，声明要为留在组织内"奋斗到底"，并退出会场。

为了处理好台湾在国际刑警组织中的地位问题，同时出于同国际犯罪斗争不留空白地区的意愿，我国公安部于 1985 年 3 月主动致信国际刑警组织执委会，提出解决台湾警察当局在国际刑警组织中的地位、名称和联系方式等问题的具体建议。第一，台湾作为中国的一个地区，以"中国台湾"（Taiwan, China）地区警察机构的名义派代表参加国际刑警组织活动。联络机构的名称为"中国台湾联系局"（Associate Bureau of Taiwan, China）或"中国台北联络局"（Associate Bureau of Taibei, Chian）。第二，台湾可派"中国台北"地区代表参加国际刑警组织召开的全体大会、地区会议、工作会议，无表决权。

参加全体大会时，其代表不摆名牌；参加地区会议，席上可按国际刑警组织地区会议的惯例，摆"中国台北"名牌。第三，"中国台北"可以直接与国际刑警组织总秘书处及国际刑警组织成员国中心局进行业务联系。总秘书处应将此类联系函电的副本抄送中国国家中心局。公安部通过外交途径向国际刑警组织各成员国通报了上述建议，强调中国政府绝不容许在国际刑警组织中出现"两个中国"或"一中一台"的坚定立场。从 1985 年第五十四届到1993 年的六十二届年会上，台湾的一些"邦交国"都曾企图挑起关于台湾地位问题的争论，但在大陆代表团通过秘书长和执委会的协调，均及时化解了争论，没有引起大的波澜。

　　1986 年 2 月，国际刑警组织执委会在巴黎总部开会，重要议程之一是台湾警察当局在国际刑警组织组织中的地位问题。经过讨论，执委会做出决定，台湾警察机构以"中国台湾警察局"的名义继续参加国际刑警的合作，地区名称为"中国台湾"，要求总秘书处和各成员国执行第五十三届大会关于接纳中华人民共和国为国际刑警组织成员国的决定。当年 7 月，国际刑警组织以秘书长肯德尔（Raymond Kendall）的名义向成员国发出《关于与中国台湾警察当局合作事的通知》。通知要求各成员国在下列条件下可以和中国台湾警察当局继续合作。一是，出于打击犯罪中不留空白地区的考虑，中国中心局同意总秘书处充当中间人，帮助其他中心局和中国台湾警察当局进行联系，这是一个暂时措施。二是，希望通过国际刑警组织渠道与中国台湾警察当局进行合作的中心局可以把信息发送到总秘书处。总秘书处再把这些信息转发至中国台湾警察当局；应中国中心局要求，副本将抄送中国中心局。三是，总秘书处接到中国台湾警察当局意欲发给某一成员国的信息，总秘书处将把这一信息转给有关成员国；应中国中心局要求，副本将抄送中国中心局。1987年 7 月和 10 月，肯德尔和执委会主席辛普森（John Simpson）先后致函中国中心局，建议中方考虑将各成员国送台湾警察当局的通讯函件不再抄送中国中心局的意见。中方经考虑后，对肯德尔提出的方案做了文字修改，并建议以总秘书处方案通知各成员国。总秘书处通知的内容是："经商国际刑警中国国家中心局同意，总秘书处将作为国际刑警组织各成员国与中国台湾警察局之间进行通讯联系的媒介，因此，各成员国在与中国台湾警察局进行通讯联系时应通过总秘书处。"

　　在 1993 年国际刑警组织第六十二届年会上，南美洲的一些台湾"邦交国"以无法与台湾警方取得联系为由，提出台湾地位问题。这个理由当然是站不住脚的，因为 1987 年总秘书处的通知已经解决了这个问题。除大陆代表据理予以驳斥外，国际刑警组织负责官员也做了有说服力的澄清。时任副主席的日本代表川田晃发言说："台湾问题为亚洲各国所关注，但它只是一个国家的内政。"他指出："考虑到同刑事犯罪做斗争中不留空白地区的原则，中国政府曾与总部达成一项协议。中国政府同意台湾在严格遵守大会决议和本组织章程的基础上以'中国台湾警察局'的名义留在本组织内继续参与业务合作。事实上，台湾警方也多次被邀请作为观察员出席亚洲地区会议。"肯德尔强调，第五十三届大会已经接纳中华人民共和国为其正式成员，中国只能有一个代表团。只有有关双方才能真正解决这个问题，国际刑警组织及其他成员国所采取的任何过激行动只能妨碍这一问题的解决。[5]

至此，有关台湾在国际刑警组织中的地位问题的争端逐渐平息下来。但是，台湾当局和国际上一些国家，并没有完全放弃挑起争端。值得注意的是，2015 年 4 月 23 日，奥巴马政府的官员公开表示支持台湾在国际刑警组织中取得"观察员"资格。主管亚太事务的助理国务卿拉塞尔（Daniel Russel）在众议院外交委员会亚太小组的一场听证会上回答议员质询时表示，美国"强力支持也一直积极协助"台湾扩展"国际空间"，要使台湾当局活跃于适当的"国际组织"，包括国际刑警组织。[6] 上文中已经提到，大陆通过和国际刑警组织的协商，提出了台湾警察当局可以与其身份相符合的方式参与国际刑警组织活动，得到大多数成员国的支持和遵守，多年来是行之有效的，台湾一直参与相关的活动。笔者认为，如果台湾当局和美国要重新挑起争端，其结果会和过去一样，大陆不会在原则问题上让步，大多数成员国也不会予以支持。在非政府的民间国际组织问题上，蒋经国当局采取了"不回避、不退让"的政策，但在实际操作上则"不回避"多于"不退让"。大陆在处理这个问题时，即坚持一个中国原则，也随着形势的变化调整政策，恰如其分地处理了具体问题。这方面最重大的案例是两岸对参与奥林匹克运动会的处理。1949 年以后，两岸在国际奥运会中的代表资格问题，经过多个回合的长期反复较量，直到 1979 年才得到解决，产生了两岸参与非政府国际组织的所谓"奥运模式"。

"奥运模式" 中国参与奥运会始于上世纪 30 年代。1931 年，国际奥委会正式承认 1924 年成立的中华全国体育协进会（体协）为中国的奥委会。1932

年、1936年和1948年，中国曾组团参加洛杉矶、柏林和伦敦的奥运会，但由于经费短缺、水平低下，没有取得任何成绩。尤其是伦敦奥运会，运动员竟然连回国的路费都没有，不是华侨的接济，几乎流落异国他乡。1949年以前，中国有三人出任过国际奥委会委员：曾任北洋政府外交总长的王正廷、曾任南京政府财政部长的孔祥熙和体育教育家董守义。董守义1947年当选为委员，1949年后留在大陆，并到国家体委工作。

1952年6月，中华人民共和国的全国性体育组织中华全国体育总会（体总）成立，并宣告是代表中国的唯一全国性体育组织，要求国际体育组织撤销原来对"体协"的承认。足球、游泳、篮球等国际组织相继承认了体总，但国际奥林匹克委员会拒不予以承认。1952年，第十五届奥运会在芬兰的赫尔辛基举行。国际奥委会原本不打算邀请大陆参加，但在已与大陆建交的东道主芬兰等友好国家代表的努力下，国际奥委会第四十七届年会在奥运会开幕前两天的7月17日以三十三票对二十票通过决议，同意我体总和台湾"体协"的运动员均可参加，这就出现了"两个中国"代表团的状况。我体总一方面发表声明，强调只有体总才是中国唯一合法的国家奥委会，才有资格选派运动员参加奥运会，另一方面快马加鞭组成四十人代表团赴会，在运动会已经进行了十天的时候赶到，得以参加了游泳比赛和闭幕式。台湾当局在得知国际奥委会邀请大陆运动员参赛后，采取了"不妥协"的做法，声明"只要大陆参加，台湾将退出比赛，绝不与共匪选手在同一运动场上参加任何活动。"已在举办地赫尔辛基的台湾"体协"代表郝更生随即宣布退出第十五届奥运会。

1954年5月在雅典举行的国际奥委会第四十九次会议上，以二十三票赞成、二十一票反对通过决议，承认体总为国家奥委会。但是新任的国际奥委会主席、美国人布伦戴奇（Avery Brundage）却利用职权未经奥委会讨论而将台湾的"体协"以"中华民国"的名义列入国际奥委会承认的国家奥委会的名单之中，在国际奥委会中制造了"两个中国"。

1955年6月，国际奥委会第五十次会议在巴黎举行，荣高棠代表体总与会。在会前11日举行的国际奥委会执行委员会和各国奥委会联席会议上，荣高棠据理反对奥委会搞"两个中国"，要求将台湾的"体协"清除出奥委会。但布伦戴奇以奥委会"不谈政治问题"为借口，转移了议题。在12日的奥委会全体委员会议上，布伦戴奇又声言，荣高棠的发言是"政治性"的，体育和政治无关。与会的董守义委员三次要发言予以驳斥，但都被坐在旁边的苏联委员制止了。当时还有"社会主义阵营"，因此"苏联老大哥"的意见举足轻重。会后，荣高棠严厉批评了此事。回国后，周恩来总理也予以严厉批评。他在代表团出发前即交代要防止在会上出现"两个中国"，但"仍有此失"。

1956 年 11 月，第十六届奥运会在澳大利亚的墨尔本举行，体总和台湾"体协"又同时接到参会邀请。体总立即提出抗议并重申，体总是唯一代表中国参加奥运会的合法机构，要求组委会撤销对台湾"体协"的邀请。但当体总代表团到达墨尔本后，台湾"体协"代表团已先期进驻奥运村，升起了"青天白日满地红"旗，并以"福摩萨中国"的名义在奥运会组委会登记。体总代表立即向澳方组委会提出抗议，并表示如果不把奥运村的"中华民国"旗帜降下来，中国运动员将不参加这次奥运会。澳方组委会声言邀请是国际奥委会发出的，它无权予以改变。11 月 6 日，体总发表声明宣布，由于国际奥委会蓄意制造"两个中国"，中国运动员在得到合理解释之前，不参加本届奥运会。

国际奥委会在布伦戴奇的把持下，顽固地坚持制造"两个中国"的立场，甚至妄称"台湾过去最后是属于日本的一部分"，不属于中国。他还威胁反对他制造"两个中国"的董守义委员"辞职"。在这样的情况下，1958 年 8 月 19 日，董守义愤然辞去了国际奥委会委员的职务。在他写给布伦戴奇的信中，酣畅淋漓地痛批道："你是一个蓄意为美帝国主义制造'两个中国'政治阴谋效劳的忠实走卒……今天的国际奥委会操纵在像你这样一个帝国主义分子手中，奥林匹克精神已经被践踏无遗，为了维护奥林匹克精神和传统，我正式声明拒绝同你合作，拒绝同你所把持的国际奥委会发生任何联系。"次日，体总举行记者招待会发表声明："中国奥林匹克委员会为了抗议国际奥委会，和其他八个国际体育组织非法承认台湾蒋帮体育组织，正式宣布不承认国际奥委会，断绝同他的一切关系，并且退出国际游泳、田径、举重、射击、摔跤、篮球、自行车联合会及亚洲乒乓球联合会等八个国际体育组织。"从 1952 年开始，布伦戴奇把持国际奥委会共二十年。这期间，两岸在国际体育运动领域内"有你无我"的争夺战中，台湾当局占有相对优势，大陆只有在国际乒联、国际滑冰联等少数几个国际体育组织中保留了会籍。但是，1971 年联合国恢复了我合法席位之后，形势发生了转折性变化。

1973 年 3 月，邓小平恢复工作，重新担任国务院副总理，协助周恩来总理工作。次年 1 月，他开始分管国家体委的工作，并立即以他独到的战略眼光提出奥运会的问题。他对体委主任王猛说："对国际奥委会等国际体育组织，要采取积极主动的方针多做工作，争取进去，现在进不去最后总得进去的。国际体育组织怎么能离开我们这样一个大国呢？现在进去了，比赛可能打败仗，但是可以团结一批朋友嘛！"他强调："我看要把恢复我国在国际奥委会的合法席位问题提上日程，我们总不能总是在奥运会之外，要进去进行斗争和工作，恢复中华人民共和国的合法席位。我们不能随随便便就把位子让给台湾了，我们还是要回到那里面去和他斗。"他要体委了解新的动向，"以前国际组织是我们进去，台湾就走。现在是我们进去了，他们也不走。所以一定要提出驱蒋条件。"但他同时问体委领导人："台湾可不可以参加比赛？亚非拉乒乓球比赛时（1973 年 9 月在北京举行）有台湾省队，别的组织行不行？"他显然在考虑"驱蒋"之外的选择。1974 年第七届亚运会在伊朗德黑兰举行。体委获悉国际奥委会主席基拉宁将与会后，即请示国务院，"如其态度较好，可邀请其访华"。邓小平表示："国际奥委会主席基拉宁邀请来吧，态度不错嘛。到一次北京来就不一样了。可以把'如其态度较好'一句勾掉。他态度不好也没关系。"可惜，1975 年他又被"打倒"了，但是他确定的在国际奥委会中恢复大陆合法席位的决策还是得以贯彻执行。1977 年 9 月，基拉宁一行三人终于应邀访华。访问期间，基拉宁表示欢迎中华人民共和国回到奥林匹克运动中来，对于台湾问题，他提出由他或一位中立人士主持两岸代表在中立地点进行谈判。大陆当然不能接受由第三者参与中国的内部事务。基拉宁访华并未取得实质成果，但这是国际奥委会主席为解决恢复大陆在奥委会的席位专程来华的正式访问，意义不言自明。

　　1979 年中国开始了改革开放的历史新纪元。如本书第一章所言，对台政策进入"和平统一、一国两制"新阶段。处理国际组织中台湾问题的方针政策随之进行了重要调整。过去使用的"蒋帮"称谓改为"台湾当局"；在国际组织中"驱蒋"的提法改为"撤销（或取消）台湾当局会籍（或会员资格）"。在非政府国际组织中，除了全国性席位由大陆有关机构拥有外，根据有关国际组织章程的相关规定，可以允许台湾非政府机构作为大陆机构的分支机构参加，或允许其作为非全国性机构参加，名称可以是"中国 × 机构台湾分会"或"中国台湾 × 机构"。在任何情况下，不得冠以"中华民国（ROC）"或单独使用"台湾"名义。这一重大的政策调整大大推进了在国际体育组织中恢复中华人民共和国合法席位的斗争。在"有我无蒋、有蒋无我"时期，大陆先后成功地在体操、排球、举重、摔跤等国际单项体育组织中"驱蒋"成功；但也有羽毛球、田径等国际组织，虽然大会决议"驱蒋"，但因台湾当局到英国法院控告并胜诉而得不到执行。另一方面，虽然"体育和政治无关"是伪命题，但国际体育界普遍认为政治问题不应影响运动员参加国际赛事。国际奥委会有着特殊的组织结构，由特殊人士组成，简单地"驱蒋"并非万全之策，大陆也希望台湾运动员参加奥运会。对台政策的调整打开了合情合理解决问题的大门。当年，中国国际奥林匹克委员会自立门户，和中华全国体育总会分开。

1980年第十三届冬季奥运会将在美国举行，同年夏奥会将在莫斯科举行。1979年2月，邓小平在接受日本记者采访时明确表示，如果台湾问题解决了，大陆将参加莫斯科奥运会，而且可以承办1988年的奥运会。时间紧迫，大陆开始了进军奥运会的"冲刺"。1979年3月，国家体委联合外交部提出了解决奥运会问题的三个预案和一个备案，最后备案得到批准。预案的底线是大陆以中国奥委会名义参加国际奥委会，台湾方面以"中国奥委会台湾分会"的名义参加奥委会，但不能使用"国旗"和"国歌"。备案是如果大陆不能入会，先争取撤销台湾的会籍，再努力争取问题的最终解决。3月10日，国际奥委会执委会在洛桑举行。中国奥委会应邀在会上陈述大陆的立场时，提出了预案中的"上线"即第一方案：恢复大陆的席位，撤销台湾的席位，台湾地区运动员参加大陆代表团。会议讨论中出现各种意见，最后只决定由国际奥委会出面邀请大陆和台湾共同会晤。4月6日，国际奥委会第八十一届全体会议在乌拉圭首都蒙得维的亚举行。大陆和台湾方面的代表先后陈述了各自的立场。大陆代表根据会议的情况，打出了预案中的"底线"即第三方案："根据国际奥委会章程的精神和世界上只有一个中国的事实，国际奥委会只应承认中国的一个国家奥委会，即会址设在北京的、代表全中国运动员的中国奥委会。关于台湾运动员如何参加奥运会比赛的问题，我们已经提出解决办法。我们注意到，现在有人要求台湾体育组织改变名称并继续留在国际奥委会内。我们认为这虽然不是彻底解决问题的办法，但为了配合国际奥委会中朋友们寻求解决中国代表权问题的努力，考虑到台湾地区目前的状况，作为临时措施，在恢复中国奥委会席位之后，也可以特许台湾地区的体育组织以中国台湾奥委会的名称，即作为中国的一个地方机构，留在国际奥委会内，前提是不得冠以'中华民国'字样，也不得单独使用'台湾'字样，不得使用其所谓'国旗'、'国歌'，以及任何代表所谓'中华民国'的象征。"这是大陆第一次以明确的语言在国际奥委会上提出的解决台湾问题的方案，简言之，台湾奥运组织可以留在国际奥委会，但必须改名、改旗、改歌。大会对大陆提案进行了激烈讨论，执委会接着通宵达旦地进行了讨论，最后提出了供全会在7日上午讨论的两点决议草案：（一）恢复对中华人民共和国奥委会的承认。（二）维持对总部设在台北的奥委会的承认；有关名称、歌、旗的一切手续将进一步研究和达成协议。这个建议遭到英国、肯尼亚、加拿大等国亲台委员的强烈反对，并提出修正案："1. 承认会址在北京的中国奥委会；2. 维持对会址在台北的中国奥委会的承认。"修正案以三十六票对三十票获得通过。修正案还是要搞"两个中国"奥委会，大陆代表团立即发表声明反对，重申在大会上提出的解决方案，同时表示"我们愿同国际奥委会执委会就恢复中国合法权利问题继续进行商讨"。蒙得维的亚会议未能通过大陆的解决办法，但大陆改变"驱蒋"的政策调整，使一些奥委会委员看到大陆是务实的、是尊重国际体育运动普遍参与的原则的，有解决问题的诚意，因此争取到委员们更多的认同和支持。台湾方面对会议的结果十分得意，认为这是他们成功运用"弹性外交"的成果。早在1976年，台湾当局就公开表示，有关参加国际体育活动，将采取"政治与体育分开"的原则。[7]但是接下来的圣胡安会议的结果却大出他们所料。

　　1979年6月25日至30日，在波多黎各的圣胡安举行了各国奥委会总会大会、国际奥委会执委会以及执委会和各总会的联席大会。台湾方面打听到执委会要讨论台湾奥委会的名称、旗、歌的问题，于是就企图通过美国委员罗斯福（Julian Roosevelt, 美国前总统罗斯福的孙子）予以阻挠。当时，中美已经恢复了外交关系，罗斯福征询了美国国务院的意见。国务院的答复是："美国已从1979年1月1日起承认中华人民共和国政府为唯一合法政府。美国同时撤销对台湾当局的外交承认。作为撤销承认的结果，也不承认'中华民国'国旗、国歌作为全国性政权的象征，但将继续给台湾来的旅行者提供签证方便。"台湾的美国靠山靠不住了。执委会就台湾问题成立了一个三人小组，起草了包括两点主要内容的决议：一、确认以"中国奥委会"的名称承认设在北京的奥委会。二、以"中国台北奥委会"的名称继续承认设在台北的奥委会，条件是后者的旗帜和歌曲须有别于到目前为止所使用的"中华民国"的国旗和国歌。这个决议草案得到多数委员的支持，但是受到新西兰亲台委员克劳斯（Lance Cross）的极力阻挠，执委会不得不决定进一步听取有关意见，待10月执委会在日本名古屋开会时确定，然后以通讯表决方式提交全体委员批准。台湾方面拒绝接受圣胡安决议方案，并反对用通讯方式表决。他们利用名古屋开会前的时间极力阻止决议草案的通过。他们再次使用"法律"手段，向瑞士的一个地方法院"起诉"国际奥委会，国际奥委会据理回应，瑞士法院到1980年1月才予以审理，这时《名古屋决议》早已通过，板上钉钉。台湾当局还动员了一百二十名美国国会议员给国际奥委会主席吉拉宁写信，要他不要受政治影响。基拉宁就此事对记者说："由美国职业政客来要我不要受政治影响，岂非笑话。"形势比人强，台湾当局此时已无力回天。

1979年10月25日，国际奥委会执委会开会讨论中国席位问题。克劳斯又跳出来提出，要台湾奥委会改旗、改歌，除非修改奥运会章程，并需要三分之二多数通过。但他孤掌难鸣，无人响应，他不得不放弃自我孤立的主张。最后执委会一致通过如下决议：

国际奥林匹克委员会执委会决议

（1979年10月25日于名古屋）

中华人民共和国：

名称：中国奥林匹克委员会

国家奥委会的歌、旗和会徽：中华人民共和国的歌和旗。提交并经执委会批准的会徽。

章程：符合规定。

位于台北的委员会：

名称：中国台北奥林匹克委员会

国家奥委会的歌、旗和会徽：有别于目前使用的歌、旗和会徽，并须经国际奥委会执委会批准。

章程：须于1980年1月1日前进行修改，以符合国际奥委会章程。

执委会决定把决议案提交给委员们进行通讯表决，要求他们在一个月内回复。执委会发出八十九张票，收回八十一张，结果六十二票赞成、十七票反对、一张废票、一张弃权票，决议案以压倒多数获得通过。

名古屋决议"一锤定音"，但台湾方面开始拒绝接受决议。他们又故伎重演，分别以奥委会委员徐亨和一名运动员的名义在瑞士一个法院控告国际奥委会，在美国控告主办 1980 年冬奥会的组委会。在美国的诉讼以失败告终。国际奥委会为了应对瑞士的官司，在 1980 年冬奥会期间召开的全会上决定，把奥运会仪式上使用的"国旗"一词改为"代表团的旗帜"。这个新规定对各个奥委会使用的旗帜毫无影响，但台湾方面必须使用经国际奥委会同意的新旗，从而使台方难以使用"反对歧视"的借口来控告国际奥委会。一位国际奥委会委员起诉自己的组织，这在国际奥委会历史上还是第一次。新任奥委会主席萨马兰奇委托国际足联主席、巴西委员阿维兰热警告徐亨，国际奥委会不会改变名古屋决议，如果他坚持起诉自己的组织，他将失去奥委会委员的资格。在此情势下，徐亨表示，如果国际奥委会批准台湾设计的会徽和会旗，他将撤诉。台湾方面最初提供的会徽保有"国旗"的图案，大陆当然不能同意。在台湾方面修改掉有"国家"象征的图案后，经征得大陆同意后，萨马兰奇于 1981 年 3 月 23 日在洛桑与台北奥委会主席沈家铭签订了关于旗、徽问题的协议。会旗是中央有会徽的白旗。关于改歌的问题，台湾方面迟迟不提交新的会歌和歌词，企图拖延过关。萨马兰奇最后对台方表示，如果它在 1983 年 4 月 15 日前不提交新歌，5 月执委会将决定不准台方使用会歌；如果台方再次向法院起诉，将停止它的会籍。很快，台湾方面就提交了新歌的词曲。经过大陆音乐专家的仔细辨别，断定乐曲是北伐战争时期作曲家黄自所谱，歌词原是歌颂"青天白日满地红"的，但新词改为歌颂奥林匹克精神和体育运动。大陆向国际奥委会表示没有异议。此外，经过协商，国际奥委会还同意了台北奥委会的要求，在奥运会开幕式运动员入场时，中华台北队参加"T"群而不在"C"群，以和大陆代表队"区隔"。这样，国际奥委会中有关台湾的具体问题也得到解决。最后的一个余波是两岸之间关于如何翻译英文 Chinese Taipei 的香港商谈。

香港商谈《名古屋决议》中，地址在台北的奥委会的英文名称是 Chinese Taipei Olympic Committee。大陆把它译为中国台北，而台湾方面把它译为中华台北。双方各有各的译法，本来相安无事。在外国举行奥运会时，一般使用英文名称；在日本、韩国这些使用汉字地名的国家，它们则使用本国的拼音拼出 Chinese Taipei，也没有问题。1990 年第十一届亚运会在北京举行，台湾方面决定要参加，但提出以使用"中华台北"的名称为前提。如何翻译 Chinese Taipei 就成了台湾方面坚持要解决的问题。其实，Chinese 翻译成中国和中华都可以。中华人民共和国的中华的英文就是 Chinese。台湾方面坚持要翻译成中华，是想避免外人把中国台北理解为中华人民共和国的台北，而中华台北可以解释为"中国人的台北"。大陆方面的立场是，只要台湾方面派运动队参加亚运会并遵守国际奥委会的有关规定，其他问题可以商议。为了解决中国和中华之间的一字之差，双方商定于 1989 年 1 月 18 日在香港会面。

大陆在这个问题上的内部方案是可同意台湾方面使用"中华台北"，但大陆仍按习惯使用"中国台北"。但 1988 年 1 月蒋经国去世、李登辉上台之后，鼓吹"务实外交"，大陆有关部门认为对他需要警惕，因此暂时不亮底牌，看一看再说。1989 年 1 月 18 日，双方代表如期在香港会晤。大陆代表是中国奥委会副主席何振梁和副秘书长屠铭德，台北奥委会代表是徐亨和副主席吴经国。何振梁明确表示，台湾方面把使用"中华台北"作为参加亚运会的条件使问题复杂化，如何翻译 Chinese Taipei 已经不是技术问题而是政治问题。尤其是台湾当局推行"弹性外交"，更使我们对台方坚持以此为前提条件的意图提出疑问，究竟是否想搞"两个中国"或"一中一台"。所以，现在不能同意你们使用"中华台北"。第一次香港商谈没有取得结果。

香港会晤后，大陆有关部门多次进行了内部讨论，多数人认为，为了推动两岸之间的交流，可先做些让步，在体育上打开一个口子。最后决定分两步走，第一步还是各做各的翻译，如果台湾方面不接受的话，可以同意在亚运会的范围内同时使用"中华台北奥委会"的名称。双方商定于 1989 年 3 月 15 日在香港再次商谈。3 月 8 日，何振梁通过报界向台湾方面发出明确信息："在严格遵守国际奥委会决议的前提下，有关台湾地区参赛的技术性问题，本着求同存异的精神，经过磋商，不难解决。相信两岸之间的体育交往，通过双方共同努力，今年将有新的突破。"

大陆的明确信息使台湾方面意识到双方有可能达成协议，于是很快传来消息说，如果在台湾队参赛的问题上能给台湾一个台阶下，他们将派台北奥委会副主席兼秘书长李庆华到香港商谈。李庆华是国民党高官李焕的儿子，有更硬的"后台"。当时在两岸间传递消息的幕后人士是曾经担任过台湾体育总会副秘书长的齐剑洪的儿子齐伟超，他在香港做买卖，在大陆和台湾都有生意，在两岸都说得上话。3 月 16 日晚，李庆华抵港后即表示希望当晚就可以开始商谈，而且摆出已经了解大陆底牌的架势，挑明不接受"各做各的"翻译方案。17 日上午，双方开始正式商谈。李庆华坚持"中华台北"的称谓；何振梁没有和他在这个问题上周旋，而是提出与此相关的大陆运动员去台湾的问题。按国际奥委会的决定，大陆运动员去台湾的名称应是中国队、打五星红旗，奏《义勇军进行曲》国歌。何振梁还提出，为了实现两岸运动员的双向交流，希望双方能就这个问题签订一个协议。李庆华对此完全没有思想准备，在去了一趟"洗手间"后表示，可以就这个问题再安排一次商谈。经过沟通，双方约定于4月4日在香港进行第二次商谈。商谈还是在原班人马间进行。何振梁表示，不管是台湾的体育队来大陆，还是大陆的体育队去台湾参加国际比赛，都应当按照国际奥委会的决议办。至于 Chinese Taipei 的中文译法，大陆可以尊重台湾方面的习惯用法，在比赛以及会议等正式场合，大陆主办单位都称台湾方面为"中华台北奥委会"；大陆体育队去台湾参加国际比赛，名称为中国，打国旗、奏国歌。如果台湾方面一时做不到，唯一的解决办法就是台湾方面不申办国际正式比赛。何还表示，考虑到台湾的处境，这次会谈如果能达成协议，也可以不以书面形式签字，而口头承诺，相互信任。李庆华感谢大陆"慷慨大度"地接受"中华台北"，对大陆体育队去台湾打国旗、奏国歌事，则表示仍有困难。5日中午何振梁宴请李庆华时，李主动提出，为了对付台湾那些反对和大陆来往的人，对这次会谈的结果最好有一个书面、但又不那么正式的文件，由双方签字。他提议，用旅馆的便签写下协议的内容，但不写标题以避免可能的争议，由二人签字。何振梁认为有书面协议要比口头承诺更进了一步，所以表示同意。李庆华早有准备，立即拿出已经写好的书面协议草稿请何过目。草稿的内容是："台湾地区体育团队及体育组织赴大陆参加比赛、会议及活动时，大会（即主办单位）在文件、手册、名牌及所做的广播以中文指称台湾地区体育团队及体育组织时，均须称呼其为'中华台北'。"何振梁看后提出两点修改意见：将草稿的第一句改为"台湾地区体育团队及体育组织按照国际奥委会决议赴大陆参加比赛、会议及活动"；把"均须称呼其为'中华台北'"中的"须"自去掉。最后的协议文本是："台湾地区体育团队及体育组织赴大陆参加比赛、会议或活动，将按国际奥委会有关规定办理，大会（即主办单位）所编印之文件、手册、寄发之信函、制作之名牌，以及所做之广播等等，凡以中文指称台湾地区体育团队及体育组织时，均称之为'中华台北'。"6日上午，李庆华由齐伟超陪同来到何振梁等下榻的香港王子饭店签署了书面协议。双方同意协议上不写签字人的头衔，只作为两个人的书面协议。双方还商定，1989年4月7日上午10时，双方的奥委会分别在北京和台北同时举行记者招待会发布协议的内容。协议在一个中国的框架内解决了台湾运动员到大陆参加国际比赛的称谓问题，使得台湾地区运动员得以参加北京亚运会，在体育领域率先突破了台湾当局对两岸交往的限制。1986年，台湾当局为参与民间的国际活动制定了三项原则："1. 除中共地区外，我民间团体应国际机构邀请，可以参加在任何地区举行之各项学术活动；2. 在任何情况下，国人不得赴大陆地区参加国际比赛活动；3. 不同意共产党国家人士到我国参加国际会议或活动。"[8] "奥运模式"表明，在两岸同属一个中国的框架下，两岸通过平等协商，是能够解决台湾方面参与非官方的国际组织活动问题的。[9] 剩下的问题是遵守协议的问题。台湾方面总是想通过搞些小动作，"突破"《名古屋决议》，但也总是劳而无功，这是后话。

亚行的"一国两席" 在这一期间，两岸在国际组织中席位问题上的另一场斗争发生在亚洲开发银行（亚行，台湾方面称亚银）中。和国际奥委会不同的是，亚行是一个致力于促进亚洲及太平洋地区发展中成员的区域性**政府间**金融开发机构。它是上世纪六十年代中期，由联合国亚洲及太平洋区域经济社会委员会（联合国亚太经社会）的前身联合国亚洲及远东经济委员会倡议创建的，1966年11月24日成立，总部设在菲律宾首都马尼拉。它不是联合国下属机构，但和联合国及其区域和专门机构有着密切的联系。1966年台湾当局还占据着中国在联合国的席位，按照亚行章程的规定，它以联合国成员的身份成为亚行的创始成员，参与亚行的筹建。

1971年联合国通过二七五八号决议后，联合国的下属机构根据决议先后驱逐了台湾当局的代表，唯独世界银行和国际货币基金组织在美国的把持下没有这样做。当时，大陆处在"文化大革命"时期，把这两个组织定性为"帝国主义经济侵略的御用工具"，因而也没有提出"驱蒋纳我"的要求。1979年中美建交之后，美国授意这两个机构和大陆接触，并于1980年"驱蒋纳我"，大陆开始参与多边的国际经济合作工作，亚行的问题也就提上了日程。1983年2月，中国政府以外交部部长吴学谦的名义致函亚行行长藤冈真佐夫，表达参加亚行的意愿，并按联合国二七五八号决议的精神解决台湾的会籍问题。按规定，台湾当局加入亚行时是以它当时的实际控制的面积、人口等经济社会数据为依据的，所以中国政府不能像在联合国那样要求恢复合法席位，而是要求按联合国决议精神解决台湾会籍问题，实际上是要求"驱蒋纳我"。亚行方面在大陆提出要求后，从法律、经济等角度进行了研究，认为根据亚行章程，中国大陆作为联合国正式成员国理应成为亚行会员，但又不能取消台湾当局作为创始会员的会籍。同时，美国也出来力挺台湾当局，国会还在一项法案的附加条款中威胁，如果亚行驱逐台湾，美国要停止对亚行的资金支持。此外，尽管亚行执董会的多数成员来自和中国大陆建交国家，但在美国的压力和影响下，对驱逐台湾有不同程度的保留。这使得我加入亚行问题一时成为僵局。最后，打开这一僵局的还是邓小平。1983 年 6 月 26 日，他会见美国西东大学教授杨力宇时阐述了"和平统一、一国两制"的构想。会见时，杨力宇试探性地问邓小平，大陆在加入亚行时是否可以不要求驱逐台湾？邓小平胸有成竹地立即表示，可以考虑把台湾改个名字留下来。此后，大陆有关部门就依此原则和日本、美国以及岛内直接或间接地进行了长达两年半的非正式磋商。亚行藤冈真佐夫行长主持了磋商的全过程。为此他和台湾当局接触了二十余次，包括八次秘密访问台湾。和中国大陆相关各层级人员会晤三十多次。磋商的中心议题是台湾如何改称的问题，讨论了二十多种改称方案，最后的方案是藤冈提出的、美国认同的"中国台北"（Taipei, China）。敲定这一方案，实际上是中国、美国和日本高层外交互动的成果。1985 年 5 月国家主席李先念访问美国时，曾当面向里根总统转达了邓小平在这个问题上的口信。吴学谦外长和舒尔茨国务卿、财政部长里甘就此问题进行了沟通。日本首相中曾根康弘以及外交、大藏大臣等曾多次接见藤冈面授机宜。在最后关头，里根总统曾派"特使"秘密访问台湾，直接对蒋经国施加影响和压力，促其接受改名。1985 年 11 月 25 日，中国与亚行达成的谅解备忘录确认：中华人民共和国作为中国唯一合法代表加入亚行，台湾当局改称"中国台北"（Taipei, China），保留亚行成员资格。[10] 这一安排是第一次在一个政府间国际经济组织中解决了两岸的代表权问题，即根据亚行的实际情况，在一个中国原则下，以"一国两席"的形式解决了问题。但是大陆是以"个案"来对待它的。外交部发言人当时即声明："由于各国际组织均有自己的章程，各组织均遵照它自己通过的决议行事，台湾改称后留在亚行这一模式，对于任何其他国际组织不构成先例。"[11]

蒋经国对亚行采取了"不接受（改名）、不退出（亚行）、不参加（年会）"的"三不政策"，没有出席 1986 年和 1987 年的亚行年会。1988 李登辉上台后，将"三不政策"调整为"在抗议中"出席年会，并派团出席了当年在马尼拉举行的年会，中国代表和"中国台北"代表首次同时出现在亚行年会上。1989年，亚行第二十届年会在北京召开，大陆自然会按亚行章程邀请"中国台北"的理事与会；同时这将是自1949年以来的四十年里国民党高层人士首次公开进入大陆，对于推动两岸之间接触与往来具有突破性意义，是好事一桩。问题则是台湾方面愿意不愿意来。据《李登辉的一千天》一书的描述，从1989年初，岛内就开始议论这个问题，莫衷一是。因此，李登辉决定派团参会时，"民间普遍既感讶异，也充满惊喜"。李登辉决策前对派团去北京的利弊"曾深入反复思考，并沙盘推演各种可能反应后，认为利多于弊"。当时台湾民众"期盼两岸关系的进一步打破藩篱"。按惯例，台湾方面在亚行的理事是由"中央银行"总裁担任，当时的总裁是国民大佬张群的儿子张继正，应当由他率团与会，但他顾虑很多，不愿到大陆来。于是李登辉决定派台湾籍的女"财政部长"郭婉容以亚行理事的名义率团参加北京年会。

对于郭婉容的北京之行，台湾争议最多的是她"起立听歌"事件。按照程序，亚行开幕式时，中国国家主席杨尚昆要出席，要奏中华人民共和国国歌，台湾方面如何应对成了颇费周章的敏感问题。郭婉容启程前曾和代表团成员多次开会，对到北京后可能遇到的各种情况进行沙盘推演，并向李登辉汇报。代表团成员获得的印象是，当局的意见是尽量参加会议的各项活动，对于奏《义勇军进行曲》时是否要站立问题，"以设法越过为宜"。而到达北京后，郭婉容主张全程参加开幕式，要和其他代表一样"站立听歌"。有些代表团成员表示反对，并提出"越过"听歌的建议。有的说干脆不出席开幕式，或只派低级别成员出席；有的说故意迟到以错过奏国歌的仪式。郭婉容内心知道这些建议都不妥，但不动声色地指示代表团全体成员准时出席并全程参与开幕式。

郭婉容在北京"起立听歌"的消息立即在岛内引起一片哗然。有的"立法委员"和当局官员指责她做法不当，有损"国家尊严"，大有"讨伐"她的态势；但舆论则称许她的"胆识与勇气"。郭婉容自己的说法是，离开台北前，"高层"给予她全权决定临场应变方式的权力。她衡量现场形势，认为无法合理回避开幕式，全程参与典礼才是上策。郭婉容的做法符合民众打破两岸隔离状态的期待，她不但安然度过这场风波，而且赢得了民众的赞许。[12]

李登辉是从"务实外交"出发处理亚行问题的，在他内心深处埋藏的是"两国论"。据笔者了解，他不但一直"抗议""中国台北"这个体现一个中国的称谓，而且多次企图通过增加对亚行捐款诱使亚行把英文"Taipei,China"

266

中的逗号去掉，这样中文就变成了"台北中国"，那么中国大陆就可以解释为"北京中国"，若如此，亚行内就不是"一国两席"，而是"两国两席"了。但是他的这种做法不但徒劳无功，反而被认为是出尔反尔，制造麻烦。

李登辉上台以后，虽然口头上要继承蒋经国的政策，但他的"务实外交"和蒋经国的"实质外交"相比，已经发生了实质性的蜕变。1988年7月7日，国民党举行了第十三次"全国代表大会"。李登辉在致开幕词时，第一次比较明确、具体地勾勒出所谓"务实外交"的重点内容：

"1. 积极拓展外交关系。基于独立自主精神，以更坚定信心，采取更实际、更灵活、更具前瞻性的作为，升高并突破目前以实质外交为主的对外关系，相机建立或恢复外交关系。

"2. 扩大参与国际组织。为确保国家权益与维护国家尊严，积极策划参与国际组织活动，提供建设性贡献，以善尽国际责任，分担国际义务，发挥应有的实力。

"3. 促进国际合作交流。强化总体外交的规划，善用国家整体力量，配合发展对外关系，统筹运用海外经济合作发展基金，协助开发中国家分享我国建设经验，扩大参与国际各项交流活动，以加强与各国友好关系。"[13]

笔者在本书第四章中提到，1990年5月20日李登辉在就任"总统"仪式上提出的任期内四大任务之一就是"外交突破"。可以说，上述三个重点就是他"外交突破"的三大途径。对于"拓展外交关系"，他在《台湾的主张》中说得很清楚：最好是建立正式的"外交"关系，如果有困难，就建立以经济为主的实质关系，如果建立经济关系也有困难，就建立文化和其他的交流关系。他还说，和其他国家交往，不一定得有正式邦交，与各国政要维持良好关系，也能对各国政府的政策产生影响。据此他推行了名目繁多的"过境外交""度假外交""旅游外交"，甚至"高尔夫球外交"。1989年他就任后首次出访新加坡是被冠以"台湾来的总统"，他对此表示"不满意、但能接受"；1992年以"度假"为名访问了菲律宾、印度尼西亚和泰国；1995年以"私人"名义访问了阿拉伯联合酋长国和约旦。这些访问虽然给大陆和相关国家的关系制造了麻烦，特别是李登辉的"康奈尔之行"，但对台湾当局"拓展外交关系"的作用有限，其"轰动效应"不过昙花一现，现在回过头来看，不过是历史的泡沫。

"金钱外交" 关于"促进国际交流"，所谓"善用国家整体力量"，就是开展"经济外交"，说白了就是"金钱外交""支票外交"。实际上，李登辉"拓展外交空间"主要的是靠金钱开路，也是靠金钱来维系的。"金钱外交"可分两种，一种是"经济援助"，和国际上通常的做法大同小异，如"财政援助"、贷款、投资、派农耕队和医疗队等等；另一种就是黑箱作业的"秘密外交经费"，主要就是用金钱收买来争取、拉拢、培养亲台政治人物和势力。第四章中提到李登辉亲自掌握的"明德"等专案、对美国国会的游说活动等，都是使用了"黑钱"。台湾的"外交部"每年的预算中都有一笔"秘密经费"。据台湾媒体报道，2001 年"外交部"机密预算为六十五亿新台币，但"熟悉内情"的"立法委员"估计，援外经费至少有五百亿新台币。[14] 李登辉的"金钱外交"确实起到了一些效果，台湾当局的"邦交国"从 1988 年他上台时的二十二个增加到 2000 年他下台时的二十九个。但是，如果不仅从"数量"上，也从"质量"上加以分析的话，就可以一眼看出这七个新增加的"邦交国"主要是非洲和加勒比地区的发展中小国，唯一比较大的是非洲的塞内加尔；被大肆宣传为"突破"的是在欧洲增加了一个马其顿。但是这种靠钱买来的"邦交"是极不稳固的。以马其顿为例，双方是 1999 年 1 月 27 日"建交"的，但到 2001 年 6 月 12 日马其顿就宣布和台湾方面"断交"。

马其顿为巴尔干半岛上的一个小国，面积仅为二万多平方公里，人口二百多万，原为前南斯拉夫联邦六个共和国之一，1991 年 11 月独立，1993 年 10 月马其顿与中国建交。马其顿独立后经济比较困难，急需经济援助和投资。李登辉捕捉到这种情况后，即对马其顿展开"银弹"攻势。在欧洲，台湾方面只有梵蒂冈一个"邦交国"，因此要通过马其顿在欧洲打开局面。他对当时亲西方的总理格奥尔吉耶夫斯基和外交部长许诺立即提供三亿美元的援助，将在马建立工业园，长期投资将达十亿美元。在金钱的诱惑下，马总理瞒着持反对意见的总统格里格罗夫，进行暗箱作业和台湾当局"建交"。总统对此十分恼火，一直拒绝接受台湾来的"大使"递交"国书"。同时，台湾当局也没有践行它的承诺，只提供了一亿五千万美元的贷款和技术援助，投资了二千万美元，就没了下文。这样，仅维持了二年多的"外交突破"随着中马复交而破灭了。

科索沃闹剧　在"善尽国际职责，分担国际义务，发挥应有实力"方面，最突出的例子莫过于 1999 年 6 月李登辉"站在战略制高点上"宣布对科索沃提供三亿美元"人道主义援助"一案。

科索沃原为南斯拉夫联盟中塞尔维亚共和国的一个自治省，面积仅为一万多平方公里，人口约二百万。占人口 90% 的阿尔巴尼亚族，在 1980 年铁托逝世后开始谋求独立。1991 年南斯拉夫解体后，科索沃阿族人自行组织公投宣布成立共和国。1996 年阿族激进分子开始暴力分离活动，受到由塞尔维亚和黑山组成的"南斯拉夫联盟共和国"的镇压。战乱造成大量难民。1999 年 3 月，美国和北约借口调解科索沃战乱失败，以"保护人权"为名对南联盟进行了为时七十八天的大规模空袭。科索沃战争造成数千人的伤亡和近百万的难民，酿成更大的人道主义危机。1999 年 6 月 7 日，李登辉"大手笔"宣布，将以三亿美元援助科索沃难民，但最终结果却是一场内部处置失调、外部一事无成的闹剧。

据《李登辉执政告白实录》一书披露，援索案是由当时的"国安会"秘书长殷宗文提出的。他认为，科索沃战争为世界所关注，台湾"若能以大战略考量，参与整个援助巴尔干半岛的计划，藉此在国际上打出知名度，这对开拓国家的生存空间将极具意义"。他甚至把他的想法和美国在二战后在欧洲推行的马歇尔计划相提并论，认为将产生长远影响。李登辉十分认同殷宗文的想法，并决定将科索沃问题由一般层次提升到"战略角度"来研究，由"国安会"而不是"外交部"牵头，召开跨部会会议详加规划。会议讨论的意见是：关于经援问题，应借鉴海湾战争时西方国家援助科威特的做法，提供在本国采购的物资，这样兼收扩大内需和挹助经济的效益。援助科索沃的物资，如帐篷、药物等民生物资都在台湾采购。关于难民问题，不接纳难民，只接待一些难民到台湾接受职业培训。因为科索沃相距遥远，而且文化背景不同，愿意来台湾的人估计不会很多。5 月 24 日，李登辉亲自主持会议研究跨部会会议的建议，并拍板金额为三亿美元的援助计划。李登辉还指示"外交部长"胡志强到美国去通报援索计划。胡见到了"美国在台协会"理事主席卜睿哲，详细做了报告，得到美国"默契"。胡 6 月 6 日回到台湾，刚下飞机，李登辉即在"官邸"召见了他，并决定第二天在"总统府"召开记者招待会宣布援索案。该案之所以定位为"人道援助"，一是为了回应"美国的希望"，二是如果大陆"对一项救济难民的行为反应过度"，"势必让国际社会反弹与质疑"，形成两岸形象的对比。正如大陆所指出的那样，李登辉对科索沃的"人道主义"援助是出于在国际上制造"两个中国""一中一台"的政治目的，因此他坚持用"中华民国"的名义提供援助，结果欧盟、世界银行等国际组织基于一个中国政策拒绝接受。最后，除了给"邦交国"马其顿二百万美元外，"站在战略制高点上"提出的三亿美元援索案成为水中月、镜中花。

援索案在国际上不了了之，但在岛内却引发了一场三亿美元还是一千万美元之争的轩然大波。在李登辉决定援索案后，胡志强为了争取"立法院"的支持，召集了"外交委员会"成员开会，他对在场的人表示援助金额"初期不会超过一千万美元"。当李登辉宣布援款为三亿美元后，"外交委员会"成员对"暴增三十倍"的金援大感意外，民进党和新党的"立法委员"抨击李登辉是"散财童子""意在诺贝尔和平奖"。攻击声浪在"立法院"延续了好几天，有人点明胡志强撒谎，要他下台。胡志强的回应则遮遮掩掩、前后矛盾，先说向"立委"们说明时并不知道三亿美元的数字，后又说有人提议三亿美元，但没有定案。6 日李登辉召见他时也没有说是三亿美元。结果，有人认为胡志强被"架空了"，指责李登辉"一人专断"。李登辉于是放出"这个部长怎么这个样子"的重话。胡志强为了保住官位，只得求助于殷宗文。最后胡志强以发表声明，"为其在数字处理上造成疏失，并引起外界争议，表示歉意"来收场。但这场"数字风波"还是余波不绝，"伤害并未就此打住"。[15]

李登辉对蒋经国"实质外交"的更实质的改变是公开接受和谋求"双重承认"。1991 年 7 月，李登辉接受法国《国际政治》季刊书面访问时被问道："中华民国今后对第三国承认中共之立场如何？此一立场可否与 1990 年以前之南韩或西德所持立场相比拟？"李登辉回答说，"希望与中国大陆彼此采取相互尊重互不排斥的立场，共同参加国际组织的活动"。对于两个德国和两个朝鲜问题，他说"值得分裂国家参考与借镜"。虽然他接着说"这种说法并非表示中华民国有意走向'两个德国'或'两个中国'之模式"，[16] 但同月 8 日"行政院新闻局"就在美国《纽约时报》的言论版上登出政治广告，宣传台湾的"务实外交"，直言不讳地表明台湾愿意接受"暂时性"的"双重承认"，也寄望与中共在国际间互为消长的"零和游戏"观念能终止。[17] 李登辉要在国际上搞"双重承认"的图谋至此已经挑明了，而且立即落实在行动上。但是，孤掌难鸣，大陆立即予以坚决反对。7 月 19 日，外交部发言人表示，台湾当局"明目张胆地鼓吹'双重承认'，公开制造'两个中国'、'一中一台'，这实属罕见。对此，我们深表关注并坚决反对"。[18] 在国与国间的外交关系上和联合国问题上，李登辉的"双重承认"不可能得逞；在某些国际组织中，只有在明确台湾是中国一部分的情况下，台湾才可以保留其席位或参与其活动。在后者问题上，上文提到的奥运会和亚行问题都是例证。

两岸在参加"世界贸易组织"（简称世贸组织，WTO）、"亚太经济合作组织"（APEC）的问题上，也是在一个中国原则下，挫败了台湾当局的"两个中国""一中一台"或"双重承认"的图谋后获得解决的。

世界贸易组织 世贸组织是 1995 年 1 月 1 日成立的国际经济组织，有"经济联合国"之称。它的前身是"关税与贸易总协定"（简称关贸总协定，GATT）。关贸总协定成立于 1947 年 10 月 30 日，是第二次世界大战之后，由美国和英国主导的、确立了世界经济秩序的"布雷顿森林会议"（Bretton Woods Conference）的三大产物之一，是以调整各国在国际贸易政策方面的相互权利与义务为宗旨的一项多边条约。它是通过一"回合"又一"回合"的谈判来贯彻其宗旨的。另两个产物是"国际货币基金组织"（IMF）和"世界银行"（World Bank）。1994 年 4 月 15 日，关贸总协定第八轮的乌拉圭回合谈判在摩洛哥的马拉喀什市举行部长会议，决定成立世贸组织，总部设在日内瓦，于次年 1 月 1 日正式运行。世贸组织是在扩大和加强关贸总协定职能的基础上继承了关贸总协定。所以当时有人诙谐地说，世贸组织这个刚诞生的"孩子"，是关贸总协定这个年过四十的"成年人"的"父亲"。关贸总协定虽然具有国际组织的某些特征，如设有总秘书处，但它本质上是一国际"协定"，而非国际组织。世贸组织则是完全独立的国际法人，它不属于联合国，但享有《联合国专门机构之特权与豁免公约》所规定的权益。联合国是由主权国家组成的，世贸组织的成员主要是主权国家，但也准许单独的关税地区参加。

1947 年关贸总协定创建时，当时的国民党政府代表中国签署了相关文件，于 5 月 21 日成为二十三个创始缔约国之一。国民党当局败退台湾之后，美国不愿让中国大陆的产品享有 GATT 的关税减让，在经济上扼杀新中国，建议台湾退出关贸总协定。1950 年 3 月，台湾当局通知 GATT 自愿撤销缔约方身份，5 月正式退出关贸总协定。1965 年 3 月，台湾当局又在美国的支持下，在第二十二届 GATT 缔约方大会上"代表"中国申请成为观察员并获得批准。1971 年联合国恢复"中华人民共和国"的合法席位后，GATT 依据二七五八号决议撤销了"中华民国"的观察员资格。

1986 年，中国大陆出于改革开放的需要，决定恢复中国在关贸总协定中的缔约国席位。1950 年台湾当局宣布退出 GATT 时，中华人民共和国已经成立，台湾当局已无权代表中国，它的退出决定是非法的，因此中国要求恢复在 GATT 中的席位，是"复关"而不是"入关"。7 月 10 日，中国政府正式向 GATT 总干事提交了"复关"的申请。1987 年 6 月，GATT 成立"中国的缔约方地位工作组"，开始了中国"复关"谈判进程。由于复杂的政治经济原因，主要是美国等西方主要国家的漫天要价，谈判持续了近十年，直到 1994 年底，也就是中国政府宣布的"复关"谈判最后期限，仍无结果。1995 年 1 月 1 日，世贸组织正式成立，但由于关贸总协定和世贸组织之间有一年的过渡期，所以中国"复关"谈判并没有停止而是转化为加入世贸组织的"入世"谈判。1995 年 6 月，中国成为世贸组织观察员；7 月，正式申请加入世贸组织；11 月中国"复关"谈判工作组改名为"入世"工作组。"入世"过程同样曲折而漫长，要价最高的还是美国，直到 2001 年 11 月 10 日在卡塔尔首都多哈举行的世贸组织第四届部长会议上才通过了中国"入世"申请，当地时间是晚上六时三十八分。经过十五年的"复关""入世"谈判，中国在 2001 年 12 月 11 日成为世贸组织的第一百四十三个正式成员。[19]

台湾地区是从 1987 年底着手准备"入关"问题的。当时蒋经国还在世，作为他推行"实质外交"的一个环节，成立了跨"部会"的"关贸总协定项目小组"。1988 年，成立"加入 GATT 推动专案小组"。1989 年成立"重返 GATT 策略小组"。1990 年 1 月，台湾当局，正式提出以"台湾、澎湖、金门、马祖单独关税区"的名义，加入关贸总协定的申请。[20] 中国大陆是如何处理台湾当局的"入关"问题呢？

早在 1989 年 10 月，大陆就做出了初步原则性反应。外交部发言人表示："目前，首先解决的是中国恢复关贸总协定缔约国地位的问题。台湾作为中国的一个省，无权自行参加总协定。台湾只有在征得中国政府同意后，才有作为中国的一个单独关税地区参加总协定的可能，但这只能在中国恢复在总协定缔约国地位问题之后考虑。"[21] 这表明大陆不排拒台湾参加 GATT，但要依据两个原则，即台湾作为中国的一个单独关税区参加；先解决中国的"复关"，再解决台湾的"入关"。但考虑到台湾地区的经济有了很大的发展，对外依赖程度不断加深，它参加 GATT，会免受其他国家和地区的歧视性关税待遇，这符合台湾同胞的利益，也有利于两岸关系的发展，因此在和 GATT 磋商时，在坚持原则的同时，在具体问题上采取了合情合理的务实的态度。1992 年 9

月 26 日，中国和美、欧、日等主要贸易大国就台湾地区"入关"问题达成了一项主席声明，明确台湾作为中国的一个单独关税区，本着"中先台后"的原则加入关贸总协定。这一主席声明载于 GATT 1992 年 10 月 26 日印发的理事会会议记录中（文件编号：C/M/259）。1992 年 9 月 29 日至 10 月 1 日的理事会会议，在主席祖特师（B.K. Zutshi，印度人）的主持下，讨论了八项议题，其中第二项为"中国台北加入（GATT）——主席声明"。因为这一声明不但是 GATT 处理有关中国"复关"和中国台北"入关"问题，也是两岸"入世"及相互关系问题的重要的法律文件；而且台湾当局总是企图曲解、隐瞒甚至否定它，因此笔者特将相关内容详细翻译如下：

"主席说，最近几个月他就以成立一个工作组（working party）的方式来考虑中国台北，在 GATT 中称为台湾、澎湖、金门和马祖单独关税区，可能加入的问题进行了广泛磋商。**所有缔约方都认知的看法，如同 1971 年 10 月 25 日联合国大会二七五八号决议所表述的那样，只有一个中国。因此，许多（many）缔约方同意中华人民共和国（PRC）的观点，即中国台北，作为一个单独关税区，不应在 PRC 本身加入 GATT 之前加入。**一些（some）缔约方不认同这一观点。然而，共同期望为中国台北成立工作组。考虑到所有已表达的观点，他得出结论，所有缔约方对下列条件（terms）有一个共识，它也符合 PRC 的关切：

第一，考虑到中国经济改革的进度，关于**中国作为缔约方地位**的工作组应当继续迅速而有效地开展工作，并尽快向理事会报告。

第二，本次会议应成立中国台北工作组，并应根据下列参照条件（terms of reference）和组成 (composition) 迅速而有效地向理事会报告。

参照条件：

根据（GATT）第三十三条审查台湾、澎湖、金门、马祖单独关税区（可称"中国台北"）加入总协定的申请，并向理事会提交可以包括加入议定书草案在内的建议。

成员（membership）：

成员向所有愿意加入工作组的缔约方开放。

主席：

马丁·莫兰德先生（Martin R. Morland）（英国）

第三，理事会应当充分考虑所有已表达的观点，特别是理事会应当**在审**

查中国台北（工作组）报告和通过其加入议定书之前，审查中国组报告和通过 PRC 的加入议定书，同时知悉（Noting）工作组报告应独立审议。

主席然后建议理事会知悉他的声明，并同意在此谅解和他所提到的参照条件和组成的基础上成立工作组。

理事会同意（The Council so agreed）。

主席然后声明，作为谅解的一部分，中国台北在 GATT 的代表形式，在其作为观察员以及其后作为缔约方代表团期间，将依循和香港及澳门相同的形式；其代表的职衔将没有任何涉及主权问题的含意。

他然后代表理事会邀请中国台北代表团，在工作组工作期间，作为观察员参加理事会及其他 GATT 机构未来的会议。秘书处将要求中国台北当局提供必要的信息和文件，以便利工作组的讨论。"[22]

从上面的主席声明可以看出，中国在和 GATT 缔约方磋商台湾地区"入关"问题时的态度可以说是"大事坚持原则，小事务实让步"。首先GATT "所有缔约方"都确认联合国二七五八号决议的一个中国原则。有此原则，台湾在 GATT 和后来世贸组织中的政治定位就是一个非主权的单独关税区，简称中国台北。其次，主席声明明确指出，中国是恢复其缔约方的问题，而且在程序上是"中先台后"。中国的两大"关切"都体现在主席声明中。在坚持上述原则的同时，中国政府为便利台湾地区"入关"，并考虑到GATT 的现实，包括美国在其中的作用，在一些具体问题上也做了必要的妥协和让步。台湾当局特别在意的一点是，它是根据 GATT 第三十六条，而不是二十六条的规定申请"入关"的。第二十六条第五款（丙）规定："原由某缔约方代表接受本协定的任何关税领土，如现在在处理对外贸易关系和本协定规定的其他事物享有或取得完全的自主，这一领土经负责的缔约方发表声明证实上述事实后，应视为本协定的一个缔约方。"第三十三条规定："不属于本协定缔约方的政府，或代表某个在对外贸易关系和本协定所规定的其他事物的处理方面享有完全自主的单独关税领土的政府，可以在这一政府与缔约方全体所议定的条件下，代表它本身或代表这一领土加入本协定。缔约方全体按本款规定做出决定时，应由三分之二的多数通过。" GATT 当年有此两条"入关"规定，主要是英国要为缅甸、南罗得西亚等殖民地争得缔约方的地位。台湾方面坚持按第三十三条"入关"，无非是想表明它是个"政府"，而且和中国大陆没有隶属关系。为此它坚持把 Chinese Taipei 翻译为"中华台北"。其实无论是 GATT 还是 WTO 都是以英文文本作为正式文件，Chinese 的英文含义，无论是中国的还是中国人的，都是同一个国家的。再者，台湾当局还赋予"政府"以主权含义。这一点 GATT 主席声明已经讲得很清楚了，而且 WTO 成立后继续秉持这一声明的立场。证明这一事实的例证就是，世贸组织的政府采购委员会在 2006 年 6 月 2 日还专门针对接纳单独关税区加入该协定时使用的语汇做过一个决定。该决定编号为 GPA/87，标题为"加入政府采购协议的形式（Modalities）"。该委员会在回顾了（政府采购）协定的第十四条第二款，即只有 WTO 成员才能加入协定；及成立 WTO 的马拉喀什协定的第十二条，即 WTO 是对接受 WTO 各项协议的各国及单独关税区开放的相关条款后决定：

"关于任何一个单独关税区代表团提供的加入本协定的决定中所使用的命名和其他用语，包括在附录和附件中，条约方指出，命名和其他用语只是为了明确在加入本协定框架内所规定的承诺之目的。协议方同时指出，所使用的命名和其他用语均无主权的含义。"

政府采购委员会做出此决定的背景是，中国台北加入世贸组织时表示一年后加入 GPA。在其提交的申请书中出现了"总统办公室"及一些"部委"的名称，但是在技术上需要明确台湾方面加入 GPA 所涉及的具体单位，为了防止台湾当局把问题扯到"主权"上去，委员会特别做出上述决定。正是因为有了上述决定，中国台北才在 2008 年 12 月 9 日被批准加入政府采购协定。

2002 年 1 月，台湾地区加入世贸组织时，民进党的陈水扁已经上台，台湾当局幻想把两岸的经贸协商纳入 WTO 的咨商机制中去，造成两岸是"一边一国"的效果。由蔡英文任"主委"的陆委会单方面地声称，两岸"入世"后，"将是两个独立、平行、对等的会员体。WTO 机制为两岸提供了一个新的沟通、对话与对策咨商的管道，双方不再需要预设任何政治立场及协商前提，即可依据 WTO 现有规范与架构，针对共同和各自关切的经贸议题，自然地进行对话与协商。"[23]

中国政府在 WTO 多哈部长会议批准中国台北"入世"的当天就把立场说清楚了：

"我们欢迎中国台北在中国加入世贸组织之后以'中国台北'的名义加入世贸组织。我们认为，加入世贸组织有利于台湾岛内经济的发展，也有利于两岸经贸关系的进一步发展，有利于岛内民众的根本利益。需要指出的是，两岸先后加入世贸组织之后，两岸经贸关系仍属中国主体与其单独关税区之间的经贸关系，两岸经贸关系只有在一个中国框架内才能得到发展。"[24]

出于"台独"立场，陈水扁当局在"入世"后一直企图否认 GATT 的主席声明，背弃它所做出的具有法律效力的承诺，并通过各种小动作企图将其立场直接或间接地强加给世贸组织。这种出尔反尔、背信弃义的做法不但不为世贸组织所接受，反而引起许多成员的反感。这些做法还在岛内引发了矛盾和争吵。一个突出的例子便是其代表处名称问题引起的风波。

"更名事件" 上文提到，GATT 的主席声明中特别提到，中国台北的代表形式将依循和香港与澳门相同的形式，"其代表的职衔将没有任何涉及主权问题的含义"。2002 年 3 月，中国台北首任常驻 WTO 代表、前"经济部长"颜庆章到日内瓦上任。其后，在向秘书处提供的通讯名录上，台湾方面擅自将其代表处称为"常驻代表团"（permanent mission），这是主权国家成员使用的名称，而不是香港和澳门等单独关税区使用的"办公室"（office）；对代表处的成员则使用了"大使""参事""一等秘书"等"外交"职衔。这当然和"台澎金马单独关税区"的身份不符，也违背了台湾当局在"入关"和"入世"时的承诺。陈水扁当局是想通过这种"暗度陈仓"的办法在 WTO 中造成两岸"一边一国"的既成事实。中国代表团发现问题后即据理与 WTO 秘书处进行严正交涉。2003 年 2 月，WTO 秘书长素帕差（Supachai Panichpakdi）正式向颜庆章提出三项要求：将"代表团"改为"办公室"；在和 WTO 相关的文件中，不要使用象征台湾是一个"主权国家"的"国名""中央政府"等文字；代表处成员不要使用"外交"头衔。[25]陈水扁当局对这次所谓"更名事件"大肆炒作，不惜隐瞒真相，攻击大陆"矮化台湾"，煽动"反中"情绪。颜庆章也被指责应对软弱、"不战先降"。其中攻击最"严厉"的是曾任"国安会"咨询委员、自称是"入世"谈判"执行人"的赖幸媛。她声称，她在 2001 年"入世"时提交的"工作小组报告"中，"彻底清除"了 1992 年 GATT 主席声明，素帕差秘书长"为虎作伥"，要升高和他的对抗。颜庆章、一些代表处的工作人员和研究 WTO 的学者进行了公开反驳。颜庆章引用了曾在克林顿政府任职的美国学者杰克森（John H. Jackson）的著述指出，回顾 GATT 的起草历史，"'个别（单独）关税领域'非为主权国家"。颜等人指出，涉及"更名事件"的两个主要法律文件是 1992 年 GATT 主席声明和 2001 年 WTO 多哈部长会议通过的"台澎金马单独关税区""入世"的工作小组报告（文件编号：WT/MIN/(01)/4）。对于主席声明，赖幸媛声称它"既非理事会的共识，也未曾于事先征求我国同意，因此该谅解无约束力"。颜庆章借用围棋术语"复盘"，引述了主席声明的英文原文，指出声明是理事会主席"征询出席会员的无异议而通过的（The Council so agreed.）"。而且"会议记录并载明著'洽悉'(took note of) 的'主席声明'：'主席并叙称作为谅解的一部分，中华台北在观察员及嗣后会员代表团过程的表称，将依循香港及澳门的模式，且其代表所持有名衔不可具有主权议题的任何意涵。'"颜庆章的引文批驳了赖幸媛所谓主席声明"非理事会共识"的不实之词。关于赖幸媛所说主席声明未征求台湾方面同意一事，当时负责处理"更名事件"的中国台北代表处成员葛葆萱则指出，主席声明是经过"广泛咨商"（extensive consultations）所达成的谅解，是作为台湾方面获准成为GATT 观察员和入会后成为会员的"政治条件"。"extensive consultations 系多边体制的重要运作方式，鲜有可能在当事国不知情或不同意的情形下，通过攸关其权利义务的决议或声明。因此可知，当时国内某些人所持谅解未征得我国同意的说法，系完全背离多边体制运作模式，倘若因此而误导国内的决策思维，更属极不负责任的违失。"关于赖幸媛声称她在"入世"工作小组报告中已将主席声明"完全删除"一事，葛葆萱指出，小组报告的第一页的第一句即提及主席声明。（英文原文是：At its meeting on 29 September-1 October 1992,the GATT 1947 Council of Representatives established a Working Party ,as reflected in the respective Minutes [document C/M/259]……）葛葆萱还说："当时 WTO 秘书处的法律专家曾提醒我方仔细研读 C/M/259 号文件，在该文件中 The Council so agreed 的部分，清楚载明会员对中国应否优先我入会并未达成共识，而会员对同时记载于该文件主席声明的政治谅解，其实并未有所异议的。"

　　而颜庆章在把 WTO 网站上刊载的台湾方面"入世"的工作小组报告定稿文本和在网站上检索到的原稿对比之后"竟惊骇至极地发现，赖前咨询委员将所有涉及主权意涵文字完全舍弃。"他共列举了十二处的重要删除或修改，而学者洪思竹则找出了十八处删除或修改，如删除了"总统"，"立法院"不是删除就是改为"政府"，"国家安全"（national security）改为"重要安全"（essential security），"教育部"属下的"全国委员会"改为特别委员会（special committee）等等。颜庆章发问道："一九九二年'主席声明'倘真被赖前咨询委员完全删除，何来在二〇〇一年'工作小组报告'最后定稿做出如此去主权化的让步？"至于赖幸媛主张在日内瓦升高对抗秘书长，颜庆章指出，只要打开 WTO 网站的"追踪检索"，那么上述"自我舍弃主权意涵的文字""即毕露原形"。"则我国势必体无完肤地败阵。台湾自取其辱的抗争始末，恐将在日内瓦长久流传！而不知台湾如何在 WTO 立足？"葛葆萱指出："称谓案的争议对我国的最大伤害，系在我国与其他代表团间以及与秘书处间无谓地竖立了一道墙，对我们一直想积极参与 WTO 体系造成若干原可能不会产生的障碍。"葛葆萱认为，1992 年 GATT 主席声明是经过缔约方"广泛协商"产生的，"但如此经由妥协产生且是台湾同意的结果，台湾入会之后即不认账，事实上是对曾经参与协商会员的不尊重，亦是对 WTO 体系的冲撞。我方等于明告 WTO 其他会员，WTO 部长会议敲锤通过的台湾入会工作小组报告，亦即我国与 WTO 体系的契约书，在我国入会后不再具有约束力！而当时自封'谈判执行人'者，的确强烈主张应升高对 WTO 秘书长的对抗，这是何等逼使台湾在日内瓦陷入灾难的论调！"[26]

赖、严双方围绕"更名事件"的争论，虽然都言必称"我国"，但却使人们看到被李登辉、陈水扁当局刻意隐瞒的一些事情真相，可以说是"真理越辩越明"。而这些情况在相关网站上就可以检索到，是隐瞒不住的。同时，和在国际奥委会、亚行中发生的类似情况一样，"更名事件"再次使人们看到台湾当局在国际组织中违背承诺、"不认账"，不但达不到目的，反而伤害了自己的事实。可惜的是，这种事情在"亚太经济合作组织"（APEC）等其他国际组织中依然发生。

亚太经合组织 亚太经济合作组织（Asia-Pacific Economic Cooperation，简称 APEC）是 1989 年 11 月成立的。它的倡导者是澳大利亚前总理霍克（Bob Hawke）。当年 1 月 31 日他访问韩国时，在首尔（当时称汉城）发表演说，倡议成立包括日本、韩国、澳大利亚、新西兰和东盟国家在内的亚太国家经济圈。他的倡议立即得到相关国家的响应，也受到了美国的重视。11 月，在澳大利亚首都堪培拉举行了有十二个亚太国家参加的部长会议，宣告成立亚太经合组织，其宗旨是促进经济发展和开放多边贸易。APEC 不是像世贸组织那样的政府间有约束力的谈判组织，它基本上是一个论坛型的磋商机构，通过成员间的各种会议，在自愿基础上协商一致，以声明、宣言形式做出承诺，但不具约束力。在 APEC 成立时，各成员即认识到，没有中国的参加这个组织是不完整的，也不可能发挥它预期的作用。同时，中国的香港和台湾地区也是亚太地区的重要经济体。因此，1990年7月在新加坡召开的第二届APEC部长级会议就把中国、香港和台湾地区加入问题提上日程。会议发表的《联合声明》第二十七款写道："部长们注意到无论是从当前的经济活动还是对本地区未来繁荣的重要意义方面讲，中华人民共和国、台湾和香港三个经济体都对亚太地区具有特别重要的作用。他们重申1989年在堪培拉表示的意见，即希望三个经济体参加APEC未来的磋商会议。"第二十八款则提出具体要求："部长们一致认为，应当与三个经济体参加APEC进行磋商，应考虑到所达成的同时接纳所有三个经济体参加APEC的安排，要能使三个经济体以及APEC的现有成员均能接受，加入的时间或在汉城会议时，或在汉城会议之后尽可能早的时刻。"APEC与由主权国家参加的国际组织不同，它的成员称为"经济体"（economies），开会时也不悬挂成员的国旗、国徽等标志，所以香港和台湾地区可以作为经济体加入。

《谅解备忘录》根据《联合声明》，作为1991年APEC会议的东道主，韩国指派外交部主管政策规划的部长助理李时荣，以APEC高级官员会议（高官会）现任主席的身份，代表APEC和三方代表分别就加入APEC问题进行了磋商。中国的基本原则是，在一个中国的前提下，中华人民共和国以主权国家的身份加入，台湾和香港作为地区经济体加入。[27] 代表中国政府和李时荣进行磋商的是外交部国际司司长秦华孙。据他回忆，磋商从1990年2月起一直持续到10月，在北京、汉城、新加坡和纽约，共进行了六轮磋商。磋商可以说不断取得进展，但也不能说完全顺利。中方坚持在一个中国原则的基础上加入APEC，同时把主权国家和地区经济体区别开来，只有在这两个前提下，才能达成协议。秦华孙说，决定性的磋商是1990年8月在汉城进行的那一轮。当时天气闷热，让人总有不太愉快的感觉。和李时荣的谈判在主要问题上仍然未能达成协议，甚至还有一些倒退，大家都做好了下次再谈的准备。可是当他要乘机回国时，戏剧性的事发生了。李时荣到机场为秦华孙送行。在飞机起飞前的半小时，双方达成了协议！[28]

1991年10月2日，秦华孙和李时荣根据达成的协议正式签署了一份《谅解备忘录》（Memorandum of Understanding，简称MOU），中国和香港、中国台北同时加入亚太经合组织。备忘录的主要内容是：注意到中华人民共和国关于世界上只有一个中国以及区分主权国家和地区经济的磋商立场，在此前提下达成如下协议（主要内容）：

三方参会的名称分别为中华人民共和国、中国台北（Chinese Taipei）和香港（回归后称中国香港，Hong Kong, China），亚太经合组织所有的会议、活动、文件、资料及其他出版物和所有亚太经合组织会议的行政及会务安排均使用上述名称。

中国台北只能派主管与亚太经合会有关的经济事务的部长与会，其"外交部长"或"外交部副部长"不得参加亚太经合组织会议。中国台北代表团成员可以包括"外交部"和其他部的司局级及其以下官员（在符合这些条件的基础上，中国台北自行任命其参加会议的代表，平等参与会议活动）。

《谅解备忘录》签署后，秦华孙于10月9日致函李时荣提出要求，为了APEC工作的顺利进行以及各成员的方便，将不在台湾举行APEC会议，除非今后APEC通过的议事规则另有规定。李时荣21日复函表示，已注意到中方立场，保证一定将中方信件周知APEC成员。APEC采取协商一致原则，因此，中方事先表明立场十分必要。

上述文件明确，台湾和香港从法律上在APEC中都被定位为"地区经济"，APEC只承认一个中国，即中华人民共和国，从而防止台湾当局制造"两个中国"或"一中一台"。[29]

"西雅图模式" 1993年6月，美国总统克林顿倡议在举行APEC部长级会议的同时，召开领导人非正式会议。第一次会议将于11月在西雅图和APEC第五届部长会议同时举行。如何妥善解决台湾方面参会问题成为江泽民主席是否出席的关键。前中国APEC高官王嵎生大使在他所著《亲历APEC与时代的变迁》一书中介绍了中美之间就此事交涉并形成"西雅图模式"的过程，特详细择录如下：

我们的方案很清楚，一定要如实地把台湾当局定位在"地区经济"上，决不允许突破《谅解备忘录》（MOU）；在礼宾安排方面，也要体现主权国家和地区经济的区别。

美国方面也明白妥善解决这个问题的重要性。美国高官桑德拉·克里斯托弗女士在6月西雅图高官会期间就非正式地向我表示，美方会努力解决好台方与会问题；台方与会者只能是与经济有关的人员。

9月中旬，美方又派助理国务卿帮办唐穆生专程到北京磋商。9月18日晚，刘华秋副部长在宴请唐穆生和芮效俭（美驻华大使）时，向他们强调，为了西雅图领导人非正式会议的顺利召开，便利江泽民主席出席会议，台方只能以"地区经济"身份参加，按照 MOU，只能派与经济有关的部长与会，有关礼宾安排也要有相应的体现，要求美方书面承诺。唐穆生表示，美方一定按 MOU 办事，将只邀请台方与经济有关的部长级人士与会，一切安排会使中方满意，江主席会受到热烈的欢迎和接待。但说，书面承诺并无必要。芮效俭还用中文插话说："你们要相信我们吗！"刘副部长很有分寸地坚持说，还是有个书面的东西好。芮表示，他们要请示国内，预计要等到次日上午 10时才能给我答复。

19 日上午，一直拖到 11 点芮才来见刘副部长，就台方与会问题做了五点正式口头声明，表示美方将以与 APEC 有关谅解和惯例相一致的负责态度，履行它的职责，并将根据有关只有一个中国以及中华人民共和国是中国唯一合法政府的一贯立场行事；依据 APEC 和中华人民共和国于 1991 年 10 月 2日达成的《谅解备忘录》中的原则，台方在非正式领导人会议中使用的称谓是"中国台北"；根据 APEC 有关谅解和惯例，中国台北将派一"经济部长"与会；会议的安排将尊重主权国家代表和地区经济代表的区别，并将与中美三个联合公报和一个中国政策相一致。

我出席夏威夷高官会代表团乘坐的班机下午 1 点起飞。这时我们正在机场焦急地等待美方答复的内容，以便在夏威夷中美高官双边磋商时心中有数。在上飞机前 10 分钟，部里通过电话把内容告诉了我们，并指示我们要在夏威夷具体落实。

在夏威夷，我们同美国高官桑德拉、克林顿总统特别经济事务助理福弗（Robert Fauver）、助理国务卿洛德先后进行了六次磋商。最后一次同洛德的会谈是在清晨 6 时，其中在认真落实美方承诺问题上的难度可想而知。洛德最后表示，美方在台方与会级别问题上已做了极大努力，而这一点正是主权国家和地区经济区别所在，是最重要的。美在座次等礼宾问题上，将按照 APEC 惯例办事，但不能代表 APEC，单方面改变惯例。希望我从大局出发，重视领导人会晤机会。

10 月 11 日，刘华秋副部长在会见美国大使芮效俭时，考虑到邀请的是台方"经建委主任"（台湾方面一般称"经建会主委"）萧万长（"部长级"），在最主要方面满足了我要求，就稍微松动了一下，在重申我原则立场的同时，表示如美方确有困难，我可以对美方按 APEC 惯例进行礼宾座位安排"不持异议"，但萧万长只能以"经建委主任"的身份与会，不得称为李登辉的"代表"或"特使"，也不得用"行政院政务委员"的头衔。芮表示，美国理解台湾问题的敏感性，将根据 APEC 的有关谅解备忘录和"一个中国"的政策尽力安排好，不使问题复杂化。

至此，"西雅图模式"已开始形成。后来，台方派萧万长出席，克林顿总统在会前晚宴上介绍与会代表时，非常清楚地一字一句说，这位是"中华人民共和国江泽民主席"，那位是"中国台北经建委主任萧万长先生"。在会议休息和会见记者时，克林顿也很注意避免同萧交谈（从电视画面上看，萧总是想凑上去攀谈）。

"西雅图模式"的重要意义是：在最高一级会议实践中，进一步把台湾定位在"地区经济"上。MOU 得到了全面的维护和遵守。[30]

APEC，特别是它的非正式领导人会议，是台湾方面唯一可以在亚太国家最高领导人中间现身的场合，台湾当局本应当面对现实、信守承诺、循规蹈矩地善用这一机遇；然而从李登辉到陈水扁，他们总是顽固地重复在 WTO 和其他国际组织中已经证明是徒劳的做法，企图"突破"《谅解备忘录》和"西雅图模式"，在 APEC 中造成两岸是"对等政治实体"，实际上是"一边一国"的既成事实。对岛内民众同样隐瞒事实、否认有 MOU 和"西雅图模式"。李登辉和陈水扁一次又一次在 APEC 会上搞"突破"，一次又一次铩羽而归。

1994 年，李登辉自己要出席 11 月在印度尼西亚茂物举行的 APEC 会议，结果受到东道主的拒绝。李登辉一计不成又生一计，要萧万长以李登辉"代表"、"特使"或"行政院政务委员"头衔出席，在碰壁后不得不退回到以"经建会主委"名义与会。本书第四章中提到，1995 年，李登辉去了一趟康奈尔大学，美国舆论因此把它视为"麻烦制造者"，他却自鸣得意，并又于 11 月在日本大阪举行的 APEC 会上"向不可能挑战"。他再次提出自己要参会，被东道主拒绝后又"退而求其次"，要派"行政院副院长"徐立德与会，结果还是碰了壁，最后乖乖派辜振甫以"经建会委员"的名义参会。1996 年，APEC 会在菲律宾举行，李登辉又放风自己要参加，被拒绝后不得不再派辜振甫与会，但要把辜的身份改为"总统府资政"，结果自然没能得逞。其后三年，台湾当局先后派辜振甫、"经建会主委"江丙坤和"中央银行总裁"彭淮南参加 APEC 会。

2000 年，主张"台独"的民进党上台，陈水扁继续要在 APEC 中"突破"《谅解备忘录》和"西雅图模式"，而且更为莽撞。2000 年，他上台伊始忙着巩固权位，但仍然不忘要在国际上推行"一边一国"。11 月，APEC 会在文莱举行，陈水扁竟然要派"台独大佬"彭明敏以"总统府资政"名义与会，这当然自找没趣。后来又提出由"前行政院长"萧万长出席，也被拒绝，最后还是再次派"中央银行总裁"彭淮南参会。

2001 年 10 月，APEC 会在上海举行。台湾当局如何动作颇受各方关注。开始台湾当局摆出"强硬"姿态，声言陈水扁是参会唯一人选；被顶回去之后，又提出"总统府资政"、前"副总统"李元簇出席；又被拒绝后恼羞成怒，决定不出席会议。陈水扁当局这一莽撞决定使它失去了参与对台湾来说是最重要的国际活动机会，受到了岛内广泛的批评。台湾《中国时报》10 月 20 日的社论指出，台湾没有派人参加 APEC 峰会是由于台湾当局处理此事无能造成的，这不仅是遗憾，也是台湾一大损失。台湾当局企图在参加 APEC 会议人选上寻求"突破"，这种"硬碰硬"的做法，不仅失去参加 APEC 领导人非正式会议的机会，而且使两岸气氛雪上加霜。[31]

可能是感觉到"得不偿失"吧，陈水扁当局在 2002 年到 2004 年的三次 APEC 会上有所收敛，都是派"中央研究院院长"李远哲参会。但是到 2005 年，陈水扁又故伎重演，提出要派国民党籍的"立法院院长"王金平出席在韩国釜山举行的 APEC 会议。他的打算是"一石三鸟"：利用提名在 APEC 搞"突破"；拉拢王金平在国民党内制造矛盾；挑拨国民党和大陆之间的关系。他的如意算盘当然要落空。最后只好派出身经济界的前"行政院副院长"、当时为民间人士的林信义与会。2006 年，陈水扁已深陷贪污腐败案中，但仍不忘搞些小动作。他一方面决定派大企业家台积电董事长张忠谋出席在越南举行的 APEC 会（张忠谋发表声明说，他接受派遣主要是为台湾及亚太经济发展尽一份心力，善尽企业家的社会责任，不带任何政治色彩）；另一方面要张乘坐他的"专机"赴会，以彰显他所代表的是"总统"，是"主权的延伸"。"专机"是派去了，但是机身上的"中华民国国旗"却被盖住了，结果彰显的不是"主权"，而是地区经济体的身份。但陈水扁仍执迷不悟，2007 年他下台前，派另一位台湾企业家施振荣参加在澳大利亚举行的 APEC 会，又让他乘"专机"去，效果自然是一样。

"活路外交" 2008 年国民党的马英九在"大选"中获胜上台执政。在竞选期间，马英九提出了"活路外交"的新思路。据他竞选时的"外交"政策幕僚、后来担任"国安会秘书长"的苏起回忆，2007 年 9 月至 11 月间，马的竞选团队陆续发表"国防"及"外交政策白皮书"。"外交白皮书"批评陈水扁的"烽火外交"陷台湾于前所未见的国际困境，主张"外交"是可能的艺术，执政者要以诚信赢得国际社会的信任与尊重，而台湾应成为"负责任的利害关系者"与"和平缔造者"。因此，除了强化美日欧及亚太的双边关系外，在多边关系上特别点出将来要主攻功能性的国际组织，而不是硬冲联合国大会的会员资格。马英九亲自为这份文件定出"活路外交"的口号。这个口号固然响亮，却极难英译。迟至今日，外交届的英文高手仍未找到意见一致的翻译文字。[32]据笔者所见，台湾开初的"官方"英译是"flexible diplomacy"（"灵活外交"），其后有翻译为"workable diplomacy"（"实用外交"）的，有翻译为"viable diplomacy"（"可行外交"），但笔者认为，较能反映马英九本意的可能是"modus vivendi"的译法。按照牛津英语字典的解释，它的含义是："在意见、想法大相径庭的人、组织或国家之间，找到一种安排，使他（它）们能一起生活或工作而不争论。"简单地可以说是"合而不争"。马英九有一次在见外宾时把它解释为"live and let live policy"（生存和让其生存政策）。[33]

在开展"活路外交"时，马英九还提出了"低调""零意外"的策略。2012 年 4 月 8 日，他在出访西非布吉纳法时特意"过境"印度，在孟买机场"技术加油"。"专机从孟买离开后，我坐在座位上，思潮不停地起伏，想起一些历史片段，这些感想我想跟网友分享。"于是他在"脸书"（Facebook）上写下了他的感想。他写道，他第一次到印度是 1977 年以国际法学者造访，十年后再来是"总统"候选人身份，在新德里拜会了印度政要，并在世界事务协会（WAC）的演讲中，提出"两岸互不承认主权、互不否认治权"的想法。这次过境孟买，则已是"中华民国现任总统"。上次"中华民国"领导人访问印度是七十年前，1942 年的蒋委员长，当时正是太平洋战争爆发后两个多月，蒋的访问具有重要战略意义。七十年后他来到印度，虽然不是正式访问，但也让他"对未来台印实质关系有着更多正面的期待"。他说，这次过境印度"是单纯地过境技术性加油，我并没有计划要与印度政要会面"，"我们非常尊重与印方之间的约定"，在双方互信的情况下，以"低调"、"零意外"原则来进行，过程平顺，"未受干扰"。[34]很显然，马英九之所以在"脸书"

上贴出他的"感言"，是在宣传他的"低调""零意外"策略，在推行"实质外交"时多么重要和成功。在其后的"过境外交"中，尤其是在"过境"美国时，他也是这样做的。2015年7月，他到中美洲访问时，"过境"波士顿，并旧地重游了他的母校哈佛大学。他并没有被准许发表公开演讲，但在哈佛教职员俱乐部和大学师生及一些学者"餐叙及座谈"。这和二十年前李登辉到康奈尔大学"访问"形成鲜明反差。这也是他"低调""零意外"原则的"成果"。美国亚太事务助理国务卿帮办董云裳（Susan Thorton）2015年5月21日在布鲁金斯学会发表的演讲中（Taiwan: A Vital Partner in East Asia），特别肯定了"低调""零意外"。她说："零意外、低调的做法使得各方表现出克制和灵活性"。

出于同样的思路，马英九还提出在两岸之间实行"外交休兵"。他在2008年5月20日的就职演说中说："我们将'尊严、自主、务实、灵活'作为处理对外关系与争取国际空间的指导原则。""两岸不论在台湾海峡或国际社会，都应该**和解休兵**，并在国际组织及活动中相互协助、彼此尊重。两岸人民同属中华民族，本应各尽所能，齐头并进，共同贡献国际社会，而非恶性竞争、虚耗资源。"2008年8月4日，他视察"外交部"时说："'活路外交'、'外交休兵'成功的基本要素就是两岸之间已经建立一定程度的共识，双方愿意改善关系……""外交休兵、和解不是外交休息，而是我们不必再从事无谓的恶性竞争，对有意义的工作我们还是要全力以赴。"他还说，美国是台湾"对外关系中最重要的一环"。[35] 对于参与国际组织问题马英九在2009年6月16日的一次讲话中说："在重返联合国体系的策略上，我们从去年开始调整过去徒劳无功的冲撞，而以参与联合国专门机构及其活动为优先目标，实质提升台湾的国际参与及贡献。"他强调，参与国际组织要"务实"、"弹性"、"不急"，由于各组织情况不尽相同，要"个案处理"，"必须谨慎小心、步步为营"。[36]

很显然，"外交休兵"的目的是要少耗费"外交"资源，主要是在不用完全靠花钱来"固邦"的情况下，保住已有的"邦交国"；其意义在于："在国际法上，台湾仍需要一项国际承认作为主权国家地位的支撑，不管我们的邦交国是不是只有二十几国，它仍然是一项国际承认的证明，也是我们在参与国际组织需要表决或声援时的基本支持声音。"[37] 不管是"活路外交"，还是"外交休兵"，马英九都是要通过"弹性务实"，而不是陈水扁横冲直撞的做法来争取和扩大国际空间，休兵不是休息。"外交政策白皮书"说的很清楚，"原则"是"平等务实"，不管用什么名称参与国际活动，都要遵循平等互利原则，坚持"台湾尊严"。做法一是要善用经济实力，拓展"外交"；二是灵活务实，"参加国际组织，只要符合台湾的利益，名称可以保持弹性。换言之，以'中华民国'名义或'台湾'名义或其他利于加入的名称，我们都不排除"。[38]

对于马英九的"活路外交""外交休兵"的意图和策略，他并不隐讳，明眼人也看得十分清楚。对中国大陆来说，台湾的"外交"是"死路"还是"活路"，主要不在于采取何种策略，而在于两岸有无两岸同属一中的政治互信。2008年之后，两岸关系有了"九二共识"和反"台独"的政治基础，大陆在台湾"国际空间"问题上践行了一贯宣示的政策，就是在不造成"两个中国""一中一台"的前提下，可以通过两岸务实协商做出合情合理的安排。2008年11月APEC会议在秘鲁首都利马举行。经过两岸磋商，大陆释放出前所未有的善意，同意曾任"副总统"的连战，以"国家政策研究基金会董事长"的身份，作为中国台北（台湾方面称中华台北）代表参加APEC非正式领导人会议。这是李登辉和陈水扁一再企图"突破"而未能"突破"的突破。不仅如此，胡锦涛夫妇还在利马会见了连战夫妇，这种在国外的会见也是绝无仅有的。据笔者的观察，这一突破是双方相互信任和良性互动的结果。首先，也是最基本的，是双方有了"九二共识"和反"台独"的政治互信，而连战本人又是大陆可以信赖的"老朋友"，在APEC会议上不会违背承诺，做出令人"意外"的事情。双方在磋商过程中，一定是考虑和照顾到了对方的关切，在不违背《谅解备忘录》和APEC惯例的情况下，"互谅互让"、良性互动，有承诺、有默契。其后，连战连续五次作为代表出席APEC领导人非正式会议；另一位曾任"副总统"的萧万长，以"两岸共同市场基金会荣誉董事长"名义，出席了2013年印尼和2014年北京的APEC会议。习近平在印尼巴厘岛会见萧万长时提道："对两岸关系中需要处理的事务，双方主管部门负责人也可以见面交换意见。"[39]这为2014年2月11日国台办主任张志军和台湾大陆委员会主委王郁琦的南京会晤开了绿灯。"张王会"是两岸关系史上又一突破性进展。

在台湾定位问题上，这七次会议都依照《谅解备忘录》来进行的，即台湾的称谓是中国台北（Chinese Taipei），是"地方经济"；APEC只承认一个中国——中华人民共和国。关于台湾方面参与领导人非正式会议的"西雅图模式"，从 2003 年到 2007 年，大陆在坚持"西雅图模式"的同时，也表现出一定的"弹性"，不仅同意台湾的"经济部长"作为代表，也同意了身份适当的李远哲、张忠谋、施振荣等人作为代表，但显然是作为"个案"来分别处理的，一案一议。"依循惯例，个案处理"，不但是过去，将来也很可能是大陆处理这个问题的原则。利马的"胡连会"，是另一个突破。但是从会面的安排来看，这是和 APEC 无关的国共两党领导人和"老朋友"之间的会晤；双方以"胡总书记"和"连（荣誉）主席"相称，交谈的问题也仅限于两党和两岸问题；而两位夫人参加又增添了亲密的私人性质。这种"模式"的会见，无疑增加了两岸高层相互了解的机会，也体现了"两岸一家亲"。

无可讳言，台湾当局，无论是李登辉、陈水扁时期，还是马英九时期，都排拒、甚至否认汉城《谅解备忘录》和"西雅图模式"。2014 年 APEC 北京会议前，台湾方面明知大陆不认为 APEC 会是两岸领导人会晤的合适场合，仍早早地制造要在 APEC 会上实现"马习会"的舆论。台湾"外交部"官员还声称："我们是 APEC 完整成员，当然'国家元首'理应有参加经济领袖会议的权利，我们'国家'从来没有放弃争取'国家元首'能够参加的权利，台方会持续制造有利条件，希望有一天'总统'能亲自出席会议。"这位官员还否认有备忘录和口头承诺。[40] 这种说法不仅与"活路外交"不合拍，而且有失诚信。上文提到，《谅解备忘录》是韩国时任 APEC 高官会主席李时荣同大陆、台湾和香港"三方代表分别就加入该组织问题进行磋商基础上"和秦华孙司长签署的。台湾方面是知情并认可《谅解备忘录》所做的安排的。上文还介绍了中国和美国形成"西雅图模式"的磋商过程，台湾方面如果没有接受美国"西雅图模式"的安排，萧万长又怎么能参与西雅图会议呢？这位官员做此表态说明，APEC 问题还存在着台湾方面不认账、要翻案的威胁，一旦两岸失去了"九二共识"和反"台独"的政治互信，围绕 APEC 的斗争必然在所难免。

值得欣慰的是，在"九二共识"和反"台独"的政治基础上，两岸通过协商还合情合理地解决了台湾参与世界卫生组织大会（WHA）和世界民航组织（ICAO）大会问题。台湾方面体认到大陆的"善意"，[41] 高兴地宣称在"国际空间"上取得了新"突破"。

世界卫生组织（简称世卫组织，WHO）是联合国下属的功能性专门机构，只有联合国会员国才能成为该组织的会员国。1971 年联合国大会通过二七五八号决议后，世卫组织和其他联合国专门机构一样，于 1972 年第二十五届大会上通过 25.1 号决议（WHA Resolution 25.1），从政治上、法律上和程序上解决了中国代表权问题。1993 年，李登辉鼓噪"参与联合国"，1995 年，台湾"外交部"抛出"参与联合国白皮书"，到 1997 年开始把进攻的重点放在他们认为容易攻破的联合国专门机构上，首选目标是世卫组织。2000 年陈水扁上台后更变换手法、变本加厉地在联合国问题上搞"台独"。2002 年，他提出以"卫生实体"的名义加入世卫组织；2007 年提出更极端的以台湾名义加入联合国。李登辉和陈水扁这些动作违背了联合国二七五八号决议，自然枉费心机。2007 年 9 月，联合国秘书长潘基文明确表示，在法律上讲，联合国不可能接受所谓"台湾加入联合国"的申请。中华人民共和国是中国在联合国的唯一合法代表，这是 1971 年中华人民共和国恢复在联合国的合法席位以来联合国一贯立场。[42] 世卫组织当然也必须遵循联合国的一贯立场。

2003 年爆发了非典型性肺炎（简称非典，SARS）疫情，海峡两岸和香港都受到了严重影响。台湾当局利用这一特殊情况，制造舆论，开展"非典外交"，加力"扣关"世卫组织。美国和日本也出来呼应陈水扁当局，支持台湾以观察员身份参加世卫大会。欧盟和加拿大则提出为台湾参与世卫活动建立"灵活机制"。陈水扁当局认为形势对其有利，策划全力冲刺 2003 年 5 月在日内瓦举行的第五十六届世卫大会。4 月下旬，跨党派的"立法委员"组团到荷兰、波兰、奥地利、捷克等欧洲国家进行游说活动；"卫生署长"陈建仁会前来到日内瓦准备参会；"外交部次长"高英茂也悄悄到日内瓦"阵前指挥"。大陆当然不能让陈水扁在国际上搞"台独"的图谋得逞，但考虑到疫情对台湾同胞的影响和世卫组织不可替代的职能，大陆积极地考虑了台湾方面希望得到更多的外来帮助的要求，同意世卫组织派专家到台湾考察 SARS 疫情，并同意台湾医学专家参加世卫组织将于 6 月主持召开的 SARS 全球科学会议。同时，国务院副总理兼卫生部部长和防治非典指挥部总指挥吴仪亲自率领中国代表团参加大会。在台湾当局的指使下，几个台湾"邦交国"向大会提交了要台湾作为观察员出席大会的提案。吴仪就此问题在总务委员会和大会上发言，摆事实、讲道理，淋漓极致地批驳了涉台提案。她着重指出，"允许主权国家的一个地区或省份参与政府间国际组织没有法律依据"，具有永久法律效力的联合国二七五八号决议和 WHA25.1 决议已经全面、彻底地解决了中国在联合国和它的专门机构中的代表权问题。她列举两岸已经开始就 SARS 疫情进行交流与合作的事实，说明"不存在台湾不参与 WHO 就无法抗击 SARS 的问题"。4 月下旬，海峡两岸有关医疗卫生团体召开了"海峡两岸预防控制 SARS 研讨会"；5 月 9 日，两岸以电视电话形式联合举办 SARS 研讨会；大陆疾病预防控制中心还向台湾有关防病部门提供了 SARS 检测试剂。吴仪的发言得到大会绝大多数代表们的支持。在这种情况下，美国代表卫生部长汤姆森（Tommy Thompson）见风使舵，在大会总务委员会讨论涉台提案时否定他在写给总干事布伦特兰（Gro Harlem Brundtland）的信中提出台湾以观察员身份参加大会的问题。

提到这位部长，还有一段他因对中国大使说粗话而被媒体广为报道的插曲。当事人是时任中国驻日内瓦联合国总部代表沙祖康大使。据沙大使回忆，事情发生在 2002 年世卫大会会场的走廊里。当时美国公开支持台湾以观察员身份参加大会，我国和往常一样予以反对。中美双方在大会上都要表明政府立场。沙祖康认为，这个问题本身和大会的卫生主题风马牛不相及。为了减少对会议的干扰，他和美国大使达成几项"谅解"，主要是双方在会上只表明立场而不展开讨论。汤姆森刚刚到达日内瓦，对此并不知情。在会场走廊里，沙祖康偶然和他及美国大使相遇。美国大使把汤姆森介绍给他。三人在走廊的一个沙发上坐下来，沙对汤姆森说，这次会议有些问题，我们双方需要一起比较平稳地把它处理好。我和大使谈过，有些谅解……这时汤姆森很不礼貌地说："不要搞这个，我不愿听这些 bullshit。"Bullshit 是句粗话，意思是胡说，放屁。一个部长，在外交场合使用这样的语言，使沙祖康又意外又生气。于是他挖苦地回敬道："我原来以为我是世界上最没有教养的人，最没有文化的人，讲话最粗鲁的人，我见了您部长阁下以后，我才充分地认识到原来世界上还有一个人就是你，比我更没有教养，更没有文化，更不文明。哎呀我感到很宽慰啊，终于你当了第一把手，世界第一了！"接着沙祖康把他和美国大使达成的谅解一条一条地说给汤姆森听，而且每一条后面都加上一句"No bullshit"（不是放屁），说完扬长而去。不打不相识，两人后来成为朋友。

日本也表示支持台湾，但加上了难以跨越的前提："在有关各方均满意的情况下，以某种形式，以观察员的身份参与世卫大会"。欧盟支持台湾"入会"也有"但书"，就是应符合台湾的国际地位和欧盟的一个中国政策，只同意台湾以非政府组织名义参与。2003 年 5 月 19 日，第五十六届世界卫生大会拒绝了少数国家提出的把"邀请台湾作为观察员参加世界卫生大会"问题列入本届大会议程的提案。陈水扁当局利用 SARS "闯关" WHA 彻底失败。[43]

为了使世卫组织在爆发疫情时给予台湾及时有效的帮助，并在不违背 WHA25.1 决议和 WHO 宗旨和规则的情况下，建立台湾的公共卫生人员在技术层面上参与 WHO 的活动的稳定机制，中国大陆和世卫组织进行了磋商，并于 2005 年 5 月 14 日达成了一项《谅解备忘录》(The 2005 MOU)。备忘录的主要内容有：一、WHO 秘书处可以邀请台湾的医疗和公共卫生专家以个人的名义参加它所组织的技术性活动。在需要时，他们可称来自中国台湾 (Taiwan,China)。二、WHO 秘书处可以派其工作人员和专家到台湾去考察公共卫生和传染病疫情，和台湾的医疗及公共卫生专家讨论卫生问题并提供医疗和公共卫生的技术援助。三、如果台湾爆发严重疫情，WHO 秘书处根据需要尽快派专家去台湾并给予技术援助，或邀请台湾医疗和公共卫生专家参加秘书处发起的活动。备忘录规定 WHO 的涉台活动要事先通报中国代表团。备忘录还说明，这是在两岸就 WHO 问题达成协议之前的特殊安排。[44]

关于备忘录，还有另一相关情况。据"维基解密"2011 年 8 月 30 日公布的美国在台协会（AIT）台北办事处拍发的电报，陈水扁当局曾企图利用 WHO 修改和扩充"国际卫生条例"（IHR）的机会挤进该条例的通报机制中去。IHR 是从 1969 年开始实施的，其目的是针对卫生风险，以适当方式预防、抵御和控制疾病的国际转播，并提供卫生应对措施。1995 年的世卫大会为应对新的国际疾病威胁和公共卫生风险，决定修订 1969 年条例，扩大"检疫疾病"的涵盖范围。2003 年爆发的 SARS 是二十一世纪第一次全球公共卫生突发事件，它促使当年的世卫大会决定建立一个向所有会员国开放的政府间工作小组，加紧修订条例。根据 AIT 的电报，2004 年 10 月，陈水扁当局通过尼加拉瓜要求在条例第六十五条"总干事的通报"规定中，除了向"所有世界卫生组织会员国和准会员"通报相关事宜外，再加上"有能力行使其对外卫生关系的领地"，或者是"有单独卫生行政机构的实体"。台湾当局请求美国予以协助。中国代表团当然予以坚决反对，挫败了陈水扁的图谋。但如上文所述，为了在爆发疫情时，台湾同胞能及时得到 WHO 的帮助，中国和 WHO 秘书处达成了《谅解备忘录》。备忘录没有公开发布，但在会员国和相关人员中传阅，众人皆知。陈水扁当局在备忘录被台湾媒体披露后，曾否认对备忘录知情，否认接受"中国台湾"的称谓，还声称它是国民党和大陆秘密谈成的。这完全是在撒谎和造谣。上文提到，是陈水扁当局指使尼加拉瓜提出把台湾塞进 IHR 通报机制的。根据 AIT 电报，被请出来"帮忙"的美国谈判人员，在谈判的过程中"充分和台湾的对口人员进行协商"。陈水扁当局曾要求美国帮助改变备忘录中的"中国台湾"称谓。AIT 台北办事处的副代表（应是 David Keegan）对时任"国安会"秘书长的邱义仁说："台湾不应让它对称谓的敏感阻止它进入 WHO 的这一进步和对它国际地位的改善。"这位副代表还对另一位台方人员说："不管台湾可能多么不同意，联合国组织和联合国成员国使用联合国的语言称呼台湾是不会令人感到意外的。""副外长"高英茂则对该副代表说："台湾的日内瓦代表团没有得到 WHO-PRC MOU。它（台湾）有意愿尊重 MOU 的机密性和它的语言。"[45]

大陆和世卫组织秘书处签署这一备忘录说明，即使在"台独"势力在台湾当权的情况下，只要是关系到台湾同胞切身利益的问题，大陆都会认真对待，并做出合情合理的回应。而台湾当局在处理"国际空间"问题时，必须务实地面对联合国二七五八号决议在国际上所确立的一个中国原则，这是具有国际法效力的不可改变的现实。企图挑战这一现实注定是徒劳的。也不要对美国抱有过分期待，它有可能"帮忙"，但并无回天之力。2008 年 5 月后，两岸关系有了"九二共识"和反"台独"的政治基础，台湾参与 WHA 的问题立即出现了转机。

2008 年 5 月 28 日，也就是在马英九就职后的第八天，中共中央总书记胡锦涛在北京人民大会堂会见了来访的国民党主席吴伯雄一行并和他们举行了会谈。胡锦涛表示，希望两岸"以富有成效的努力，扎扎实实推动两岸关系不断取得实际进展，增强广大台湾同胞对两岸关系和平发展的信心"。他说："关于台湾同胞参与国际活动问题，我们了解台湾同胞在这个问题上的感受。"他特别提到，2005 年他和连战主席在北京发表的"两岸和平发展共同愿景"中写明，"促进恢复两岸协商后，讨论台湾民众关心的参与国际活动的问题，包括优先讨论参与世界卫生组织活动的问题"。胡锦涛表示，只要"双方共同努力，创造条件，通过两岸进行协商，这个问题会找到解决办法"。[46]经过两岸磋商以及大陆和 WHO 的沟通，解决办法很快找到了。

2009 年 4 月 28 日，世界卫生组织总干事陈冯富珍女士致函"中华台北卫生署"署长叶金川医生，邀请中华台北卫生署派员作为观察员出席 5 月 18

日至 27 日在日内瓦举行的第六十二届世界卫生大会。台湾方面回函表示接受邀请。至此，胡锦涛总书记对吴伯雄主席所做的承诺得到了落实。对此，国台办发言人表示，"这充分体现了大陆方面一贯高度重视和积极维护台湾同胞卫生健康福祉和切身利益的善意，也充分展现了大陆方面积极推动两岸关系和平发展的诚意。"[47] 从陈冯富珍发给叶金川的邀请函看，大陆方面确实表现出很大的善意。邀请函对台湾的称谓是 "Chinese Taipei"，而不是 "Taiwan, China"；新华社的译文为 "中华台北" 而不是 "中国台北"。另外，邀请函在收件人地址中，"署长" 的英文使用了 "minister"（部长），但信函正文则使用 "亲爱的叶医生"（Dear Dr. Yeh），而不是 "亲爱的叶署长"。这封不到一百字的简短信函开启了两岸关系中的一个历史性事件。人们从中也可以看出两岸在磋商过程中，各有坚持、各有让步的蛛丝马迹。细节往往决定磋商的成败。从 2009 年起至 2015 年，中华台北卫生署每年都在 WHO 总干事的邀请下，以观察员的身份参加了世界卫生大会。中华台北是世卫大会的第七个观察员，其他六个观察员是梵蒂冈、马耳他骑士团、巴勒斯坦解放组织、国际红十字会、国际红十字暨新月联盟和国际国会组织。根据 WHO 的规则，观察员可以参加全体大会、技术分组会，享有大会文件，可以在成员国之后在大会上提问，但无投票权和任职权。

在此之前，陈冯富珍总干事办公室还于 2009 年 1 月 13 日致函台湾卫生机构，以 "台北联系点"（contact point in Taipei）的形式将台湾纳入世界卫生条例的通报系统中。[48] 2 月 11 日，国台办发言人范丽青证实，中国政府已与世卫组织秘书处协商，就 IHR 适用于台湾地区做出了安排。她说，这表明，我们对全球防疫是高度负责任的，在解决台湾同胞关心的卫生健康问题上是诚心诚意的，采取的积极举措是切实可行的，台湾卫生专家从世卫组织获得技术信息的渠道是畅通的。[49]

国际民航组织 在解决了世界卫生大会问题后，两岸又通过协商解决了台湾方面 "关心" 的另一个 "国际空间" 问题，就是参与国际民航组织（ICAO）问题。2013 年 9 月 13 日，《新华网》发布了这样一条消息：

"记者从中国民航局获悉，国际民航组织理事会主席罗伯特·高贝·冈萨雷斯（Roberto Kobeh Gonzalez）近日发函邀请中华台北民航局派员，作为客人列席 9 月 24 日至 10 月 4 日在加拿大蒙特利尔举行的国际民航组织第三十八届大会。

"对此，中国民航局负责人表示，两岸有关方面近期就台湾参与国际民航组织有关活动问题进行了沟通，交换了看法。在不造成'两个中国'、'一中一台'的前提下，对有关问题做出的安排，体现了我们对台湾同胞的善意和保持两岸关系和平发展势头的诚意。

"该负责人指出，大陆方面一贯重视台湾同胞的航空安全，积极促进两岸民航领域交流合作，积极协助台湾方面获得国际民航组织的信息。我们希望两岸民航界加强交流合作，增进两岸同胞福祉，推动两岸关系和平发展。"

台湾方面接受了邀请，"民航局局长"沈启以中华台北的名义列席了在蒙特利尔举行的每三年一次的大会。这是自1971年11月19日国际民航组织第七十四届理事会第十六次会议，根据联合国二七五八号决议，决定将台湾当局驱逐出该组织后，台湾民航界代表第一次参与ICAO活动。台湾方面自然又把它视为一次"突破"，而且把被邀请的客人（guest）身份说成是"特约贵宾"。但"官方"的表态和媒体的评论还是有所不同。陆委会还是重复说，"中华民国是主权独立国家，参与国际组织及活动是权利也是义务"，但也承认"两岸和缓的气氛已逐步外溢到国际参与上"，同时还不忘对"国际支持"表示感谢。[50] 所谓"国际支持"当然首先指的是美国。美国确实又染指了这件事。2013年6月19日，美国众议院通过了有约束力的第一一五一号法案，要求国务卿提出计划，支持台湾以观察员身份参与ICAO蒙特利尔大会。7月12日，总统奥巴马签署了该法案，并重申了美国的立场：支持台湾在不以国家为会员的国际组织中取得会员资格，也"鼓励"台湾在不可能成为会员的国际组织中"有意义的、适当的参与"相关活动。对此，中国外交部发言人指出，这"严重违反了"美国的一个中国政策，要求华盛顿停止干涉中国的内部事务。国台办的发言人则重申了中国大陆的一贯立场："外国势力的介入于事无补，只会让事情变得复杂化。"[51] 美国国务院在ICAO中做了哪些游说活动，不得而知；笔者在ICAO官网上搜索相关的公开信息时，也一无所获。在蒙特利尔大会的发言中，没有找到美国代表发言支持台湾的内容。而且，美国支持台湾以观察员身份参与ICAO并不现实。按照ICAO规定，非联合国成员，要加入ICAO或成为观察员，必须取得五分之四缔约会员国的同意，不仅难度极高，同时具有高度政治敏感性。"其中大陆的态度，就成为台湾能否加入的绝对关键"。[52] 台湾《旺报》在一篇社评中也指出："台湾国际空间问题，要在两岸之间先获得共识，才有可能在国际机构获得通过，和平发展的两岸关系，是台湾扩展国际空间的基础。台湾在争取扩大国际空间的同时，要稳定两岸和平发展大局。"[53] 当 ICAO 理事会主席冈萨雷斯和总干事班加明（Raymond Benjamin）被台湾记者问到邀请台湾民航机构代表作为客人列席 ICAO 大会时，他们回答说："在中国大陆政府提出建议后，ICAO 决定邀请台湾作为特别客人与会。"[54] 参加蒙特利尔大会的台湾民航局长沈启认为："ICAO 理事会主席客人的名位非常有创意。"[55]

除了国际组织外，台湾方面一直声言要"融入"亚太地区的经济一体化和对外签署自由贸易协定（FTA）。这个问题涉及台湾发展经济的需要，大陆一直是理解的。但是在陈水扁当权时，他是要以此为借口在国际经济领域搞"台独"，大陆当然予以反对。2008 年以后，两岸有了"九二共识"和反"台独"的政治基础，这个问题也就有了得到合情合理解决的条件。2008 年 12 月 31 日，胡锦涛总书记在纪念《告台湾同胞书》发表三十周年座谈会上的讲话中即提到，要"探讨两岸经济共同发展同亚太区域经济合作机制相衔接的可行途径"。

2013 年 7 月 10 日，经过一年多的谈判，台湾和新西兰签署了框架性的经济合作协定（ANZTEC），这是台湾和"非邦交国"签署的第一个经贸协定。但协定是由"驻新西兰台北经济文化办事处"代表和"新西兰台北工商办事处"代表签署的，不是"国与国"间的协定，而且签字地点特别选择了惠灵顿的维多利亚大学，以突出其民间性质。同年 11 月 7 日，台湾和新加坡依照新西兰的模式，签署台新经济伙伴协议（ASTEP）。

2008 年至 2015 年，两岸在"九二共识"和反"台独"的政治基础上，在和平发展的框架内，在台湾"国际空间"问题上的良性互动是前所未有的。大陆着眼大局释放善意，台湾选择"活路"大有收获。

评议

历史是最好的老师。从 1971 年联合国通过二七五八号决议后，两岸在台湾"国际空间"问题上的互动情况来看，问题的核心是要在世界上维护一个中国原则，和要"突破"一个中国原则、制造"两个中国"或"一中一台"之间的斗争。在这个核心问题上，大陆没有妥协退让的余地，只能进行"零和"斗争。在国际上，一个中国原则就是世界上只有一个中国，中华人民共和国是它的唯一合法代表。联合国二七五八号决议赋予了它国际法的地位。大陆在处理两岸事务时的政策则有所不同，也就是"内外有别"。本书多次提到，就两岸关系而言，大陆的一个中国政策就是当年钱其琛副总理提出的"新三句"，两岸同属一中，不必在这个一中是中华人民共和国（PRC）还是"中华民国（ROC）"的问题上"打转转"，也就是说可以不去涉及一个中国的政治意涵。自"九二共识"以来，台湾国民党当局的立场是"一个中国，各自表述"，它一定要表述这个中国是"中华民国"，似乎它不做此表述"中华民国"就消失了。因此，我们看到了这样的矛盾现象：一方面它接受以"中华台北"的名义参与奥运会、世卫大会等，同时又声称"中华民国是主权独立国家，有权参加国际组织"，并跟着民进党攻击大陆"打压""矮化"台湾。这种现象其实也是"内外有别"，对外要"国际空间"，对内要应对政治斗争。这种现象今后还会继续下去。对于民进党当局在国际上搞"台独"的任何举动，大陆都是采取了"零容忍"政策。不管它是"金钱外交"还是"烽火外交"，不管它依靠的是什么外部势力，大陆都不会让它的图谋得逞。事实证明，陈水扁当权的八年中，走的是"捣乱、失败，再捣乱、再失败"的绝路，结果"国际空间"越走越窄，单是"邦交国"就丢掉了六个（马其顿、利比里亚、多米尼克、塞内加尔、乍得和哥斯达黎加），咎由自取。另一方面，大陆考虑到在两岸尚未统一的情况下，台湾在政治、经济、社会生活等方面不可能完全置身于国际社会之外，因此在不出现"两个中国"或"一中一台"的前提下，在台湾"国际空间"问题上，根据不同层面、不同性质的问题，务实、理性地予以合情合理的处理。2000 年以前，国民党当局基于实际利益，面对两岸和国际的现实，在某些问题上也做过"不满意、但可接受"的妥协。在此情况下，双方曾就诸如奥运会、亚洲开发银行（ADB）、亚太经济合作会议（APEC）以及世界贸易组织（WTO）等问题做出了双方既有坚持又有妥协的安排。（关于陈水扁当局的"入世"问题，本章已有介绍。）

2008 年国民党重新执政后，两岸因为有了"九二共识"和反"台独"的政治基础，很快解决了台湾当局"突破"了十三年而未"突破"的 WHA 观察员问题。2013 年，大陆又"很有创意"地请 ICAO 理事会主席邀请中华台北民航局人士作为"客人"列席了 ICAO 蒙特利尔大会。马英九当局为台湾"国际空间"首选的三大目标中，已经得到了两个。（第三个是联合国气候变化框架公约"UNFCCC"）。在经贸领域，台湾和新西兰、新加坡两个"非邦交国"签署了非官方的经贸合作协定。在"邦交国"问题上，台湾方面没有耗费任何"外交"资源就保住了目前二十二个"邦交国"。两岸的"外交休兵"表面上看，双方是在下"和棋"，实际上是大陆在"让棋"。台湾方面嘴上不说但心里明白，如果没有"外交休兵"，台湾是保不住二十二个"邦交国"的。最明显的例子是，2013 年 11 月 14 日冈比亚单方面宣布和台湾断交后，大陆并没有和它建交。

回顾过去半个多世纪两岸在国际舞台上既有不容妥协的斗争、又有务实妥协的历史，笔者认为两岸要处理好台湾"国际空间"问题，取得"双赢"的结果，应当遵循三大基本原则：

第一，**一个中国原则**。对任何国家来说，主权和领土完整都是核心利益，绝不允许受到侵犯。大陆过去、现在和将来都会坚定不移地信守一个中国原则，不惜一切代价维护这一原则，绝不允许在国际上出现"两个中国"或"一中一台"。任何要"突破"这个原则的图谋在过去 50 多年来从未成功过，今后也不会成功，这是两岸关系中否定不了的事实。在现阶段，在两岸之间体现一个中国原则的是"九二共识"和反"台独"的政治立场。

实际上，自 1949 年以来，两岸在很长的时间里都坚持一个中国原则。尽管双方政治对立，国家并没有分裂。因为有了这个共同点，大陆的对台政策才有可能从武力解放台湾逐步调整为"和平统一、一国两制"。在两蒋时期，台湾也因坚持一个中国原则而获得了和平发展的空间，经济腾飞、社会发展，一度名列亚洲"四小龙"之首。自上世纪 90 年代中期之后，李登辉和陈水扁反其道而行之，企图"突破"一个中国原则，在国际上搞"两个中国"、"一中一台"或"双重承认"，特别是陈水扁为此推行所谓"烽火外交"，但结果如何呢？上文提到，他们不但没能撼动一个中国原则，反而在国际上强化了各国普遍奉行的一个中国政策，压缩了"台独"的空间；在岛内，陈水扁强行推动的"以台湾名义加入联合国"的"公投"也以失败告终。同时，这些"台独"冒险行动使得台湾失去了宝贵的发展机遇，经济下滑，民生拮据。历史教训弥足珍贵。

大陆坚持一个中国原则从未动摇过。但是从台湾同胞的实际利益出发，大陆根据形势的发展变化，特别是 1979 年确定了争取和平统一的大政方针之后，不断调整相关政策。本章提到，1979 年 2 月以后，大陆调整了在所有国际组织中"有我无蒋、有蒋无我"的方针，在一些非政府、功能性国际组织中，如奥委会，允许台湾非政府机构以非全国性组织参加。1979 年 10 月，国际奥委会通过了《名古屋决议》，为两岸参加奥运会做出了安排。1983 年 6 月，大陆调整了在亚洲开发银行（ADB）这个政府间经济组织问题上的"驱台纳我"的方针，开始和亚行磋商在台湾改名的情况下保留其席位的可行方案。1985 年 11 月，大陆和亚行达成备忘录，大陆作为中国唯一合法代表加入亚行，台湾改称为"中国台北"（Taipei, China）保留亚行成员资格，解决了这个问题。1991 年 10 月，大陆和当时的亚太经济合作会议（APEC）的主办方韩国签署了备忘录，为大陆、台湾和香港参加该会议做出了安排。1992 年 9 月，大陆考虑到台湾申请加入当时的关贸总协定有利于保护台湾的对外贸易不受歧视，在关贸总协定的框架下，和美、欧、日等贸易大国达成主席声明，明确台湾作为中国的一个单独关税地区、本着"中先台后"的原则加入关贸总协定。据此安排，大陆和台湾先后于 2001 年 12 月 11 日和 2002 年 1 月 1 日加入世界贸易组织（WTO）。2008 年以后，进一步解决了台湾方面参与 WHA 和 ICAO 的问题。回顾这些史实可以看到，只要有了一个中国原则这个政治基础，那么不管问题多么复杂，两岸是有智慧找到解决办法的，大陆可以让步的就会让步，毕竟是对中国人让步。

第二，"个案处理"原则。国际组织纷繁复杂。因此在处理台湾方面参与问题时，首先要细致、严格地区分其中不同层面，特别是不同性质的问题，并根据具体问题予以具体处理。实践表明，由于它的复杂性，两岸在处理这个问题时至今没有"一揽子"的解决办法，实际上依循了区别对待的"个案处理"原则。从大的方面区分，台湾"国际空间"有涉及官方关系和非官方关系之分。在官方关系中有双边和多边的关系。在国际组织中，有联合国组织和非联合国的独立法人国际组织。在联合国和非联合国政府间组织中还必须区分政治性和功能性组织，而不同组织的不同章程也会对两岸处理相关问题有直接影响。这种复杂情况决定了两岸在处理这些问题时，只能根据不同情况，作为"个案"分别予以处理。

就非官方的民间关系而言，包括"非政府组织"（NGO），台湾享有和国际社会进行经贸、文化、人员等多方面往来的广阔空间。以经贸关系为例，台湾为外向型经济，如果没有广阔的外贸空间，台湾经济不可能取得今天的成果。台湾同胞出境旅游，在一百四十多个国家和地区享有免签待遇，比大陆同胞还要便利。据有关统计，台湾民间组织参与的国际NGO，大大多于大陆。在这方面，只要不违背一个中国原则，大陆不但不持异议，而且乐观其成。大陆的政策是明确和一贯的。1995年1月，中共中央总书记江泽民提出的著名对台工作八项主张中就明确表示："对于台湾同外国发展民间性经济文化关系，我们不持异议。"这个问题相对地简单，如何处理双边的和多边的政府间国际组织问题，主要是联合国和政府间国际组织问题，则更为复杂和敏感。联合国及非联合国政府间国际组织，性质不同、章程不同，因此也不可能有"一揽子"的处理办法，也只能细致区分、个案处理。

首先，要区别联合国及其下属机构和非联合国的政府间国际组织。就联合国及其下属机构而言，台湾方面的参与不仅涉及世界上只有一个中国，而且涉及谁代表这个中国的问题。台湾当局必须正视的现实是，1971年联合国大会通过的二七五八号决议从国际法上解决了这个问题，联合国只承认中华人民共和国为全中国的唯一合法代表；根据联合国章程，涉及包括台湾在内的中国事务，联合国只能和北京打交道。台湾岛内有人幻想，台湾要"重返联合国"，可以先加入世界卫生组织、国际民航组织这样的功能性专门机构，以此为"敲门砖"进而加入世界银行（World Bank）和国际货币基金组织（IMF）等其他联合国机构，最后进军联合国总部。这种"农村包围城市"的"战略"完全是闭门造车。还有人寄望于大陆接受"双重承认"。在1971年前的20多年时间里，大陆宁愿被"孤立"在联合国之外，也绝不接受"双重承认"，现在和今后更不可能接受。

至于非联合国的政府间国际组织，对亚行、WTO和APEC的处理，大陆的原则只有一个，即一个中国原则，但处理方式各不一样，而且互不为先例。在亚行问题解决后，大陆即声明："台湾改称后留在亚行这一模式，对于任何其他国际组织不构成先例。"两岸碰到这方面的问题，只能一个一个地分别探讨解决办法。

两岸在磋商解决办法时，首先是要理性务实、避免对抗，就是大陆说的合情合理。奥运会的例子说明，在国际组织问题上采取两岸"对簿公堂"，或者把某国际组织告上法庭等对抗性等做法不但于事无补，而且伤害两岸以及相关国际组织的感情。但台湾方面并不以此为然。2010年7月，台湾有关方面又状告总部设在日内瓦的非政府《国际标准组织》（ISO），诉讼的缘由是该组织的国名和地区编码中称台湾为"中国台湾省"，要求改名为"中华民国（台湾）"。结果瑞士联邦法院以无管辖权和台湾提出的"民事诉讼"具有"政治目的"为法理依据，拒绝予以受理。[56] 这件事再次说明，靠告状等对抗方式在国际上改变台湾政治定位，鲜能奏效。试想，经过这场官司，ISO 对告状方能有好感吗？

第二是要履行承诺、遵守做出的安排，不能出尔反尔、翻脸不认账，违反法律上公认的"禁反言"（estoppel）规则。两岸已达成的安排，如亚行、WTO、APEC 等，无是不经过长时间的反复磋商才取得的，要单方面地改变它们不但不可能，而且会丧失信誉，成为"麻烦制造者"。以亚行为例，当时的行长藤冈真佐夫用了两年多的时间和台湾方面公开或秘密地接触了二十多次，和大陆接触了三十多次，提出了二十多种方案，最后台湾方面虽然"抗议"，但事实上接受了藤冈提出的"中国台北"（Taipei, China）的方案，在"罢会"两次后，还是回过头来参加亚行的各项活动，包括在北京举行的年会。李登辉当权时曾试图通过大幅度增加捐款来把台北后面的逗号去掉，结果不但徒劳无功，反而有向亚行"行贿"之嫌。

三、平等协商、善意沟通、积累共识、务实进取。 在处理具体问题时，采取胡锦涛总书记 2008 年 6 月 13 日会见海基会董事长江丙坤时提出的两岸协商"16 字方针"十分必要，即"平等协商、善意沟通、积累共识、务实进取"。胡锦涛总书记对 16 字方针做了具体的阐述。他说："平等协商，就是在商谈中双方要平等相待，不把自己的意志强加于对方。善意沟通，就是在协商中充分考虑对方的实际情况，多从善意的角度理解对方的想法，消除不必要的疑虑。积累共识，就是要不断扩大共识、缩小分歧，这样才能取得更多更大的成果。务实进取，就是要实事求是地寻求双方都能接受的解决办法，真正解决问题，做到行稳致远。"胡总书记的这番推心置腹的话表达了大陆解决问题的诚意和对台湾同胞的信任。大陆在对待马英九提出的"活路外交"问题上，充分体现了胡锦涛的"十六字方针"。

以"外交休兵"为例。台湾前"外交部长"欧鸿炼 2008 年 6 月 2 日在一次谈话中说："台湾不会试图增加与其正式建交的国家的数量"，"将会把资源全力用在巩固既有邦交国的友好关系上"；"希望两岸不要互挖墙脚，这不是台湾单方面就可做到，也要对方有同样意愿"。但是"外交休兵"不但涉及两岸的意愿，还涉及相关的第三方，还有第三方的意愿。因此，"休兵"不会是静态的而是动态的。要做到"休兵"双方必有"默契"，必须遵守双方认可的"游戏规则"。从2008年以后两岸在处理"休兵"这个问题上的实践看，双方可能有三项默契：（一）承诺不互挖墙脚。大陆尤其展现了善意。2013年冈比亚和台湾"断交"后大陆并没有和它建交是最好的例证。（二）承诺不搞"金钱外交"。如欧鸿炼所言，台湾的钱只花在"固邦"上。这项默契使得那些靠游走于两岸以捞取"经济援助"的国家销声匿迹。（三）双方必要时相互沟通、"通气"。很明显，在"外交休兵"问题上，大陆从维护两岸和平发展的大局出发，充分照顾了马英九的意愿。有人援引基辛格的话说："像游击队一样，台湾应当学会以不输取胜。"（Taiwan, like a guerrilla force, must learn to "win by not loosing".）马英九的"外交休兵"就是"以不输取胜"。大陆也看得很清楚，在"低调、零意外"的策略下，马英九仍在创造和利用一切机会推进"实质外交"。他过境印度时在脸书上发表的"心灵表白"充分说明了这个问题。而且，这种"低调"策略也有让人感到"意外"的时候。2015年元旦，在华盛顿的"台北驻美国经济文化代表处"（双橡园）突然"高调"举行了"升旗典礼"，并发表新闻稿声称，此举象征"台美友好关系"更上一层楼，证明"活路外交"政策正确。"经文处"代表沈吕巡还在受访时声称："我们和美方当然有默契……我们和美方的协调和默契相当好，所以才有双橡园的元旦升旗。"但1月5日，美国国务院发言人就此事照事先准备好的稿子声明："我们事先不知道1日会在双橡园举行升旗典礼，这个典礼不符合美国政策，我们仍信守以美中三公报和'台湾关系法'为基础的美国一个中国政策，没有任何美国政府人员以任何身份出席典礼。"台湾《联合晚报》引述台湾一位涉外人员的话说，这个声明是美国国务院首次公开指责马英九当局，对双边关系的影响有待观察。[57] 台湾当局对此事是否知情，或本来就是它授意的，不得而知，但事后这位"高调"制造了"意外"的沈代表一直安然无恙。"升旗事件"不但被美国国务院"打脸"，而且损害了"低调、零意外"的信誉，因小失大。

依据胡锦涛"十六字方针"的精神，要在台湾"国际空间"问题上找到双方都能接受的解决办法，还必须实事求是地面对两岸在这个问题上的基本立场或"底线"。笔者在上文中，根据个人的理解勾勒了大陆的"底线"，简言之，在国际上决不能出现"两个中国"，更不能出现"一中一台"，中华人民共和国是唯一合法代表。对于台湾方面的"底线",笔者研究不深,仅从涉猎的资讯归纳为以下几个基本点:(1)把"与各国平等参与"放在首位,用蒋经国先生的话说就是"存在就是希望",不轻言退出国际组织;(2)名称放在第二位,在无法使用"中华民国"时,变通使用其他称呼,但不能有是中华人民共和国一部分的意涵;(3)尽力争取相关国际组织修改章程,以"保障台湾和其他成员享有同等的权益"。从历史情况看,大陆在不违背自己"底线"的情况下,实事求是地面对台湾的"底线",予以务实的处理。例如在奥运会的问题上,大陆尽力照顾了台湾方面的上述立场,在台北奥委会接受了国际奥委会关于改名、改旗、改歌的决定后,台湾运动员继续参加奥运会比赛;台湾运动员入场时出现在T队列,而不是C队列;国际奥委会也把章程中各国参加奥运会使用国家名称、国旗和国歌的条款改为"代表团"的名称、旗和歌。

诚如本章所述,两岸关系中的台湾"国际空间"问题十分复杂和敏感,双方在处理这个问题时,既有都不能妥协的"死结",也有相互妥协达成的安排。从历史的经验中不难看出,把中华民族的核心利益,也就是国家主权和领土完整,置于两岸现存的政治分歧之上,应当是最高原则。从这个大局出发,有可能做出安排的应当本着解决问题的诚意,充分考虑对方的实际情况,不强对方之所难,一个一个地解决问题,积少成多。一时尚难解决的问题,搁置起来,留待条件成熟时解决。若能如此,笔者相信,以两岸中国人的智慧,通过以诚相待的协商,总会处理好台湾"国际空间"这个问题。然而,瞻念前途,要取得这样理想的结果,不但要假以时日,而且还要经历复杂曲折的过程,大起大落,甚至不进而退。台湾岛内还存在着"台独"分裂势力,而它的能量还远远没有释放殆尽,还存在再度上台掌权的现实可能。大陆对此有清醒的认识和应对的准备。大陆在陈水扁当权八年中的"抗独"斗争中积累了成熟的经验。放着两岸共同家园的中国不要,去搞"台独"是自我矮化;分裂中国是条绝路,"台独"没有"国际空间"。

注释:

[1] 高朗:《"中华民国外交关系"之演变(1950～1972)》,第三十四页。

[2] http://www.news.xinhuanet.com/ziliao/2003-01/24/contentg_705088.htm

[3] 高朗:《"中华民国外交关系"之演变(1972～1992)》,第二十页。

[4] 同上注，第二十一页。

[5] 有关详细情况请参阅《人民公安》杂志 1985 年第三期："我加入国际刑警组织侧记"及《人民公安报》2009 年 12 月 29 日："中国加入国际刑警组织纪实"。

[6] 台湾《中国时报》，2015 年 4 月 25 日。

[7] 同注 3，第三十页。

[8] 同上注，第二十九至三十页。

[9] 上述"奥运模式"各节的内容，除已标注的部分之外，均择录于梁丽英著《何振梁——五环之路》一书的第七、八、十三、十四章，以及《人民政协报》2012 年 7 月 26 日 "春秋周刊"："中国因何退出奥委会，中国如何重返奥委会"。

[10] 参阅孔繁农："往事：'一国两席'模式的由来"，http://news.sina.com.cn/c/2004-09-09/12024277591.shtml。

[11]《人民日报》，1985 年 12 月 5 日。

[12] 参阅周玉蔻：《李登辉的一千天》，第五十八至六十六页。

[13] 同注三，第三十六至三十七页。

[14] 台湾《联合报》，2000 年 6 月 9 日。

[15] 参阅邹景雯：《李登辉执政告白实录》，第三百四十四至三百五十五页。

[16] 参阅《台港澳情况》，1991 年第二十九期。

[17] 台湾《联合报》，1991 年 7 月 12 日。

[18]《人民日报》1991 年 7 月 19 日。

[19] 相关内容参阅郑志海、薛荣久主编：《世界贸易组织问题解答》第十部分。

[20] 黄嘉树、林红：《两岸"外交战"——美国因素制约下的国际涉台问题研究》第二百七十三页。

[21]《人民日报》1989 年 10 月 20 日。

[22] 此主席声明及下文提到的相关文件英文原文可搜索世贸组织的网站（www.wto.org）。

[23] 参阅卓彗菀：《两岸 WTO 互动策略研究》，台湾《问题与研究》第四十三卷第三期第一百六十七。

[24]《新华网》多哈 2001 年 11 月 11 日电："外经贸部和国台办发言人就中国台北加入世贸组织问题发表谈话"。

[25] 参 阅 www.china.com.cn/chinese/2003/May/338004.htm，www.cntv.cn/lm/523/51/85828.html，www.taiwansecurity.org/News/2003/AT-062403.htm。

[26] 有关上述"更名事件"详情，请参阅黄宗乐主编：《台湾加入 WTO 之回顾与展望》，第一至二十八页（WTO 见证台湾开放——颜庆章），第二十九至六十二页（从国际法的角度检视台湾加入 GATT/WTO 相关文件所衍生之问题——洪思竹），第

九十五至一一○页（葛葆萱）。

[27] 参阅 http://www.chinaabc.showchina.org/zgygjzzxl/zgyapec/02/200704/t111518. htm。有关 APEC 情况，请参阅 APEC 官网：www.apect.org。

[28]《中国财经报道》："老外交官秦华孙：中国加入 APEC 的那些日子"，2001 年 10 月 16 日。

[29] 参阅王嵎生：《亲历 APEC 与时代的变迁》第一百四十八至一百四十九页。笔者根据了解的情况做了一些补充。

[30] 同上注，第一百五十八至一百五十九页，笔者根据了解的情况略做补充。

[31]《中新社》香港 2001 年 10 月 20 日电。

[32] 苏起：《两岸波涛二十年纪实》，第四百八十六页。

[33] 台湾《China Post》：Ma reaffirms 'modus vivendi' diplomatic approach, 2011 年 3 月 15 日。

[34] 台湾《中央社》台北 2012 年 4 月 8 日电。

[35] 台湾"总统府"新闻稿："总统访视外交部并阐述'活路外交'的理念与策略"，2008 年 8 月 4 日。

[36] 台湾《中央社》2009 年 6 月 16 日台北电："总统：参与国际组织议题敏感，不应躁进"。

[37] 台湾《中国时报》："外交是全民资产，需要齐心维护"，2012 年 4 月 18 日。

[38] http://www.ma19.net

[39]《中新网》巴厘岛 2013 年 10 月 6 日电。

[40] http://www.huaxia.com/tslj/jjsp/2014/10/4110131.html

[41] 2009 年 4 月 29 日马英九主持"高层会议"，就台湾参与 WHA 等问题发表谈话。他说，台湾之所以得以顺利参加，有三个原因，其中第二个原因是"大陆当局释出善意……"讲话全文见当日"总统府新闻稿"。

[42]《新华网》联合国 2007 年 9 月 18 日电。

[43] 以上内容请参阅《中新网》2003 年 5 月 20 日日内瓦电、《国际先驱导报》："吴仪阻击台湾'非典外交'，台湾当局再吃闭门羹"，2003 年 5 月 26 日、《武汉晚报》："与美卫生部长不打不成交，沙祖康披露打架缘由"，2007 年 2 月 12 日。

[44] 参阅 http://taiwansecurity.org/CNA/2005/CNA-300505.htm。

[45] Taibei Times: Cables show US role in WHO-China Mou, Mon.Sept 12,2011

[46]《人民日报》2008 年 5 月 29 日。

[47]《新华社》北京 2009 年 4 月 30 日电。

[48] 台湾《联合报》2009 年 1 月 23 日。

[49]《中新网》2009 年 2 月 11 日电。

[50] 台湾《中央社》2013 年 9 月 13 日台北电。

[51] 参阅《环球时报》，2013 年 7 月 15 日。

[52] 台湾《联合报》2013 年 7 月 14 日北京报道。

[53] 台湾《旺报》2013 年 9 月 19 日。

[54] The China Post: ICAO president says Taiwan's invitation suggested by China, Thursday, September 26, 2013

[55] Taipei Times: Taiwan invited to ICAO meet as guest: officials, Sat.Sep 14,2013

[56] 台湾《中央社》台北 2010 年 9 月 9 日电。

[57]《环球网》2015 年 1 月 7 日。

第八章 必由之路：从和平发展到和平统一

1979 年元旦大陆发表《告台湾同胞书》，开始了推动国家和平统一的历史征程。邓小平提出的"和平统一、一国两制"成为贯穿这一历史阶段的政策主轴。邓小平为实现国家统一这个核心目标，提出了创新性思维的"一国两制"方案，为以和平方式解决国家统一问题找到了现实可行的途径。据此，邓小平成功地通过谈判和平地解决了香港和澳门回归祖国的问题。台湾的朝野双方，出于不同的政治立场，至今仍排拒"和平统一、一国两制"，但笔者深信，历史终究证明，它是最终解决两岸问题的最佳选择。

为了贯彻邓小平的"和平统一、一国两制"的方针，在李登辉的分离主义开始显现的情况下，为了维护和推动海协、海基两会之间的磋商与谈判，江泽民总书记于 1995 年春节提出"江八点"，更有针对性地明确了大陆处理两岸关系的基本立场，为两岸谈判创造有利条件。但李登辉执意要走分离主义道路，于 1999 年 7 月提出"两国论"，破坏了两岸之间的商谈。2000 年，主张"台独"的民进党上台，两岸关系陷入了"高危期"。在这样的情势下，大陆做了什么样的战略与政策选择呢？胡锦涛总书记面对严峻的形势，一方面把反"台独"斗争提升到全局性和战略性的高度，调动大陆各方面力量在两岸和国际上全面地进行这一斗争；另一方面，仍然依循"和平统一、一国两制"基本方针不动摇，并适时提出了构建两岸和平发展框架的理论和政策。2008 年，国民党在台湾重新执政，在"九二共识"和反"台独"的政治基础上，两岸进入了构建和平发展框架的实践时期。习近平总书记继续推动两岸的和平发展，并予以高度评价。2014年2月18日，他在会见来访的国民党荣誉主席连战一行时说："五年多来，两岸同胞共同选择了两岸关系和平发展道路，开创了前所未有的新局面，两岸同胞都从中得利。事实证明，这是一条维护两岸和平、促进共同发展、走向民族复兴、造福两岸同胞的正确道路。两岸同胞要坚定信心，排除一切干扰，沿着这条道路一步一个脚印走下去。"[1]此前的2013年2月19日，全国政协主席俞正声在对台工作会议上说："我们党在对台工作实践中形成的两岸关系和平发展重要思想，丰富了国家统一理论和中央对台工作大政方针，具有长期指导意义。推动两岸关系和平发展，**是实现和平统一的必由之路**，也是我国和平发展战略的重要组成部分。"[2]

笔者认为，和平发展思想在两个主要方面丰富发展了国家统一理论和中央对台工作大政方针。第一，进一步明确，对台工作必须服从和服务于中国的总体发展战略，也就是邓小平说的，中国一切问题只能通过发展才能得到解决。第二，明确提出中国统一的"阶段论"，也就是说，两岸统一之前要经过和平发展的阶段，和平发展是统一的必由之路。和平发展思想的提出，避免了在国家统一问题上"急躁"和"悲观"的两种错误倾向，为最终实现国家统一指明了正确的方向。

和平发展也是中国共产党和中国国民党之间在处理两岸关系问题上最关键的共识。2005年4月29日，中共中央总书记胡锦涛和来访的中国国民党主席连战在北京共同发表会谈新闻公报，确立了在三项共识基础上、包括五项内容的"两岸和平发展愿景"。公报指出："和平与发展是二十一世纪的潮流，两岸和平发展符合两岸同胞的共同利益，也符合亚太地区和世界的利益。"[3]五项愿景是国共两党在两岸分隔半个多世纪以来第一次为两岸关系确立发展方向，是两岸关系史上一个重要里程碑。2005年8月20日，国民党召开的第十七次党员代表大会上，五项愿景被列入国民党的政策纲领。[4]同日，连战在回复胡锦涛总书记祝贺他当选国民党名誉主席的电报中表示，五项愿景被列入国民党政纲，"代表本党所有同志对两岸愿景的庄严承诺"。[5]2008年3月22日，国民党候选人马英九在台湾举行的"大选"中获胜，5月20日国民党重新执政，"胡连会"的五项愿景得以落实，两岸关系步入了构建和平发展框架的历史新时期。

构建两岸和平发展框架是近60年来，两岸在关系到两岸前途和两岸同胞根本利益问题上达成的最重大的共识。但是，在对和平发展框架性质的界定、如何构建这一框架等问题上，国共双方既有共识也有分歧，有些分歧，特别是在政治方面，是多年来一直未能破解的难题。因此，构建和平发展框架不会是在短期内能顺利解决的系统工程。而且，台湾岛内还存在着民进党重新上台的现实可能，和平发展的路途必然是曲折的。就国共两党而论，笔者认为，厘清双方的共识和分歧对当前和今后构建两岸和平发展框架十分必要。只有知己知彼，两岸才能协力扩大共识、缩小分歧，推动和平发展框架的构建。据此，本章拟对2008年之后国共双方有关和平发展框架的权威论述进行初步梳理，对共识和分歧予以比较分析并提出笔者对扩大共识、化解分歧的浅见。

国共双方关于构建和平发展框架的论述 大陆第一次正式把构建两岸和平发展框架作为对台工作大政方针提出来，是2007年10月15日胡锦涛总书记在中国共产党第十七次全国代表大会上所做的报告。他在报告的第十部分"推进'一国两制'实践祖国和平统一大业"中说："我们郑重呼吁，在一个中国原则的基础上，协商正式结束两岸敌对状态，达成和平协议，构建两岸和平发展框架，开创两岸和平发展新局面。"[6] 2008年12月31日，胡锦涛在纪念《告台湾同胞书》发表30周年座谈会上发表了"携手推动两岸和平发展，同心实现中华民族伟大复兴"的讲话。"这一讲话的核心内容，就是首次全面系统地阐述了两岸和平发展的思想，鲜明地提出了争取祖国和平统一首先要确保两岸关系和平发展的论断，科学回答了为什么要推动两岸关系和平发展、怎样推动两岸关系和平发展的重大问题。"[7] 可以说，胡锦涛"12·31讲话"（以下简称"讲话"），是大陆在两岸统一前这段历史时期，关于构建两岸和平发展框架最权威的政治论述和行动纲领。依笔者的解读，了解和把握"讲话"所蕴含的下列内容对了解大陆和平发展观念是必要的：

1. **构建两岸和平发展框架是为"确保"祖国的和平统一，它是统一取向的，它既是过程，也有明确目标。**大陆以"建立互信、搁置争议、求同存异、共创双赢"为指针，推动这一进程。

2. **构建和平发展框架是"国家尚未统一的特殊情况下"为两岸关系设计的架构，是一种过渡时期的安排。**

3. **在法理上，尽管两岸自1949年以来处于分隔状态，但中国的主权和领土并没有分裂，仍然是完整的。**"讲话"对两岸法理地位的界定是，"上世纪40年代中后期中国内战遗留并延续的政治对立"，"两岸复归统一，不是主权和领土的再造，而是结束政治对立"。

4. 两岸构建和平发展框架的"政治互信的基石"是在"维护一个中国框架这一原则问题上形成共同认知和一致立场"。这里使用的是"一个中国框架"而不是"一个中国原则"。笔者认为，二者的区别是，"原则"可以是一方坚持的立场，而"框架"则是双方的"共同认知和一致立场"。这体现了大陆在这个关键问题上展现的弹性。

5. 实现两岸经济关系正常化和经济合作机制化是构建和平发展框架的"物质基础"和"经济动力"。笔者认为，前者的标志是两岸实现全面直接的"三通"，后者的标志是两岸经济合作框架协议（ECFA）的签署。"讲话"特别承诺："探讨两岸经济共同发展同亚太区域经济合作机制相衔接的可行途径。"这正面地呼应了台湾方面在这个问题上的关切。

6. 中华文化是和平发展框架的"精神纽带"。"讲话"提出两个重要概念："台湾文化丰富了中华文化内涵"；"台湾同胞爱乡爱土的台湾意识不等于'台独'意识"。阐明大陆在这两个问题上的立场有利于增强中华民族一体性意识，有利于清除李登辉、陈水扁"去中国化"的流毒。

7. 在不造成"两个中国""一中一台"的前提下，通过两岸务实协商对台湾参与国际活动问题做出合情合理安排。在这方面，大陆已展现了诚意和善意。2009 年春和 2013 年秋，大陆先后对台湾参与世界卫生大会和国际民航组织大会的问题，做出了双方都可以接受的安排，解决了在陈水扁当权时不可能解决的问题。

8. 重申："在一个中国原则的基础上，协商正式结束两岸敌对状态，达成和平协议，构建两岸关系和平发展框架。"为此，首先"就在国家尚未统一的特殊情况下的政治关系展开务实探讨"，适时"探讨建立军事安全互信机制问题"。2009 年 5 月 26 日，胡锦涛总书记在北京会见国民党主席吴伯雄时，就这个问题又提出新的建议："两岸协商总体上还是要先易后难、先经后政、把握节奏、循序渐进，但双方要为解决这些问题进行准备、创造条件，双方可以先由初级形式开始，积累经验，以逐步破解难题。"[8] 构建和平发展框架最困难的部分是政治和安全问题，而和平协议的签订应视为框架建成的主要标志。

在台湾岛内，构建两岸和平发展框架还仅是中国国民党的政策主张，民进党至今仍坚持"台独"路线，是两岸和平发展的主要干扰因素和障碍。另一方面，从笔者接触到的有关文献和新闻报道看，国民党方面还没有就这个问题发表过像"12·31讲话"那样全面系统的论述。根据笔者接触到的马英九先生讲话等权威性资讯，国民党方面的基本立场可以概括如下：

1. **确立2005年"胡连会"达成的五项愿景为其大陆政策的指导方针，以"正视现实、建立互信、搁置争议、共创双赢"为原则，推动两岸和平发展。** 2009年12月31日出版的德国《国际政治》期刊2010年1—2月号，发表了对马英九的书面采访。在采访中，马英九逐条重申了五项愿景，并表示"国民党的现阶段两岸政策已将上述五项愿景纳入党纲，未来将以'正视现实、建立互信、搁置争议、共创双赢'为原则，推动两岸和平发展"。[9]此前的2009年10月17日，马英九就任国民党主席，中共中央发去贺电；在"马英九已过目"的复电中表示，两党"建立了推动两岸关系和平发展的共识"。[10]另据台湾《中央网络报》报道，国民党第十七次党员大会将"五项愿景"列入政纲"是当时马英九首度出任党主席时亲自提议的"。[11]

2. **和平发展框架是一个"过程"，两岸最终是统还是"独"由台湾2300万人来决定。** 马英九在2010年元旦祝词中说，两岸要"积极地争取一段足够长的时间，让台海持续和平发展，让两岸人民透过经贸、文化各方面的深度交流与合作，增进了解，淡化成见，并在中华文化的基础上，为两岸争议寻求一条务实可行的出路"。"台湾的未来，当然是掌握在我们二千三百万人手中。"[12]2009年12月14日美国《华尔街日报》刊登的一篇对马英九的专访中援引他的话说，"两岸能否如大陆所期待的达成统一，得看未来十年（后来又'更正'为'数十年'）情势的发展，目前没人能回答这个问题。"[13]

3. **在法理上，依照"中华民国宪法"定位两岸为一个中国，主权和领土重叠，不是两个国家。两岸的分隔肇因于中国内战。** 2008年8月26日马英九接受墨西哥《太阳报》系集团董事长巴斯克斯专访时说："我们基本认为，双方（两岸）的关系应该不是两个中国，而是海峡两岸的双方处于一种特别的关系。因为我们的宪法无法容许在我们的领土上还有另外一个国家；同样，他们的宪法也不容许在他们宪法所定的领土上还有另外一个国家。所以，我们双方是一种特别的关系，但不是国与国的关系，这一点特别重要。"[14]2008年3月28日，马英九在"大选"获胜后接受台湾《联合报》采访时说，"我从来没有讲过'中华民国是台湾'"，"我当选的是'中华民国总统'，可以说是'中华民国、台湾的总统'，也可以说是'台湾的总统'，但不是'台湾国总统'"。他在德国《国际政治》的书面采访中说："'一个国家，两个德国'的概念并不适用于台海两岸。"[15] 马英九在 2010 年元旦祝词中说："台海冲突肇因于国共内战。"[16] 2009 年 4 月 21 日，他接受台湾《中国时报》采访时，谈到淮海战役（台湾称徐蚌会战），他说："中华民族再从事内战实在是人类的悲剧。"[17]

4. 把两岸定位为"一国两区"，但"一国"是指"中华民国"；两岸在法理上互不承认，但在事实上互不否认。用把主权和统治权加以区分的方式来解决两岸法理和政治分歧。2010 年 2 月 18 日，"总统府发言人"王郁琦就有报道称马英九在会见来宾时以两国称呼两岸做出澄清。他说，马英九提到海峡两岸时不会使用两国来描述双方关系，"因为根据中华民国宪法，中华民国当然是一个主权独立国家，在中华民国宪法框架下，中国大陆是一个'地区'，我们并不承认大陆当局为一个主权国家，仅在事实上并不否认其为中国大陆地区的有效统治当局"。[18] 马英九在德国《国际政治》书面采访中说："1972 年两德签订'基础关系协定'，对双方领土相互承认，且双方相互承认统治权。以台湾来说，就是两岸人民关系条例第二条中的统治权。我们如同德国一样将主权与统治权加以区分，用此方式来解决法律上与政治上的困扰。"[19] 2005 年 5 月，他在接受美国《时代》周刊采访时表示，"两岸处理这项问题（主权）可以在法律层次上相互不承认，在务实的层面却相互不否认。"[20] 2008 年 11 月 1 日马英九接受台湾《联合报》采访时说："一个中国就是中华民国"，台湾与大陆的关系就是"中华民国底下的台湾地区，与中华民国底下的大陆地区"的关系。[21]

5. "九二共识"是"一个中国，各自表述"，双方都接受一个中国原则。2009 年 10 月 18 日，马英九出席国民党第十八届中央评议委员第一次会议时表示，"'九二共识'就是双方（两岸）在 1992 年 11 月达成的'一个中国，各自表述'，双方都接受一个中国原则，但对'一个中国'的内涵，可以各自表达各自的看法。这样的话，'就维持了我们宪法上基本的原则，但是又让两岸有发展的空间'。"[22] 2009 年 4 月 22 日，马英九出席美国"战略与国际研究中心"（CSIS）举办的"台湾关系法"三十周年视频研讨会时说："两岸和解的核心就是'九二共识'。也就是两岸认知到世界上只有一个中国，但双方的定义有所不同。十五年前两岸的协商就是植基于此，两岸自此而有了共识存在。"[23]

6. 在"中华民国宪法"的框架下，维持两岸"不统、不独、不武"的状态，就是维持现状，但不是消极地维持现状。"法理台独"不是国民党选项。马英九在 2010 年元旦祝词中说："在两岸关系上，英九一向主张在中华民国宪法的架构下，维持'不统、不独、不武'的状态，并在'九二共识'的基础上，推动两岸交流与合作。这不是消极地维持现状"，而是通过两岸各种交流，争取"足够长"的时间，为两岸争议找到可行的出路。"现阶段任何躁进的政治选择，不论是急统或急独，都会引起严重的对立与纷扰，没有一方可以获利，周边国家也连同受害。"[24] 2009 年 6 月 17 日，"总统府发言人"王郁琦就马英九接受台湾《天下》杂志采访的讲话回答记者问时说："他提出'不统、不独、不武'，八成民众都支持，不统不是排除统一选项，而是在他任期八年内不去讨论统一问题，因为这八年不可能有答案，这讨论意义不大。""对国民党来说，法理台独不是国民党的选项，总统也说过，中华民国早就是一个主权独立的国家，不需要再去争取所谓法理台独。"[25]

7. 两岸同属中华民族，台湾"本土化"不是"去中国化"，"台湾精神"丰富了中华文化，两岸在中华文化基础上寻找解决争议的出路。马英九在 2008 年 5 月 20 日发表的就职演说和 2010 年元旦祝词中都说："两岸人民同属中华民族。"他在德国《国际政治》书面采访中特别对台湾的"本土化"作了解释："至于本土化，最重要的意涵是立足台湾，保卫台湾，建设台湾。也就是我们一直强调的'以台湾为主，对人民有利'的理念，所以民主化和本土化是一体两面，二者是分不开的。但本土化并不是'去中国化'，台湾社会是个多元社会，中国文化和传统是台湾文化的根源，我们不能否定自己的祖先。"[26] 在就职演说、2010 年元旦祝词以及在"中华民国建国 98 年国庆典礼"的讲话中，马英九都使用了"台湾精神"的概念。在"国庆"典礼讲话中他说："'台湾精神'凸现了台湾人的核心价值，丰富了中华文化的深层内涵……"在谈到大陆 2008 年四川地震和台湾 2009 年 8 月 8 日水灾发生后，两岸同胞相互支援的情况时，他说："两岸人民这种'血浓于水'的民族感情，让我们对未来的两岸关系充满信心与期待。"[27]

8. 通过和大陆签订两岸"经济合作架构协议"（ECFA），实现经贸关系正常化和制度化，受惠于大陆经济发展，但不受其政治力影响，不被其资金淹没；避免在东亚区域经济整合中被边缘化；为和其他国家签订"自由贸易协定"（FTA）铺路。马英九在出席美国"战略与研究中心"举办的视频研讨会上说："台湾想要维持对大陆的相对力量，就必须要加强自己的国际竞争力。大陆是全球制造业的工厂，和大陆经贸关系正常化是台湾要达到这个目标的重要一步。""我们和大陆达成 ECFA，就是要将台湾建设成国际企业的创新与物流中心，这能强化与保障台湾在大陆的市场，也有助于台湾全球市场的竞争优势。"[28] 他在 2010 年元旦祝词中指出，亚洲区域内贸易与日俱增、经济整合加速发展，东盟（ASEAN）和大陆的"东盟加一"自由贸易区启动，"面对这种情势，台湾不但不能被边缘化，而且要掌握区域合作发展的机会，拓展市场版图。我们要以两岸'经济合作架构协议'为起点，为台湾企业争取公平竞争的国际环境；另一方面，也要积极寻求与其他主要贸易伙伴恰签自由贸易协定。唯有透过这样的连结，才能加速台湾参与东亚区域整合，维系台湾的竞争力。"[29] 马英九在接受美国《华尔街日报》专访时说："台湾正试图找出受惠于中国经济崛起，但又不受其政治力影响且不被中国资金淹没的良策。"[30]

9. **以"尊严、自主、务实、灵活"作为处理对外关系与争取国际空间的指导原则。**推行"活路外交"，通过和大陆改善关系，稳住"邦交国"关系，拓展和"非邦交国"实质关系；视台美关系为其对外关系中最重要的一环；争取"国际空间"的重点是参与联合国下属功能性专门机构。（详情请参阅本书第七章）

10. **视大陆为军事威胁，视美国为安全盟友，坚持从美国购买武器装备，采取"防卫固守，有效吓阻"的战略。**马英九在 2008 年 5 月 20 日的就职演说中把美国定位为"安全盟友"和"贸易伙伴"。他在出席美国"战略与研究中心"2009 年 4 月 22 日的视频研讨会上说："1949 年之后，台湾所以成功是因为我们和美国的同盟关系。"和与美国签订自由贸易协定相比，"军售对台美关系来说，乃是同样，甚至更为重要之事。""因此，我们希望美国能够毫不犹豫地继续提供如'与台湾关系法'所规定的必要的防卫性武器给我们。"他在 2009 年 10 月 10 日典礼讲话中说："如今两岸关系虽然大幅改善，我们却从未轻忽对岸的军事威胁……因此'防卫固守，有效吓阻'的国防战略仍是我们的坚持。"

11. **两岸磋商和平相处架构及和平协议的条件还不成熟，大陆必须满足台湾的条件协商才可进行。**马英九在德国《国际政治》书面采访中说："两岸签订和平条约的时机尚未成熟。""两岸间如何早日建立一个可长可久的和平相处架构，是值得双方共同重视的课题，惟目前相关的条件还不成熟。"他对两项议题提出了同样的先决条件："中国大陆必须尊重台湾的民主体制，不否认中华民国存在的事实，放弃预设的政治前提及撤出对台飞弹部署，在'对等、尊严、互惠'的原则下，相互协商才能进行。"在建立两岸军事互信机制问题上，"马英九态度保留地说，军事研究单位都在进行互信机制的研究，但目前都没有任何具体动作，因为太敏感，涉及台湾和美国的关系，我们的主要军备来自美国，因此我们非常谨慎。"[31]

两岸构建和平发展框架的共识与分歧 从上述两岸对构建和平发展框架的权威论述中，我们不难发现有如下共识：

1. **在法理上，两岸自 1949 年虽然处于分隔状态，但主权和领土仍然是完整的，世界上只有一个中国。** 双方都认为，现在的分隔状态肇因于中国内战。台湾《中央网络报》2009 年 4 月 23 日的一篇点评指出："马英九对于两岸关系源自国共内战的认知，十分坚定，这种合乎历史、合乎现实的立场，是他就任后两岸关系得以持续开展的关键因素。"

2. **"九二共识"的意涵是，两岸都确认世界只有一个中国，但双方在是否表述一个中国的政治意涵上有不同主张。** 对"九二共识"台湾方面有各样说法，但马英九多次确认双方都接受一个中国原则。这是"九二共识"的核心部分，明确这一点，两岸就有了互信基础。

3. **两岸同属中华民族；中华文化是解决两岸问题的重要基础，台湾文化丰富了中华文化的内涵；台湾"本土化"不是"去中国化"，爱乡爱土的台湾意识不等于"台独"意识。** 台湾《中央网络报》2009 年 4 月 23 日的点评还指出："民族立场与内战观点，使两岸关系有感情基础和务实思维，足以排除争的可能性。加上'九二共识'，两岸得以恢复协商，并能够不断签订协议，合作互惠，共创双赢。"

4. **实现两岸经贸关系正常化和制度化，通过磋商探讨台湾同亚太区域经济合作机制相衔接的问题。**

5. **以"个案处理"的办法，不急、不躁地处理台湾参与功能性国际组织活动的问题。**

6. **按照先易后难、先经后政、循序渐进的原则处理两岸之间的问题。**

两岸在构建和平发展框架问题上的分歧，有的是明显的，有的是微妙的：

1. 双方在一个中国原则这个根本问题上的分歧集中地表现在对"九二共

识"的解释和对分歧的处理上。本书在第三章中提到，1992 年 10 月 28 至 30 日，海峡两岸关系协会（海协会）和台湾海峡交流基金会（海基会）在香港就一个中国原则举行工作性商谈，并经过两会随后的信件交换，在 11 月份达成了"九二共识"。台湾方面把它概括为"一个中国，各自表述"，简称"一中各表"；大陆方面的表述是，两会达成了各自以口头方式表述"海峡两岸均坚持一个中国原则"的共识。如果按照马英九 2009 年 4 月 22 日在出席美国"战略与国际研究中心"视频研讨会对"九二共识"的解释，即"两岸认知到这世界上只有一个中国，但双方的定义有所不同"，双方认知应当基本相同，也符合当年事实。当时双方不仅谋求了一个中国这个"大同"，而且明确"谋求统一"，保留的仅是如何表述一个中国政治涵义这个"小异"。在如何处理这个分歧上，双方也有不同主张，台湾方面坚持以口头方式表述双方不同的定义；大陆则主张，在两岸事务性商谈中，不涉及一个中国的政治涵义。问题出在"一个中国，各自表述"这种概括上。这是当时台湾媒体所做的不准确的概括，对此海协会从一开始就持低调和回避的态度。事实证明，后来李登辉就是利用它的不准确来歪曲"九二共识"，为其"两国论"狡辩。当年两会对"九二共识"是有确定表述的。本书第三章提到，在香港商谈中，关于一个中国原则，海基会代表先后提出五种文字和三种口头表述方案，其中第八案的表述是："海峡两岸共同努力谋求国家统一的过程中，双方均坚持一个中国原则，但对一个中国的涵义，认知各有不同。"海协会的表述是："海峡两岸都坚持一个中国的原则，努力谋求国家统一。但在海峡两岸事务性商谈中，不涉及一个中国的政治涵义。"这是两会认知的"九二共识"的内容。马英九当局对两岸的政治定位，即"法理上互不承认，事实上互不否认"和 1992 年的立场有其连续性，但实际上是后退了，把统一仅作为未来的一种"选项"，而不是和大陆一起"共同努力谋求国家统一"。

2. 双方都认知构建和平发展框架是一个过程，是过渡期的安排，但大陆明确以统一目的，国民党对最终结果则持开放立场。

3. 马英九当局排除"台独"作为两岸关系的选项，但坚持台湾未来由 2300 万台湾人决定。大陆的立场则是："任何涉及中国主权和领土完整的问题必须由（包括台湾同胞在内的）全中国 13 亿人民共同决定。"[32]

4. 大陆无意改变在国家统一前特殊情况下的两岸同属一中现状，但从未回应马英九要维持的"不统、不独、不武"的"现状"。大陆的一贯立场是，台湾问题的解决不能无限期地拖延下去，而国民党长期以来的立场实际上是**维持现状，拖以待变**。

5.两岸均致力于经贸关系正常化和制度化，但大陆是以此作为构建和平发展框架的经济基础和动力，国民党是以此从大陆经济发展中获利，避免在国际和区域经济体系中被"边缘化"；同时，抵御大陆的"政治影响力"，避免经济上过分依赖大陆。

6.大陆主张积极稳妥地探索如何破解制约两岸发展的难题，为政治协商和军事安全等问题预作准备、创造条件；台湾当局仍视大陆为威胁，在安全上依靠美国，以提出先决条件来拖延政治和安全对话，但对它需要的政治议题，如"国际空间"问题，则从不懈怠。

2008年马英九在台湾当政以后，两岸关系进入和平发展的新阶段，但如上所述，中国共产党和中国国民党在如何构建和平发展框架问题上，既有共同认知和一致立场，又有原则的和具体的分歧。核心的问题是两岸的政治定位问题，更坦率地说是如何处理"中华民国"的问题。马英九当局实际上要大陆承认"中华民国"的"存在"。笔者认为，两岸政治定位问题是两岸在和平发展历史阶段必须化解的问题，是两岸的历史性任务，是和平解决两岸统一问题的关键所在。

评议

构建两岸和平发展框架是一个历史性的进程，是一个不断推进、不断深化的过程，也就是说是一个不断化解分歧、扩大共识的过程，不是一朝一夕可以完成的。作为事务发展的一般规律，这一进程必然也会经历从初级到高级的不同阶段。在不同阶段，它的政治基础会有不同的意涵。笔者认为，"九二共识"、反"台独"是构建两岸和平发展框架的最基本的政治基础，也就是和平发展初级阶段的政治基础。如果要推进和平发展的进程，就必须巩固和强化这一政治基础。两岸应当以务实态度，循序渐进地扩大在这个问题上的共识，减少分歧。

中国共产党和中国国民党在"九二共识"问题上的分歧是国民党所做的

"一个中国，各自表述"的概括。上文提到，1992年双方对一个中国的表述是有确定内容的，虽是口头表述，但都是有文字为凭的。2005年5月12日，胡锦涛总书记和亲民党主席宋楚瑜在北京发表的会谈公报，重申了当年海协、海基两会各自的口头表述内容：海基会表述——"在海峡两岸共同努力谋求国家统一的过程中，双方虽然均坚持一个中国的原则，但对于一个中国的涵义，认知各有不同。"海协会表述——"海峡两岸均坚持一个中国的原则，努力谋求国家统一，但在海峡两岸事务性商谈中，不涉及一个中国的政治含义。"[33] 但是香港会谈后，李登辉当局就避而不谈它的口头表述内容，而且在"一中各表"的烟幕下，对一个中国单方面地做开放式的"表述"，提出"历史、文化及地理"的中国，"阶段性的两个中国"，直至"两国论"。这就是大陆为什么"冷处理""一中各表"的原因所在。笔者认为，如果国民党能够回到并重申双方在香港时的口头表述，也就是**"一个中国，九二表述"**，那么两党应该能够化解在这个问题上的争议和困扰。

"九二共识"是两岸在进行事务性协商时，在一个中国原则上达成的求大同、存小异的共识。但在和平发展进入涉及诸如结束敌对状态、签订和平协议等政治议题的阶段时，两岸不可避免地需要扩大在一个中国原则问题上的"同"、缩小"异"，也就是需要一个和新阶段相适应的新的政治基础，笔者称之为**"九二共识升级版"**。从现阶段的情况看，两岸可以在大陆主张的"大陆和台湾同属一个中国"和国民党主张的"一国两区"的基础上进行商谈，达成新共识。在商谈和平统一的最终阶段之前，这一共识仍只适用于两岸之间，不涉及国际，仍然内外有别。

大陆对台湾所做政治定位的法源是2004年第四次修订的《中华人民共和国宪法》。它的序言中说："台湾是中华人民共和国的神圣领土的一部分。"但是，在处理两岸关系时，大陆依据宪法，对两岸的政治定位做了与时俱进的政策宣示。现阶段大陆对一个中国的定义是本书多次提到的钱其琛"新三句"，即"世界上只有一个中国，大陆和台湾同属一个中国，中国的主权和领土完整不容分割"。2005年3月14日大陆颁布的《反分裂国家法》将"新三句"法制化，只是增加了"台湾是中国的一部分"的一句内容。

台湾方面对两岸政治定位的法源是1992年7月31日颁布的"台湾地区与大陆地区人民关系条例"。该条例称，在"国家统一前"，台湾地区指台湾、澎湖、金门、马祖及"政府统治权"所及的其他地区；大陆地区指台湾地区之外的"中华民国领土"。所谓"一国两区"是"中华民国"的两个地区。在此之前的1991年8月,国民党当局"行政院"在向"立法院"提交的"施政报告"中首次明确提出"一国两地区"的概念,用来"规范未来两岸互动关系,在法律上,拟采法律冲突理论,加以解决",但拒绝大陆的"一国两制"主张。"行政院"提出这样概念是为了因应海峡两岸人民往来的急剧发展。时任"行政院研考会主委"兼"大陆工作会报"执行秘书的马英九解释说,台湾当局将两岸人民间民事法律关系界定为"一国两地区",并用法律冲突论解决,"是最能反映两岸政治现实,且排开管辖问题的中性名词"。他说这一理念和一国两制及"一国两府"层次不一样,"一国两地区"并未涉及管辖权,可以摆脱一国两制和"一国两府"在名称和定义上的纠葛,是最中性的用语。但是他又说,台湾方面是"以实际管辖的地区为原则,但未放弃对大陆的主权,两岸分隔是暂时的"。对于法律冲突论,台湾"新闻局"等单位的解释是,用它来解决两岸民间往来所发生的民事法律问题"最妥适"。法律冲突论不只在国家与国家间适用,也在一国之内适用,如美国各州之间,仍用法律冲突论解决各州人民往来所衍生的法律问题。[34]

笔者认为,只要台湾方面回归到当年主张两岸统一、两岸是一国,"两区"是"中性的"、不涉及管辖权,那么两岸是有可能通过协商在"两岸同属一中"的问题上找到共同认知和一致立场。上文提到,大陆有关台湾问题的专项法律《反分裂国家法》给予一个中国的法律定义是"大陆和台湾同属一个中国","台湾是中国的一部分",而没有说大陆和台湾同属中华人民共和国,或台湾是中华人民共和国的一部分。而且,该法的前面并没有冠以中华人民共和国,这是所有国家法律中绝无仅有的。在处理两岸关系问题时,不必涉及一个中国的政治含义是自海协、海基两会1991年开始协商以来,大陆的一贯立场,也就是钱其琛副总理2000年7月所说的,一个中国并不是"非此即彼",两岸只要坚持一个中国,不必在一个中国到底是中华人民共和国还是"中华民国"上打转转。问题是,现在国民党坚持的"一中各表"仍然要把一个中国表述为"中华民国"。为了不在这个问题上"打转转",参照上述的国共两党的立场,笔者建议对一个中国和两岸关系做如下表述,以作为"九二共识升级版"的内容:

为因应国家统一前的特殊情况,两岸确认,双方之间的关系为一个中国领土中的两个地区之间的关系,并根据各自既有的相关法律和规定以及双方签署的协议来处理双方关系中的各种事务。

归根到底，一个中国原则是构建两岸和平发展架构的基础。随着两岸和平发展进程的推进，"九二共识"需要升级，而唯有升级"九二共识"，才能推进和平发展。展望未来，两岸和平发展前景光明，但进程不会一帆风顺，不可避免地会出现挫折甚至倒退。岛内的分裂势力还有能量，还可能上台当权。"台独"会使两岸关系"地动山摇"。但是，两岸和平发展是两岸同胞的根本利益所在，也有利于亚太地区的和平与发展，因此是大势所趋。大陆对此充满信心。笔者相信，不论未来两岸关系如何发展，大陆通过自身发展来解决台湾问题的基本路线不会变，坚持两岸和平发展的大政方针不会变，因为这是走向两岸最终和平统一的必由之路。

注释：

[1]《新华社》北京 2014 年 2 月 18 日电。

[2]《新华社》北京 2013 年 2 月 19 日电。

[3]《新华社》北京 2005 年 4 月 29 日电："中国共产党总书记胡锦涛与中国国民党主席连战会谈新闻公报"。三项共识是：坚持"九二共识"，反对"台独"，谋求台海和平稳定，促进两岸关系发展，维护两岸同胞利益，是两党共同主张。促进两岸同胞的交流与往来，共同发扬中国文化，有助于消弭隔阂，增进互信，积累共识。和平与发展是二十一世纪的潮流，两岸关系和平发展符合两岸同胞的共同利益也符合亚太地区和世界的利益。五项愿景是：一、促进尽快恢复两岸谈判，共谋两岸人民福祉；二、促进终止敌对状态，达成和平协议；三、促进两岸经济全面交流，建立两岸经济合作机制；四、促进协商台湾民众关心的参与国际活动问题；五、建立党对党定期沟通平台。

[4] 同上注，北京 2005 年 8 月 20 日电：胡连会愿景列入国民党党纲。

[5] 同上注：连战复电感谢胡锦涛。

[6]《人民日报》海外版，2007 年 10 月 16 日。

[7]《人民政协报》2009 年 12 月 31 日：贾庆林：在学习贯彻胡锦涛总书记重要讲话座谈会上的讲话。

[8]《人民日报》海外版，2009 年 5 月 23 日：胡锦涛同吴伯雄举行会谈，两岸关系展现和平发展前景。

[9] 德国《国际政治》（International Politik）期刊，2010 年 1—2 月号：审慎的改善关系。

[10] 台湾《经济日报》，2009 年 10 月 18 日。

[11] 台湾《中央网络报》，2009 年 8 月 11 日。

[12] 马英九 2010 年元旦祝词："改革奋斗，台湾再起"，www.kmt.org.tw/hc.aspx?!d=89&aid=4438。

[13] 台湾《中国时报》，2009 年 12 月 15 日：《华尔街日报》专访。

[14] 台湾《中央社》2008 年 9 月 3 日台北电。

[15] 同注 9。

[16] 同注 12。

[17] 台湾《中国时报》，2009 年 4 月 22 日。

[18] 台湾《中央社》2010 年 2 月 18 日台北电。

[19] 同注 9。

[20] 台湾《中央社》2005 年 5 月 14 日台北电。

[21] 台湾《联合新闻网》，2008 年 11 月 2 日。

[22] 台湾《经济日报》，2009 年 10 月 19 日。

[23] 台湾"总统府"新闻稿，2009 年 4 月 22 日："总统出席'战略暨国际研究中心（CSIS）台湾关系法 30 周年研讨会'视频会议"。

[24] 同注 12。

[25] 台湾《中央社》2009 年 6 月 17 日台北电。

[26] 同注 9。

[27] 台湾"总统府"新闻稿，2009 年 10 月 10 日："总统主持'中华民国建国九十八年国庆典礼'"。

[28] 同注 23。

[29] 同注 12。

[30] 同注 13。

[31] 同注 9。

[32]《新华社》2005 年 3 月 4 日北京电：胡锦涛提出新形势下发展两岸关系四点意见。

[33]《人民日报》2005 年 5 月 13 日。

[34] 参阅《台港澳情况》1991 年 9 月 11 日、10 月 16 日。